国家社会科学基金项目优秀成果

GUOJIA SHEHUI KEXUE JIJIN XIANGMU YOUXIU CHENGGUO

当代中国法律文化

本土资源的法理透视

汤唯 等著

人民出版社

目　　录

前　　言

在当代中国法制现代化的道路上,法学家对中国法律文化寄予了厚望,将法治希望奠基于我们自己的"本土资源"之上。而透过法律本土化与西方化的争议、国家法与民间法的对垒、国家主义与个人主义的抗衡、法律价值与法律实践的互动,探讨中国法律文化中蕴涵的某些契合现代社会发展趋势的文化元素,对于全面把握中国现代法治建设的方向,不无意义。

一

在中国改革开放的时代潮流中,关于法律文化的研究成为当代法理学体系的重要组成部分。但以往法律文化研究,并没有科学地总结"当代法律文化本土资源"的源流、价值、制度、特色等原理和实践,因而研究有四个误区:1. 在研究内涵方面,往往对中国传统法律文化批评得多,传承得少。2. 在研究外延方面,将本土法律文化资源等同于传统法律文化资源,对"当代"本土法律文化资源的研究成为空白。3. 在研究特色方面,将中国封建社会的法律文化与西方现代先进的法律文化进行对比,导致用西方化否定本土化。4. 在研究的重点方面,仅限于研究法律文化的抽象理论,没有从中国国情、社会实践方面分析中国到底"有哪些"本土资源,从而使研究具有空泛性、虚构性和非操作性。

有鉴于此,笔者将当代中国法律文化本土资源的研究作为自己的一个重要研究方向,并申报了国家社会科学基金课题《当代中国法律文化本土资源的法理研究》。该课题已出版前期成果《法社会学在中国：西方文化与本土资源》，主旨在于揭示法社会学思想在中国流传的社会意义、内涵形式、价值功能，为中国法律文化研究提供学理上的深厚积淀。本专著则为国家课题的结题成果，致力于对当代的、特色的法律文化资源进行法理学的求证与探究。这种研究思路，无疑要求我们具有新的研究视野，这就是立足中国、聚焦当代、纵横比较、突出改革、关注共性、正面评价，充分展示以下研究目标：

第一，聚焦当代，即从纵向研究向横向研究方向发展。"法律文化本土资源"是一个纵观历史的研究领域，又是一个现实主义的"活"的命题。中国有哪些本土法律文化资源？这些资源与习惯、风俗、道德、民族、地域、环境等问题的关联如何？对中国现行立法和司法有什么影响？怎样评价中国法律文化在当代的定位？这些问题不再局限于对传统的和西方的法律制度进行评价，而更多地关注建构当代中国法律文化工程，具有很强的现实性，需要对现代中国独具特色的法律文化思想体系进行阐释。

第二，立足中国，即从关注西方向关注中国自身发展。探索中国特色论题与特色原理，需要对在中国成长的法学思想及其法律制度进行立体分析。法律文化是一个具有多元性、社会性、本土性特征的命题。近代以来的西方法为中国法治进步提供了范式，但我们也有自身必须解决的"中国问题"。尤其我国法学家需要运用法学原理和法学方法，论辩"中国特色"的法学热点、焦点、难点论题。因此，我们力求研究中国法律文化价值观念体系问题；中国法律本土资源的形态模式问题；中国法律文化的特性、功能和实效问题；中国法律文化发展道路问题；中国当代社会转型过程中的法律文化转型问题；中国法律文化发展的未来前景问题。在此方面，"中国本土法律资源"的研究激发着我们的想象力、洞察力和学术的扩张力，而这些力量正是中国法学生生不息发展之希望。

第三，突出共性，即从批评性研究向对策研究方向发展。以往对中国法的研究主要体现了否定性、差异性、对抗性的特征，尤其东西方法文化的冲突已被许多学者所论证。但本课题组认为，法学研究既要将积弊甚多的传统制度作为回音壁和反光镜，让当代的政治家们保持清醒；也要对当代的法律文化发展进化及其规律进行考察，在价值层面和实证层面上为现代法治建设提供理论根基和宏观导向。为此，本课题更加注重法律文化的共识性追求，试图在本土化和西方化的契合而非对峙中，寻求法治进化发展的道路。

第四,矫正方法,即从实证研究向理论研究方向发展。法律文化探索既是一种历史经验,也是一种价值理性。在部门法的研究中,人们更为关注的是运用文献法、统计法、调查法、经验法等进行研究。而"法律文化"本身则是一个纵横博大、海纳百川的领域,需要超脱实证主义方法论的局限,一定程度采纳哲理的、思辨的、抽象的、比较的、社会学的方法论。通过从思想到制度、从理论到实践的立体分析,力求开阔视野、吸取教训、设计模式,使未来的研究具有法哲学、法社会学、法史学意义。

在当代,中国法学应该有自己的学术目标、学术范畴、学术内涵与学术特色,并在中国有传播的历史、扎根的土壤和创新的思维。为此,"立足于中国的法学研究"是中国学人的独特视角。本专著的主旨,就在于梳理近代改革以来法文化发展里程和规律,并使这种梳理具有一种立体的、新颖的、填补学术空白的属性和特征。

二

本选题涉及法理学、法史学、法社会学、比较法学、部门法学等相关领域,具有一定的学科跨度和时空跨度,最终拟形成法文化内涵论、法文化价值论、法文化特色论、法文化成因论、法文化进化论、法文化趋势论等一些具有法律文化学功能的理论。又通过"价值评判"和"制度样态"两条路径进行剖析,基本思路是:

第一,思想观念的路径。当前,我国正在推进法治建设事业,而任何一项事业的背后都存在某种决定该事业发展命运的精神力量,这种精神力量亦发自于法律文化本源之中。因此,探讨文化问题,首先要关涉当代人精神家园和前景之路的思考,体现隐匿于法律之后的文化观。总体归纳,中国法律文化的思想特征,主要表现为成文主义、人文主义、民本主义、集体主义、社群主义、调和主义、世俗主义、实用主义、经验主义等法律精神。我们希望通过这些影响深远的法律文化观念的探索,为中国本土资源的发扬光大抛砖引玉,为法律制度建设提供思想启蒙和理性诱导。

第二,制度建设的路径。在制度层面,中国法律文化融注了社会习俗、道德伦理、民族精神、哲学思想、自然经验之成果,对于法的起源、法的内涵、法的功能、法的改革、法治道路等进行了透彻分析。而且，经过漫长的文化积淀，诸种中国特色的法律文化理念已反馈渗透于一定的制度体系之中，成为多数社会成员所接受的一种行为模式。因此，在行政法、民法、刑法、诉讼法等各个部门，在立法、执法、司法、守法、监督体制等各个环节，我们都能洞察到相关中国文化的诸多表征。当然，在今天之中国，许多法律制度、法律规则、法律技术都处于过渡变化时期，这使制度性的实证研究具有许多不特定的因素，也导致了研究的复杂和难解。

在我们看来，实现法律文化的现代化，必然需要一个相当长的"文化因素"和"制度因素"的互动过程，它们是法的生命和灵魂。故而，要将市场经济、民主政治、理性文化和现代社会共生共进的过程作为一个整体进行探究。而且，凡法学研究或法学思潮，对于一个国家的法治建设体现着极其强烈的启蒙性、传播性、诱导性与实践性等诸多贡献。尤其现代法学原理，随着人们对法学领域的政治化、行政化、人治化、教条化思潮的反思和批判，日益成为学界应当关注的学术资源，更成为解决当代中国法治问题的"工具箱"里的诸多"工具"之一。

三

本专著在结构上分为九章，即研究分九大主题进行：

第一章，法文化本体论。这部分研究，属于该选题的基础性、原理性研究，重点从相关理论层面对法文化的定义、法文化的内涵、法文化的谱系、法文化的属性、法文化研究的方法论等进行分析，提出法文化学本身的论题、论点和论据。同时，研究亦对于本土化的意义、本土化的定位、本土化的要素等进行学术解释。由此出发，使中国人对于当代"中国问题"和"本土资源"予以初识和论辩。

第二章，法文化价值论。法律文化即是关于法律的价值观念之综合。通过透视当代中国法律文化之精神，从法律思想、法律意识、法律精神中揭示法律所渗透的深厚的文化蕴涵，论辩天理、国法、人情、道德的联系与区别，才能归述出中国法律文化的主要思想原理、内涵属性和学术特色。因此，本章重点在于论证权利观、自由观、统一观、整合观、稳定观、大同观、调和观、民本观、社群观、道义观、自律观、义务观等原理观念。这些独具特色的法律思想观念,表明中国法律融入着中庸之道、社会和谐、人文精神等人类生活中最丰富的人情风俗和社会心理,从而使现代中国本土法律文化具有了极其深厚的精神文化蕴涵。

第三章,法文化样态论。本文以为,探究法律的外部表现形态、渊源、风格,洞察作为本土资源、基础资源、特色资源的法典、习惯、风俗等社会规范及其相互关联,是法律文化实证研究的重要方面。尤其现代法学应对中国现行法治状态下的制定法的严格意义、法律中心主义的特性以及大陆法系模式的优劣进行对比;并以民间法的争议为焦点,分析法律文化的民间性、多元性、社会性等多个层面的特性,有利于对中国现行的法律样态和模式进行点评,对形式主义文化风格和走向进行解答。

第四章,法文化体系论。这部分研究的设计理念,表现为从制度建设的路径出发,观察中国文化独有的制度设计、运作机理、经验技巧和实际效应。研究紧扣中国立法改革、执法改革、司法改革的现实主题,从宪政、行政法、民法、诉讼法文化的发展脉络、进程和特性中,考证相关公法文化、私法文化和诉讼文化的法律属性,力求挖掘当代中国法律文化之内涵,探讨中国法律文化的实际成就。我们认为,只有通过法律制度的优劣利弊剖析,才能充分展示中国法律文化不断成熟进步的伟大里程。

第五章,法文化继承论。这一章节的研究,是从纵向视野分析当代中国法律文化的积累和传接问题。毫无疑问,"法律文化本土资源"是一个纵观历史、横看世界的研究领域,需要在当代重新解读中国传统法文化,并对其连续性、稳定性、影响力进行剖析。其中,中国法文化的传统属性、法文化的内涵积淀、法文化的自信自尊、法文化的基本定位、法文化的内外影响、法文化的改革超越等论题,都应当纳入当代法学家的研究视域。惟其如此,我们才能在自信中体现自我,在自强中升华自尊,在自警中实现自动。同样,我们也才能在羁绊中获得解脱、在废撤中进行改良、在批判中形成对策。

第六章,法文化移植论。本章内容涉及对西方法文化思想、制度、模式的总体评判,旨在从优势、缺陷、趋向三大方面分析西方文化的利弊与前景,并涉及当代中西法律文化之博弈。从发展脉络看,近代中国法文化出路,在于沿着西方文明进程前行,因此近代以来的中国法纳入了许多西方文明因子,而西方法也为当代中国法治进步提供了观照和警示。同时,从目前全球化视野出发进行跨文化考察,围绕法文化发展的深度与广度、内力与外力等热点命题,才能达成双向文明合作的目标或目的。更重要者,我们需要通过揭示各国法律制度的风格特征,总结各国法治发展的成败经验,从而选择适合中国国情的法文化发展道路。

第七章,法文化成因论。这部分研究,属于该选题的互动性研究。拟对当代中国法律文化发展演化之各种环境背景因素进行解构,对法治发展的动因动力进行法文化意义上的法理分析,以探讨法律发展与政治学、经济学、社会学的相互关系,阐发形成当代本土法律文化特征的政治、经济、社会根源。其中包括自然秩序与法律文化的关联性分析、社会生活与法律文化的关联性分析、经济发展与法律文化的关联性分析、政治制度与法律文化的关联性分析。

第八章,法文化转型论。法治转型属于特定时代的特定构造,当代中国的法治转型必然在法治发展史册上留下深邃深厚的印记,作出不可磨灭的贡献。通过考察转型期的法律思想和法律制度,本章将重点剖析现代本土法律文化资源在思想奠基、制度改良、法治建设、大众启蒙等方面的功能和效果,分析转型期的时代变化和机遇,洞察法治国家的现代表征,为中国构建法治社会提供理论上的支持。

第九章,法文化前景论。这部分研究,属于该选题的前瞻性研究,即通过法学本身特性和贡献的考察,开阔视野、总结经验、吸取教训、设计模式,揭示出当代中国法律文化发展的特殊风貌和未来走向。其中,涉及中国法学思潮的基本端倪、中国法学事业的科学精神、中国本土法律文化资源的整合等主题。我们力求对于法学研究进行可持续性思考,对未来法律文化的成长和成就寄予期望。

本专著主要由汤唯教授撰稿,孙季萍教授撰写了第五章、第六章部分内容,王洪平副教授撰写了第三章、第八章部分内容,冯勇、王桂玲等课题组成员也提供了一些原始材料,在此表示衷心的感谢。但在统稿时,考虑到专著的整体结构、学术内涵、语言风格的统一性和严谨性要求,汤唯作为课题负责人对各个章节均作了大幅度的补充、修正和变动。

第一章

法文化本体论：当代中国法律文化之解读

法学发展不仅注重法律基本表现形态的探讨，而且注重法律与文化之间相互关系的分析。因此，法律文化研究进入了各国法学研究的视野。实际上，法律文化问题，与法的概念和法的原理、法的特征和法的模式、法的历史和法的现实、法的价值和法的精神、法的进化和法的改革等命题，都息息相关，法学就是在这些相互关联的主题中进行着自己的文化思考，完成了独特的理论体系，承担了法治建设的神圣使命。尤其自20世纪80年代中国形成"文化热"以来，"法律文化"这个法理学的最新范畴几乎成了除"法治"之外的另一个时髦的术语。而伴随整个中国法律文化的研究热及其成果，法文化学成为了法学的一个分支学科。

第一节　学术语境：法文化观的追问与重述

社会学家钱穆曾经说过："一切问题，由文化问题产生。一切问题，由文化问题解决。"①诚然，这种说法扩张了文化的功能作用，但对于我们重视法律文化研究不无意义。在法学领域，剖析研究对象是进行学术研究的出发点。易言之，法律文化研究要从相关法律文化原理的角度，进行法文化学本身的分析。目前，中外研究法律文化的法学家已从不同视角对法文化学之范畴、内涵、属性、功能、方法论等进行概括，并致力于探讨法律和文化之间的复杂的密

---

① 钱穆：《文化学大义》，台北中正书局1981年版，第3页。

切关系,形成了关于文化、法律文化、法文化学的种种学理。

一、法文化研究的概念阐释

进行当代中国法律文化本土资源的界定,首先需要对法律文化本身进行定位性解释。由于法律文化研讨最具争议性的问题,是作为研究核心的法律文化的概念,所以定义概念既关乎各种相关理论命题的展开,也是一种理论走向成熟的标志。本文也将概念界定作为阐释本专题的逻辑起点,这便是法律文化名称术语的确定性。

(一) 文化的范畴

与其他社会科学诸多范畴的弹性解释相同,关于什么是文化,古今中外的学者们一直下着多义性的定义。最早的文化,有文学艺术、文明成就、教育教养、风俗习惯、生活方式等意义;后来被引申为人类发展历程以及精神、思想、观念、制度形成的一般过程。① 一般而言,文化应当被视为一个综合体,它包括人的行为方式和为满足这些行为方式所创造的物质的和精神的资源,以及基于这些行为方式所形成的内隐的和外显的习惯和意识。因此,文化是人类在长期的历史实践过程中所创造的物质财富和精神财富的总和。

在西方,人类学家和社会学家首先就文化一词提供了多种解释。在他们看来,文化既复杂也重要,它或许是人类生活的经验,或许是人类协作的可能,或许是人类处理问题的特殊品格,或许是支配社会秩序的原则等。② 其中,人类学家泰勒在《文化之定义》中,对文化所进行的概括颇具代表性。在他看来,所谓文化或者文明,"乃是包括知识、信仰、艺术、法律、道德、习俗,以及人类作为社会成员而获得的种种能力、习性在内的一种复合整体。"③

在中国,不少学者认为进行文化的解读非常重要。法学家夏勇教授认为,文化精神总凝聚为许多成型的价值理念,并使一些国家或地区的秩序得以维系和深化,因此"探究作为文化原点或文化纽带的基本理念,就成了文化识别

---

① 苏彦新:《多元的法律文化:面对地方性与现代性》,何勤华主编:《多元的法律文化》,法律出版社 2007 年版,第 27—28 页。

② [美]埃尔曼:《比较法律文化》,贺卫方、高鸿钧译,清华大学出版社 2002 年版,第 9—11 页。

③ 庄锡昌等:《多维视野中的文化理论》,浙江人民出版社 1987 年版,第 98 页。

的一种简单方式。"①历史学家庞朴先生则提出了"文化结构三层次"的学说。他指出,作为一个立体的系统,文化由三个层次构成:一是外层,即物质层,包括自然界及其成果;二是里层,即心理层,包括价值理念、思维方式、文化信仰等;三是中间层,即心物结合的一层,一切外物与一切人的思想,以及教育制度、政治制度、法律制度,都包括在这一层中。② 以研究法律文化著称的刘作翔教授,亦对文化本身进行了总结。他提出,在文化研究中无非有广义文化研究、中观文化研究和狭义文化研究三大类。其中,广义文化研究,对应的是自然界的所有事物,凡人类创造之物都被纳入文化范畴;中观文化研究,对应的是社会存在,凡精神领域及其人类创制的制度和组织,都属于文化研究的时空范围;狭义文化研究,对应的是精神世界,只有思想、观念、意识等与"人类大脑"有关的领域,才是文化研究的对象。③

　　也有学者将"理论"一词与文化概念相互等同,或者将文化视做一种文化教化,强调通过思想的缔造、理论的阐释和信仰的教化,使社会成员的精神状态和外部行为符合一定道德规范、法律意识和社会习俗。但我们认为,"文化"是一种恒久的、稳定的、持续的人类发展的动力与活力,文化需要各种思想和理论资源的长期积累,需要思想家、理论家、法学家的阐释、发挥、想象,需要贯彻到大众的思想意识之中。在这个意义上,思想或理论是达成文化进化的途径,是构成文化的某种来源或者资源,但却不是文化本身。

　　由此可见,在中外学者的论述中,文化或文明是极为复杂的体系,泛指人类社会的所有成就,包括公共价值、社会关系、道德习俗、宗教信仰等人类生存与发展的、能够获得自我认同的属性,而语言、思想、理性、科学、技术等则被视为文化现象。当然,总体来说,学界对于文化的含义仍然缺乏明确的界定,致使这个概念有些笼而统之、模糊不清。

　　(二)法律文化界说

　　法律文化的概念导源于上述文化概念。20世纪初,德国法学家柯勒开创了法律文化研究,从此"法律文化研究在世界各国都一直深受学术界重视,并

---

　　①　夏勇:《法治源流——东方和西方》,社会科学文献出版社2004年版,第184—185页。

　　②　庞朴:《文化结构与近代中国》,《东西文化与中国现代化讲演集》,浙江人民出版社1986年版,第9—11页。

　　③　刘作翔:《法律文化理论》,商务印书馆2001年版,第25—26页。

日益扩大着其影响"①。但法律文化研究的兴旺发达则是在 20 世纪中期开始的。"在世界范围内法律文化概念的出现,大约是 20 世纪 60 年代的事情。在美国,这一概念最早始于 1969 年;在苏联,最早始于 1962 年;在日本,最早始于 60 年代。而在中国,将法律文化作为一个新的概念和问题进行研究,最早则始于 20 世纪 80 年代中期。"②经过如此的进程,这一概念基本得到了我国学术界的认可,它也获得了作为一个学科概念的合法性地位。

追根溯源,对"法律文化"一词进行深邃探讨的,是美国法学教授弗里德曼。在他看来,法律文化是指"与法律体系密切关联的价值与态度,这种价值与态度决定法律体系在整个社会文化中的地位"③。他又指出,法律文化"指针对于法律体系的公共知识、态度和行为模式",④"那些普通文化的组成部分——习俗、观念、行为与思维模式——它们以特定的方式改变社会力量,使其服从或者背离法律"。⑤ 而且,法律文化制约着法律制度并决定着法律制度在整个文化中的地位;法律文化也渗透于各种法律命题之中。诸如,人们是否尊重法律、政府以及传统;民众对法律的想法如何;集团或个人是否愿意求诸法院;律师和法官有怎样的训练方式和习惯;社会结构与法律制度之间存在着怎样的关系;正规的法律手段之外有哪些非正式方式等。

步其后尘,中国学界开始"用文化来解释法律,用法律来解释文化",并在中国掀起了一场热烈无比的法律文化大讨论。而总结起来,关于法律文化的各种定义,无非有狭义和广义之分。广义的法律文化概念,以为法律文化在范围上包括全部法律现象。其中,物质性的法律文化,比如法律制度、法律规范等,可以称作制度形态的法律文化;精神性的法律文化,比如法律学说、法律心理、法律思想、法律习惯等,可以称作观念形态的法律文化。这意味着,法律文化不仅包括关于法律现象的学说、知识、观念、判断、意识、价值、传统、信念、心理、语言、符号、情感、习惯等精神因素和宏观样式,而且涉及法律规则、法律制

---

① 参见何勤华:《法律文化史研究》(2),商务印书馆 2005 年版,序言。

② 刘作翔:《法律文化理论》,商务印书馆 2001 年版,第 32 页。

③ L. M. Friedman, "Legal Culture and Social Development", Law and Society Review, 6 (1969), p. 34.

④ L. M. Friedman, "Legal Culture and the Welfare State", in G. Teubner, ed., Dilemmas of Law in the Welfare State, Berlin: de Gruyter, 1986, pp. 13, at 17.

⑤ L. M. Friedman, "Is There a Modern Legal Culture?" Ratio Juris, vol. 7, 1994, pp. 117—131, at 118.

度、法律行为、法律机构、法律技术、法律经验和法律实施等物化因素和具体制度,成为法律文明的"复合有机体"。中国学者大都持这种广义之说。

狭义的法律文化概念,则仅指精神性的法律文化或者法律现象的精神部分。持狭义观点者解释,法律文化应该具有独特的含义,主要是社会成员的群体性思维、认知、评价、心态,它们是隐含于法律现象内部的普遍而稳定的集体意向,是人类社会组织和合作中安排秩序的观念。例如,张中秋教授定义:"法律文化是内化在法律思想、法律制度、法律设施以及人们的行为模式之中、并在精神和原则上引导或制约它们发展的一般观念及价值系统。"①高鸿钧教授解释:法律文化指特定社会中植根于历史和文化的法律价值和观念,是在精神和原则上引导或制约社会发展的一般观念及价值系统。② 可见,狭义的法律文化观将法律文化限定在法律观念或价值形态之上,这种观念或价值形态需要通过一定的法律制度、法律设施或法律行为表现出来,但并不等于法律制度本身。

除上述两种主流定义之外,还有关于法律文化的各种解释。有学者认为,法律文化主要是指传统法律文化和西方法律文化,因此法学家应着重探讨古今中外历史上存在的法律渊源、制度和习惯,力图从法律史中寻找理论灵感。还有的学者认为,凡应用文化解释方法从事法学研究,就是一种法律文化,如梁治平教授强调,他更愿意将法律文化视为一种研究立场和方法。③

笔者以为,中国虽有法律文化的基本范畴之争,但应将法律文化限定于特定领域,力求在基本范畴上形成共识。为此,本文综合各种不同的观点,持折中主义的法律文化立场。一方面,法律文化的解释是宏观的和宽泛的,即包括观念文化或价值文化的主导地位,又包括由于这种观念文化或价值文化而引起的法律制度的设计、风格、模式和发展规律,法律文化依其结构可划分为观念性法律文化和制度性法律文化。另一方面,法律文化研究的重中之重则为法律和文化的关系,也即文化观念和文化价值对于法律现象所起的龙头作用。

(三)法文化学研究

显而易见,为法文化学寻求一个严格的解答是一件难度更大的事情。与

---

① 张中秋:《比较视野中的法律文化》,法律出版社 2003 年版,第 26 页。

② 参见高鸿钧:《法律文化的语义、语境及其中国问题》,《中国法学》2007 年第 4 期,第 26 页。

③ 参见梁治平:《法律的文化解释》,生活·读书·新知三联书店 1994 年版,"代序"。

"文化"和"法律文化"的解释有相同的情形,法文化学研究对象、范围、内涵和特性并不十分确定。但即便如此,作为一门法哲学学科的分支体系,法文化学与法社会学、法历史学、法人类学、法伦理学、法心理学等一道,开始独立发展起来。而且,法文化学研究是一门动态的、积极的、建设性的、创新性的学问,提倡一种尊重历史、不断探索的科学态度。在此意义上,无论是把法文化学作为法学的一个分支,还是把它作为一门纵横演化的法史学,抑或把它视为一门交叉边缘学科,都有一定的学术价值。

如同法律文化的多元解释一样,法文化学一般被用作广义与狭义两种解释。广义理解的法文化学,是从精神和物质、主观和客观、思想和实践、内容和形式双重角度,对法律文化进行探索的学问。狭义研究的法文化学,则重点从法律意识形态的角度,研究法律的学理问题、价值问题、思想问题、意识问题和心理问题。而对于外在的、客观的、形式的制度体系,则作为观念意识的表征提供一些量化的指标体系。形成这两类定义的原因很简单,如果把法律文化扩大为人类的共同模式或共同标准,则法文化学的含义就是广阔的;而如果把法律解释为纯粹的、具体的、实证的法条,那么,法文化学的概念就是仅指观念范畴而不包括法律制度本身,对其研究就具有狭义属性。

按照一般解释,法文化学旨在探讨"法律"和"文化"的关联性。法学家梁治平一再强调:"从社会的角度看,法是一种社会现象。从文化角度看,法是一种文化要素。"①他还宣布:"法和文化是不可分割的","法不过是一种特殊的文化现象";文化是整体,法律是部分,法律应作为文化结构的部分去考量;法律制度本质上是社会活生生的规则,必然因不同的文化背景而内容形态各异,如果不将法律视为一种文化的产物,则任何关于法律的社会科学研究都不可思议。他又举例,诸如研究罗马法、教会法、商法等,都势必涉猎政治、经济、宗教、伦理、哲学、历史诸多领域,需要放到整体文化中考察,才可能跃上一个层次。同样,高鸿钧教授也认为,法律文化由"法律"与"文化"两个词语组合而成,这本身就蕴涵了法律和文化不言自明的密切关联,"通常的情形是,文化直接作用于并型塑法律文化,法律文化与文化密不可分,往往是文化的副产品"②。

---

① 梁治平:《法辨》,贵州人民出版社1992年版,第10页。
② 高鸿钧:《法律文化的语义、语境及其中国问题》,《中国法学》2007年第4期,第26页。

从宏观讲,法律和文化的确都是社会生活的重要表征,或者说是社会生活的符号化记载,因此,一切法律制度和法律思想都要从产生法律的社会文化条件方面加以领会,法文化学也常常被用于强化法律与社会内部各种要素之间的密切联系,尤其被定义为研究法的社会意义和文化意义的学问。而正是在这一交叉点上,法律现象和文化现象之间建立了千丝万缕的联系。正所谓"法律在中国从来没有从其整体的文化中借助理性而分离成一种单独的法律,它嵌入在文化之中,并随文化的演进而演进。文化的生命力就在于,它能够创造出新的叙事来接续旧的叙事,因而才有文化的传承,法律的问题当然也不例外"①。当然,文化现象涉及方方面面,导致中外学者所提出的关于法律文化的解释比较庞杂,世人无法分析它的深邃内涵。在中国,即使有刘作翔、梁治平、高鸿钧、何勤华、张中秋这些法学家在从事法文化学研究,但毫不讳言的是,我国该领域研究在系统性上仍然存在着很大不足。不过,学术思想必然反映一定意念和理性,法文化论题本身就是各法学家展示自身世界观和方法论的一种反馈,从中我们可以透视出中国当代法学家所关注、所思辨、所争议的主题以及他们所得出的结论。

又值得指出,法文化学研究的基础是法史学、比较法学、法政治学、法社会学、法人类学的逐渐发达。从时间分析,这些学科研究虽起步比西方晚,但也持续了上百年之久。从严复、沈家本开始,一批先驱人物着重分析了法律与社会、法律与习惯、法律与道德、法律与文化等方面的关系,形成了一批独特的代表性作品。诸如,蔡和森的《社会进化史》、胡适的《中国问题》、杨鸿烈的《中国法律发达史》、陈序经的《中国文化的出路》、王造时的《中国问题的分析》、费孝通的《乡土中国》、梁漱溟的《中国文化要义》等。这类作品论述了中国问题的社会背景、思想背景、政治背景,分析了中国法律文化现象产生、发展、变化的历史根源,揭示了中国和西方接触后法律思想与法律制度的变化规律。通过这些作品,我们得以洞察法学发展演化的基本源流,以及影响现代的主流学说。

新中国成立到 20 世纪末,一些学者创立了具有中国特色的法律文化理论体系,成为法学研究中异军突起的一翼。这里特别值得一提的是瞿同祖先生,

---

① 赵旭东:《报应的宇宙观:明清以来诉讼调解模式的再解释》,苏力主编:《法律和社会科学》,法律出版社 2006 年版,第 158 页。

他著有《中国法律与中国社会》、《中国法律之儒家化》、《清代法律的延续性和演变》等作品。其中,高度概括了宗法本位、家族主义、礼治文化的传统特征,还对国家法、家族法、习惯法进行了深入剖析,使法律生活的各个方面以及风俗、信仰、道德等文化元素,都作为一个相互联系的整体展现在世人面前。至20世纪80年代,"法律文化热"在中国兴起,许多从事法理学、法律史、比较法学的学者开始对法律文化问题予以特别关注,系统阐释法律文化的专题著作也陆续问世。诸如,公丕祥的《法律文化的冲突与融合》、梁治平的《法律的文化解释》、武树臣的《中国传统法律文化》、刘作翔的《法律文化理论》、范忠信的《中西法文化的暗合与差异》、徐忠明的《思考与批评:解读中国法律文化》、张中秋的《比较法视野的法律文化》、赵旭东的《反思本土文化建构》、苏力的《法治及其本土资源》、夏勇的《法治源流:东方与西方》、曾宪义主编的《法律文化研究》第1—4辑等。这些学术作品标志着中国现代法文化学的起步和繁荣,在整个法学研究体系中占有重要地位。

二、法文化研究的理论框架

法学研究本身的理论特色,表现为法学家们提出一套独树一帜的法学理论体系。在法律文化研究中,西方法学家长期奉行着理性主义的法学指导思想,提供了法文化学的总体框架和理论模型。特别经过弗里德曼、埃尔曼等人的精心缔造,法律文化研究体系已基本形成。而当代中国法学家也毫不逊色,致力于构建一种适合中国的法文化体系,并形成了特色鲜明的关于法律文化研究的相关理论成果。

(一)法文化学的研究对象

一门学科的重要标志是它有独立的研究对象。因此,法学家首先讨论了法文化学学科名称及归属,法文化学的研究范围、学术框架、理论特征,法文化学与其他学科的关系,法文化学在我国兴起的社会历史条件,我国开展法文化学研究的重大意义等论题。此外,法治变革中的一般理论问题,包括法的概念本质、时代背景、文化特征、发展规律等,也成为法律文化研究的重点内容。就性质而言,法文化学作为一门社会学科的理论体系,以研究传统法律文化特征为背景、以吸收西方法律文化精华为导向、以寻求现代中国本土文化资源为目标、以探索法律文化发展规律为主线、以反思中国问题为实证、以创制现代法治体系为使命、以预测未来法律文化发展动态为前瞻,进行着带有时代性、特色性、开放性的学术探讨。

首先,法文化学是把法律发展和文化进步结合起来进行研究的一门学问。这意味着法文化学的研究对象具有法学与文化学两大学科交叉的属性。因此,法学研究要借助文化学的学术视野和思维方式对法律现象进行高度抽象、凝练和升华。而且,从文化角度研究法律是一种全局性、立体性、纵向性的研究路径,重在洞察法律文化发展的总体理路。例如,在法律渊源的文化视野考察方面,法文化学就与众不同,它不是就法律政令本身进行说明,而是将这些法律政令放置于特定的社会背景之中,透视它们的文化烙印。这里,"法律"与"文化"之间无疑有着重叠性、互动性、相融性,即始终将法律放置于文明进程中加以考量,才能构成科学的法文化学体系。

其次,作为法哲学研究的子学科,法文化学研究需要建立一套自身的体例结构。早在 20 世纪 90 年代,一些研究法哲学的法学家们就曾设想建构一种由五大模块构成的法学研究体系,这就是:法意识—法文化研究;法行为—法关系研究;法组织—法结构研究;法职业—法专家研究;法功能—法运行研究。在这一研究体系中,法文化学无疑占据着举足轻重的地位。① 又有学者归纳了法文化学研究的三个部分的结构层次:一为物质层次,主要指法律文化对于法律体制、法律组织、法律职业团体所发生的影响力。这种物质层次的法律文化易被人们直观接受,故人们受其影响最为直接和具体,其演进的速度也最快。二为制度层次,主要指法律文化对法律制度、风俗习惯发生的影响力。法律文化植根于交易规则、诉讼制度、审判制度等结构之中,为法律体制的完善提供引导和保障。三为心理层次,是法律文化结构层次中潜移默化的内在层次,主要包括价值观念、法律思维、主观意识、道德情操、民族性格。它们以文化进步为标志,是法律文化的灵魂,但其本身的演进要艰难得多。②

再次,法文化研究有其优异的功能属性,这就是法律文明所体现的能量、能力、效力、效果,也指法文化研究的一定影响力、约束力、生命力。在此意义上,法文化学被认为是解决"文化是怎样影响法律的"等文化模式的学问,其任务是通过量和质的分析,将法律的人文性、精神性、理念性因素与实在性、经

---

① 赵震江、季卫东、齐海滨:《法律社会学的意义与研究框架》,李楯主编:《法律社会学》,中国政法大学出版社 1999 年版,第 15 页。

② 参见王申:《法律文化层次论》,《学习与探索》2004 年第 5 期,第 34 页。

验性、科学性的性格演示出来。据此,法文化学研究一般可以达成四大目标:(1)理思路。中国和西方的法律文明均沿革了上千年,纵横对比,前瞻后继,人们才能沿着法律发展的轨迹向前移进。(2)集智识。人类法律文明成果往往以法典、法规、法院、裁判等物化形态予以表现,但其中却渗透着人类的心智心力。通过法文化学研究,将以往的制度文明和思想文明的成果变成活着的动力,无疑会对今天的法律发展有深刻意义。(3)破禁区。以往法学研究已被设置了许多"雷区",这对于学术思想的成长、对于法治建设的成功、对于法律体制的变革都带来了阻力。因此,法文化学研究要提供批判的武器,洞察现实问题,分析失败教训,规避未来风险。(4)求方法。法律文化发展的根本目的是为了推动法治发展,为了达到这一目的,必须选择合理的分析手段和方法途径。于是,在整个文明进程、制度选择、利益平衡中,法文化学研究视野就有了绝对的"用武之地"。

(二)法文化学的基本体系

作为一大交叉边缘的学术分支,法律文化研究既与其他人文社会科学相依为命,又必须形成自己的独立空间。这使厘清法文化学本身的基本范畴,对于该研究具有理论上的特殊意义。尤其法文化学的框架设计应该带有明显的时代性和创新性,能为法学事业开拓新的视野,故可将其基本理论概括为以下几个方面:

法律文化的理念。法文化学不同于制度法学或者部门法学,它的主要特征,在于有关法律文化的学理、学说、学识构成了主要思想脉络。其中,法律文化理念是法律文化的"细胞",诸如民主、权利、公正、衡平、福利、人道、和谐、程序等先进理念一旦构造出来,就在于期求高尚的政治生活和法律生活,因而有着作为文化元素的持久永恒的生命力,其发展完善更反馈了法律文明的发达程度。从柏拉图的"理想国",到孔夫子的"仁者爱人",从释迦牟尼的"涅槃"之境,到马克思主义的消灭剥削,都无疑是人类的求生之道、求全之说,亦都闪烁着不可磨灭的精神之光和智慧之光。在现代中国,无论是张文显教授所界定的"法的基本范畴",还是郭道晖教授高扬的"法的现代精神";无论是夏勇教授关注的"中国基本民权",还是邓正来教授推崇的"中国法学理想图式";无论是政治家关心的"政治体制改革",还是法学家倡导"现代法治工程",它们关乎中国的制度文明建设和精神文明建设,它们也都是法律文化研讨的要素和要旨。

法律文化的类型。法律文化类型是判别法律文化优良与否的标尺。由于生长环境的不同,法律文化具有时间和空间上的鲜明属性。从纵向划分,有历史上存在的传统法律文化,也有现今存在的当代法律文化;从性质划分,有农业文明类型的法律文化,也有工业类型的法律文化;从主旨划分,有维护专制特权统治的法律文化,也有保障民主自由状态的法律文化;从模式划分,有风格迥异的英美法文化,也有注重法理的大陆法文化等。当然,由于法律文化在数千年的演化中有所分化、组合、融会、流变,面对浩如烟海的文化史料,面对形形色色的文化思潮,很难用一把尺度、一个公式、一席观点来透析它们的基本属性,我们所能做到的只是大致的描述、粗略的分析、宏观的对比。

法律文化的特征。法文化学亦是一门研究各种法律现象文化特征的社会科学。而文化的特征即是文化的个性,是社会群体通过本身的发展进程而获得的具体经验。这使法律文化的特性取决于各种各样的社会环境,诸如哲学思想的推衍、政治经验的积累、社会现实的映现、人性人道的渗透等。在种种不同的文化背景中,国家法律、政治策略、自然法则、伦理道义、善良风俗得到不同程度的反馈,于是法文化学研究本身也具有因时、因地、因国、因人、因事而变异的特征。以此类推,我国的法文化学研究亦必然有“中国的”学术目标、学术内涵、学术特色和学术方法。在此过程中,法学家要探究本土法律文化的源头,揭示本土法律文化的特质。

法律文化的变迁。法文化论题的研究,又可分为横向研究和纵向研究两大类。其中,纵向研究是从法律文化的历史、现代与未来角度进行具有时代意义的研讨。特别自远古到今天,法律文化的历史是一部不断变化的演进史,现代法律则无不蕴涵着古代法的因素。但人类的法律又试图摆脱前人的羁绊,向着现代化的方向进化,因之法文化学是研究法律发展、法律改革、法律现代化过程的一门科学,是包含了历史、孕育了现代、预示着未来的“三位一体”的科学。尤其在现代,城市工业化、政治民主化、知识经济化、国际一体化的进程席卷着世界,法律文化的传统格局必然发生断裂,这也是一个不能回避的事实。此外,现代法文化学所关注的,已不是非常具体甚至琐碎的问题,而是法学的基本走势,“看出制度问题”,“透视流变的格局”,“追求对法律的总体把握”,法学家才能概括中国法学发展的现状以及法学主流意识的变化。

法律文化的评述。法律文化发展进程中,可以说制度和思想均良莠并存。这就需要研究者坚持实事求是、一分为二、客观科学的立场,肯定以往成就,总结先人经验,提供合理性证明,进行预测性前瞻。经过评述,下列属性将得到彰显:(1)文化符号属性。法律文化研究应该力求传达法律本身的意义和目的,例如,法律面前人人平等原则就是现代社会进步的一个表征。(2)文化解释属性。法律的文化性导致人们在行为之前、之中、之后按法律进行行为判断,每一种法律行为都能在其所属文化中得到具有法律意义的解释。(3)文化选择属性。法律文化代表着一种法律所认可的行为模式,使人们得以进行行为方式的确认和选择。(4)文化传播属性。在法律文化发展中,法律具有教育意义和示范功能,前人的行为会对后人起表率或警示作用。(5)文化反思属性。法文化学研究中,也存在着优胜劣汰的基本规律,肯定性思维方式与否定性思维方式会并肩作战。表现为,对于具有优秀品质的法律文化,研究者一般主张发扬光大;对于具有负面影响的法律文化,则需要否定和替代。

由此可见,关于法律文化的讨论,从法律观念到法律制度,从思维体系到思维方法,从理性分析到价值评判,从抽象命题到社会影响,所涉及的领域范畴十分宽泛。而上述法文化学研究体系,既丰富了当前的法哲学体系,又凸显了文化学理论在考察法律现象方面的重要性。

三、法文化研究的方法路径

在法学发展史上,每一种学说都有着深厚的哲学积淀。法学方法论,即是在研究法律现象和法律问题过程中所形成的认知手段、方式和路径。表现在法律文化研究领域,有三种路径在学界较为常见使用。一是马克思主义的唯物辩证法,即根据历史事实、生产方式、社会形态和国家属性进行法律的定性分析,重在揭示法律的本质、特征、发展规律。二是纵向继承法,即对中国古代和现代的法律文化及其资源进行历史性、连续性的研究,以总结和发扬中华文明的优秀传统,保持中国法律文化的独特属性。三是比较研究法,即通过异同对比,以挖掘"理想类型"的法律文化作为标本,观照现行法律制度的优劣。除此之外,人本主义的价值评断法和自然科学中的系统论等方法也在诱导着法学家的研究思路,法学研究不过是将这类"财产"继承过来作为"工具",运用到法律文化本土资源的研究之中。

(一)宏观意义的方法论

法学研究中的一般方法论,是对法律现象具有解释功能的理论模型,它们决定着研究者的选题和视域。人们深知,形成法律的科学精神一方面要从法学本身的内在规律中去寻找;另一方面也应该借助先进发达的技术手段进行分析。而由于法文化学思潮代表了一种源远流长的学术传统,它必然与其他社会科学的广阔背景联系在一起,使哲学、史学、政治学、经济学、社会学、伦理学、逻辑学、心理学、人类学等都受到垂青。法文化学研究又不同于民法学、刑法学、诉讼法学等部门法学,它可以被形容为与多种学科交错的综合学科,存有一系列双边论题或多边论题。有鉴于此,现代法文化学采纳博采众长的研究方法,借助唯物论、理性论、价值论、系统论、进化论等原理,构建起法律文化之体系。主要包括:

法律文化研究的政治学基础。政治学是以政治现象及其发展规律为研究对象的一门学科,虽然其重点研究的是政治组织、政治结构、政治关系、政治权力、政党政策、政治运行、政治秩序等范畴,但宪法、行政法、刑法学中所蕴涵的公法文化原理,是难以回避的政治问题。例如,人治观或法治观的确立,就既是政治问题、法律问题,也是文化问题。因之,在政治性法律文化研究中,法政治学方法论大有施展空间。在法学与政治学交叉的学科背景下,利用政治学原理将有利于对于政治、法律、文化现象的多重透析。

法律文化研究的经济学基础。经济学是研究经济关系与经济发展规律的学科,经济学与法学也有密不可分的联系。这是因为,人类文明的发展早就揭示了这样的规律,法反映一定社会的物质生活条件并被经济基础所决定,要从生产力和生产关系的矛盾运动中寻找法律变迁的内在规律与前景趋向。法律文化研究也不乏经济学原理的指导,如马克思主义的政治经济学原理正是分析中国本土资源的必不可少的世界观和方法论。不仅如此,现代西方的经济学理论也对于法律文化研究有参阅价值,如法律中所体现的利益价值观,就与法律关系的经济性、效益性、成本性因素息息相关,而这类主题也成为法律文化研究的时髦话语。

法律文化研究的社会学基础。"社会"和"文化"是两个不可分割的范畴。社会中形成文化,文化中透析社会。虽然社会学以整个社会为研究对象,包括社会组织、社会结构、社会分工、社会制度、社会变革、社会冲突、社会失范、社会控制、社会自治等,但人们在社会中建立的各种法律关系,无不影响着法律文明的发展。犹如人类为了生存必须不断地从社会中获取产品一样,法律文化的发展也必须从社会本身中去追根溯源。如法律心理问题、法律意识问题、法律秩序问题等,都成为法社会学研究和法文化学研究的共同焦点。在中国,社会学形成较早,给法文化学研究提供了许多资料、信息、启示和思考。进而,社会学研究中所采纳的社会调查法、观察法、比较法、统计法、经验法等方法论,也都对于分析中国国情、分析本土资源有可供利用的价值。

法律文化研究的人类学基础。文化本身具有强烈的人文主义色彩,这使一些世界知名的人类学家均参与到法文化学研究领域。例如,生命哲学的创始人狄尔泰以为,人类生活及其历史都是具有文化意义的世界,社会科学研究应该以人类精神文化现象为特征,力求把握人类生活的独特性。著名人类学家霍贝尔指出,法律是人类文化的组成部分,因此要在一定的文化背景中研究法律,这亦奠定了人类学在法学领域里的重要地位。步其后尘,包括徐显明、夏勇、胡玉鸿等在内的中国法学家,都特别强调法学是关注"人"的社会科学,离开了人本主义的法律精神,法学研究就失去了归依和前景。①

法律文化研究的历史学基础。从学科对象看,历史学、人类学、文化学、社会学四者之间有许多相同的研究主题,即它们都直接或间接地以各种文化的、社会的、法律的现象为剖析对象,都可以分享某些经典和传统。特别是,各国法史学研究发挥着古典魅力,其对法文化学宝库的积累有更大影响。究其原因,在于任何法律进步都是在历史中经过纵向比较、变动、进化、改革的过程实现的,历史也为法学研究提供实证的史料、事实和依据。法律文化中的原理、学说、学派则需要由历史来创造、由历史来积淀、由历史来延续、由历史来证实、由历史来解读。正因为如此,不少法学家将历史方法作为自己进行法学研究的重要方法,并且取得了具有一定历史意义的研究成果。

法律文化研究的伦理学基础。伦理学研究以普遍主义的道德观作为支点,高举理性、自然、人道的旗帜,用于评判各种现象的善恶、好坏、优劣。目前,政治伦理学、经济伦理学、医学伦理学、教育伦理学、司法伦理学等分支学科都聚集在这面旗帜下,为现代法律与道德关系的研究开辟着通途。尤其是,法文化学与伦理学的价值指向有一种"说不清、道不明"的密切关系,它们共同承担着评判各种法律现象的神圣使命。例如,法文化学与伦理学研究中,都需要回答正义、公平、诚信、良知、人道等诸多模棱两可而又必须回答的问题。当然,从伦理学角度研究法律文化,并不是让法文化学隶属于伦理学,而是要用自然的、道德的、理想的、应然的思维方式去引导人们思考法律问题,特别是

---

① 参见徐显明:《法治与社会公平》,山东人民出版社 2007 年版,"代序"。

法律文化问题。

概括起来，现代人文社会科学为我们提供了许多新的研究路径，它要求我们从政治、经济、社会、文化、历史等多个角度对法律的社会背景、形成机制、发展趋向等问题进行深入分析。在这一进程中，各人文社会科学的研究方法表现出了多种学科交叉后的广博性，形成一种研究成果互动、研究视域宽博的特色，它们使法学思想有了更为宽阔的土壤条件和学术动力。一定程度上，法文化学正是在这些学科的推动下孕育和完善的。

（二）微观层面的工具论

与带有世界观、方法论性质的宏观研究不同，所谓微观法学研究之方法，"不但为探求真理之门径，亦为贡献社会不可少之工具焉"①。即透视法律本土资源是现实主义的"活"的命题，需要更多地借助规范主义和经验主义的分析方法作为工具，力求将法文化学的一般原理转化为有中国特色的学术见地。为此，法律的工具主义思考，主要是现实的、具体的、技术的、实证主义方法论在法律文化领域的运用，又大体可分为统计法、文献法、调查法、解释法、比较法等方法。

法文化研究中的统计学运用。统计法是自然科学研究中普遍采用的方法，目的在于通过统计汇集、整理、分析各种资料和数据，提供科学研究的参数。直观看来，这种统计学似乎与法文化学研究无关，实则不然。一般来说，法文化学方法可划分为定量分析与定性分析两大类，并要求从定量分析中达到定性分析。目前，统计学在法学研究中经常采用，正导源于它是法学家进行定量研究的主要工具之一。诸如进行民间资源的研究、公民意识的研究、法律信仰的研究、诉讼文化的研究等，虽然是一种"文化"性的评价，但这类评价也需要通过一定的"数据"来表现。人类文明从人治向法治、从专制向民主、从特权向平权的演化绝非一日之功、一蹴而就，通过立法、执法、司法方面的实证统计，无疑会显现出这种演化的规律性。

法文化研究中的文献法特性。文献法与统计法在功能上异曲同工。其目的是通过档案、报刊、书籍、报表、文件等历史记载，收集有关被研究对象的查之有据的情报信息，以实现对现行制度的改进和对未来制度的预测。在法文化学研究领域，已经有不少学者十分重视文献法的应用，瞿同祖、何勤华、梁治

---

① 王凤瀛：《说研究法律之方法》，《法学季刊》1924 年第 1 卷第 8 期，第 56 页。

平的法文化学作品均查证了大量史料以为佐证。在部门法学研究领域,对已有判例的研究、已有法典的研究,以及民事案件档案、刑事案件档案、行政案件档案的查询,更能使研究者豁达开阔,精确认识,海纳百川,自然也成为其进行法律文化研究的一条有效路径。

法文化研究中的调查法功能。调查法是指利用普查、抽查、观察、访谈、问卷等具体手段,对于被调查对象的实际状态进行科学分析的方法。而由于法律文化研究不能脱离社会实际而空谈所谓价值原理,因此社会调查法也被广泛运用于该研究领域。例如,西方学者常通过大量社会调查,说明人们的职业地位、社会环境、受教育程度等对法律意识、法律心理、法律态度所产生的种种影响。对于中国,由于法律本土资源的探讨是比较务实的,有时甚至是具体琐碎的,更应倡导社会调查法的有效运用。此外,在调查方法的运用中,人们还能揭示不同国家、不同地区、不同时代、不同民族的法律文化的共性与特性,以及这些特性对于后世留下的斑斑印迹,为法学理论提供客观依据。

法文化研究中的比较法途径。在文化学意义上,比较法学是对于不同的法律体系及其特征进行比较的一门科学。而且实际上,可以把比较法学看作是法律文化研究的最佳方式。作为一种常见的方法论,比较法功效显著,法律文化的功能性、价值性、优劣性、目的性等,都可以用比较法来测度。例如,在历史和现实、理论和实践、中国和外国法律文化资源的比较中,我们能够借鉴成果,找出差距,举一反三。再如,通过中外法治模式的比较、监督制度的比较、司法体制的比较、历史传统的比较、社会结构的比较等,可以反馈法律文明中的人类智慧和经验,使其成为现代法治的样板。又如,在行政法学研究领域,"行政法理论基础的历史学使命,即发掘和建构历史上的对立理论模式,实是当代学者为认识和理解当下而进行的一种时间维度上的比较。它即便描述、梳理以及归整历史,最终目的仍然是为现代行政法号脉"①。

法文化学研究中的经验性思维。从理论思维的源泉看,不习经验,则学理无以证明;不明学理,则经验无以会通。正如这样的分析:"人类切不断历史,也离不开逻辑。对前者的尊重,构成经验主义的历史态度;对后者的探索,构成先验主义的理想追求。前者是长度,累计人类历史之渊源;后者是宽幅,测

---

① 沈岿:《行政法理论基础回眸》,姜明安主编:《公法理论研究与公法教学》,北京大学出版社 2009 年版,第 263 页。

量人类自由意志之极限。前者是纵向的积累,后者是横向的扩展。"①于是,法学家们力求将两种思维路径相结合。从法律文化的演成看,现代法律是从社会习俗中长期积淀而来,或者说是从经验中得来。尤其关于中国本土资源的积累,是靠中国人凭借不懈的努力获得的法律知识和技术系统。对于它们的驾驭,既是法律资源获取的路径,也是法律文化研究的出口所在。

综上所述,法文化学研究具有对象上和范畴上的独立性,但这并非意味着法学家要"闭门造车"。放在人文社会科学的大环境背景下,法学家可以选择将宏观研究与微观研究、理论研究与实证研究、历史研究与现实研究相结合的方法论,法学家也期待着用这些诸多的"分析工具"为法律文化之苑添砖加瓦,增光添彩。从法学的正面功能看,法学的工具性意味着法学成果可以被视为建构法治大厦时所拥有的关于价值判断、理性思维的有效工具。反过来说,如果法学成果对国家、对社会、对公民"无用",则其再精美也缺乏意义。在此,笔者十分赞同苏力教授的观点,即我们今日无论传播或创造任何一套法学思想体系,都不过是为了使我们的"工具箱"里多一件有用之"工具"。

第二节 法律资源:法律文明的基本要素

中国当代法律文化本土资源的研究是一个难度很大的课题。因为,何谓法律文化本土资源?中国当代有哪些本土法律文化资源?这些资源是如何积累的?其中的思想资源是什么,制度资源又会怎样?除国家法律以外,民间法、习惯法、社会法等是否是中国法律本土资源?现代本土资源与以往历史文化的关系如何?取之外国、用之中国的法律资源是什么?凡此种种,都是疑问。而为回答这些问题,首先要对法律文化和法律资源进行一定的"类型化思考"。高鸿钧教授即将法律文化分为内行法律文化与外行法律文化、官方法律文化与民间法律文化、主流法律文化与非主流法律文化、本土法律文化与外来法律文化、传统法律文化与现代法律文化。② 借此分类,本文把相关法律

① 朱学勤:《道德理想国的覆灭》,生活·读书·新知三联书店1994年版,第273页。
② 参见高鸿钧:《法律文化的语义、语境及其中国问题》,《中国法学》2007年第4期,第28页。

资源大致加以甄别,以便厘清当代中国法律文化的基本要素。

一、历史资源与现代资源

法律文化的分类,首先取决于人类法律进化的纵向坐标。由于法律文化既是过去人们创造的历史文化的遗留,也是今天人类仍在发展的现实文化的延续,法律文化是一种集历史与现实、静态与动态为一体的文化模式。与此相应,我们便可以对传统法律文化和现代法律文化的特征进行"跨文化的整体性概括"。其中,传统社会的法律文化主要包括在血缘身份制的原始社会、奴隶社会和封建社会流行的法律文化;而现代社会的法律文化则指渗透在市场经济、民主政治、多元文化和法治社会中的法律文化。虽然,传统法与现代法的二分法过于庞大,但对于法律文化研究来说,我们仍然需要采取宏观的视野。

(一)历史性的法律文化

历史性意味着一种传统性,历史性的法律文化构成了与现代法律文化的相互关系,往往成为法史学和法文化学的研究对象,一些法学家在给法律文化下定义时也常常把法律文化等同法律传统。按照这一见解,法律传统是流传久远的法律行为方式或思想方式,是一种文化积累和文明走向。而研究当代法律文化资源,不能不透视历史赋予我们的法史资源。

首先,历史是一种不可再生或修复的宝贵资源,它向人类贡献了优秀的文明成果,特别是作为意识形态的精神财富。在遥远的历史文化的表象之后,是悄悄延续至今的文化的各种元素,诸如雕塑绘画、文献作品、发达的技术知识、真善美的道德观、人本主义文化传统。它们顽强地、有力地、隐秘地生成,指示着文明发展的可能性和必然性。特别是,与中华民族相联系的、从民众生活经验中所提炼的各种民间规则、习惯风俗、道德标准、礼治文化,就在历史上真正具有类似于法律的效能,并渗透于法的精神、法的风格、法的特性之中。又可以说,人们在研究现今的法律制度和法律思想时,必然会涉及那些由人类智识构成的独特的传统法律文化精神——理性、自然、和谐、权利、衡平等——它们是具有重要历史意义的"文化集合体"。正是这些文化精神诱导着人们进行一定社会倾向性的法律活动,也值得给予传统法以文化视野的先期探讨。于是,作为历史的继承者,后世的人们需要善待历史、保护历史,而不能随意否定历史、歪曲历史。

历史还是一部人类文明进化的经典史诗。从历史的沿革中,我们才能发现今日的坐标,我们走到了哪里,应该向哪里去,我们进步了没有。从反向说,今日的法律制度是从昨天流动过来的,法制史即是法律制度发展的过程。在法律文化发展的时代朝向中,人们才能透视出宪法、民法、刑法、诉讼法"作为文化之结晶"的博大精深。而且,以往的历史并不是纯粹的史料堆积,历史是连锁的、持续的、恒久的,甚至"活生生"的影响着现代人的思想和行为,一些划时代意义法制变革也只能通过历史发展来加以解释。从诸法合体、民刑不分,到私法的繁荣和商法的发达,再到近代宪法、行政法的完备,以及第二次世界大战后经济法、国际法、科技立法的兴盛壮大,从中我们可以发现法律文化的改革和创新。此外,变中往往有不变,恒定的价值很可能在无数变化后延续下来,成为绵延久远的传统,也可以被视为整个文化的倾向和特性。在此过程中,回溯华夏法律文明的发轫时期,寻觅它们的最早踪迹,有利于更精准地把握它们的昨天、今天和明天。

历史更是一个拥有庞大空间的容器。它容纳了成功和失败、经验和教训、美丽和丑恶、荣誉和耻辱、人性和残酷、光明和黑暗、进步和落后,所有的进程都被融于历史之中。因此,通过对传统法律文化及其资源的积累、传递、阐释,人们才能实现历史上的法制和现代法制的对话,并在这种对话中使人们获得感知和启迪。同样,历史亦是一面最好的镜子,它提供了今日法律文化的基本定位和评价指标。认识法律文化发展的历史,可以总结经验、吸取教训,令今日的法律丰富、深邃,也令人们反思和警惕。进而,描述和评述历史还可以让我们清楚地看到,中国以往和当前的法治理论具有怎样的社会文化背景,它们各自处在什么样的历史位置,从而明白我们今天究竟该做些什么。

由此我们得出结论,历史决定着法律制度和法律观念,历史主义文化观对于中国本土文化的研究有着重要的指导意义;而历史主义作为一种提供思想源泉的史学观,则对于现代法律文化有重要的价值影响力。正因为如此,何勤华教授明确提出了"法律文化史"的观念,并力倡借助此种视角和方法,对中国法律史进行全方位的深入研究。①

---

① 　参见何勤华主编:《法律文化史研究》,商务印书馆2005年版,"序言"。

(二)现代性的法律文化

现代性的法律文化与历史性的法律文化对称。相形于传统性的历史文化,今天的法律文化资源主要是现代社会的现代人所创造出来的"适销对路"的法律产品。这种产品无疑吸取了前人的经验和优长,但又更科学、更经典、更完备、更系统,否则法律文明就失去了它的进化魅力。其中,20 世纪伴随社会转型的中国法律文化,经历了一个由传统向现代的发展时期。21 世纪的中国法律文化则在世界法律文化体系中居于更为重要的地位,成为"具有光彩的一支重要文化"。① 而且,"它是一种以'正义'为价值取向的、以西方法治文化为范式的、以传统中国法律文化为根基的中国特色的社会主义法治文化"②。对于这样的法律文化资源,我们理当发扬光大。

首先,现代法律文化是当代法律特性的表现。这一文化由于立足于当代而具有典型的时代特征。易言之,包括法律现代化、法律科学化、法律民主化、法律程序化、法律全球化等现代法律属性,必然体现在法律文化体系之中,成为法律文化的经典反馈。由此,我们研究现代法律的渊源、形式、内涵、模式不能局限于以往的定位,必须将其放置于现代法治演化的环境背景之中,看它的价值、它的目标、它的功能、它的效果、它的完善、它的规律、它的走向。又正如社会在发展一样,现代法律文化比较传统法律文化已经有了惊人的历史进步,"把目光投向现代本土法律文化资源"需要将聚焦重点放在对于我们今天的思想和行为有更大影响的现代法治之上。

其次,现代性的法律文化,是属于工业社会、商业社会、知识经济社会、国际一体化社会的全新时代的产物,其伴随着政治文明、经济文明、社会文明的步伐而成长。而法律现代化代表着法律进化的世界观,其具体含义有三:(1)法律现代化意味着一种内制改革的需求,指一个国家的法律制度能够对社会内部的各种关系给予广泛的有效的法律调节,实现法律制度本身的体系配套、内容完善。(2)法律现代化体现着受外力促进后的创新精神,反馈着现代文明的所有成果和优秀品质,强调剔除愚昧、落后、甚至野蛮的因素。(3)法律现代化是一种最高境界的价值追求,要求人们从意识里、行为中都贯穿一种深

---

① 参见刘作翔:《法律文化理论》,商务印书馆 1999 年版,"内容简介"。
② 张波:《论当代中国法律文化的多样性》,《南京社会科学》2001 年第 11 期,第 52—57 页。

邃的对法律适应时代需求而进化的理解和认同,代表着人类前进过程中弃旧图新的意志和愿望。毫无疑问地说,法律现代化暗示了法律文化在内容、范围、目标方面是一个动态概念,人们援引它来认识法律的不断变化和进步,以及法律文化对于国家法律制度体系和法律实际运作的深邃影响力。

再者,就传统文化与现代文化的关系而言,则传统法律文化是现代法律文化的历史根基,而现代法律文化是传统法律文化的历史延续。就此而言,传统法律文化中有现代法治所要求的内容,也注定了它们对现代本土资源的内在影响程度,甚至传统文化并不会随着时代的流逝而完全废弃,相反它以"酵母"的形式提供了奠基于传统的文化因子,并以特有的方式作用着现代法律文化的面貌。当然,传统法律文化中也蕴涵着许多糟粕,因此研究法律文化的传统与现代的联系并不意味着要采取一种复古主义的立场,而只是体现当代法律文化的连续性和继承性。此外,将已被淘汰的"法律传统"称作"法律文化"显然不妥,这就需要将法律文化精华和法律传统垃圾区别开来,使法律文化仅指对于后世有价值的正面影响,而非指其负面作用。也可以说,现代法律因素往往孕育于传统法律的母体之中,如果能继承传统法律的良好因素,将是现代法律文明的福音;反之,如果传统中的糟粕仍然大量残存,则现代法律文化会受其羁绊。

由此可见,传统文化构成了现代文化的基础,现代文化承载着传统文化的进化要素,因而在中国本土文化中,传统法律文化和现代法律文化都必然拥有一席之地,但关于"当代法律文化本土资源"的定位应该注重现代法律文化的形成、发展、成果与特色,所谓"历史已经过去,现在的正成为历史。中国文化生生息息,仍然不断地创造着",就是这个道理。①

二、共性资源与特性资源

在哲学思维领域,共性和个性是统一而相互关联的矛盾集合体。这一哲学范畴也能用于分析法律文化论题。法律文化首先具有宏观、普适、常态化的属性,往往用于指称思维、信仰、制度和实践的一般情境,这是一种对于法律文化的"通常看法"。但法律文化有时由偶然的、多样的、复杂的因素所决定,可以仅仅指在特定环境中个别的法律形态、渊源、属性、功能和变化。因此,法律文化又表现为一种特性化的追求和解答。

---

① 夏勇:《人权与中国传统》,夏勇主编:《公法》(1),法律出版社1999年版,第211页。

（一）共同性的法律文化

在法学思想领域,相对统一的思想才能形成相对统一的法律文化格局。正如这样的描述:"法律文化之所以重要是因为它有力量,而且这种力量异常强大。法律文化之所以力量强大,是因为它不是一个民族少数思想家、理论家头脑中的'思想'、'理论',而是一个民族全体成员心中赋有的集体意识或集体意向,是'文化'。"①从历史看,基督教与伊斯兰教文明之所以能够成为中世纪万流归宗的信仰体系,就因为它们开拓了固定模式的思维大道,"使后世人们的思维细流都在这一渠道里静静流淌"②。从现实看,各国法律文化已经从单线式、同一化、自发型的封闭模式,开始向着多边性、复合性、交叉性的方向发展,渗透着各国家、各民族、各时代接受的共性观念。

在制度建设层面,法律本身就是一个具有共性的概念。只是由于各个国家的法律形态具有不同的渊源背景和模式风格而存有差异。因此,强调法律在源流、属性、功能方面的多样性和特殊性,并不等于要抹杀法律文化的同一之处。尤其社会发展到现代,各国更追求在政治、经济、文化交往过程中得到法律的同等调整和保护。诸如,宪法文明已被文明社会所接受,正在设法向国家政治生活领域广泛渗透;权利本位观念已经代替义务本位观念,人权保护的意识也在增长;法律信仰日益取代行政化的力量,人们对于正义、利益、秩序价值有一种普遍渴望;在交易交往中程序的重要性更为突出,诉讼文化在城市中越来越得以流行,等等。凡此现象无不证明,法律文化有着十分显然的共性基础、模板或样态。

在思想建设方面,法律文化呈现出同样的共性趋势。表现为,蕴涵在各国法律内部的法律观念、法律原理、法律价值、法律信仰一直发挥着导向作用。特别是,现代法学已逐渐超越了国家的界限,对古今中外的已有的法律文化进行梳理、归纳和整合,这被形容为一种法律文化研究中的"宏大叙事"。再从世界范围看,由于法律发展的前途命运并不取决于法律本身,而取决于全球的"大环境"和"大背景",当代法律正在走向一体化过程,法学研究也开始呈现跨国家、跨地域的学术属性。这种倾向还告诉我们,要区分一种法律制度和法律原理是"中国的"或"外国的",也许极不现实;要在各国的法律中比较选择

---

① 刘世田、李少伟:《法律文化导论》,中国政法大学出版社2005年出版,"内容简介"。
② ［英］库尔森:《伊斯兰教法律史》,吴云贵译,中国社会科学出版社1986年版,第2页。

出一种最佳的法律模式,也的确极为困难。

对于本国而言,这种共性化的趋势也得到彰显,这就是国家法治及其导向的统一性、稳定性和连续性,与此同时,人们正致力于打破地方保护的封锁和乡村隔绝的陋习。究其原因,在于法律文化并不存在于个体民众的意识之中,它是整个中华民族的法律意识。诚如一个公民、一个村落、一个团体、一个地区"喜欢喝咖啡"或者"喜欢喝茶"并不等于形成了"饮食文化"的道理一样,在一个狭小的空间、地域和时间段里所形成的法律规则及其风格,并不是法律所张扬的文化个性。就此看来,研究法律文化本土资源的特性,绝非等于地方性、村落性、甚至个人性的同义语。

（二）特色性的法律文化

与共性文化相区别者,当然是特性文化的透视。特性文化是一个相对的指称,泛指某一国家、某一地域、某一时代或某一群体不同于对应文化的独特属性。按照法文化研究者的论证,每个国家或民族都有自己的法律文化,每个国家或民族也都有自己的法律资源,而且没有任何两个国家的法律模式完全相似,各种模式对社会的影响亦视具体国情不同而不同。西方学者弗里德曼就不断重申,法律文化实际上是"一种令人眼花缭乱的文化阵列"。中国学者高鸿钧教授则常常用文化来解释本国制度的特征和差异。他强调,一国法律与其他法律的差异实质上是其文化特性的一个表现,它们通常因不同的社会类型而异,甚至在同一类型的国家中法律的差异性也很大。①

以法系为例,人类文明中之所以能演进出各种法系,首先与中国文化、罗马文化、日耳曼文化、英国文化、印度文化、伊斯兰文化等诸如此类的"内部文化"有关。因此,法系被认为是取决于一定传统和习惯的"法律文化的特殊群体"。法系所确立的文化模型又可以把不同国家法律体系和法律风格所包含的核心要素显露出来,诸如以成文法为形式还是以判例法为形式,以法学家为主导还是以法律人为主体,以演绎推理为方法还是以归纳推理为手段等。而且,如果说法系显现了某些国家或地区的法律文化特征的话,则这些特征正是各国法律文化差异冲突的基本征兆,至少在它们的渊源形式、主要制度方面即是如此。此外,不同法系的法律文化形态还表明,某一民族、某一国家、某一阶段的法律文化难以和其他法律文化集合体进行等同,因此,一个法系"与其他

———————

① 参见高鸿钧:《法律文化的语义:语境及其中国问题》,《中国法学》2007年第4期,第31页。

性质上相差悬殊的法律体系或者法律体系的要素是能够相互区分的"，以至能够进行"富有成果的类别性和可比性比较"。①

上述法文化特性的原理，在中国问题的分析方面也同样适用。历史上，以中华法律文化为代表的中华法系，就是世界法律体系中风格独特的一个支系。在现代进程中，中国也有区别于外国的独特制度和法律规则，如中国特色的人民代表大会制度、行政管理制度、民间调解制度等。及至未来，我国所追求的法治理想，只能是适合本土国情的设计方案，中国人并不能将所谓世界最先进的制度体系"拼凑在一起"，从而幻想构建出类似"灵丹妙药"的法治理论模型。基于此，关于法律移植、法律继承等主题的研究正呈现出现实主义、功能主义、本土主义、民俗主义景象，向着真正解决中国问题的方向迈进。

毫无疑问，法律文化的差异主要基于不同国家的历史环境以及各国经济、政治、社会结构。首先，法律文化的特点与法律文化的历史有关。人们已经在长期的社会交往中结合成为一个有内聚力的社会结构，其结果，即使社会已发生某些变化，人们仍然停留在过去的生活方式之中。而且，文明传承的历史越悠久，个性越强，严谨程度越高，其内在的文化特性就越鲜明。同样道理，一国法律乃是一定时代难以说清道明的精神文化产物，它们会潜移默化地反映出特定价值文化的鲜明性格，并长期在本国范围内发挥效应。其次，举凡文明社会，都保持着自己独特文明的特殊方法。这意味着，只要有两个以上国家、两个以上地区、两个以上民族，其法律文化所表现的价值差异就是现实的，并且这种法律思想领域的差异又使它们各自的法律制度、规则、模式迥然有异。根据这一理由，我们在法律本土资源的研究中，与其说目的在于提供关于法哲学的最为精华的价值理念，毋宁将这种研究定位于真正对于中国人、中国社会、中国法治有影响的学术原理。再者，经济上的农业文明与工商业文明、政治上的人治文化或法治文化的不同，同样决定了世界法律文化丰富多样的版图，使现代法学已发展成为学说林立、分支繁多的学科体系，呈现出多方位、多角度、多元素、多路径的特色。

总体看来，在国际合作中，人类会因共同生活而形成共同语言、共同思维、共同情感、共同经验、共同价值观、共同制度体系，但某一地区、某一国家、某一

---

① R. David, and J. E. C. Brierley, *Major Legal Systems in the World Today*, 3rd edn, London: Stevens, 1985, pp. 17—22.

群体中的特殊文化要素仍然举足轻重。这里,共性和个性之间、抽象和具象之间、一般和特殊之间,既具有宏观的共性要素,也具有微观的特殊要素,决不能画一而论。而法律文化研究则需要将求同和求异结合起来,发现法律的时代背景、发展路径和文化意蕴,贡献出一种"相对主义"理论。

三、制度资源与思想资源

作为文化现象的法律,可分为器物形态之法、制度形态之法和观念形态之法。借此分类,中国学者往往将法律文化资源的表现形态分为物质文化资源、制度文化资源和精神文化资源。物质文化是基础,精神文化是动力,制度文化是保障,三者相辅相成。但其中,物质文明主要表现在自然科学发展领域,对于属于社会科学范畴的法文化学而言,难以纳入"研究对象"之中,因此制度之法和观念之法构成了现代法律文明的有机成分。前者体现为权威的法律体系,由法典、法规、法令、习惯、判例、司法解释、诉讼程序、法律推理、技术风格等构成;后者包括法律观念和法学原理,特别是法律价值体系。

(一)制度性的法律文化

一般而言,法律文化被定义为一种思想观念和意识形态,但"像影子反映了物体一样",法律思想中亦能够反映出一些"制度问题"。就此观察,法律文化研究的意义不仅限于构造一个"文化观念的集合体",还被理解为法律发展中的重要制度性因素,至少在法源形式、法律样态、法制模式和法律进化规律方面,法律文化发展了法律,也被称为型构了法律。

从制度建设的视角看,法文化学研究首先涉及法律创制、执行、适用的各个环节和领域。因此,立法过程、行政过程、司法过程、守法过程、权利保障过程、权力监督过程的法文化建设,往往会纳入法文化学研究的宏观视域,成为现代法律的宝贵资源;而宪法、行政法、民法、刑法、诉讼法、国际法中的文化问题,也始终为法理原理提供着真实的、可信的、实证的数据。正如徐显明教授所概括的:"制度并不是一些简单的原则与规则,而应是一个有着特定精神的制度体系。"①

从文化观念的视角看,法律文化被认为是法律制度的初始源泉,又同样是法律制度的产物,在现存法律制度之外不存在法律文化。由此,"法律文化"

---

① 参见徐显明主编:《法治与社会公平》,山东人民出版社 2007 年版,"代序"。

与"法律制度"二者间有着明显的对应关系。申言之,法律文化首先是一种制度文化,法律制度是法律文化考察的一个重要变量。一般而言,前者的模式或风格决定着后者的模式或风格。用十分浅显的事例说,如果没有交通设施的齐备,则即使统治者、政治家、法律人再有保护大众生命、健康、安全的法律意识,也难以避免相关交通事故的发生,这就是对两者关系的典型说明。

当然,相形于思想建设,制度建设偏于体制、形态、结构、技术、设施等有形的、实体的、具象的、器物的层面。诸如,立法领域的法典化风格构造,宪法领域的权力分立体制,结合中国实践的人民代表大会制度,独具中国特色的检察院体制,以及中国式的审判方式、陪审制度、辩护制度、调解制度等,它们都是中国特有的法律制度资源,也是中国法律文化的反馈形态。

(二)思想性的法律文化

在哲学范畴,思想和行为是人类所专有的特征,所有的人都具有这两个方面的特征,人之所以为人而超越动物学上的人,就是因为有这些属性。其中,"人能思想",而思想形成"人的伟大"。思想是对物质对象的观察、认识、感知、立场、联想、领悟、推论、追问、解读,又包括进行独立的创作活动,即把握事物本质、形成相关理论的能动性。

在法学范畴,进行思想性的法文化建设,这是法律文化研究的一个前置性命题。与物质形态的法律机构、法律组织不同,作为文化现象的"观念之法",也即观念形态表现的法律文化深深地扎根于人们的意识之中,直接影响着人们的活动,进而对于"制度之法"的存在和运作具有重要的影响。而且,作为一种文化力量,思想建设的主要任务在于通过对"法律是什么"和"法律应该是什么"的回答,来为人们追求的法律实践目标提供一般性的理论依据,即通过法律原理、法律学说、法律思想、法学流派、法律价值观所表现的法律文化,具有抽象的、应然的、甚至是理想的色彩,因而对于制度性文化有指导功能。这种指导又包括两大方面:其一,为法律制度的设计和运行提供思路、启迪和方法;其二,为社会公众在智识上知晓法律、实践法律、维护法律、遵守法律而付出努力。诸如,为法律制度的存在提供合理化证明;反馈法律规则中的社会正义标准;通过权利义务的分配达成法律追求的利益平衡;论证法律工作者的素养与法治事业发展的关联性;让社会成员的守法观念养成取决于优良的文化环境,等等。

进一步,法文化学正在于提供系统的法学原理,正在于通过理论法学的宏观构造,将法的哲学意义、文化意义和历史意义,法的国家功能和社会功能,法的纵向发展和横向改革,法的伦理化和职业化进程等推向一个新的台阶。也可以说,法律制度是法律文化的框架、基干、骨骼,法律思想是法律文化的血脉、精髓、灵魂;法律制度是法律文化的"形式",法律思想是法律文化的"质料"。任何一种优良的法律文化都意味着从"好的质料"中发展出恰当的"法律形式"。同时,这种法律文化观念的影响绝非涉及一部法典、一个法官、一代法学家,它们往往会永久留存。诸如平等观念、权利观念、自由观念、法治信仰一旦树立,是人类靠精神束缚或者实体惩罚难以消灭的。反向理解,如果将法律文化仅视为"法律制度"本身,则将丧失法律文化的应有解析力,并被认为是一种"跳脱了一般文化语境"的狭隘意识。

由此分析,思想性的法律文化必然在法律文化研究中占据着更为重要的地位。只是我们还需要警觉,有时思想性的法律文化形成之后发展比较缓慢,变化比较困难,也常常阻碍着法律改革和进步,导致了制度性法律文化与观念性法律文化的冲突。例如,以传统社会为根基的较为落后的法律思想观念,可能成为现代法制建设的阻力。在此情形下,我们又要适应现代社会的发展而缔造现代化的法律文明。

四、国家资源与民间资源

按照法社会学的论调,法律具有多元属性。法律的这种多元属性,表现在法律文化方面,即为法律文化资源的多样性,起码可以分为国家法律与民间规则两大类别。一方面,国家法律资源靠立法、执法、司法机制正式推行;另一方面,道德规则、社团规则、习惯规则、民间规则、乡村规则在社会实践中发挥着调整行为的作用。尤其后者,是一定社会人们相互间关系基本要求的概括,是通过某种习俗固定下来的行为准则,它们也构成了现代法律资源的基本成分。为此,法学研究可以向内和向外两个方向展开。向内要研究法律思想、法律体系、法律制度、法律设施、法律机构、法律文本;向外要涉及文化系统的其他因素、环境和条件,如哲学、历史、宗教、伦理、习惯和风俗等。① 这种交叉互动的学术研究特色,正是我国法文化学研究的一个重要动态。

---

① 梁治平:《法辨》,贵州人民出版社1992年版,第14页。

（一）国家性的法律文化

现代社会,国家是正式法律规则和法律制度的颁行者,它为法治提供着核心的、权威的、普适的法律资源,而提供这类法律资源的特殊方式即国家的立法、执法、司法活动。通过这类活动,最终建立起在本国领土范围内对本国公民、法人、国家机关有效的法治秩序。

就当代国家法律而言,法律资源的关注焦点很显然主要在于国家法律体系,以及法律在生成普通公民的法律认识、态度和价值过程中的影响力。而较少关注所谓社会的、地方的、民族的散乱法律认识、态度和价值。这使各个国家已经走入了"法治时代",并使法治文化逐渐取代伦理文化、宗教文化、权力文化、家族文化的旧有社会治理模式,塑造起国家性的法律制度体系以及法律运作方式。

从理论来讲,国家作为公共权力在管理国家事务中起着举足轻重的作用,自然而然也在现代法治建设中扮演着最为重要的角色。诸如通过法律规则的创制,为绝大多数人提供法律守则;通过法律规则的实施,引起社会成员行为模式的变化;通过解决各种社会纷争,维护社会安定和谐的局面;通过法律制裁,控制违约行为和违法行为等。特别是作为社会治理工具之一,国家法通过消解纠纷矛盾,使当事人放弃对他人、社会、国家的对抗。在这里,法律的权威性、审判的严格性和法律的惩罚性,与本土文化资源中的"抑制"、"平息"、"消除"、"化解"等概念异曲同工。

从实践中看,虽然国家权力和国家法律有所缺陷,但仍然在社会秩序控制方面起着事实上的主导作用。因此,国家法律必须表现出一定的能动性,尤其在对违约、侵权、渎职、犯罪行为的监控方面,国家的正式制度极为有效。所以,人们并不能站在国家和法律的"对立面"去反对它们的存在。而我们今天的法学家在倡导改革这种正式法律体制时,也要防止另一种片面化的倾向,那就是看不到国家法治的优良性、主导性、工具性的一面。

因而,今天所研究的本土法律资源,主要是作为正式制度的法律在我国地域范围之内,对公民、法人、国家机关都有效的法律资源。反过来说,如果我们不正面地、重点地关注国家立法、执法、司法进程,则的确不可想象还有法治和法律文化存在。

（二）民间性的法律文化

与国家法并存的,是中国法律文化形式的多元图景,又可被形容为"太极图式"。在法律与道德、法规与政策、诉讼与非诉讼、公共利益与个人需求之间,始终存在着复杂的相互作用、相互转化的动态情景。昂格尔将中国法概括为"相互作用的法";季卫东将法律秩序理解为一种"复杂系"。于是,现代中国学者特别关注习惯法、民间法、社会法等范畴的研讨,力求对其进行不同于国家法的"诊断性"分析。① 而这种研究,提出了法律的多元主义、民族主义、地方主义等各色理论,成为法律文化研究的重要立足基点。

首先,导致法律文化资源具有很强的民间性因素,主要取决于中国传统的社会背景。古人对于法律的追求,早就体现为"礼法双行"、"情法兼顾"、"刑政相参"、"刑德并用"等法律实践。如今,在对法律文化发展史进行回溯时,我们必须借助于历史学、社会学、文化学的研究方法,引证大量古代法律文献、历史资料、案例事实,才能真正揭示法律文本之外的民俗风情等文化因素对法律本身的影响。

其次,在民间资源研究中,我们的确能够发现诸多对于现代社会生活仍然实际发生作用的"活法"。例如,在现代商业关系的建立中,商人们可能并不依凭合同法、公司法等明晰的规定,反而可能根据商业惯例去解决彼此之间的问题。由此看来,法律不仅是一种国家制度的设计和安排,它更源自于社会本身。于是,法学家们经常强调,任何法律制度和司法实务的根本目的,都不是为了确立一种权威化的法律体系,而是为了解决实际社会中发生的法律问题。

再次,同国家法相比,包括技术、经验、情感、习惯、道德、礼仪在内的现行民间资源,能够解决实际问题,进而形成了对社会秩序的有效作用。苏力教授指出,它们在现实社会中是有用的(或者是利益的,或者是信仰的),而它们之所以是有用的,又主要是因为它们创造出一种使它们变得有用的社会力量。这就是历史,这就是绵延不绝的文化传习。为此,如若在我国建立一个运行有效力并有效率的法治,应该在社会生活中的各种非正式法律制度中去寻找本土资源,所谓"依据、借助和利用本土的传统和习惯非常重要"。②

最后,法律文化及其运作塑造了一些与法律制度相关的社会体系,它们指那些与国家能力对称的社会规则、社会权力和社会自治力,如社会组织及其规

---

① 陈冬春:《民间法研究的反思性解读》,何勤华主编:《法律文化史研究》,商务印书馆2005年版,第419页。

② 苏力:《送法下乡——中国基层司法制度研究》,中国政法大学出版社2000年版,第181页。

则、社会舆论及其压力、社会道德及其谴责、社会习俗及其遵行。看起来,这类社会内部塑造的法律文化对于一个国家的法律制度确实在起作用,即它们部分地作为"反控国家权力的社会配置"形成种种对于国家的压力。从法律文化学的视野看,无论是国家力量,还是这些社会力量,它们二者对于法律体系建设都有影响。当然,加强民间规则的研究,并不意味着要使民间资源与国家资源同时并重。我们应该重视现行法律制度背后的各种"渊源性因素"的法文化学研究,但更应该将关注的重点放置于现行的、正式的、国家的法律制度之上。

从上述法律文化资源的基本分类可见,当代中国法律文化本土资源,既包括历史上由我们这个民族的伟大祖先所精心创制的文化遗产;也包括当代政治家、法学家、法律人不遗余力推广发扬的文化成果;即包括对人类行为有所引导的法律思想资源,也包括对当代中国社会有控制能力的法律制度资源;既包括在中国本土上成长的独具特色的法律实践和经验,也包括由于外来文明推动冲击而带来的中华法系的改革和进步;既包括文明国家提供的有利于国家繁荣的正式制度资源,也包括人类自发养成的内部自洽性的民间社会资源。所有这些资源,都是法文化学研究的对象和领域。

第三节　法文化属性:关于本土化的定位思考

在法学研究中,许多法学家都在自己的学术思想领域构造了一片思想园地,其目标旨在通过纵横交错的比较,揭示各个时代法律文化资源的特征。而任何法学论题的研究,都应该特色鲜明、立意深邃,"当代中国法律本土化"问题必然与西方化主题有所不同,同时与复古主义大异其趣。"这种理论反思和自觉构成了时下学界关于中国研究的西方化与本土化论争的一个组成部分","中国法律/法学的移植论和本土化正成为一个重心主题"。[①] 其中,苏力教授通过探索中国问题的特殊性,得出了"中国的法治之路必须注重利用中国本土资源"的结论。在此基础上,相关学术观点纷纷呈现,而学术争议也随之此起彼伏。

---

① 夏锦文:《中国法制现代化的方法论立场》,引自徐显明主编:《法治与社会公平》,山东人民出版社 2007 年版,第 432 页。

一、本土化的论辩

如同所有法治论题都会引起或强或弱的学术争议一样,文化定义问题、中国特色问题、西法东渐问题,都会引发各种"学术大战"。自然而然,本土化问题提出之初,即引发了学界一片或支持、或反对、或批评的讨论。其中具体的误读有三:一是将本土资源视为传统图景,因而珍视历史,无视现代;二是将本土资源限定在乡土社会的习惯领域,因此用陈规陋习批评本土资源的保守性和落后性;三是将中国封建时代的法律文化与西方近代以来的法律资源进行对比,因此导致一种时代性反差。当然,由于真理越辩越明,无论怎样的观点差异都不影响人们揆度国情、对症下药的战略选择,在此论题上不少学者已经取得了丰硕成就,使本土化的内涵、本土化的特征、本土化的要素等范畴逐渐明晰起来。

(一)本土文化的本土性特色

所谓本土,主要指本民族、本地区、本国家。从文化属性看,本土法律文化主要指内部文化,而这种文化资源之所以被形容为"土壤文化",就是指其主要是"土生土长"的结果,包括在本国土壤上自我起源、孕育、成长的过程和成就。从分类角度看,传统性文化、习惯性文化、乡土性文化、民间性文化、民族性文化、地方性文化等,一般都属于本土文化或本土资源。对于中国文化的本土性特色,可以从以下方面进行讨论:

第一,本土法律文化带有较强的自发性而拥有特色。本土法律发展有着原生性、内源性和渐进性的典型特征,并在本地域范围内的文化进程中得以体现。诸如英国的普通法文化,阿拉伯国家的伊斯兰法文化,中国的儒学、礼治、人本文化等,都有着唯我独尊、根深蒂固的内生环境和文化样态。法史学家何勤华教授由此分析,任何一个国家的法律要发挥其内在的价值、功能和作用,必须与其本国的政治、经济、文化、历史传统以及风俗习惯等密切结合,成为该国文化的一个组成部分。[1] 法理学家孙笑侠教授也曾阐述:"法按照本民族的特质而发展,它是民族、传统、文化、国情及其发展规律对法的要求,是法的内向性发展规律。"他还概括,法律本土化的内涵有四,一是继承本国法的优秀传统;二是改造本国法的传统糟粕;三是完善现行法律方法;四是建立与民族传统和国情相适应的法文化观念和制度。[2]

---

[1]　参见何勤华:《法的国际化和本土化》,《长白论丛》1996 年第 5 期,第 13—14 页。
[2]　孙笑侠:《法的现象与观念》,山东人民出版社 2001 年版,第 23—25 页。

第二,本土法律文化因立足于中国国情而体现特色。中国是一个"文化大国",文化的特殊性造就了中华文明的风采风格,保持这种特性文化的存在则是近代前后的中国人为之奋斗的目标。这又意味着发展现代法学和法律之时要善待自己的文明成果,注意法律的稳定性、庶民性、经验性和实践性。而且,本土化研究的历史使命之一,是提供一种凝聚力和向心力,使人们在中华文明信仰的旗帜下向前行进,而不是倒退,更不能扰乱我们民族自己的自信心和自尊心。在此方面,即使中华法律文明并非尽善尽美,学者也必须有一颗热爱和宽容之心,否则将付出沉重的代价。此外,本土性思考还是检验法学家们"学说成绩好坏"的标尺,如果一种学术思想能被接受引用,本身就证明了这种学术研究的必要性和优越性。就此看来,我国学者有必要围绕"中国法律文化资源及其利用"提出我们的命题,阐发我们的思想,形成我们的话语,拓展我们的视野,健全我们的体制。

第三,本土法律文化相形于西方法律文化而体现特色。本土化的概念运用,主要作为"内部法律文化"与"外部法律文化"相对应。毋庸置疑,现代发达的法律和法学都是在西方生成发育的,而中国至今难以宣称我们有成熟的法律制度和法律思想。因此,对中国现代法学思潮的分析研究,需要以西方为样板提供借鉴。但在此期间,我们不能满足于赞誉西方法律文化的优越性,因为这是有意无意地将中国命运交由他人指挥的观点,是对中国本土文化本身不自信的表现。从历史看,英国女王制度、日本天皇制度是特定社会的和文化的产物,西方人在分析这类制度时往往能抱有部分理解,那么,为什么我们不能对中国的政治、法律、文化现象予以一定程度的正面认知? 在中国,政治与法律体制业已形成上千年,中国人有着自己独特的思维方式和风俗习惯,有着源远流长的生存模式和发展之道,有着同样的作为人类尊严和自由的要求,因此我们不需要自暴自弃。相反,唯有"以法理学话语影响中国的历史与未来,方能在世界法学中发出属于自己的声音"①。

第四,本土法律文化因在本国法律发展中占据主导地位而体现特色。本土文化虽然受外来文化的冲击,但其观念形态、心理能力和潜在影响却往往非常巨大。相形之下,即使外来文化对本国文化有巨大影响,相比本土文化的活

---

① 参见徐显明、齐延平:《转型期中国法理学的多维面向——以2007年发表的部分成果为分析对象》,《中国法学》2008年第2期,第128页。

力而言,仍然处于支流地位。英国法以保守著称,即使进行了划时代的资产阶级革命,仍然保留了封建时期普通法的渊源;伊斯兰教文化独占鳌头,上下千年风采依然,以"活着的法系"著称于世。自然而然,在中国成长的法律思想体系和制度体系构成了现代法治的主体形态,即使对其进行改造,仍然需以自己为主线、为焦点进行理想图景设计,它们不能脱离中国实际和中国国情而存在。正因为如此,以瞿同祖、费孝通、苏力、夏勇、刘作翔、范忠信等为代表的学者,一直坚持一个国家法律文化的主流贵在有"根",这一根基,即为中国社会、中国民众、中国现状、中国文化。中国人要珍视"本土资源",要发现法治的本土坐标,要寻找当代法治建设的路径。

无疑,法律文化所表现的特性——所谓的本土性、民族性、地方性、多元性、民间性、乡土性、传统性等——的确提出了许许多多让法律人思考、也让政治家思考的问题,诸如"主体性中国"、"文化的自信"、"文化主体的意识"等。这些问题的提出,即是本土资源研究对于当今中国的贡献。然而又应该指出两点,其一,本土法律文化并非文化复古主义的代名词,而是一个包含传统法律文化和现代法律文化的综合观念。其二,本土法律文化需要不断进化。"在这一过程中,有些'本土资源'因不符合社会的新的发展而消亡了,有些'本土资源'适应社会的新的生产力的发展、经济关系的成长而产生了"①。

(二)外来文化的本土化过程

目前,大多数法学家所探讨的本土化问题,旨在与法律文化的西方化形成鲜明对比。因此,本土化和西方化是一对既矛盾又统一的法学范畴。从相融性看,法律本土化的过程必然包含着如何把外来资源本土化的过程;从相异性看,提出关于本土化问题的讨论,主要反馈了对中国法律西方化倾向所表现出的忧心忡忡,因此,"文化的本土化在现实中自觉或不自觉地表现为对本民族传统文化的推崇或对外来文化的抵制或兼而有之"②。其结果,导致本土论和外源论的观点既有交织,也有向背。前者偏于从现实的角度观察中国法律,后者偏于从历史进程的角度赞赏外来文化。

外源性的法律文化,又被称为契合性的法律文化,是指具有一定思维样态和制度样态的两种以上法律文化之间交流融合,形成的一种或多种共同文化

---

① 何勤华:《法的移植与法的本土化》,《中国法学》2002 年第 3 期,第 13 页。
② 王勇:《文化全球化与本土化关系辨析》,《西藏民族学院学报》2005 年第 3 期,第 23 页。

模式,又可分为互动型的法律文化与全球型的法律文化两大类别。其中,互动型的法律文化往往限于两种法律文化形态的交流与融合,这种形态的法律文化是相关国家相互选择的结果,其特点在于接轨目的明确,制度建设相似,风格样式同一,有模仿融合的优良环境条件。例如,英美法系国家与大陆法系国家相互借鉴,形成了混合性的法律文化形态。全球化的法律文化模式则是在法律多元的基础上冲突、碰撞、抵制、解构的结果,标示了文化领域的一种跨国性运动,且这种运动显然早已超出了国家法律体系的边界,法律全球化正是这一趋势发展的必然结果。当然,全球化法律发展并不等于建立统一的法律文化模式,只是强调在多种法律文化的一次次对抗中,有的被淘汰,有的被同化,有的获得新生,有的相互妥协。

首先,站在西方化的立场上,一些中国学者致力于强调法律文化的深度描述,要求保持学术开放,进行求同存异的法律文化解释,因而得出了一种法律文化与另一种法律文化接轨的结论。尤其西方文化的先进性、合理性和可借鉴性被用于反思中国本土文化的缺陷不足,从而推动了中国法律文化研究向深度和广度方向延伸。持这种见解的学者所依据的理由,还在于本土化的"纯粹性"受到批评。例如,王蒙先生在网络上有言:"所有活的文化都是充分利用开放和杂交的优势,在和异质文化的融合和碰撞当中发展的","纯洁性的提法是一个逆历史潮流而动的提法。"①在具体制度方面,改革开放以来,中国模仿其他国家颁行了许多经济立法、民商立法、程序性立法,包括外来的宪政观念被接受,成为以权制权的宪法依据;外来的私权保护精神被张扬,成为"从身份关系向契约关系"转变的重要契机;外来的司法制度被仿效,成为关注诉讼主体平等人格权利的现代理性等,都是例证。又从总体趋势看,倘若西方的先进制度和学理可由中国人领悟之、传播之、改造之、消化之、掌握之、运用之,则中国可以自豪地宣称,我们在认真地"贡献出中国的法律文化"。

其次,站在西方制度本土化的立场上,人们说,中国法律已获得了自身的正当性,这种正当性是用于抵制西方文化侵蚀的特殊理由,因此本土化也必然包括西方文化的本土化需要和过程,即本土化是"把具有世界性或国际性价值指向的法律理念、法律规则、法律组织、法律运行方式以及法律技术等中国

---

① 王蒙:《入世后全球化能把中国文化怎么样?》,http://southcn.com,2001.11.26。

化的过程"①。因为"法律是一种文化的表现形式,如果不经过某种本土化的过程,它便不可能轻易地从一种文化移植到另一种文化"②。事实上,近代以来的中国一直在革命与改良、急变与渐变、本土与西化的道路上徘徊,而借用西方概念、模仿西方法条、继受西方学说等大量活动都是"在中国本土上发生的,即便是西化派也不可能不在某些规则、原则,至少是语言上有所损益,并因此带有本土特色"③。同样道理,根据自身需求和外部环境所进行的法律移植,包含着中国人主动的、创新的、发展的意愿,这乃是一个主体意识、主体权利、主体能力的实现过程。有了这种主体意识,才不可能将非本土化的东西强行地"化"为本土资源;有了这种意识,会排除"从外国出发"的可能性和必要性;有了这种意识,学界仅仅看重的是中国本土场景,西方化则隶属于本土化,至少是本土化所预期的。反之,脱离本国法律文化的法律技术,必然是无源之水,无本之木。

这一观点,又可被视为广义本土化之见,或是法律本土化的第二种方式。按照此见,法律发展并非静态文化、原汁文化、传统文化、纯粹文化、保守文化所能涵盖,许多国家的法律最终成为一种交流文化、开放文化的变种。而外来法律文化与本土法律文化的接触过程,就是双方通过对峙而被传播、转化、吸收、利用、移植、筛选、扬弃、接轨的过程。此外,外国法律本土化是在承认差异基础上进行的。政治对话也罢,经济交易也罢,文化互动也罢,制度模仿也罢,学术商榷也罢,都因为各自不同的体制和观念为对方提供了参照。而且,这种外来文化被本土化的趋向,在当代社会比在传统社会更为明显、更为重要、更具优势,亦比本土资源本身的现代化转化更为迫切、更为关键、更有价值。

综上所述,法律本土化的含义应该是:弘扬中华传统法律文化精华而非光复旧习;注重中国现实国情而非脱离社会需要;坚持中国法治发展特色而非盲目崇拜西方,进行中外法律资源选择而非静态重复模仿。还需要指出,由于外来因素对于中国法律接轨产生了巨大压力,在本土化和西方化的研究中,中国学者必须积极探询回应的道路,既面对本土文化保守性的指责,也面对意识形态全面西化的挑战,更要迎合时代变迁带来的复杂局面,其必然任重而道远。

---

① 谢晖:《价值重建与规范选择》,山东人民出版社1998年版,第137—138页。

② [美]格伦顿等:《比较法律传统》,米健等译,中国政法大学出版社1993年版,序第6—7页。

③ 夏勇:《法治源流——东方与西方》,社会科学文献出版社2004年版,第153页。

(三)聚焦中国的当代时空观

显而易见,"立足中国"与"立足西方"的立场大有不同。这是因为,当代中国与西方世界的文化谱系不同,中国人早就达成了"中国要走中国之路"的共识,只是分歧在于如何界定中国的实际,如何理解国情,走什么样的路。这其间,坚持本土资源论的学者坚持了"中国问题"的基本立场,表达了迈向"主体性中国"的迫切心情,看到了法律背后隐匿的对于文明秩序的构想。从中可见,立足中国主要导源于关于国民品行、伦理观念、价值系统、思维方式等深层文化结构的判断,它们深深地铸刻在了法律文化之中,昨天存在、今朝存在,明日也存在。进一步分析,立足中国国情意味着要坚持以下观点:

主体意识的自觉性。谈及法律文化的构造,必须首先论及主体问题,即"谁"是法律文化的构造者、法律资源的积累者。在本质上,每一种文明都以自我为中心。因此,所谓文化无非是"人的文化"或"人类文化",其研究的重心是"人"。人有意识、有思想、有目标、有价值观、有心理活动、有精神信仰、有判断能力,有创造法律文明的成就和贡献。以主人的心态才能创造和发展本土文化,也才能理解和传递他人的文化。但值得指出,这里的"主体",决不仅仅指个人,而是指作为整体的"中华民族";法律的发展抑或重构,只能是中华民族作为主体操作的结果。而且,无论作为政治意义、经济意义的中华文明,还是作为文化意义和法律意义的中华文明,都是一个与时俱进、跨越时空的整体概念。也可以说,中国既是一个政治体,也是一个民族体,还是一个创造了灿烂文化的"文明国家"和"现代国家"。它已经在时空上延续了自己的维度,取得了以"中华人民共和国"为主体的奇迹,它在孕育中华法律文化时的成就举世瞩目、不容忽视。正因为如此,我们才强调立足中国。

中国问题的侧重点。人们坚信,所有对人类有益的文化资源——无论是中国自身发展出的法律文明,还是西方国家发展出的法律文明——都将获得广阔的生机,都不怕时代的考验。于是,我们"只有认真地对待自己,才能真正理解他人;只有从西方的问题思路进入西方,也才能从中国的问题思路进入中国,才能作到中西文化的交流"①。但另一方面,由"中国"这一名词的特定含义所决定,中国法律必然反映中国人的意志愿望,同时效力及于中国领土。

---

① 强世功:《立法者的法理学》,生活·读书·新知三联书店 2007 年版,"序言"第 11 页。

根据这样的分析,我们不能对所有法律文化成果画一而论,而应有所侧重、有所选择,甚至有所偏向。对于中国,法律文化资源自然是中国的,"中国法律人必须看到,如果中国法治有问题的话,那这些就都是中国的问题,就是中国法律人必须认真回答和解决的问题"。① 中国的法制建设"离开对中国百姓文化心理和习惯的了解,不从中国实际出发,就不可能产生有利于中国的法治"②。正是基于这种认知,当代法学家需要承担起创建中国法治和法学体系的历史重任。

现代资源的新积淀。以往,人们侧重于从历史典籍规章中寻找本土资源。这使一些反对者批评道,法律本土化是"土得掉渣"的学术观点。但笔者以为,关注本土问题并不总是从中国传统社会中寻找某些现代性的因素,更主要地,是从当代社会实践中去寻找各种适时适需的法律资源。应该说,人类创制法律规则的几千年的经验,确实给现代法律制度以富足的土壤条件;也应该说,没有传统法律文化的积淀,就没有今天的法律体系。在这一点上,我们不能不感恩于先辈的努力。然而,现代社会的法律思想和法律制度必然带有现代性的诸多特征。诸如金融市场、知识产权、生物技术带来的无数新型社会关系与法律纷争,为传统法制不能调整。又如,现代法律的伦理性、价值性、目的性、功能性含义显然与传统社会大有不同,随之关于法律的属性、作用、实效等分析也需要发生变更。此外,我国还要实现对建国初期法制的转化。届时,关于法律的"意志说"、"工具说"、"国家说"、"专政说"、"阶级说"、"命令说"、"制裁说"、"报复说"等盛行于中国。时至今日,为使公平、自由、权利、利益的学理不再是法律文化中的"稀缺资源",当代人必须作出时代性的贡献。

工商文明的新起点。中华法律文明机制,运行于具有浓郁中国特色的农业文明实践之上。作为把握社会生活的固有方式,法律体现着乡土文明的法律心理和经验。这致使许多人在阅读了费孝通的《乡土社会》、瞿同祖的《中国法律与中国社会》等大作之后,深感他们对"乡土秩序"的博大精深的分析。但如今,他们所概括的家族社会、礼治社会、乡土社会的三位一体结构,显然已经不适应时代之发展了。现代社会必然向着都市化文明、工业化文明、商业化文明、科技化文明的方向转变。"我们今天虽然不能说,中国社会已从乡土社

---

① 苏力:《道路通向城市:转型中国的法治》,法律出版社 2004 年版,第 300 页。
② 田成有:《法律社会学的学理与运用》,中国检察出版社 2002 年版,第 215 页。

会中'完全彻底'地蜕变出来,但今日中国社会从主流上已步入现代社会行列。"①很明显,现代社会是一个法理的社会,一个法治的社会,一个依靠法律来调整人与人之间关系的社会,这也是对乡土文化的严峻挑战。与此相适应,法文化学研究必须面对转型以来的进展,学会解答全新的法律问题。特别是在城乡差距已经拉大的情况下,我们不能仅仅将视野聚焦在封建式的农村社会景致之下,而需要关注农村法律关系的演化以及城市法治进程中的"本土法律文化资源"有哪些。惟其如此,才能正确处理法律乡土化与城市化的关系。值得欣慰的是,目前许多法学家已经致力于寻求解答法律在当代市民社会、工商社会、农业社会中的联系,"以对我们这个民族有用来证明自己的价值"。

由此可见,本土法律文化的自我界定,实际就是鉴别传统文化与现代文化、内生文化与外来文化、落后文化与先进文化、乡土文化与城市文化的异同,并对现代法律文明的积累提供资源的过程。而上述法律本土化的理解和总结,目标在于打破对本土化术语的固有偏见,使我国的法文化学研究从偏于传统、疏于现代,偏于农村、疏于城市,偏于西方、疏于中国,偏于理论、疏于实践的状况下解放出来。

二、本土化的特性

关于法律文化的本土特性,很多法学家都有论证。从总体说,由于法律文化由社会之中绝大多数人所具有的思维方式和行为方式所构成,这种文化必存在于某些国家、地域、民族或群体之中。推之于中国,法律本土资源及其特色是中国自身文化养成的,是中国人相互交往的行为规则与社会经验之结晶。就此而言,我们不仅要揭示中国法律文化的价值性、规则性、连续性等一般属性,还要透视其内涵的地域性、民族性、心理性、多元性等特殊属性。

(一)本土法律文化的地域性因素

法律文化可以被理解为由种种重叠交错的社会规则构成的文化样态,有一些具有普遍性、广泛性和多样性,还有一些相对而言具有地方性。在中国,从南到北,自东至西,山川风物、民俗人情、地理环境、情感心理、历史条件等均对法律有或大或小的影响,形成了"十里不同风,百里不同俗"的多元场景。

---

① 刘作翔:《迈向民主与法治的国度》,中国政法大学出版社 1999 年版,第 246 页。

苏力教授就曾论证,由于法律是一种地方性知识,现代法治就"必须从中国的本土资源中演化创造出来"。① 梁治平教授也曾宣称,文化集合体重视一种"纯粹区域性"的存在,致使各国法律似乎难以驾驭。② 按照这样的分析,地域性因素是决定现代法律文化的特殊人文属性。中国人的自我意识、家园意识、乡土意识、社群意识等,都打上了这种地方性知识的特殊烙印,又取决于下列具体因素:

村落管理结构。中国的村落社会结构是比行政区划结构狭窄的单元。在这种结构中,人际关系紧密、较少人员流动,人们之间陶炼出一种非常熟悉的行为规则,享有着土生土长的文化信息,许多不成文的民间习惯则流行于亲属、邻里、村落之间,地方化的解纷方式也占有重要地位,并对国家法律有很大影响。例如,作为法律基本渊源的乡规民约具有特殊的地域性,它们加强了基层政权对社会秩序的控制力,村民之间的一般纠纷还常常通过"中人",包括当事人的亲友、乡邻、长老、族长、村长等,内部自行解决。这些人实际具有相当广泛的调处职能,在契约、典卖、讨债、斗殴、邻里纠纷中起重要作用。"在这个意义上,即使这样的社区中,也存在着地方性的'法律'。这种地方性'法律'也许不符合那种被认为是普适的客观真理,但也决不是人治的暴政。"③

行政区划结构。按地域划分居民、组织社会、行使权力,这是国家不同于种族、民族、部族、家族等概念的重要特征。中国由来已久地实行着乡、县、市、省的层级化的行政管理。这种按地区所进行的行政管理,使法律文化具有一定的行政区域色彩。即使今日,虽然法治统一的原则原理得以贯彻,但由于我国幅员辽阔,地大物博,各地情势复杂各异,导致不同地区的法律在内涵和风格上体现为因地而异、因时而异、因人而异、因事而异的情景。正因为如此,所谓法律无非是"隐蔽在法律理论和法律实践中的一系列政治、社会和经济生活的不断重现或'地方志'",它们"既界定又依赖一系列复杂的地方志和区域理解"④。

---

① 苏力:《法治及其本土资源》,中国政法大学出版社 1996 年版,第 17 页。
② 梁治平:《法律的文化解释》,生活·读书·新知三联书店 1994 年版,第 32 页。
③ 苏力:《法治及其本土资源》,中国政法大学出版社 1996 年版,第 31 页。
④ [德]弗里德里希·李斯特:《政治经济学的国民体系》,陈万煦译,商务印书馆 1961 年版,第 165 页。

边疆地区结构。一定程度上,边疆地区的特殊"地情"亦需要采取针对性的法律措施,从而导致法律文化的地方性特色。以往,我国历代中央政府都想在全国范围内实施法律,但由于许多居民居住在偏僻山林、沟谷、草原和岛屿,交通不便,舟舆不通,以至于"政教未加,流风犹微",中央法律很难在各地区完全实施。所谓齐鲁文化、巴蜀文化、秦陇文化、吴越文化等,正是中国文化地域性之表现,伊斯兰文化、佛教文化也一定程度对边疆地区有很大影响,少数民族习惯法则保持着较强的生命力。

地方立法结构。按照地方性原理,法律难以作为"放之四海而皆准"的规则通过一个"中枢系统"发布下来,供人们按图索骥。这使地方立法的需求凸显而出。就实践看,目前中央赋予了地方很大的立法权,使地方立法已在国家立法中占极大比重。一般而言,地方性法律的创制和实施往往取决于三大客观标准:一是本地经济发展的需求,例如《上海市证券交易管理办法》、《海南经济特区外商投资条例》、《中关村科技园区条例》等,必然是当地经济社会发展的真实反馈;二是本地自然状况的需求,例如《甘肃敦煌莫高窟保护条例》、《青海湖流域生态环境保护条例》、《大同市古城保护管理条例》等,均是区域性自然资源保护在法律上的特殊表现;三是本地特殊事务的需求,例如《北京市外来务工经商人员管理条例》、《福建省华侨捐赠兴办公益事业管理条例》等,都是地方量体裁衣体现自身立法特色的典型范例。

凡此情形,决定了我们必须关注地方性法治事业发展。这种地方性要素与国家统一、法治统一的理想有所冲突,但却是研究法律文化问题时不得不考虑的基本出发点。当然另一方面,在识别地方性法律资源之时,又必须对目前愈演愈烈的地方保护主义有清醒的认知。可以说,在古代和现代,借发展地方经济文化事业之名、行另立中心之实的做法都不同程度的存在,因此处理"中央资源"与"地方资源"的关系,意味着国家既要立足地方实际,赋予地方在立法、执法、司法方面的实质性的自主权;又要坚持树立法律统一的权威,消解地方的对抗。

(二)本土法律文化的民族性因素

一个民族特有的自然生态环境、人文社会环境、主观心理状态、人的法律观念,会导致不同的民族有不同风格的法律文化。我国学者就此论证,民族文化是一个民族经历史沉淀所形成的行为指令系统,而把民族联结在一体的正是那些民族的共同信念和共同意识。而且,"不同的民族文化有不同的规范特征,它为自己社会成员的行为大体上确定了坐标和位置,无论人们愿意与否,都得在既存的文化环境中生活,都受到规范的约束"①。"一时代一民族必有一时代一民族之生活样法及其判断与评价,而蔚成一时代一民族之世道人心。法意者,此世道人心之于规则诉求也,其意在安放事实,服务人生,而慰贴人心。法制因此而铺设,法律遂成一时代一民族之自然言说。"②推及法学研究领域,认识法律的民族性特征对于法文化建设也不无意义。

就广义看,法律的民族性,意味着与其他国家的民族文化比较,中华民族作为主体民族所创造的法律文明应该在世界法律文化体系中得到尊重。文化本身是一个民族的血脉,体现着民族的认同感、归属感,也反馈着民族的生命力、创造力和凝聚力,并成为越来越重要的国力竞争的要素。"如果一个民族、一个国家,它的文化主体性失落了的话,那也就意味着这个国家的历史中断了,它的民族精神和传统丧失了。因此维护本民族的文化主体性是非常重要的。"③这里,民族性意味着本民族不自我否定,不自我怀疑,不自我菲薄。中华民族正是在这种民族自我认同精神的召唤下,才能与其他民族进行交往,才能屹立于世界民族之林。在法律文化领域,一定的法律思想、法律观念、法律心理,必然是中华民族之历史、文化、社会价值观念的总和。因此,在解析法律文化本土资源时,应该揭示中国法律与中华民族精神的内在联系,从中国固有的土壤中寻求法律文化的本土资源和内在规律。而且,法律的民族性对于文化借鉴也有影响:"从某种意义上说,'法律'是可以照搬照抄的,但'法'是不可能照搬照抄的,因为每一个民族都有自己独特的民族精神,都有自己独特的心灵习性,都有自己不同的政治使命"④。

就狭义看,法律的民族性,指在本国法律文明发展中,不仅应对于多数民族的法律文化予以珍视,而且要对少数民族法律文化信仰或模式予以尊重。我国是一个多民族聚居的国家,少数民族中产生的不同生活习俗、宗教习俗、文化习俗,与作为主体民族的汉民族有着较大差异。特别是,少数民族习惯法是各民族特有文明的特殊反映,是构成民族特征的突出表现。诸如,蒙古族、

---

① 樊平:《社会转型和社会失范:谁来制定规则和遵守规则》,219.141.235.75/shxs/s09_shx/jpdd/fanping1.htm。

② 许章润:《说法·活法·立法》,中国法制出版社2000年版,第1页。

③ 楼宇烈:《正在消失的民族文化主体性》,http://book.sina.com.cn.2007.2.12。

④ 强世功:《立法者的法理学》,生活·读书·新知三联书店2007年版,第67页。

藏族的习惯法,反映了其游牧文化的特色;景颇族的习惯法,与刀耕火种的农耕文化相一致;赫哲族的习惯法,体现了以渔猎为生的经济和社会形态;独龙族、德昂族、鄂伦春族的习惯法,原始色彩比较浓厚等。① 这类研究及其成果,为我们探讨不同民族的法律文化资源提供了丰富的实证材料。而在民族性文化考量中,国家在进行立法、执法、司法活动时,也要作出既讲求"法制统一"又兼顾"民族特性"的客观选择,一方面要确定适用各民族的普遍规则,维护各民族一律平等的权益;另一方面又要在认同各民族利益差别性的基础上,出台一些专门适用于少数民族的条款,体现对民族文化的保护尊重。

如今,民族问题还与国际环境背景有关。苏联骤变、东欧解体、中亚独立、阿富汗战争、国际恐怖主义活动,以及西方国家和阿拉伯民族的对抗等,都是影响国家稳定和国际和平的重要因素。因此,我们要注意两点:其一,法律的民族性并不等于中国法律只反馈作为主体民族的汉民族的意志和利益,恰恰相反,我国法治建设的主要原则体现着不分民族和种族的整体精神,需要将中华民族作为一个整体来看待。其二,作为一个有众多民族的政治大国,维护国家统一、民族团结、社会稳定历来是国家的政治责任和法律责任。正因为如此,法律从总体上是以国家主权、国家管辖、国家权威、国家强制性为根本特征的,我们又不能过分强化法律文化的民族性。

(三)本土法律文化的心理性因素

关于法律传统、意识、思想、理念、价值、目的、动机、精神、信仰等文化元素,又均可以从心理学的角度去思考。因而在法律现代化进程中,法律心理要素也至关大局,其对于法律文化学研究同样重要。毫无疑问地说,法律心理本身就是法律文化品质的外显,还是创生优秀法律文化的源泉。无论是社会需要对人们行为引发的朦胧的刺激,还是社会发展给法律行为带来的模式设定,包括人们指导自身实践的思维定式等,都不同程度体现着文化的心理特征。具体考察法律文化的心理性,有五大方面的表现值得关注:

一是历史积淀的心理性。现代人已经充分意识到,任何一种新型的法律制度取代原先的法律制度都不可能一次性完成。传统的法律形态在人们心中仍起着一定的作用,舆论、道德、风俗、惯例等也仍是普通大众行为的重要指

---

① 参见高其才:《论中国少数民族习惯法文化》,《中国法学》1996 年第 1 期;夏勇:《依法治国——国家与社会》,社会科学文献出版社 2004 年版,第 231—232 页。

引。为此,法律文化的研究需要在时间的历史长河中去寻找和印证法律进化的主题,从中我们既看到了法律文化的连续性、保守性,也看到了法律文化的丰富性和替代性。有学者分析:"传统作为一个社会、群体的文化遗产,它使代与代之间、一个历史阶段与另一个历史阶段之间保持了某种连续性和同一性,构成了一个社会创造与再创造自己的文化密码。"①如中国社会的"法"、"道"、"礼"、"天"、"情"等因素,往往作为一种内在的软约束或心理力渗透在一般民众的意识之中,甚至作为整个中华民族的法律意识而存在。它们只可意会,难以言传,更无法靠消灭的方式使之销声匿迹。在现代法律文化发展中,有时不得不给它们一席之地。

二是精神信仰的心理性。台湾学者杨奕华曾对于法律文化的精神因素作了透彻的分析:"人类经营社会生活,在有形无形的秩序中,除每个人生物意义的基本需求得以无虞匮乏外,其精神心灵的需求亦能得到应有的满足。"②谢晖教授也称:"文化的最深刻的存在机理在于它是一种精神性的存在和具有情感力量支持的存在,否则,即便存在某种文化遗产,但没有相关主体的精神力量和情感支持,只能是一种中断的文化。"③而作为一种本土化的文化,必须以一定主体的精神认同为前提。例如,现代法治中公平正义原则就带有理性属性,正所谓"无论是起点意义上的公平,还是结果意义上的公平,其最深刻的表现形式是行为主体的内心体验,其最直接的缘由是因为每个社会成员都有一定程度、范围合理要求的存在。"④从反向理解,如果中国人不能发自内心的接受法律,则对于现代法律文明而言,只能是一种冷淡、敌视、甚至破坏性的力量。

三是法律意识的心理性。在功能上,现代心理学已渗透到各个领域。法律则通过人文的、情感的、舆论的力量,消除当事人之间的冲突和对立;通过道德的、习惯的、自律的规则,使习俗性义务得到履行。心理学的研究还表明,在外界各种信息和符号的刺激下,人类的反映是复杂的、多变的、能动的。公民如何看待权利保护和救济问题,行政官员如何看待权力和责任问题,法官如何

---

① 参见高其才:《论中国少数民族习惯法文化》,《中国法学》1996 年第 1 期,第 71 页。
② 杨奕华:《法律个人主义——法理学研究诠论》,汉兴书局有限公司 1997 年版,第 150 页。
③ 谢晖:《价值重建与规范选择》,山东人民出版社 1998 年版,第 141 页。
④ 汤玉奇等:《社会公正论》,中央党校出版社 1990 年版,第 5 页。

看待诉讼效力问题等,都受自我之法律意识的深刻影响。例如,在人民大会堂奖励获得重大自然科学成就的科学家,会给获奖者带来自豪和兴奋的情绪;不畏权势的清官,会让人们有拥戴他们的期冀;犯有重罪的被告带上脚镣,会教育警示他人畏惧法律。在这个意义上,法律意识培养也是中国法治建设工程的重要组成部分。

四是民间习俗的心理性。在规则层面上,本土化的动力来自人们自身创制的行为标尺,即许多民间的、习惯的、地方的、社团的规则之所以能够发挥其最大功效,"就在于主体对民间法的信赖并积极适用的心理,而这种积极心理又是社区秩序或行业秩序形成的'最坚固的支柱系统'"①。以目前流行的"民间规则"为例,其之所以有实际效能,正是因为它们从民众生活经验中提炼、相对于正式法律制度缓和温情,有助于人们之间沟通互助,获得了普遍心理认同,从而形成了一种文化的、和谐的、秩序的力量。

五是语言表达的心理性。语言是具有文化创造意义的符号系统,是人们相互识别法律行为的信息体系。人类学家克鲁克洪指出:"文化存在于思想、情感和其反映的各种业已模式化了的方式中,通过各种符号可以获得并传播它。"②进而,作为重要的文化方式,当人们用语言表达法律行为和法律思想时,就使法律具有了很强烈的文化属性。同时由于语言具有本土色彩,不同国家的法律被阻隔起来,又致使法律文明发展迥然有异。在西方,"各民族国家都在极力保存和发展自己的民族语言",这使它们的法律是本土的而非外来的。③ 在中国,汉文化语言所表现的法律文化形态也必然与他国不同。例如,中国官方喜欢用"政策法规"、"令行禁止"、"三令五申"、"综合治理"等名词来表现政府对于现代法律的推进力,堪称为中国法文化的独创。以此推论,在我们接受西方法律时,也应该保持一定的语言特性,不能只是机械翻译,否则会出现"文化失语症"。"在这里,我们一方面要看到知识和语言的地方性,另一方面,则要真正下一番融会贯通的功夫。不然的话,我们的研究只能是中西之间的一些简单对照和褒贬。"④

---

① 黄金兰、周赟:《初论民间法及其与国家法的关系》,谢晖主编:《民间法》(1),山东人民出版社 2002 年版,第 69 页。
② [美]克鲁克洪等:《文化与个人》,高佳等译,浙江人民出版社 1986 年版,第 5 页。
③ [德]韦伯:《法律与价值》,上海人民出版社 2001 年版,第 12 页。
④ 夏勇:《法治是什么》,夏勇主编:《公法》(2),法律出版社 2000 年版,第 34 页。

　　总之,考虑到上述中国法律文化的特有因素,或者说从这些法律文化本土资源的特色出发,我们必须注意许多问题。诸如,注重法的传统性和历史性,尊重长期养成的文化形态和模式;注重法的民族性或民间性,着力大众的、基层的、农村的文化建设;注重法的地方性和层次性,建立法律与社区、家庭、社团、村落的连接关系;注重法的道德性和心理性,营造良好的社会文化环境;注重法的进化性和变革性,坚持正确的法律文化导向,发展法律文化事业。也许,上述诸方面正是法律本土化思考给法学研究和法治建设留有的意义。

第二章

法文化价值论：中国法律文化之精神

法律文化形态可以被认为是以一种理性方式表达的学理范畴,由此而形成的文化资源主要是一种思想性、学术性的资源,它们往往由某些价值要素和认知观念所组成。与一般法理学所关注的制度分析不同,法文化学的任务,即主要在于揭示这一法律意识形态之体系。中国法律文化中包含着许多文明进化的思想要素,诸如价值取向、思维方式、道德伦理、公序良俗、文明修养、大众舆论、心理动机、理想信仰等,其中所体现的人文主义、民本主义、调和主义、集体主义、社群主义、成文主义、实用主义、经验主义等法律精神,构成了现代法律文明中孕育的"法的思想"。我们希望,通过这些影响深远的法律思想的探索,为中国本土资源的发扬光大抛砖引玉。

第一节　法律善德:伦理性思维诱惑

法律文化标志着"那种具有渗透和支配作用的观念、心态或者普遍的价值是真实存在的。"①文化观念的重要性由此昭然若揭。不仅如此,文化建设由来已久地是一种软力量,也可称之为向心力、潜在力、自律力。于是,现代法律文化研究者无不把聚焦视野放置在当代人的精神家园的思考之上,以体现法律的整体善德意义,并作为探究本土法律资源问题的出发点。而透视当代中国法律文化之精神和特质,正在于从深度和广度方面揭示法律文化所蕴涵

---

① 梁治平:《法律的文化解释》,生活·读书·新知三联书店 1994 年版,第 34 页。

的精神价值,归纳出法律文化的主要原理、内涵属性和文化特色。

一、奇异的公共道德

道德考量是法文化学研究中的重要元素之一。当我们观察包含着不同伦理观及法律背后所隐匿的法律信条的时候,"我们便可以分辨不同社会中伦理规则、法律规范,以及社会控制的其他技术手段所处的位置",从而获得不同文化族群中法律发展的"密匙"。① 在现代化的变革中,法律精神领域的变化得到了高度重视,人们期望用自由、民主、权利、正义、科学的理念来形成一种法律文化的"心灵传导"装置;人们也希望达成法律对于人的思想和行为的"最高主宰",以支配现代的公民、团体、社会和国家。同样,在我国正在推进的法治建设事业背后,亦存在某种决定该事业发展命运的精神力量,这种精神力量发自于道德的内在属性之中。这正是研究法律文化问题不能回避道德问题的缘由。

(一)道德的文化养成

就定义而言,道德与伦理大致同义。中国古书《说文解字》中,伦理一词被认为是一种道,一种理,指关于人道、人理、人义、人伦的道理,正所谓"伦,辈也,从人,仑声。一曰:道也。"②在区别意义上,狭义的道德一般指个人的一种内在素质、品德、情感、观念;但广义的道德指一种社会意识形态,也包括社会上的各种道德规范,它们是社会用于规制人的行为使其符合道德的规则和制度。③

中国的法律文化明显地具有道德色彩。特别是近代以前的传统文化,政治观、道德观、法律观往往不分彼此,"是道也,是学也,是治也,则一而已"。④"中国各种社会文化现象如伦理、宗教、法律、财产、艺术等等方面,发生了异常密切而协调的关系。"⑤而且,这种道德文化有三个明显特征:一是道德的政

---

① [美]埃尔曼:《比较法律文化》,贺卫方、高鸿钧译,清华大学出版社 2002 年版,第 16—17 页。
② 许慎:《说文解字》,段玉裁注,上海古籍出版社 1981 年版,第 371 页。
③ 严存生:《道德性:法律的人性之维——兼论法与道德的关系》,《法律科学》2007 年第 1 期,第 6 页。
④ 梁治平:《法辨》,贵州人民出版社 1992 年版,第 116 页。
⑤ 王亚南:《中国官僚政治研究》,中国社会科学出版社 1981 年版,第 39—43 页。

治追求在于推行贤人之治,强调"明德慎罚"、"为政在人",治国者当以德修己,立身惟正,以身载道,塑造完美的道德人格形象,由此才能"治国而后平天下"。二是道德的基本形式在于借助习俗。"道德规范从一部分习俗规范演化而来,以信念、习惯和内心情感等内在因素为基础,以善与恶、诚实与虚伪、荣誉与耻辱等观念作为评价尺度,在舆论和教育等强制力下发挥作用。"①这使天理、礼教、儒学、习惯、信仰、舆论、人情、家规从思想环节上影响着人们的行动,使人们服从于这些无形的传统权威。三是道德的内在要求在于关注情理。在中国,通常把"天理、国法、人情"作为衡量事务的三维尺度,社会关系无非是人情和事理的关系。"法的正统性不依赖于一个终极根据的设定,秩序的基础是人与人之间关系的'情景伦理'和'社会交换'。"②表现在司法中,即要求"承天之道以治人之情"、"裁判悉秉公理,轻重胥协舆评"。由此看来,中国道德文化的经典属性,建筑在法律和道德的密切关系之上。

从消极的视野分析,这种法律道德化现象的负面作用之一,是将法律调整与个人德行统而不分,使人类创制的法律仅仅作为观念模式的摆设。在情与法的较量中,法的功能和地位深受影响。尤其中国杂儒、道、政、法为一家的正统法律意识形态,将道德教化的法律变成政治工具,在思想上和制度上形成了具有巨大力量的天罗地网。因之,中华民族如若建设现代法治文化,必须有重构中华民族文化的精神过程。

从积极的角度评价,大同、民本、和谐、合理、宽容、善良、妥协、忠诚、服从、守制等道德形态,一直在中国法文化中得以渗透。无论从道德观还是法律观中,我们都可以正面理解这些法律文化的精髓。即是说,在绝大多数场合,这些基本法律文化元素与现代法治精神有恰合之处,又通过一定的制度性的条件保障,获得了国家权力和正式法律的有效推行。在此意义上,我们的确难以割舍带有一定道德色彩的法律文化。例如,中国法文化中的珍视生命、重视人伦、追求和谐的人文价值,对于物欲横流的现代社会而言,也许是医治某些社会弊端的良药。

从比较的立场观察,法律道德化并非中国所独有,它是人类社会的普遍现

---

① 樊平:《社会转型和社会失范:谁来制定规则和遵守规则》,219.141.235.75/shxs/s 09_shx/jpdd/fanping1.htm。

② 季卫东:《面向二十一世纪的法与社会》,《中国社会科学》1996 年第 3 期,第 106 页。

象。在现代西方学者那里，法律也必然蕴含情感。"尽管我们简单地因为同情受害人或憎恶加害人而不去破坏或歪曲法律，但是，倘若认为我们的'法律'概念是用直尺和圆规组构的而全无情感和怜悯，则是绝对错误的。"①只是中国法律的道德性与西方文化大有不同，如我国法律中所渗透的自然情感、个人情感、夫妻情感、父子情感、家庭情感、邻里情感、同事情感、朋友情感甚至祖国情感都强烈得多。究其原因，是每个时代的精神文化有所差异，所谓伦理也都是特定文化中的伦理。因此，人们很难凭借理性去创制全球伦理，而是要复兴本土文化中已有的伦理。②

从现代的沿革透析，法律和道德的关系正呈现两种朝向。一方面，作为一种法律文化的特殊资源，诸多合理的道德元素必然在法律制度的设计和运行中得到体现。另一方面，人类文明发展到现代，道德观和情理观都发生了时代的巨变，现代道德理念显然又与古代社会大有不同。同样，道德性的法律向人类展示的法律理想更为崇高。"人类生活的欲望及其对真善美这一类价值观的看法，是不断地随着社会经济的发展和文化的进步而增加并提高的，正像人民的生活内容也随之不断地增加并提高。"③在这种变迁中，作为主流意识的核心道德观已基本定型，这就是追求人的自由、尊严、良知；追求法律的善德、公平、权益，并向社会弱者伸出"法律之手"进行援助、补偿、救济等。此外，随着各国法治的健全，道德与法律分野成为大势所趋，这被描述为"从伦理精神向法治精神的转型"或者"从伦理社会向法理社会的转化。"④当然，法律和道德的分离主要在法律规则的层面，而不是内在属性层面。就法律的价值目标而言，两者很难说可以分离。⑤

及至今日，中华文明努力讴歌和追求的理想，仍然是一个道德约束的和谐、安定、平静的大同世界，中国法律中亦不乏要求为人诚实、弘扬善良正义、追逐社会福祉、寻求安全稳定的行为规范，这使崇尚道德的人文主义成为中华

---

① Laurence H. Tribe, *Revisiting the Rule of Law*, 64 New York University Law Review, 1989, pp. 729—730。

② 蒋庆：《从中国儒家立场对全球伦理与普遍人权的几点看法》，夏勇主编：《公法》(1)，法律出版社 2000 年版，第 159 页。

③ 杜迈之：《自由与自由主义》，中华书局 1949 年版，第 4 页。

④ 郝铁川：《儒家思想与当代中国法治》，河南大学出版社 1994 年版，第 299 页。

⑤ 张晋藩：《中华法系的回顾与前瞻》，中国政法大学出版社 2007 年版，第 186 页。

法律文化的典型特征,一些优秀的公序良俗也在现代中国得到了弘扬。因此,中国文化中特有的人文主义、爱国主义精神及廉洁奉公、上下合作、社会参与、团结和睦、崇尚礼仪、尊老爱幼、助人为乐、民间调解等处理社会关系的准则,都应在现代法律中得到进一步表现和张扬。

(二)道德的法律意义

在大多数分析语境中,法律文化所能涵盖的内容都可以依据道德标尺来加以判断。这是因为,道德是评析人类行为和社会事务的重要价值标尺,也是评价法律之属性、之目的、之功能的基本准则。因此,法律的道德性论题与其说是法文化学的抽象领域,毋宁说是对法律所塑造的流行观念、思想、信仰、德行、心理和态度的一种评判体系,而揭示法律基本属性的手段之一,也即"道德确证法"。正是通过这种道德确证,法学家们力图将法律的内在属性反馈出来,定义为法律的本质,成为法律正当性在现代理论中的体现。具体立论如下:

第一,道德的精神价值与法律密不可分。首先,作为法哲学的研究对象,道德在理想层面、心理层面、价值层面的本性,实际反馈着法、法治、法律人、法律思想的内在属性。这些属性通过诸如爱国、正义、诚信、公平、道义、和谐等价值标准渗透于法律之中,并使法律带有文化伦理的鲜明色彩。所谓"法律不仅仅是冷冰冰的规则体系与制度的客观组合,而且还包容了人类在认识与改造客观世界过程中对自身生活目的和价值理想的情愫记载,蕴含了一种深刻的法律精神。"①其次,法律制度化的目的也被认为是追求善德。"法律与道德代表着不同的规范性命令,然而它们控制的领域却在部分上是重叠的"。"其目的就在于强化和确使人们对一个健全的社会所必不可少的道德规则的遵守"。② 道德又使得法律创制从一开始就具有一定的理性基础,有利于权力、权利、义务、职责等法律资源的合理配置和平衡协调。在此意义上,关于法律与道德的分离是相对的,它们之间有着天然的联系。

第二,道德追求关乎人的尊严。按照人类学的思考,法律保护人的权利,

---

① 范进学:《论道德法律化与法律道德化》,《法学评论》1998 年第 2 期,第 3—8 页。

② [美]博登海默:《法理学——法律哲学与法律方法》,邓正来译,中国政法大学出版社1999 年版,第 379 页。

必须要建立所谓的"人的科学",或"善待他人的学问"。① 著名哲学家康德,将道德人格与法律规定联结在一起进行讨论,指出人是具有道德人格的法律主体,人既要遵守道德的约束,也要遵守法律的规定。"道德的人格不是别的,它是受道德法则约束的一个有理性的人的自由"。② 中国学者许纪霖教授强调,"每一种宗教、哲学和道德学说,每一种伟大的历史文化传统,都有其独特的关于善的观念,因而也有其独特的关于人的尊严的理解。"③胡玉鸿教授也分析道,尽管社会上有许多丑陋的现象,但仍然在根本上需要一种普遍的公共德行来维持,个人对于他人更应该予以尊重和关怀,侮辱他人实际上也等于自我作践。④ 无疑,在关怀人、尊重人、保护人这一点上,现代道德观和法律观表现出一致性而非对抗性。

第三,道德是评判法律优良与否的特殊标尺。道德作为一种价值标准,它所表明的是善法需要遵守、恶法需要抵制的法哲学原理。从正面评价,法律概念、法律规则、法律原则等法的要素,反映了人类的道德情感,而"正是法律的这种由法律原则所给予的道德特征,给予了法律特别权威,也给予我们对法律的特别的尊敬。"⑤从反面分析,"当一条规则或一套规则的实施因道德上的抵制而受到威胁时,它的有效性就可能变成一个毫无意义的外壳。"⑥同样,法律事实上要受到一些"开明的道德批评的影响",作为国家绝不能创制违反人类道德标尺的"恶法";而作为理性的公民,则需要具备与专制之法、人治之法、特权之法抗争的勇气。

第四,法律仰赖优良的道德环境。不言而喻,一种优良的法律文化环境之上,会养育一些优良的法律文化观念;一些优良的法律文化观念之中,又会诞生一种优良的法律制度体系。这正是因为道德起着"正本清源"的作用,它以潜移默化的方式帮助人们确立良善的行为准则,营建和谐社会秩序。而一个

① 王铭铭:《人类学是什么》,北京大学出版社2002年版,第185页。
② [德]康德:《法的形而上学原理——权利的科学》,沈淑平译,商务印书馆1991年版,第30页。
③ 许纪霖:《全球正义与文明对话》,江苏人民出版社2004年版,第99页。
④ 胡玉鸿:《"个人"的法哲学叙述》,山东人民出版社2008年版,第63页。
⑤ [美]德沃金:《认真对待权利》,信春鹰等译,中国大百科全书出版社1998年版,"序言"第21页。
⑥ [美]博登海默:《法理学——法律哲学与法律方法》,邓正来译,中国政法大学出版社1999年版,第340页。

充满道德感的社会,才是一个真正稳定的社会,也才是法律发挥最大程度效用的社会。由此推论,中国现代法治亦需要良好的"文化底盘",否则法治难以健康发展。例如,借助中国社会中所形成的尊老爱幼、扶贫济困、友善博爱、合作互利等品行,无疑有利于维护现行的法治文化。

第五,伦理秩序与法律秩序相互依存。伦理秩序是一种以内心信念、自省自律、社会舆论和宣传教育来维系的自律性秩序,这是形成伦理秩序的重要前提和基础。同样对于中国,社会秩序的实现不仅需要强制性的法律,还应该通过唤醒人们内心的某种伦理机制,采用软性控制手段来实现。后者是一个与文化濡化相配合的心理过程。特别是,中国法律长期以道德为价值取向,在今日和未来也仍然需要道德的内在支持,否则,法律会成为单纯的规范形式而失去生根的基础。特别当法律是普遍的、应然的、恒久的,而人类是个别的、差异的和欠缺的情况下,用为普通公民习惯于接受的道德伦理、习俗惯例等弥补国法国策的不足,实现社会控制手段的互补联合,有利于达成国家正式制度所追求的秩序状态。

值得指出,上述道德确证带给我们的思考,无疑是深邃的和重要的,但道德标尺也具有内在缺陷。在思维方式上,道德分析法只是注重了人的理性因素的作用,并把理性无限扩大,赋予它解决一切问题的可能。在实际操作中,道德分析法的应然性,只是给法律的正当性提供了评判标准,却又给法律的确定性带来困难。为此,我们不能幻想用道德的应然判断来消除法律中的所有障碍。

(三)道德的渗透功能

众所周知,道德的调节方式和法律不同,道德主要是靠舆论、自律、传统、教育等方式发挥机能。但"法律的德行"又绝不是空洞无物的说教,"如果伦理学要成为一门受人尊重的科学学科,它就必须基于人性和人类经验的事实以及制约人类存在的客观外来条件之上。"①在此方面,法律与道德的不同,正在于法律承担着通过实体性和程序性的制度体系,来贯彻人类对于道德价值尊重的任务。那么,道德价值如何通过法律方式渗透在当代中国法律文明之中呢? 具体有四:

---

① [美]塔德·克莱门茨:《伦理学和人性》,《21 世纪的人道主义》,肖峰等译,东方出版社1998 年版,第 185 页。

一是对"社会主义道德观"怎样定位的问题。中国法治工程是一个极其庞大复杂的社会工程,而法治工程建设离不开道德、信仰、舆论等文化环境的支撑力。在积极意义上,社会主义道德观要求通过法律调整人们的内心世界和外部行为,把发扬现代精神文明成果、提高人们的文化素质作为实现中华民族振兴的一个重要任务。其具体的价值属性体现为:(1)运用教育、宣传、说服、劝导、感化和舆论等形式,将法律规范内化为人们的自律。(2)创制道德守则、公约,唤起人们内心的正义感、荣誉感和羞耻心。(3)加强政治民主建设,设立反腐倡廉、匡正时弊的思想防线。(4)发展文化教育事业,提升人们的文化素质。(5)鼓励有利于国家统一、民族团结、经济发展、社会进步的思想、作品、观点的传播,占领意识形态思想阵地。(6)创造人类文明的优良成果,净化世风和改善人伦。

二是如何看待"法治"和"德治"的关系问题。德治观是中国传统文化中的重要观念,并通过儒家正统思想的传播持续久远,至今在政治家的视野中举足轻重。与此同时,学界也掀起了关于德治与法治关系的大讨论。有的学者认为,法治与德治都有各自的优势和局限,法治的优势即为德治的局限,德治的优势即为法治的缺陷,因此必须进行法治与德治的最佳配置,达到功能互补。有学者反对两者的混淆,认为德治不具有形式上的正当性而无法操作;而法治是一种根本性的制度建设,加强法治建设才能最终实现道德建设。[①] 笔者认为,"以德治国"的历史基础根植于中华民族几千年的道德传统,但我们不能将今日的道德观与封建时代的道德观完全混同。现代社会无疑法治占有主导地位,同时应当尊重道德建设的特殊功能;法治之法应该具有道德性,又不能以道德判断代替法律判断。

三是在现代宪法中如何体现政风政德问题。宪政文明从来是一种政治关系的美好理想,正如它希望通过法律来向个人授权并约束个人一样,它也希望通过法律向政府授权并约束政府。随着国家机关和政府官员的身份地位攀升,各国都面临着以宪法来控制权力腐败的重任。将道德观和政治上的反腐败联系在一起考量,也成为这个领域的相关主题。可以说,法治尤其倡导通过

---

① 参见郝铁川:《论依法治国与以德治国》,《求是》2001 年第 6 期;张中秋:《法治及其与德治关系论》,《南京大学学报》2002 年第 3 期;温晓莉:《实践哲学视野中的"法治"与"德治"》,《法学》2003 年第 3 期等。

制度化措施加强政府及其工作人员的道德建设。"孤立的法治如果没有深厚的伦理基础,就会因缺乏伦理根据而难以推行,权力的法治建设也会因受到道德的制约而受阻。"①正因为如此,包括中国在内的许多国家,不仅将维持社会清廉寄托在法律的事后控制之上,也一定程度依赖于道德荣誉意识的培养之上。例如,各国的弹劾制度、不信任案投票制度、政务公开制度、司法职业伦理制度等,对于国家公职人员确立的道德标尺永远比普通民众为高。

四是如何在部门法律领域表现道德判断问题。道德规则往往被制度化为法律规则,这使现代道德观在部门法的渗透已十分明显,其价值功效也很突出。有学者幽默地评述了"表现制度的法律"与"表现正义的道德"之间的相互关系:"法律与道德的问题可以放心地在技术、事实、程序等等这样的立场上来思考。哲学建立在技术上,正义建立在程序上,政治建立在法律上。"②首先,民法中签订合同双方应该诚信,已婚配偶必须相互忠诚,邻里双方倡导和睦相处,赡养父母天经地义等,这些法则既具有法律意义,也具有道德意义和文化意义。其次,道德还通过司法程序"悄悄地进入法律"。也可以说,"法律的生命力在于永远力求执行在法律制度和法律规则中默示的实用的道德命令。"③例如,加强心平气和的调解说理工作、利用家庭邻里亲情解决纷争、评选"让人民满意的好法官"活动等,都说明法律中深藏着道德文化的元素。

由此可见,法律制度与道德文化是相辅相成的重要行为标尺,而人们也愈来愈需要仰仗法律力量和道德力量的双重权威,来形成最终的社会治理模式。但另一方面,我们又不能过于夸大道德意识的绝对作用,因为道德评价毕竟是主观主义的,当它被看成法律的决定性依据时,可能导致凭人情、凭任意、凭舆论而影响立法和司法活动,对此也要付出警惕。

二、理想的价值标准

现代法律文化研究中,价值问题最为突出。这是因为,"法律通过确使现存价值得到保护,并使新的价值得到促进而在人类文化生活的发展中起着重

---

① 卓泽渊:《法治国家论》,中国方正出版社 2004 年版,第 187 页。
② 强世功:《立法者的法理学》,生活·读书·新知三联书店 2007 年版,"序言"第 3 页。
③ [英]麦考·密克、[奥]魏因·贝格尔:《制度法论》,周叶谦译,中国政法大学出版社 1994 年版,第 226 页。

要的作用",而人类的任务就是"创造和发展文化、获取永恒的文化价值,进而产生许多新的形态"。① 在中国,人们已认识到文化、价值、原则、模式等范畴有着胞兄胞弟般的相互联系,只有将价值标准作为法律文化得以形成的源泉和灵魂,法律和文化之间才构成一种内在的关联。例如,张文显教授指出,现代法的精神有权利本位、契约自由、效率居先、宏观调控和人文主义五大内容;陈弘毅教授归纳,现代法的价值取向为自主性、法治、产权、人权、开放性、社会性、沟通理性、世界和平八大原则;高鸿钧教授则将法律文化价值概括为权利本位、自由选择、机会平等、民主参与、多元互动、趋向宽容六大特征。② 当然,无论学者如何总结,法律价值观讨论都提供了反思和创新现行制度的理论契机,并成为目前法文化学研究的一个最具诱惑力的重点、焦点、难点问题之所在。

(一)正义价值的文化诠释

众所周知,在法的价值范畴,"正义是社会制度的首要价值,正像真理是思想体系的首要价值一样",正义又作为"法的时代精神"而成为法治的核心范畴。"公平正义属于目的价值范畴。法律的目的价值系统较之法律的评价系统、形式价值而言,具有特殊的地位,体现法律制度追求的社会理想,在法律价值体系中一直起核心和支配作用。"③无论是在古代社会还是在现代社会,无论是在阳春白雪的抽象理论领域还是在下里巴人的社会实践之中,追求社会正义的理想都是一种美好的愿望和目标,法学家们也无一不将正义视为法之渊源、法之目的、法之内核、法之基干、法之标尺、法之发达的征兆。

首先,法的正义说是人类早期法律文明留给现代的宝贵遗产。在古今中外历史上,法律都被认为是民主、公开、平等、正当、合理、中立、福利、利益、衡平、人道、安全、和平的衡量标尺。诸如,罗马人定义"法乃善与正义之科学",拉丁人格言"错误不得产生权利",亚里士多德强调法律"应该是促成全邦人

---

① 转引自[美]博登海默:《法理学—法哲学及其方法》,邓正来译,中国政法大学出版社1999年版,第141—142页。

② 参见张文显:《市场经济与现代法的精神论略》,《中国法学》1994年第6期;陈弘毅:《西方人文思想与现代法的精神》,《中国法学》1995年第6期;高鸿钧:《法律文化的语义、语境及其中国问题》,《中国法学》2007年第4期,第33页。

③ [美]罗尔斯:《正义论》,何怀宏等译,中国社会科学出版社2003年版,第3页。

民都能进于正义和善德的(永久)制度",①这些都取自法律的正义之道。如今,法社会学家庞德概括:"在伦理学上,我们可以把正义看成是一种个人美德或是对人类的需要的一种合理、公平的满足;在经济和政治学上,我们可以把社会正义说成是一种与社会理想相符合,足以保证人们利益与愿望的制度;在法学上,我们讲的执行正义(执行法律)是指在政治上有组织的社会中,通过这一社会的法律来调整人与人之间的关系及安排人们的行为。"②在中国,前辈思想家梁启超强调"法为天下之公器","文明之根源有定者何? 其法律愈繁而愈公者,则愈文明;愈简陋而愈私者,则愈野蛮而已。"③

通过古今中外人类文明的养育,现代意义的法律正义价值主要体现为四大方面:(1)在法律形态方面,正义意味着追求良法之治的时代趋向。按照这种趋向,用法律规则体现正义,用正义标准评判法律,正是两者关系的典型写照。也就是说,仅仅有完备的法律规则、形式、设施、技术还远远不够,法治还表明必须在法的精神世界里创构起公平、公正、公开的优良体制,"公正是一个规则体系,是一个由对人的基本尊严和基本权利予以保证的规则、机会平等的规则、按照贡献进行分配规则以及社会调剂规则共同组成的规则体系。"④(2)在制度设计方面,正义表现为社会制度的合理安排。即正义并不是指个人的德行,而是通过法律对社会关系进行调整,使现代法律文明的目标越来越向着民主设计、程序设计、规范化设计的方向发展。例如,通过劳动法、就业促进法、失业救济法、环境保护法、消费者权益保护法、行政诉讼法等法律所体现的平等追求,为促进社会经济、政治、文化进步服务,人们才能实现法律之正义。(3)在法律救济方面,正义意味着通过程序法治建设确保正义之落实。启蒙思想家卢梭早就指出:毫无疑问存在着一种完全出自理性的普遍正义,但是要使这种正义能为我们所公认,就不能缺少自然的制裁,否则正义的法则在人间就是虚幻的。⑤ 正义价值在司法领域还是一个古老但常新的话题。中国古代,倡导法官刚直不阿的精神,地方官的袍服上绣制着象征公正的图腾神兽

① [古希腊]亚里士多德:《政治学》,吴寿彭译,商务印书馆1981年版,第138页。
② [美]庞德:《通过法律的社会控制:法律的任务》,沈宗灵等译,商务印书馆1984年版,第55页。
③ 梁启超:《论中国宜讲求法律之学》,《饮冰室合集》之一,第94页。
④ 吴忠民:《社会公正论》,山东人民出版社2004年版,第17页。
⑤ [法]卢梭:《社会契约论》,何兆武译,商务印书馆1982年版,第48—49页。

图形,用于解决纠纷的权力则被冠以了"司法犹如天平"的属性。时至现代,正义学说在司法界广为流行,司法的公正性、独立性、中立性、衡平性和救济性追求更加深入人心。(4)在法律功能方面,"正义的光芒"正照耀在法律实施的"航道"之上。人们认识到,正义原理虽然深奥,但却会使法律"不仅规定国民对社会现象的根本态度及自身社会行为的价值取向,表现人们的生产、生活、交往等活动和方式,而且作为一种价值观和哲学思维方式,还以其渗透性、扩张性对社会生活各方面产生深刻影响。"①这使整个法学都必须关注正义价值与社会事实两个方面问题的讨论。远离价值,法律只是纯粹的技术,会因缺乏精神指导而流于低俗;远离现实,正义只能被作为空洞的理想,现代国家则无法通过法律制度实现正义的实际操作。

凡此种种,不仅表明正义价值体现着人类文明的社会目标,而且构成了现代法律价值体系的有机成分。从中可见,法律规定正义制度和法律保障正义实现,是正义存在的不可分割的两个支点。在此情形下,我们需要进一步强化正义的观念和正义的制度。惟其如此,中国才有望使应然的正义、向法定的正义、再向实然的正义过渡,法律文化宝库中的"正义价值资源"也才会更加丰厚。

(二)权利本位的法律主旨

无疑,现代社会的价值追求又催生和滋长着权利意识,权利本位的理念正随着商品经济的发展和政治民主的进程而在中国发芽成长。特别是于1988年,法学界达成了"权利是法学的基本范畴"的共识,随之以崭新的、日益成熟的、影响很大的"权利本位论"为核心,形成了中国的"权利法学派"。该理论范畴,包括权利本体理论、权利功能理论、权利价值理论、权利运行理论、权利与义务关系理论等,对我国法治和法学发展产生了变革性影响,这就是从"义务本位"向"权利本位"的深刻转变。在此转变中,沈宗灵、孙国华、郭道晖、张文显、徐显明等法理学专家,都对权利问题作出了权威发言,而以夏勇教授为代表的中青年法学家及其代表作品《走向权利的时代》,则理性解剖了公民权利的内涵特性和现代发展,为法律文化宝库添加了丰富的学术资源。根据他们的讨论,这里将现代权利价值体系归纳为几个方面:

其一,权利本位的目的性表现,是倡导社会成员公平正义的价值观,从而

---

① 刘曙光:《全球化与文化自觉》,《山西大学学报》2002年第5期,第45页。

确立"权利价值说"。在以往,人们对于权利的声张似乎是一个奢侈品,但至今天,权利的发展正遇到了拨乱反正后的时代机遇。这就是,伴随着中国人社会身份、思想观念、行为模式的变化,权利保护机制逐步纳入法律体制之中。按照现代理论,权利是一种观念,是一种制度,是个人的资格、利益、力量或主张。"权利的发展本身恰恰是政治解放和社会和谐得以增进的标志"。"正是这样的理想、信念和事实,标志着并且推动着中国社会的历史性进步。"①由此,我们可以得出结论,现代社会是主体的权利观念日益觉醒和成熟的社会,法定权利即是无所不在的自然权利、天赋权利、公共权力的体现。

其二,权利本位的制度性表现,是通过国家立法设定的规则体系来表现权利,从而确立"权利中心说"。根据法理,权利必须由法律公认来确保它的正当性,不然的话,个人的"天赋权利"或"自然权利"只是一种口号难以真正实现。而且,为使权利不变得空泛和表面化,通过立法、执法、司法的过程,才能使权利概念从被拒斥到被接受,这已被"为权利而斗争的历史"所证明。幸运的是,公民所拥有的生命权、自由权、平等权、人格权、财产权、隐私权、知情权等已在宪法中得到明确体现,而民法、经济法、刑法、诉讼法等法律中也设定了保障公民权利的各项条款,使政治权利、经济权利、社会权利、文化权利扩展到社会生活的各个领域。这些都有利于公民权利的发展。

其三,权利本位的形式性表现,是通过正当程序发展诉权体系,从而确立"权利保障说"。众所周知,一个注重权利救济的社会,才是体现民主、正义、利益、自由等法律价值观的社会。现代法律业已给了权利理论以强有力的司法支撑。《中华人民共和国民事诉讼法》第 8 条明确宣布:"民事诉讼当事人有平等的诉讼权利。人民法院审理民事案件,应当保障和便利当事人行使诉讼权利,对当事人在适用法律上一律平等。"《中华人民共和国刑事诉讼法》第 6 条同样宣布:"对于一切公民,在适用法律上一律平等,在法律面前,不允许有任何特权。"

其四,权利本位的功能性表现,是反对封建制度及其文化残余,从而确立"法律面前人人平等"的法律世界观。客观地说,中国传统法律文化思想体系中并非没有积极可用的成分,但毕竟义务本位占据主导地位,它们犹如层层叠叠的枷锁束缚着人们的手脚。因此,现代法学对于以往法律文化的考察并不

① 参见夏勇:《走向权利的时代》,中国政法大学出版社 1999 年再版,"绪论"。

仅仅在于提供经验,更重要的还在于提供警示。如果在今天的权利观中,能与维护糟粕的法律传统分道扬镳,倡导社会成员个性发展的法定自由权,也是一种意义深邃的法律思维的"范式转换"。如今,中国在公民权利领域已施加了现代文明影响的因子,这种变迁,对于中国这样一个特级社会起着"翻天覆地"般的改革作用,其功能和价值不可小视。

其五,权利本位的文化性表现,代表着人类文明的进化过程和方向,从而形成了现代性的"权利文化说"。从纵向角度思考权利问题,可以将权利看成是具有社会意义、文化意义甚至历史意义的一种状态。夏勇教授在论证公民个人权利的过程中,就十分强调权利的文化意义。他指出,从不同文化背景的行为规范里,我们大致上都可以看到一个权利体系的存在,不论它是否使用了权利这个词汇。例如,在中国初民社会,权利保护机制即已有之,并非从西方舶来,这即是一种关于权利的文化立场。他还阐述道,权利表示个人在社会中的地位,因此对权利的承认不仅意味着对个人需求和个人身份的"个人性"的承认,而且意味着对个人需求和个人身份的"社会性"的承认,权利的发展更意味着文明方式的改进。[1]

及至今日,人类文明已经证明,通过法律界定个人权利,以及以义务、责任、道义、限制来规制权利滥用的方法,是非常重要的。法律进化带来了人们对于权利的尊重,于是也必然带来通过法律保障权利的渴求。而且可以想见,现代国家发展政治文明、物质文明和精神文明,无疑是使所有社会成员都在权利本位的主旨下有尊严地"活着",这也是权利本位精神能够发挥实际效能的思想条件和制度条件。同理,从人的权利的本性出发,构建人们需要的法律制度,才是实现对于人权、人格、人本主义精神的最大尊重,也才是法治社会的永恒目标。

(三)人权思想的现代彰显

在法律文化发展的历史进程中,人权是一切其他具体权利的出发点,是公共权力和私人权利合法性和正当性的源泉。因此,虽然"人权研究曾经是中国公法学术的一个禁区,但目前这一禁区已逐渐被打破。"[2]法学界则热衷于

---

[1] 参见夏勇:《走向权利的时代》,中国政法大学出版社1999年版,"绪论"第11—16页。

[2] 郭道晖、陶威:《人权禁区是怎样突破的》,郭道晖等主编:《中国当代法学争鸣实录》,湖南人民出版社1998年版,第357—381页。

人权理念的培养,开展了国际人权领域的对话,以至出现了一个"人权理论与人权实践相结合的研究高潮"。其领域涉及人权的主体问题、人权的性质问题、人权的形态问题、人权的效能问题、人权的制度表达问题、人权的司法保障问题、人权与主权的关系问题、人权的国内法保护和国际法保护问题等。特别是进入 21 世纪以后,"在有关人权与权利问题的研究中,中文内地著作占据了相对多数,其次是译著和外文原著,港台地区著作非常之少,这表明我们对于人权特别是权利问题已经形成了相对可观的学术积累",①总结这类"人权文化"的特征由此提上议事日程。

一是人权原理的丰富性。根据一般人权原理,人权的本源可以从人的自然属性去寻找,这是人权产生的内因、目的和意义,表现为人的天性、德性和理性;又可以从人的社会属性去寻找,这是人权发展的外因,指人权存在于社会关系中,社会制度尤其是经济制度的文明程度制约着人权的状况。在这一人权理论的引导下,目前生命权、健康权、自由权、人格权、财产权、劳动权、休息权、和平权、追求幸福权、反抗压迫权、民族自决权等个人人权和集体人权,已经在法学和法治领域获得了权威表现。而在《自由大宪章》、《权利请愿书》、《独立宣言》、《人权宣言》、《世界人权宣言》这些具有历史意义的法律文献之中,人权的精神得以彰显,人权的实践不断深入。不仅如此,处于发展中的中国人权理论还不断增添着全新内容,并带有一定的本土特色,关于生存权、发展权、环境权、受教育权、民族自决权、集体人权、少数民族人权、弱势群体人权等特殊领域的讨论更为热烈,表达了中国在人权问题上的鲜明学术立场。②应该说,无论是传统的自由权、还是现代的社会权,无论是私密的个人权、还是公共的集体权,无论是经济的发展权、还是政治的参与权,无论是天赋的自然权、还是法定的基本权,无论是实际的现实权、还是理想的应然权,都正随着时代的发展而日益丰满。

二是人权保护的合法性。在人权精神先天欠缺的社会中,必然会出现有义务而无权利、有制度而无遵奉的状态。因此,一些法学家一直在为人权寻求

---

① 徐显明、齐延平:《转型期中国法理学的多维面向——以 2007 年发表的部分成果为分析对象》,《中国法学》2008 年第 2 期,第 126 页。

② 参见张千帆:《中国宪法学的思想、研究方法与理论流派》,姜明安主编:《公法理论研究与公法教学》,北京大学出版社 2009 年版,第 15 页。

精神源泉。如按照夏勇教授的归纳，中国人权的内在精神有三，即人道精神、大同精神和法治精神。前两种精神在古代哲学中随手拈来。诸如，"仁者爱人"，"天下为公"，"均贫富、等贵贱"，"天地间、人为贵"，"无处不均匀、无处不饱暖"等，只是中国的人权价值中缺少了法治精神。① 为此，当代中国特别强调在法治框架下大力发展人权保护的制度措施，即所谓逻辑化和实证化的人权运行机制，用这套机制推行一定的人权观念，才能将人权理论变成人权现实。在实践中，如果说以往的人权保护只是政治纲领或口号，那么，现代人权则在立法、执法、司法领域，在理论界和实务界都获得了最高的"话语权"。因此，从根本上说，自然权利是公民人权的基本权利源泉，而宪法基本权利则是对自然权利的法治化。当然，人权的普遍享有和实际获得，仅仅在宪法和法律中明确规定还不够，人权价值的真正养成取决于法治改革，取决于经济事业的繁荣，也取决于精神文明的进步过程。

三是人权思想的交涉性。在全球化的进程中，人权保护的趋势开始从国内法向国际法发展。有人形容，未来的人权制度将是一种"人权外交和市场机制的结合"，是"全球化社会变迁的基本驱动装置"。② 正是在这样的时代背景下，中国人权理论又在向着国际化演变。这其中，两大变化已经十分明显。一是人权领域"交涉思想"的逐渐普及，它要求实现西方人权观与东方人权观之间"话语体系"的相互开放。我国与其他国家不能再行设计"人权壁垒"，而应力求在基本人权原理及其价值观方面，通过不断磨合达成共识。其二，各国法律所调整的领域、空间、程度有所不同，在关于人权保护的主体、客体、范围、重点、实现方式和实现条件方面也有分道扬镳之处。这使中国在人权全球化理论中，对人权的实现模式选择必须坚持自己的特性，即按照中国需要策略性地安排人权的整合与实现方式。惟其如此，我国才能"充分地占有和消费国际人权清单的内容。"③

由此可见，普遍性的人权观已得到全人类的共鸣，我国的人权价值观也与现代文明基本相容。但我们又坚持，中国所追求的统一的人权标准，是在人之

---

① 夏勇：《人权与中国传统》，夏勇主编：《公法》（1），法律出版社1999年版，第202页。

② 季卫东：《宪政新论——全球化时代的法与社会变迁》，北京大学出版社2005年版，第350页。

③ 汪习根、涂少彬：《发展权的后现代法学解读》，《法制与社会发展》2005年第6期，第61页。

权益的共同性基础上关注差异性和特殊性,这必然与传统特权和国际强权背道而驰。其中,我们既不能固守东方化的专制统治,也不能偏于欧美化的个人中心。

(四)自由精神的永恒追求

自由和平等都是权利的表现形式,也是法律价值的核心内容。正如著名法学家博登海默所指出的:"任何值得被称之为法律制度的制度,必须关注某些超越特定社会结构和经济结构相对性的基本价值。在这些价值中,较为重要的有自由、安全和平等。"①从渊源探讨,中国人的自由观主要来自于西方法学中的自由理念,其意味着个人实现自己意志的行为不为法律所禁止,又意味着从国家过多干预的束缚中解放出来。对比而言,我国传统社会关于自由的讨论基本建立在一种"荒漠"的状态之上,即是说,自由思想的本土资源近乎"贫瘠"。至改革开放以来,法学家才重新开启了门户,使自由的旗帜高高飘扬。如今人们笃信,自由的价值已深深地根植于中国本土,而不再由外来文明转入。应该说,从被极端轻视到被特别重视这一里程,正是现代中国法学不断努力的结果,它使自由范畴不再是西方法学的专利。

从自由的内涵看,当代自由观一般包含两层蕴意。一是积极自由,指公民自己依赖自己,自己决定自己,也即"一定社会中人们受法律保障或得到认可的按照自己意志进行活动的人的权利"。② 而自由权被法律创制出来,目的就是为了使人的意志性、独立性、主体性、能动性获得保障。二是消极自由,指人们免于他人的非法干预和限制。尤其法律意义上的自由,意味着非奴役、非强制、非约束,这使自由的追求决不是为了把人们从有理性的动物变成傀儡,而恰恰相反。对于中国,鉴于"文革"时期任意剥夺人的生命、健康、财产权利的现象是对自由思想的扭曲和亵渎,从那个时代"走了出来"的中国人,必然特别强调自由的三个精神意蕴,这就是害怕依赖、拒绝干预、强调独立的重要性,正所谓"消极自由观主张自由的本质在于自发性和否定性(即无强制状态),内在的自由与外在的强制是水火不容的。"③

---

① 参见[美]博登海默:《法理学——法律哲学与法律方法》,邓正来译,中国政法大学出版社1999年版,"前言"。
② 卓泽渊:《法的价值论》,法律出版社1999年版,第397页。
③ 刘武俊:《市民社会的法理学思考》,《中外法学》1995年第6期,第30页。

从自由的保障看，自由的权利被法律规定，即在法律与自由之间建立了深刻的联系。自由往往是指法律表现的自由权，自由人就是依法享有政治上自由权、经济上财产权、司法上诉讼权的人。特别是政治自由的确定，是人类在保护自由权方面积累的宝贵法律资源。"在自由和政制的关系上，建立自由的仅仅是法律，甚至仅仅是基本的法律。但在自由和公民的关系上，风俗、规矩和惯例，都能够产生自由，而且有些民事法规也可能有利于自由。"①为保障自由权，国家必须尽力使普遍的自由原则付诸实施，必须通过各种法律化的手段对公民的自由权给予保护，包括不得基于种族、宗教、性别等理由在法律上对个人有所歧视；不能限制言论、集会或结社的自由；法不溯及既往，从而排除对当事人不利的法律；提供秩序上的机构和保障，使上述权利付诸实施等。

从自由的价值看，自由是人性或者德行的产物，因此对自由价值观的肯定首先是对于人的肯定，也可以说是对于人文精神的肯定，而缺乏德行的自由和不容许自由的德行，都不符合人类的需要。② 有人形容，"自由是人的完美性和高贵性的另一个代名词，为人类呈现出了探索人的神秘世界的另一扇奇妙之窗，以期能够更加准确、更加完善和更加充分地对人进行理解。"③诸如，自由使公民享有基本的人身、财产、言论等权利，这是公民真正安居乐业的条件；自由有利于公民按自己的意志规划未来，为个人发展提供了无限的空间；自由又要求个人与他人寻求选择性合作，而不在"孤独"中实现自我的完善。进而言之，法律制度所追求的价值目标正在于"既能保证社会的秩序和效率，又能为个人自由选择留下充足的可能性空间；既能帮助个人的自由，又能实现人与人之间的平等和博爱。"④可见，这样一些自由观和自由权，必然会产生有益于个人、社会和国家的多重效果，是构建现代法治国家所必不可少的价值理念。

从自由的基础看，经济发展对自由权利的获得有深刻的影响力。法学家弗里德曼分析道："食物、住所和健康是行使自由的必要条件。自由本身意味着拥有多种选择。当然，饥饿、寒冷、疾病和贫困本身是不幸的。除此之外，它

---

① ［法］孟德斯鸠：《论法的精神》（上），张雁深译，商务印书馆1982年版，第187页。

② 参见许国贤：《德行、干涉与个人自由》，《政治科学论丛》2004年第2期，第1—5页。

③ 谢文郁：《自由与生存——西方思想史上的自由观追踪》，张秀华等译，上海人民出版社2007年版，第144页。

④ 参见沈晓阳：《体制正义、法律正义、道德正义》，《东方论坛》2003年第4期，第87—93页。

们还是自由的敌人。"①谢晖教授强调说,自由是一种"效益法","只有主体具有自由,即法律赋予主体充分的自由,才能真正释放主体的能量,使其在社会经济活动中发挥出最大的效益。"②自由的实质意义,更在于它是现代工商社会实践的必然产物。"自由主义可能是价值和偏好都已经多元化的现代工商社会中最可用的主义,这并不是偶然的。因为自由主义并不只是一套理论话语,不是只说几声自由、宽容、自给自足、独立等几个词就行了,自由主义更是一种社会实践,而且是与现代工商社会相联系的一种社会实践。"③诸如,合同法上的自由,表现为契约自由的原则;物权法上的自由,表现为自由处分财产的权能;侵权法上的自由,表现为对侵犯他人人身自由的行为进行必要的处罚,等等。

从自由的边界看,自由决不是权利滥用的代名词,它与常识、理性、自制、道德、纪律、约束、责任、义务、秩序等问题密切关联。因此,在张扬自由之精神的同时,要反对自由含义的任意曲解。在此领域,中国人的主张显然和西方的绝对个人主义自由观有所不同。按照我们的认识,社会利益说与个人主义说构成了权利价值思想的两个端点。一方面,主体的自由精神有其重要性,个人也日益独立自主、享有私权。另一方面,绝对的个人自由会危害他人的、社会的、国家的合法权益。为此,我们旗帜鲜明地反对假借"个人隐私"、"言论自由"、"大众呼声"任意行为。苏力曾经批评道,一些人已经把这种不完整的自由主义当成了信条,"公开为自己的时时处处的机会主义卸责或败德行为辩护。因此讨论自由主义的法理问题是一个必须认真对待的问题。"④

基于上述认识,法学界意图从千姿百态的法律文化模式中分离出一些公共主义的价值标准,并对于法律价值内涵进行了高度概括。而总结正义、权利、人权、自由等价值观念,我们可以看出,法律价值本身是多元的,但又按照一定的原理组合、协调、统一,共同构成了现代法治的价值体系,我们应该将各种价值观念"串联"起来进行讴歌。当然,由于以往学术研究偏于"认识体制"而不是"认识价值",就规则而规则、就形式而形式、就制度而制度,使有关价

---

① [美]弗里德曼:《选择的共和国——法律、权威与文化》,高鸿钧译,清华大学出版社2005年版,第77页。

② 谢晖:《价值重建与规范选择》,山东人民出版社1998年版,第27页。

③ 苏力:《也许正在发生:转型中国的法学》,法律出版社2004年版,第132页。

④ 苏力:《也许正在发生:转型中国的法学》,法律出版社2004年版,第153页。

值文化的讨论有诸多缺漏。梁治平教授为此提示:"问题的关键在于,法律究竟只是无数命令、规则的汇集,还是同时包含着发自人类内心的追求;它究竟只是一堆事实,还是一种充溢着生命的价值。一种失却了价值引导的法律将会是怎样? ……这不仅仅是一个理论问题,同时还是严峻的历史挑战。"①事实上,任何一种法律文化都有自身比较优异的价值取向,它们构成了对法律制度的示范性影响。为此,我们不仅要关注法律的制度建设,更要关注法律价值观的培育。

三、珍贵的民本观念

文化具有属人性,即文化是人的文化,人的行为方式和思维方式决定了法律文化的形成发展。"其核心是人自觉不自觉地建构起来的人之形象"。在这种意义上,文化并不简单地是意识观念问题,"它像血脉一样,熔炼在总体性文明的多个层面中,以及人的内在规定性中,自发地左右着人的各种生存活动。"②推之法学领域,各种法律原理、法学思潮必然始终以人为中心,民本意识亦隐含于社会规范系统中,决定着人们从事法律行为的本质属性。同理,法文化研究当然要关乎人心、人性与人权,从而构筑起人格化的法律体系。这种体系又经过净化、优选、整合的过程得以绵延传递,发扬光大。

(一)民本文化的理论基础

毋庸置疑,法律上所研究的自然人,是具有主体意识的公民。公民是有生命和地位的独立的人,是不受干涉和思想解放的人,是具有物质生活和文化精神追求的人,是在文明进化中有知识、技能、创造力和发展力的人,是能够掌握自己政治、经济、社会生活命运的人,是构成国家这一政治共同体的基本单位的人,是有权从事法律规则创制、实施、遵守活动的人,是享有基本权利和承担法律义务的人,是积极参与社会公共事业并具有公共道德的人。就此而言,作为"人"的公民,是法律文化动态演化进程的参与者和运用者。"人与法的关系实质上是主体与客体的关系。人既是法的实践主体,也是法的价值客体,……人在法律生活中具有自主性、自觉性、自为性和自律性,具有某种主导

---

① 梁治平:《法辨》,贵州人民出版社 1992 年版,第 193 页。
② 衣俊卿:《文化哲学》,云南人民出版社 2001 年版,第 10 页。

的、主动的地位。"①

事实上,民本文化是中国具有深厚底蕴的重要文化元素。从孔子的"仁爱"、墨子的"兼爱"、孟子的"民为贵",到王夫之的"天下为公",这些民本主义观的突出特点是贯彻了"君轻民重"的价值观念、"经国济民"的治国方案以及"社会和谐"的大同思想。以至在一片批评声中,充分肯定儒家文化的人本主义精神仍然非常重要,而将良心、和谐、中庸、尊严、道义等观念流传至今本身,也表现了中国文化对人的深切关怀。当然,由于我国长期以来受封建身份关系的影响,法律对于公民地位和权利的保护存在着极大的误区,梅因所说的"从身份到契约"的转变在现代中国的法律实践中才逐步得到实现。另外从世界范围看,惨绝人寰的两次世界大战,使痛定思痛的人们接受了反面的深刻教训,更认识到了在法律中张扬人文主义、人道主义精神的重要性。

在这种转变中,"以人为本"的战略方针已成为国家政治决策的出发点和目的地。这一点,我们不仅能从孙中山时代的"三民主义"得到启示,也可以从新中国成立以来领导人的"政治话语"中得到证明。包括毛泽东的"人民、只有人民才是创造世界历史的动力"、"走群众路线"、"为人民服务"的指导思想;包括邓小平民主法制的指导思想、改革开放的指导思想、小康社会的指导思想等,对于当今中国法律文化建设都举足轻重。易言之,目前政治家的民权观仍然引导着这个领域的学术方向,使民本主义、民生主义、民权主义、民主主义精神,不仅作为纲领性的政治原则,而且作为现代法治的精神源泉,引导着法律的主流意识和发展方向。例如,中国共产党代表大会的报告,就对如何实现"以人为本"进行了充分阐释,这就是"要始终把实现好、维护好、发展好最广大人民的根本利益作为党和国家一切工作的出发点和落脚点";"要尊重人民主体地位,发挥人民首创精神,保障人民各项权益,走共同富裕道路";"要促进人的全面发展,做到发展为了人民、发展依靠人民、发展成果由人民共享。"

在这种转变中,思想性的转变又成为先导。人们认识到,法律的诞生不是为了治民,恰恰相反,公民是法律的主体性要素,唯有体现公民"法律面前人人平等"主体地位,才能使公民在一切法律活动中实现自身价值。特别在近

---

① 张文显、于宁:《当代中国法哲学研究的范式转换》,《中国法学》2001 年第 1 期,第 70 页。

些年来,关于法律的人本主义思想在中国重新兴盛起来。这种学术朝向"以弘扬人的主体性和价值性、对人的权利的平等尊重和关怀为特质",要求"一切从人出发,以人为中心,把人作为观念、行为和制度的主体;人的解放和自由,人的尊严、幸福和全面发展,应当成为个体、群体、社会和政府的终极关怀;作为主体的个人和团体,应当有公平、宽容、诚信、自主、自强、自立的自觉意识和观念。"①

在这种转变中,法律制度的转变也很明显。这是因为,虽然人文底蕴的培养难以一蹴而就,也似乎没有一种直接建构的途径,但它们又特别需要一种法治化的措施付诸实践,它们不仅见之于西方法律之中,也见之于现代中国特色的法律制度建设之中,更应该见之于未来世界各国的法律进程之中。由此,建立在人本基础上的现代法治必然以实现人的价值为其根本目标,最终在理性意义上,宪政民主、私法学说、诉权保障、司法正义等,都体现着法律对公民的人文关怀。而正因为人们能在现代法治及其实现中找回自己的尊严,人们没有理由不信赖这种现代法律体系。

(二)尊重民众的人文关怀

法律的人文精神,主要体现在对人的尊严的保护方面。因此,从民本主义原理出发,我们要走向关于人的法律尊严的讨论。法学家杜宴林深刻指出,"法治的根基和魂魄在于其人文的价值荷载及相应的人文确信和信仰","法治的精神意蕴归根到底在于其所荷载的理性文明的人文幸福生活方式的确证与追寻",它说到底浸渍了人的个性、人格尊严以及人的价值等人文精神的关怀和崇尚。② 为此,我国宪法早已体现了对"站起来了"的中国人的法律保护,明确宣布"中华人民共和国公民的人格尊严不受侵犯"。凡此法律理论和实践,无疑是人类留有的宝贵文化资产。对这类文化成就我们必须尊重,发扬于现代中华法律文明之中。

这里,所谓尊重人作为人的尊严,就是指人的尊贵是人具有的高于物和其他生命的形式,且令他人敬畏的不可侵犯的身份或地位。③ 如果人类都能通

---

① 张文显:《法哲学范畴研究》,中国政法大学出版社2001年版,第389—390页。

② 杜宴林:《法制现代化——以人为本》www.66wen.com/03fx/zhengzhi/xingzheng/.../26851.html。

③ 参见韩跃红:《生命尊严的价值论省思》,单继刚主编:《政治与伦理》,人民出版社2006年版,第184页。

过天生的理性或良知而享有相同的尊严,具有相似的法律能力,这种能力又建筑在对于他人的尊重之上,则意味着人受到了社会的认同。反之我们可以设想,"当我们无法获致所想要的价值时,油然升起的挫折感和自我怀疑,便会使我们不再愿意努力下去。所以,没有了人性的尊严,那么做任何事情都将成为无意义的事,而且会导致我们对于任何事情都缺乏趋使的意志。"①正因为如此,法学家们特别关注人的尊严问题,其主旨,就是在尊重人的本性的基础上,塑造人在法治社会的庄严形象。我国台湾学者周志宏教授即分析了有关人性尊严的三重意义:一是排除对人类的屈辱与贬低,不得将人视为单纯的客体;二是在任何场合都应该尊重个人之内心的个体性,这是人的尊严的内在要求;三是保障适合于人类的生存基础,即注重人的尊严所需的社会环境。② 大陆法学家胡玉鸿教授进一步深刻揭示了人的尊严的四大基本内涵:人的尊严具有主体性而非客体性,现代社会制度必须承认人的主体定位,不得有屈辱或贬低人的规定与措施;人的尊严可从内在与外在两个角度进行定位,内在的个人自由与个性不容侵犯,外在的国家和社会必须一视同仁地对待任何一个人;人的尊严还包含关系内涵,即人与他人有同样的价值,如果这种价值被侵犯可以通过制度加以补救;人的尊严又可以从肯定与否定方面进行表征,在积极方面,每个人都有主张权利的权利诉求,在消极方面,国家、社会、他人不得有干预、控制、歧视、操纵人的尊严的行为。③

表现于法律制度中,现代法治的目的性已经凸显出来,这就是摆脱传统法学原理和法律制度对当代人类的束缚,让公民积极地、热情地、主动地、定期地参加政治生活和社会生活,自立、自主、自强、自尊、自信的信念就是在这一过程中实现的。法律的任务也在于为这种人格的尊严及其完善塑造条件,包括培养公民的理想、理智、理性、德行。特别是,现代性的"民情思潮"的重新上演,主要取决于普通公民的日常生活、日常体验、日常需求。因此,法律和法学必然要坚持以民为本,加强社会关怀,反对高高在上、雾里看花的观念摆设。一些学者就曾阐述道:"作为普通人来说,他/她们的生活意义并不来自宏大

---

① 许振雄:《法治视野下的正义理论》,洪业文化事业有限公司 2005 年版,第 53 页。
② 参见[台]周志宏:《学术自由与科技研究应用之法律规范》,《李鸿禧教授六秩华诞祝寿论文集》,月旦出版股份有限公司 1997 年版,第 542—543 页。
③ 参见胡玉鸿:《"个人"的法哲学叙述》,山东人民出版社 2008 年版,第 60 页。

的历史叙事,不在他们的经验世界之外,而是眼下的日常生活、日常的人伦之中。"①法律的人文性有着"对社会最底层力量的尊重","强调法学研究的大众性或庶民性",从而使现代法治不仅是国家规范的宣示者,同时也是反映民众的愿望的传导装置。②

今天,作为文明驱动力的人本主义文化虽然不能说已经深入中国社会现实之中,但全新的社会应该有全新的理念,法学的研究应该有法学的解答。没有公民的自主性,法律自然难以维系民心。所以,中国当下法学研究的使命仍然在于人的尊严的尊重与关爱,仍然在于权利文化的启蒙与推进,仍然在于制度正义的校准与改善。③ 它们将成为推进中国现代化进程的重要内在力量。

(三)公民意识的文化蕴涵

在民本价值讨论中,法律意识的培养也是具有理论意义和实践意义的法律文化命题。"事实上,法律制度的构建很大程度上依赖于法律文化和法律意识的培养。因为法律文化和法律意识对于法治建设来说,是一种更深层次的精神制度和观念表达,可以更加如实地反映一个国家的国民对于法治的内心态度和内在感受。"④又可以说,现代化建设所蕴含的新的价值体系的理想建构,是为了将社会主流的价值选择内化为全体社会成员自觉的行为准则,因而公民意识是现代国家制度和社会制度得以稳固存在的重要文化基础。而且,公民意识的内容非常广泛,涵盖公民的宪法意识、参政意识、民主意识、权利意识、平等意识、自由意识、责任意识种种。具体体现为:

主体意识的培养。按照法理,人作为社会主体,首先有参与社会活动的需要和能力,即"任何真正的解放与发展,都是使人们从各种束缚中摆脱出来,确立人作为历史主体的地位,培养人的主体意识,弘扬人的主体性。"⑤进而,法律是人所创制和遵行的,自然在任何时候都不能够脱离人的思虑、人的欲望、人的理性和人的情感。人在从事各种法律行为的时候,"命定"地贯注了他的想象、好恶、情绪、智慧、经验、期望、理想甚至偏见。在"人的现代化"过

---

① 苏力:《法律与文学——以治国传统戏剧为材料》,生活·读书·新知三联书店2006年版,第358页。

② 参见季卫东:《社会变迁与法制》,《社会学研究》1993年第4期,第107页。

③ 参见徐显明主编:《法治与社会公平》,山东人民出版社2007年版,"代序"。

④ 韩大元主编:《公法的制度变迁》,北京大学出版社2009年版,第154页。

⑤ 参见徐东礼:《以人为本是构建社会主义和谐社会的核心》,《济南大学学报》2006年第4期,第2页。

程中,法律文化才能实现现代化。同样,现代本土法律文化资源的积累和构造,是法律"在人们中"贯彻落实的效果和境界;如果没有民众的权利和参与,法律不是毫无结果的宣教,就是落后思想的胜局。因此,形成法治社会的文化条件,表现为充分塑造权利本位基础上的公民主体意识。

法治意识的培养。法治意识也即一种合法性意识,是对法治社会形成认同的心理机制,表现为人的思想和行为与法律制度相吻合,从而使法律的有效性、权威性获得肯定。按照这一解释,现代法治之所以呈现出一种内在自觉的理性秩序,除了法律本身符合公平、正义、良心等价值标尺以外,另一重要因素就是法律离不开公民意识的支撑。每一个人的努力躬行将为法治作出实质贡献,并推动法治的历史进程。就此而言,完善法治文明的根本条件,就是塑造公民的法律意识。以中国人民大学宪法与行政法研究中心进行的《中国公民的宪法意识调查研究》为例,此调查的目的即意在揭示宪法发展和公民意识的关系,其结果表明,无论是公法意识还是私权意识,都是影响中国法治实践的重要因素。① 但在以往,人们以为法律意识就是被动的守法意识,这是对法律意识的狭义理解。实际上,法律意识主要意味着公民的权利意识,通过法律对主体权益的保护,主体的心理机制从被动状态走向了自觉地、主动地、积极地捍卫法律权利的境地。为此,将法律意识理解为一种"行使法律权利"的行为,具有更为深刻的法律文化的意义。

民主意识的培养。将民主意识作为法律意识的重要组成部分,也是现代法学中的新颖之见。这里的民主意识是公民在法治的框架下维护自身利益、走向人格独立的精神趋向,是人民大众作为国家管理真正主人的制度体现。尤其为扭转传统的"治民"观念,需要确立民主制度和思想,主动积极地营造一种民众需求的法律环境。正所谓"要靠我们耐心地在国人的思想意识里一点一点地播种民主、平等的种子,植入契约、权利的幼芽"。② 与此同时,通过现代法律制度的建构来催生中国民主精神的成长,发展市民社会,激发起人民群众主人公热情,才能使民主参政真正成为全体人民趋同的目标和自觉的

---

① 参见韩大元、王德志:《中国公民法律意识调查报告》,《政法论坛》,2002 年第 6 期;韩大元、秦强:《社会转型中的公民宪法意识及其变迁》,《河南政法管理学院学报》2008 年第 1 期。

② 孙光妍:《传统法律文化与法治现代化的对接路径》,《学术交流》2006 年第 4 期,第 47—48 页。

行动。

平等意识的培养。不言而喻,在观念意义上平等的追求早已被无数中外法学家论证。但作为一种法律文化价值观或理性判断,平等意识的重要性仍然需要强调。中国以往受特权思想束缚,人们所享有的平等权并不真实。直至改革开放初期,"法律面前人人平等"这一重要的宪法价值得到反复重申,才为提供普遍性平等权作出了理论准备。① 而且,现代理论中的平等内涵已十分丰富,既包括主体法律地位的平等、分配制度的平等、机会供给的平等、权利救济的平等,又包括禁止差别对待;既意味着通过法律宣告人人平等,也意味着通过执法和司法措施真实地实现平等。对于个人,平等观还代表着法律追求人的身份地位相同,从而使人际关系的组织样式成为一个无限开放的过程,这与身份等级化的人际关系显然不同。② 最后,平等意识还意味着国家机关及其工作人员依法办事,任何组织和任何个人都没有超越法律之上的特权,公民大众与政府官员之间也不存在人身依附现象。故而,"法律面前人人平等"这种法律文化指向,已经竖立起防范权贵为所欲为的法律屏障。

公共意识的培养。人们生活在社会之中必然与他人发生关联,这种联系既表现为个人尊重他人和社会,也表现为个人为他人和社会服务。而且,没有社会发展就没有个人发展,没有个人发展也难以实现社会发展。因此,公共意识使个人发展和社会发展处于内在统一的境地之中,要求公民把自身信念放到现代社会关系结构中去认识,把个人良心提升到社会和谐的高度去把握。这就要求个人在维护自身权利、利益和自由的同时,正确处理个体性与公共性的关系。与此同时,公共意识也给法律提出了问题,即法律由此承担着既对个人权利进行保护,又要在全局上调配公共资源性的任务,法律还要着力解决制约社会发展的突出问题,使法治建设更加有利于维护绝大多数人的长远利益、普遍利益、根本利益。马长山教授为此总结道,作为公民角色或公民意识,必然产生对个人与社会、普遍利益与特殊利益的价值判断。因此,公民意识就由合理性意识、合法性意识和公共精神三元内在而构成。③

---

① 参见李步云:《正确理解"公民在法律面前一律平等"》,张友渔主编:《宪法论文集》,社会科学文献出版社 2003 年版,第 374—382 页。

② 参见胡锦光、韩大元:《中国宪法》,法律出版社 2007 年版,第 223 页。

③ 参见马长山:《伦理秩序、法治秩序与公民意识——兼论社会主义市场经济条件下的意识形态构建》,《江苏社会科学》1998 年第 4 期,第 45—47 页。

经过这样的思考和论证,法律文化与公民意识之间建立起了一种密切联系:公民有了权利意识,才能够维护自身权益;有了平等意识,才能够追逐平等;有了契约意识,才能够利用契约;有了民主意识,才能够参政议政;有了组织意识,才能够形成合力;有了独立意识,才能够不为权势所左右;有了诉讼意识,才能够实现权利诉求的表达。与之适应,法律也要通过制度化的规则,使社会成员在财富所有、劳动分配、职业选择、婚姻自由、人格权保护等方面具有独立性或个别化程度;法律还要加强对社会成员法律意识的培养,使主体意识开化程度有利于权利实现,最终成为促进法治文明进程的积极因素。

第二节 法律精义:国人的文化视野

由于特殊的国情所致,中国法律思想观念中融入了哲学思想、社会习俗、民族精神、人本主义、自然经验等人类生活中最丰富的人情风俗和社会心理,使现代中国法律具有了极其深厚的精神文化的蕴含。统一观、整合观、秩序观、稳妥观、安定观、衡平观、调和观、民本观、大同观、社群观、亲情观、道义观、自律观等原理观念,都渗透于现代法治的原理之中,成为独具特色的法律思想观念在法律文化领域的最为基本和最为重要的元素。而通过对当代中国法律文化资源的立体透视和价值评价,阐释法律文化的主要思想原理、内涵属性和文化特色,有利于指导我们的社会实践。

一、统一观的法理分析

统一观是中国长期屹立于世界民族之林的核心指导思想,它造就了中国国家统一、民族团结、法制健全的良好局面,也是中国文化中不可忽略的宝贵资源。统一的目的是为了国家稳定、社会繁荣、人民祥和,这又是国家管理、法律实施所要求达到的重要目标。即是说,政治统一、法律统一、文化统一,主旨都是为了实现国家的长治久安,人民的安康幸福。

(一)统一观之文化内涵

"统一"一词,在现代汉语中有几种含义:一是指部分联成整体,分歧归于一致;二是指单一制的国家管理;三是指对事物的全局观念、认识或看法。法律文化意义上的统一观应该涵盖这三重含义。由于法律从来就是公共权力的组成部分,其主要任务是维护国家的安全和稳定,因此统一意味着确立"国家本位"的法律精神。尤其考虑到中国幅员辽阔、民族众多的情形,国家主义元素无疑是一种解决中国现实问题的智慧结晶,对于建立中国社会的理想模式也不失积极意义。

就我国的历史看,中国奠定了几千年国家统一的政治基础,有着悠久的中央治理、单一结构、行政管辖、律法一致的政治和文化传统。早在夏商时代,就实现了按地区划分居民的行政管理模式,"茫茫禹迹,划为九州"正是国家形成的典型写照。秦始皇统一六国,标志着"海内为郡县,法令由一统"的状况业已完成。① 而且,无论怎样进行地方行政区划,各个地方政权均统归中央辖制,所谓"一统者,万物之统皆归于一也"。"王者受命,制正月以统天下,令万物无不奉之以为始,故言大一统也。"②这使我国历来就是一个强化国家权力和行政权力的国家,公民心目中也早已有了坚固的国家和民族意识。与之适应,经济管理领域的度量衡制度、社会管理领域的律令体系都很发达,并用于调整长达千年的中央集权政治体制。特别是长期不断的分离与反分离的斗争,使我们的祖先习惯于用实力说话、用官吏管理、用权术维持,而这些实用主义的统治方法,构成了政治和国法的典型特征。无疑,这种统一的国家观强化了历代历朝的专制统治,使人民深受其害。但同时,中国与中国人又受惠于这种统一和强大,它使中国成为与罗马帝国、大英帝国、沙皇俄国、阿拉伯世界等并存于世的国家,强大且持久。

就文化的功能看,中华文化在促进民族团结、融合和发展中所起的巨大凝聚作用无与伦比。汉朝开始,中国从战乱中摆脱出来,形成了"统一的多民族的国家"。在以后的朝代里,思想家们有很多关于维持国家统一的精彩求证和解说,成为经过历史考验的特殊施政经验,并为现代国家的统一观提供了文化上的渊源和借鉴。同时,统一观还宣扬了爱国主义和民族主义之情结,被人民大众视为自己的最佳品德。"中国文化具有伟大的生命力,历来强调修身、齐家、治国、平天下的思想和情操,强调每个人不仅要对自己、对家庭负责,更要为社会、为国家服务,这就从本质上揭示了中华民族的每个成员的社会责任感,决定了我们的民族有着巨大的凝聚力。"③由此,统一不仅是国家运行的社

---

① 参见《史记·秦始皇本纪》。
② 参见《汉书·王吉传》。
③ 李阮:《发挥文化纽带作用》,人民日报2002年9月28日第10版。

会事实,也可以说是一种强大的文化思潮,它标志着中华文化不仅创造了一个历史悠久的政治大国,而且创造了一个世界上最大的民族共同体。

就政治的需求看,新中国成立以来,建立稳定有效的国家机器和政治制度,自然而然地是中国政治家和法律人所面临的"头等大事"。从战争到和平、从夺取政权到巩固政权、从部分地区到全国各地,新政府要经历建成"现代民族国家"的重大转变。这一任务的完成体现了中国的独立和强大,与其他国家长期分裂、地方割据的状况形成鲜明对比。其中,在邓小平的思想体系中,稳定就是一个全面的综合的概念,它包含了政局稳定、政策稳定、经济稳定、文化稳定、社会稳定、农村稳定、国际稳定等重要内容。邓小平还强调,一个国家的政治体制是否稳定关键看三个方面,一是政局是否稳定,二是能否增进人民团结,三是生产力是否得到发展,而只要有一个成熟的领导集体存在,"中国就稳如泰山"。① 直至目前,以可持续发展观为根本指导,中国政权在维护政治、经济、社会秩序方面,在保障人民生活安居乐业条件方面,作出了历史性的伟大贡献。当然,在政治统一和稳定方面法律所面临的任务依然艰巨,台湾问题的存在、国际反华势力的存在、边疆分裂问题的存在、各种重大政治危机的存在、突发事件的存在等,都使配置坚强有力的中央政府成为必要。因此,"统一与稳定的政治因素是影响和决定我国国家权力纵向关系的最重要的方面。"②

就法律的意识看,大一统的意识形态指导思想,是爱国主义精神在法律领域的特殊表现。由于个体的人必有缺陷,这导致公共权力的产生和强大。而国家即是公共权力的象征和代表,正所谓"代表全体的利益要求每个个体互助互让,同时对于每个个体有时会出现的私欲膨胀予以抑制和处罚,这些都被看做是公共权力应履行的职责。"③虽然,这种带有封建余毒的专制的国家主义精神受到了后人的抵制和改造,但作为公共权力之象征的国家观念本身却是难以动摇的。近代以来,中国走向开明、走向进步、走向法治,但一个国家仍然不可能没有公共权力,不可能没有国家利益。因此,国家制度、国家机构、国

---

① 参见《邓小平文选》第 3 卷,人民出版社 1993 年版,第 213、365 页。
② 杜强强:《收放之间的徘徊:国家权力纵向关系的变迁》,韩大元主编:《公法的制度变迁》,北京大学出版社 2009 年版,第 334 页。
③ 参见[日]寺田浩明:《清代民事审判与西欧近代型的法秩序》,《中外法学》1999 年第 2 期,第 126 页。

家主权仍然是法治工程建设的本身不可分割的组成部分,爱国主义的道德观则必然随之深入人心。

由上述分析可见,统一是前提,稳定是结果。统一观与稳定观的根深蒂固,成为中华民族的一种凝聚力,对国家安全、政治昌明、民族团结都起着极其重要的促进作用。而关于该论题的讨论又启示我们,现代政治家和法律家应该学会利用统一性和稳定性的观念形态,来达成建构宪法至上、法治统一的价值目标。

(二)统一观之法律表现

上述政治与文化的成就,给我国今天的法律制度奠定了良好的基础。如今,中国所形成的单一制的国家结构形式,中央政权对地方政权的纵向领导,国家在重大决策方面的控制功能,立法与执法中形成的法治统一原则,民族区域自治制度的有效实行,一国两制作为解决历史遗留问题的方案等,均是统一观和稳定观在制度文化中的科学体现,并且已经证实了这些制度特别符合"中国本土国情",具有合理性和合法性基础。具体可以从以下诸方面得以概括:

宪政制度的统一。政治上的统一主要表现为国家体制的统一,意味着在全国范围内实行统一的宪法法律、统一的管理结构、统一的经济制度、统一的行政体制、统一的文化模式等。尤其在处理国与国关系时,凡涉及维护和平发展、处理领土争端、反对分裂祖国、制止干涉内政等国家主权问题时,我国决不让步。在法治建设领域,维护国家主权统一的宪政原则亦在法律中获得表现,成为重要的法律内涵。在《中华人民共和国宪法》、《中华人民共和国民族区域自治法》、《中华人民共和国立法法》、《中华人民共和国反分裂国家法》,以及组织法、选举法、代表法、国徽法、国籍法等各项宪法性法律文件中,该原则都得到了体现。而强调宪法和法律的至上性、普适性、权威性,更成为现代法治建设的重中之重。

文化思想的统一。重视思想统一乃是每个爱国的中国人的自觉意识,无论传统的儒学正统思想如何过时,也无论马克思主义指导思想应该如何被"中国化",亦无论中国人须适应时代需要去形成现代化的法律思想意识,以往法律文化观念中所隐含的国家主义、民族主义、反分裂主义的一体化精神,仍然具有闪光而不可磨灭的属性。新中国成立后,我国以毛泽东思想、邓小平理论、"三个代表"重要思想、科学发展观等意识形态指导思想取代了封建时代的文化主流意识,这是一种文化的解放和思想的进步,但这并不意味着思想的盲目性和任意性。表现在法治建设上,则以国家政策和党的政策作为现代法律的理论导向,同时反对形形色色的自由化思潮、分裂国家行径。

民族自治基础上的统一。在处理少数民族事务方面,我们也积累了很多经验,采取了各种因地制宜、因人制宜的法律措施。诸如,我国根据各个民族的文化特色,形成了在中央政府领导下的"多元一体"的管理模式,给少数民族地方一定的自治权,制定配套的经济文化政策,出台民族区域自治立法,使管理体制稳定、健全、恰当、有效。应该说,这类民族团结的观念,以及长久实行的管理模式,已经为中国民族事业的发展提供了可贵的现实参阅。目前,随着国家对少数民族政策的完善,随着民族区域立法的贯彻,在立法和司法制度有所变通的情况之下,处理好中央统一领导和少数民族自治的关系,反对借民族问题、宗教问题、风俗问题而分裂祖国,仍然是我国现代法治所承担的神圣使命。

法律之地域效力的统一。作为一个地域极为广阔的国家,中国从古以来无法避免分权的实践问题。一方面,由于"天高皇帝远",如果治理都由中央政府统一起来决不可能;另一方面,如果没有高度统一的政治文化联系,很容易形成一盘散沙的状态。因此,统一意味着地方服从中央,反对地方割据。这必然促使中央和地方的关系调整成为法律关注的重大问题,其基本原则是:所有的法律都具有普遍性、一般性、规范性的约束力;所有的法律都通行于全国的领地、领空、领海;所有的地方性立法都不得与国家法律相矛盾、相违背、相抵触。然而实践中,关于中央与地方关系的弊病,主要为中央权力过大,省市的、区域的、基层的积极性难以调动,为此《中华人民共和国宪法》第 3 条规定:"中央和地方的国家机构职权的划分,遵循在中央的统一领导下,充分发挥地方的主动性、积极性的原则。"

在今天,我国单一的国家结构体制的优势已经显现出来,构成了中国社会管理的主流形态,又作为重要的文化资源得以延续和传承。同时,在中国迈向新世纪之时,的确有许多不同于其他国家的特殊法律问题,诸如香港和澳门的"一国两制"问题,台湾回归祖国的问题,少数民族自治权的保障问题。对于这类特殊问题的解决应采取特殊方案,这就是"中国的宪政体制应当在统一性和多样性这两个同样值得追求的极端之间保持一种必要的张力,寻找一个黄金分割点。"①

---

① 苏力:《道路通向城市:转型中国的法治》,法律出版社 2004 年版,第 73 页。

二、和谐观的法理分析

在文明进程中,"和"涉及社会生活各个方面。简而言之,"和"是指和睦协调,包含着人与人、人与社会、人与自然、人与自身和谐四个层次。在漫漫的历史长河中,"和"是中华文明孜孜倡导、世代相传的价值观念;是中华民族梦寐以求、不懈追求的大同理想;是志存高远、忧国忧民的政治家和法学家倡导言传身教的生活哲理;也是中国普通民众乞求向往的一种良好的社会状态。故而,在今日的法治建设中,关注人们的精神家园和前景之路的思考,以及重申社会和谐的重要性,绝非没有文化意义、社会意义与法律意义。

(一)和谐文化的应然含义

每一文明社会都有自己关于制度的理想设计,诸如柏拉图的《理想国》,康帕内拉的《太阳城》,太平天国的大同世界等。在中国,道家、儒家都曾论述并追逐着和谐。以往的思想家们一直以为,治理国家要以"中和"为目标,"能以中和理天下者,其德大盛"。① 又所谓"大道之行也,天下为公,选贤任能,讲信修睦"。"使老有所终,壮有所用,幼有所长,鳏寡孤独废疾者,皆有所养。男有分,女有归。货恶其弃于地也,不必藏于己;力恶其不出于身也,不必为己。是故谋闭而不兴,盗窃乱贼而不作,故外户而不闭。是谓大同。"②即使今日,"中国传统文化中所诊视的人类社会的和谐,人与自然的和谐,道德与法律的和谐等价值观,可能是医治现代化社会某些瘤疾的良方。"③当然,现代文化中的和谐观,已不仅作为古代文化的一种传承,而具有了时代性、现实性、前瞻性等显著特征,被认为是先进文化的典型表征。由此分析,和谐文化的现代含义有四:

一为道德范畴的和谐。中国文化最追求人类的唯美境界,诸如"礼之用,和为贵,先王之道为美",所谓"各美其美,美人其美,美美与共,天下大同",④都是为了国家安全、家族兴旺、社会和谐。而且,经过修炼的社会和谐的理念,反馈了中国人的浪漫主义理想追求,包括平均主义、与世无争的行为标准;人人爱我、我爱人人的美好境界;毫不利己、专门利人的处世哲学;国家有难、匹

---

① 参见《春秋敏露·循天之道》。
② 参见《礼记·礼运》。
③ 信春鹰:《中国的法律制度及其改革》,法律出版社 1999 年版,第 5 页。
④ 费孝通:《反思·对话·文化自觉》,《北京大学学报》1997 年第 3 期,第 7 页。

夫有责的爱国精神;舍己救人、无私奉献的高尚情操;忍气吞声、卧薪尝胆的自我约束;老幼有难、共同担当的家族孝道;妥协让步、邻里互助的无讼精神,等等。这些被反复宣扬的和谐思想,渗透于伦理学、社会学、历史学、法律史的范畴之中,成为中华文明宝库中的优秀资源之一。当然,由于时代条件所限,先贤们对于和谐理想的表述,难以完全融入法律制度之中,这也是中国道德性文化的一个特殊表征。

二即文化意义的和谐。社会和谐之意,来自于人类生活直接的、具体的、经验的层面,并通过一代又一代人的感染、传承、内化而具有遗传性的公共特征。如关心孤寡、扶助幼弱、公正善良、诚实信用等观念中就包含着深邃的和谐文化的蕴意。现代文化领域探讨和谐,则意味着"建设和谐文化,培育文明风尚",它还要求法律文化体系与经济基础、政治导向和生态环境之间配套一致、相互联动,而不是对抗、对立、矛盾差异的。① 于是,文化建设与社会和谐两者基本含义等同:"文化的含义千百条,但有一点是最基本的,即文化是人类在共同体悟宇宙大道、谋求现实和谐(人与自然和谐、人与人的和谐以及人的身心和谐等)的漫长历程中,所凝成的带有一贯性、整合性的思想与行为模式。文化精神的实质乃和谐之道。不同的文化模式,标志着不同的和谐观念、和谐方式和和谐程度。"②

三则社会秩序的和谐。众所周知,人类社会是以秩序为基础的,一个社会如果没有相对稳定的结构,人们在其中的生活没有任何安全感,祥和幸福的生活就无从谈起。在此意义上,秩序当然地成为推动和谐社会的重要标尺,而和谐社会则指不同阶层、不同民族、不同群体、不同地区、不同信仰的人们之间形成的相互兼容、相互依存、相互协调的关系。"一个和谐的社会,应该是分与和、个人与群体、局部与整体的融合。偏向任何一方,都会造成不和谐"。③ 就此而言,人们追求和谐基础上的秩序,秩序前提下的和谐,秩序与和谐成为一个问题的两个方面。此外,一个健康社会的目标应当是建成"一个公共利益最大化的社会,一个公民与政府良好合作的社会,一个政治参与和政治透明程

---

① 参见李德顺:《论和谐社会的文化构建》,《前线》2005 年第 11 期,第 13—15 页。
② 夏勇:《法治源流——东方和西方》,社会科学文献出版社 2004 年版,第 184 页。
③ 夏勇:《人权与中国传统》,夏勇主编:《公法》(1),法律出版社 1999 年版,第 209 页。

度较高的社会。"①

四是法治状态的和谐。为了实现社会成员的崇高理想,人们在法治的框架下,平等友爱、诚信正直、团结互助、扶贫济困,且心情舒畅、充满活力、关系融洽地联系交往。而法律作为控制社会的最有效的工具,其追求的公平、正义、自由、利益、人权及其他价值,都有助于这种和谐状态的实现。因之,法律调整机制对于和谐社会建设有其重要性。同时,法治在构建和谐社会中还具有制约权力、化解矛盾的功能。反而言之,如果冲突和无序不能被控制在一定范围之内,便无法维持一个常态的社会安定局面。这种和谐的法律文化观还在司法领域得到反馈。例如,在解决纷争时,人们通过调解处理相互关系已成为诉讼文化的一大特征。再如,法律通过保障弱势群体的权益,有利于缓解社会压力,而这类"减压"装置的设置正在于和谐原则的实际落实。

就此而言,和谐既是保证普通公民维持生存的现实基础,也是实现社会稳定秩序的前提条件,更是中国发展政治、经济、文化生活的重要标志。据此我们相信,和谐理念在各个领域的传播将会进一步推动中国法律文明建设事业的发展。

(二)和谐因素的理性认知

随着和谐社会观的提出,党的方针政策中所体现的和谐思想也日臻成熟。2005 年,中国共产党提出了建设社会主义社会和谐的新理念。自此之后,和谐社会的宣言成为中国的重大施政方针之一。党的十六大报告中特别要求:"完成改革和发展的繁重任务,必须保持长期和谐稳定的社会环境";党的十七大报告进一步强调:"要最大限度激发社会创造活力,最大限度增加和谐因素,最大限度减少不和谐因素。"从这些表述中,我们可以窥见到国家对于落实和谐观的强度和力度,而就和谐文化在中国实现的途径看,则需要付出以下努力:

其一,法律之保护。人所共知,促进社会的公平正义是实现社会和谐的关键。正所谓"建设和谐社会,核心是发展社会公平,也就是要不断维护、发展和实现权利公平、机会公平、规则公平、效率公平、分配公平和社会保障公平。"②"社会发展必然以公平的社会机制为基础,通过公平的社会机制来实

① 俞可平:《现代民主治理视野中的和谐社会》,《文汇报》2005 年 11 月 30 日,第 4 版。
② 肖玉明:《社会公平与和谐社会》,光明日报 2005 年 4 月 26 日,第 4 版。

现,这并不只是人的一种主观愿望,而是有其社会自身的客观必然性,是由社会自身性质所必然要求的发展形式与机理。"①于是,如何形成一系列体现民主政治、公平竞争、机会均等、权利救济的法律体制,就成为社会和谐对现代法治的基本需求。中国法治的实践也表明,和谐必须通过法治完善来实现,即如果法律措施以缩小、缓解、控制社会差距为主旨和手段,则有利于促进社会和谐;反之,则对缓解社会成员的差距无能为力,甚至会扩张、加剧、激化矛盾。目前,在宪政领域,徐显明教授已将和谐理念提升到人权的高度理解,认为和谐权是第四代人权。② 在社会立法方面,一系列社会福利政策得到推行,法律向弱势群体倾斜的态度也已十分明显,如劳动法、就业法、保险法、医疗保障法、失业救济法、妇女权益保护法、消费者权益保护法等法律体系的健全,正在为缩小贫富差别、减少社会摩擦、消解社会危机贡献力量。

其二,利益之平衡。社会和谐的反向思维为"社会不和谐"。在中国,社会不和谐的因素尚有很多,主要原因是政治、经济、文化发展进程中的利益对抗。这种对抗,表现为部分社会成员政治话语的被剥夺、经济资源的被垄断、个人权益的被忽视、人本精神的被排斥等。这就需要我们充分意识到,社会和谐不是"天赋之物"。在和谐意识的指引下,建立合理的权利、义务、责任协调分配机制,才能减少或克服各种不和谐的因素。具体就法治使命看,一是要解决社会成员地位差别导致的不和谐问题。现代工业社会、商业社会和农业社会,存在着社会分工,存在着各种所有制形态,存在着财富分配制度,存在着不同身份地位的社会群体和社会集团,这就要求国家在出台立法的过程中,利用公共权力来调整过于巨大的社会差异;国家还要对于那些由于体制转换造成的社会分化承担政治上和法律上的责任,以防止更大的社会不和谐的代价发生。二是解决贫富差别导致的不和谐问题。不言而喻,关于社会和谐的考量必然要关涉到弱势群体的问题,包括老年人、未成年人、残疾人、城乡贫困人口、失业下岗职工、流动农民工等。大量弱势群体的产生,以及他们经济压力和心理负荷积累到相当程度,将使得社会风险首先从这些群体内爆发。而法治的功能就在于提供一些制度措施,使社会的"最少受惠者"能够在法律救济

① 周祖成:《法律公平与社会和谐》,徐显明主编:《和谐社会构建与法治国家建设》,中国政法大学出版社 2006 年版,第 148 页。
② 参见徐显明:《和谐权:第四代人权》,《人权》2006 年第 2 期,第 30 页以下。

下"各尽所能、各得其所"。三是解决国际关系中的不和谐因素。当今世界,各种矛盾、冲突、战争仍然频发,国与国之间的边界纠纷、领土争端、恐怖主义、跨国犯罪、重大传染病等新型问题不断涌现。就此看来,在世界范围内我们也要争取和谐的环境,为维持人类和平而不懈努力。

其三,冲突之解决。社会和谐的实现是难以一蹴而就的"社会工程",单靠上述理性的认知和立法的规定还不足以解决不和谐问题。在此领域,我们过去的理论缺陷,在于极力掩饰社会的差异性,其结果反而激化了矛盾。如今,我们应该正视社会冲突,同时将政策的、制度的、司法的措施相结合,作为解决社会矛盾、达成社会和谐的重要手段。有学者指出:"虽然在事实世界或生活世界中,冲突比和谐更具有现实性,但伦理精神的最高本质和根本任务,就在于通过自身的文化努力,消除冲突,达到自在自为的和谐。"①实际上,各种调节方法都是在斗争中求和解、在妥协中求公平、在让步中求发展的方法。特别是,现代社会要力求形成一种顺畅的社会流动、对话、竞争机制,包括通过法律维护人们的知情权、选择权、交涉权、听证权、控告权、申诉权。反之,如果一种法律制度使社会集团的界线被凝固化,则会使其社会成员的强弱地位过于分明,处于社会底层的群体会由此产生不满情绪,引起隔阂、摩擦甚至社会冲突。在司法实践之中,则需要确立实现控辩双方地位平等的沉默权制度、无罪推定原则、法律援助制度等。凡此法律规定和救济措施,均旨在通过综合而有效的途径和方式,最终达成社会正义和社会和谐的理想目标。

可见,我国所大力倡导的法治状态下的和谐观念,已使中国特色的和谐文化具有了日趋扩张的影响力。但促进和谐的长效措施仍然有待探讨,并要在实证意义上寻求落脚点。就此而言,构建和谐社会的关键取决于政治体制和法律制度的改革和进化,制度跟不上时代的步伐,和谐的追求自然成为空话。法律的重任正在于尽其所能,健全有效的矛盾平衡与疏通机制,解决社会差别所导致的不和谐问题。

三、社群观的法理分析

各国法律文化中,几大"本位主义"思潮先后流行,这就是国家本位、管理本位、宗教本位、家族本位、社群本位、权利本位、义务本位和个人本位的形成

---

① 樊浩:《和谐伦理的道德辩证法》,光明日报2005年12月6日,第6版。

以及相互关联性。这几种主义并非决然对立、分道扬镳，而是相互作用、功效互补，为法律主旨的养成提供了理论依据。其中，在西方，自由主义、个人主义、功利主义的法律世界观一直占据价值体系的核心地位；而在中国，集体主义、社群主义和国家主义精神却融为一体，集中体现了中国法律文化的独特特征，也是分析现代法律文化思潮所不能忽略、不能回避的主题。

（一）中国特色的集体意识

集体主义思想是典型的中国本土文化之体现。按照集体主义观念，每一个时代的社会群体，都会产生一些被视为"集体智慧"的原理。社会学家梁漱溟就此作过深刻剖析，他指出，人从一生下来便有父母、兄弟，及至到了社会又会有师长、乡邻、朋友，政治关系中有上级、下级、君臣、官民。在集体中，人是家庭之人、学校之人、社团之人、企业之人、行业之人、单位之人、群体之人、民族之人、国家之人。因此，血缘关系、婚姻关系、亲属关系、家族关系、行政关系、师徒关系、朋友关系、同事关系、同志关系都定位在这种集体主义的精神世界里。这种集体主义与西方个人主义的法律精神有相异之处。正如美国宪法学家路易斯·亨金所评价的："中国的权利在概念、范围、内容和实质意义上都不同于美国的权利。美国从个人出发，个人是社会的中心，并以个人幸福作为社会的目的。中国则从社会和集体出发，关注的是普遍（而非个人）的幸福。"①具体表现在以下方面：

家庭意识。中国重视对家庭秩序的维护，强调家族中的仁爱内容，这使家族主义、超越自我、强调义务的文化特征在中华法系的摇篮中成长起来，而且延绵不绝。其中，父母子女关系是根本的，以至后来的社会关系都以家庭为中心。家庭关系又乃以亲情为出发点，凡感情深厚者必处处为家人着想，念念以对方为重，事事以他人为先。推广于社会中，便成了天下为一家，四海皆兄弟，每一个人对于他人皆有义务，而他人同样也对每一个人负有义务。进一步，在自治实践中，家族或宗族组织也发挥了举足轻重的作用。通过家族自治，也就治理好了整个国家，充分发挥家族在自治中的权力和作用，亦成为中国法律文化的一大特色。②

单位意识。曾经一度，集体主义精神通过"全民所有制"、"集体所有制"

---

① 沈宗灵、黄楠森：《西方人权学说》（下），四川人民出版社1994年版，第620页。
② 张晋藩：《中华法系的回顾与前瞻》，中国政法大学出版社2007年版，第185页。

的形式发扬光大,而农村的"政社合一、三级所有、队为基础"的集体化形式则是典型的基层组织结构形态,它们延伸到每一个村社,发挥着组织经济生产、管理基层民众、维护社会治安状况、解决社会纠纷的主要功能。在中国城镇,同样实行着集体化的生产方式,工人靠国营或集体单位结合在一起,形成了生产、交换、分配、消费等环节的密切联系。"单位成为城市的基本单元结构,每一个人都属于一个单位,每个单位隶属于一个政府主管部门"。① 届时,从下级服从上级的行政管理,到公有财产神圣不可侵犯的理念推行;从国家统一计划指令,到工厂车间生产的一条龙,集体性管理在上至国家体制、下到日常生活的各个领域获得了特殊表现。直至中国推行农村承包责任制和国营企业改革,形成董事制、公司制、证券制、股票制、合同制之后,这种集体结构才发生重大变化。

团体意识。与社会分工的精细化和社会关系的复杂化同步,中国社会演化出了各种重要的社会组织形式,诸如政协、工会、妇联、共青团、居委会、合作社、学会、行会等。团体意识即建构在这些组织机制之上。在团体中,维护其结构和运作的主要方式是社团规章和纪律规范,它们是适应组织分化和职业分工而出现的约束机制,可以要求其内部成员遵守秩序、命令和职责。人们则分享这类社会组织的集体良知,遵守它们拟制的规章制度,形成内部成员的相互合作以及妥协忍让。诚如这样的概括:"随着各种社会团体日渐增加而迅速发展起来。各社会团体、企业和单位都有其独特的纪律规范,并且是以与团体成员利益相关的精神上或物质上的奖罚来维持实施,对人的行为有较强的外控制力。"②

合作意识。由于现代国家机关和社会组织类似于一个拥有复杂结构的"小社会",这就需要形成合作型的文化理念以及相应的制度形态,将合作作为人们之间最为深层的心理结构,并承担起管理功能、秩序功能、解纷功能。而塑造人与人合作之风气,一直是中国社会治理的主要目标,其对于培养公民的团结意识、利他意识、宽容意识、责任意识都具有深邃的意义。尤其在中国

---

①　高鸿钧、麦宜生:《市场经济、纠纷解决与理性法律:变化中的中国集权社团》,夏勇主编:《公法》(2),法律出版社 2000 年版,第 172 页。

②　樊平:《社会转型和社会失范:谁来制定规则和遵守规则》,219.141.235.75/shxs/s 09_shx/jpdd/fanping1.htm。

这样的文化国度里,中华文明所倡导的社会正义、公共福利、集体精神等优秀成果,以及缓和、谦让、温情的特性,无疑使社会生活中渗透着人们合作、人性、宽容的民风,促成了人们相互扶助、休戚相关、荣辱与共的融洽关系,有利于滋养起现代社会的良好的社会风尚。

网络意识。中国化的社会关系不同于西方文化。在西方,社会关系结构具有个体化的显著特征,法律则为私权保护的完备形式。中国社会可以直截了当地被形容为一个关系社会。"人被安置在一个关系网络中",在这一关系网络中,"个体同他人的关系既非独立的,也非依附性的,而是相互依赖的。"①例如,中国人在同事之间有着特殊的"同志般的合作态度",包括人员编制、工作职责、人事调整、奖励表彰、行政处分等在内的许多领域,都由这种"同志关系"原则所决定。如今,虽然社会流动已使这种人际关系网络相对疏离,法定的权利义务也开始替代人情因素,当事人、代理人、侵权行为人、犯罪嫌疑人等称呼也标志着中国人的法律关系发生了巨大变化,但不容否定的是,血缘关系、情感关系、伦理关系、地域关系、邻里关系、朋友关系等"熟人关系"仍然影响着法律关系结构。这也是中国社会的一个特有现象。尤其在民事法律关系领域,无论是缔结契约,还是缔结婚姻;无论是购置财产,还是继承遗产;无论是进行交易,还是发生纷争,中国人都会进行"关系定位",洞察法律主体之间是否为朋友、同事、邻居、亲戚,或者完全是陌生人。

对这种集体主义精神以及制度化的措施,人们持褒贬不一的态度。实事求是地评析,虽然中国现代化事业的发展已使计划经济、行政化模式、集体所有制的弊端突显出来,但20世纪50至80年代的历史毕竟也是中国的"活生生"的历史。我们不能"珍惜"这段历史,却要"透析"这段历史给我们留下的印记。至少在今日,我们不能忽视家族主义、国家主义、集体主义、网络主义的中国文化带给法律生活的烙印。在此情形下,中国法学亦要对此集体归属的价值取向进行定位,分析其实质,洞察其原因,提供其对策,预测其走向。

(二)社群主义的当代新解

现代以降,西方自由主义的法律世界观已受到时代挑战,中国式的集体主义精神也面临指责,致使个人、社会和国家之间的关系更呈现复杂的局面。这

---

① 金耀基:《儒家学说中的个体和群体———一个关系角度的诠释》,《中国社会与文化》,香港:牛津大学出版社1992年版,第10页。

一时代背景,导致社群主义说成为新文化条件下的新型理论。按照现代学者的解释,"社群"一词具有以下特性:社群带有集合的功能,社群关系是一种面对面的关系,彼此互动;社群成员休戚与共,不同于完全独立的个人;社群的义务、习俗、规范、传统,对其成员有着决定性意义。① 具体分析,社群意识的表征如下:

本能之选择。根据人类学理论,人类归属感的本性会促使个体寻求结社的机会,社会性的表现形态之一就是群体特色。一定的群体在一定的区域形成势力,成为催生社会发展的原始动力和力量源泉,又控制着该地区的社会成员与社会秩序。对于个人,为了增加成功的机会,提高自我的实现程度,强化社会的公认地位,会自发地加入各种社团组织,以往有宗族、行帮、会社,现代有村民委员会、民间团体、商业团体、慈善团体等。尤其在现代大规模的经济活动之中,个体力量难以取代集体力量,群体力量则能弥补个体能力的不足。同时,个人会因集体的荣誉而荣耀,因集体的利益而凝聚,因集体的侵权而担责,因集体的损失而诉讼。在这种法文化氛围中,作为"社会人"的中国公民早已潜移默化地意识到,人们不能离开群体,不愿离开群体,也不敢离开群体。

自由之悖反。在法律理论上,的确有个人主义、自由主义、功利主义等林林总总的法律意识形态,但这些主义最终都要以一定的普适性价值作为前提,社群主义精神也与绝对个人自由的理念相抗衡。在法律实践中,"也许平等相待、对个人尊严的尊重、各得其应有之物等就是形成公正感的基本因素,然而实现这些的方式方法却是由集体生活的实现所决定的。"②在关系意义上,个人只能在社会关系结构中享有自由,即是说,"个人自由只能融于社会自由之中。那种把个人自由看成高于社会自由或把个人自由与社会自由对立起来的观点都是错误的。"③特别考虑到个体和群体、个人和社会、公民和国家之间的关系平衡,忽略任何一方的存在,都将导致极端自由主义和个体主义,带来种种严重后果。

公益之考量。"公共福利说"是现代社群原理的又一支撑点。表现在法

① 参见俞可平:《从权利政治到公益政治学——新自由主义之后的社群主义》,刘军宁主编:《自由与社群》,生活·读书·新知三联书店1998年版,第77页。

② Cf. Philip Selznick, *Law, Society, and Industrial Justice* (with the collaboration of Philippe Nonet and Howward M. Vollmer). New Brunswick:Transaction Books,1969,p.184.

③ 马新福:《法社会学原理》,吉林大学出版社1999年版,第112页。

律文化的功能方面,则在于关注社会福利制度的构建,并以此为依据,注重从公共关系、公共利益、公共政策、公共舆论、公共道德的角度出发来考虑问题,认真调整和保护社群关系。在此方面,博登海默曾对美国为代表的公共福利主义作出了深刻总结,指出"现在我们对于公共福利、公共卫生和生态问题的考虑日益重要,而在这样一个时代,让美国法院在审理争讼案件中放弃重视这些公益考虑的权力,是不可能的。"①中国的法学家们也将社会公益说发挥得淋漓尽致,如用法律对财产权的绝对行使进行限制,对违反社会利益的自由进行限制,对污染环境的行为进行限制,对侵害国家财产利益的现象进行限制等。这表明,公共性理论在我国已举足轻重,并使法律的公益性色彩表现得十分明显。

法律之属性。从法律创制看,法律规则绝非出自一个人的需要而颁行,它们往往基于某一组织或群体的社会关系而形成。也即是说,法律具有"天然"的一般性、社会性、普适性等属性。而且,如果说在私法文明的进程中,物权法、合同法、劳动法、产品质量法、知识产权法、消费者权益保障法等偏于个人利益之保护;那么,在行政法、公司法、环境法、工会法、就业法、教育法、社会保障法等领域,则偏于培植一种集体主义的组织力、向心力、凝聚力。再从部门法的规则看,宪法中的国家机关的组织形式、行政法中的国家赔偿制、民法中的法人制度、刑法对单位犯罪的双罚制等,都表明法律对社群关系的认知和调整。即使在亲属制度中,相形于西方法所倡导的个体独立精神,中国法的家庭伦理、扶助义务、财产共有等规则无疑占据着重要地位,对孝敬文化的声张、对家庭利益的保护更一直为法律所置重。

关系之构想。在构建正式的法律关系结构之时,要防止这样一些倾向:(1)不能借口维护社会秩序而非法剥夺公民的权利,或用社会正义的声音压制个人权益的声张。否则,中国社群主义的文化基础便会颠覆。(2)不能用国家主义的立场抵制保护私权的立场。以往公共性的推论导致国家主义学说盛行,似乎只有国家才代表着公共利益和公共选择,这会使个人私权处于被忽略的境地,而社会本位的法律世界观也将成为"无源之水、无本之木。"(3)不能用局部利益代替社会公益事业的发展。在集体主义的名义下,一些群体、社

---

① [美]博登海默:《法理学:法律哲学与法律方法》,邓正来译,中国政法大学出版社1999年版,第586页。

团、企业、行业实质发展着"小团体主义倾向",如企业为追逐利润而污染环境;地方政府借口发展经济而奉行地方保护政策。(4)不能用网络关系的结构去抵制现代社会的法律关系结构。不言而喻,中国人情关系的本土文化已带给我们深刻的教训,它瓦解了人们对于法律的信仰。这警示我们要"冲决关系之网",同时追求建立法治社会的正式法律关系,包括权利义务关系、职责关系、契约关系、诉讼关系。

凡此分析表明,中国社会流溢着社会结构和社会利益下的社群精神,而形成个体和群体高度谐和的新型法律文化是现代法治的方向之一。我们相信,"个人本位"论强调个人价值的能动性,"社会本位"论强调社会价值的能动性,通过二者的合一,能够实现当代完整的法治文化理念追求。

四、责任观的法理分析

中国法律文化的另一重要特征,是对公民责任或义务的不断强化。这种强化不仅通过政治隶属关系、道德伦理要求来实现,亦通过法定责任的形式发扬光大。早在中国古代,责任观的法律主旨就得到了张扬,其主要设计者是儒家代表人物孟子。在他看来,"欲治其国者,先齐其家。欲齐其家者,先修其身。欲修其身者,先正其心。欲正其心者,先诚其意。欲诚其意者,先致其知。"[①]而古人所宣扬的"修身平天下"的责任,被视为政治家和思想家之"本",其中蕴含了深刻的哲理。只是在以往封建专制条件下,重义务、轻权利的法律观带来了种种弊端,因此现代法学一般会将"义务本位"作为糟粕来批判。但从法律文化视野看,对此责任观和义务观也应进行一分为二的透视,从中发现合理内涵,为现代法治提供资源。

（一）责任观的社会意义

进入21世纪以来,国人的权利意识增强,人们渴求法律更多地赋予和保护权利,由此"权利"较"义务"而言得到了法律的更多认同。相形之下,义务观的讨论却明显地受到了学界的冷落,这或许是一个值得思考的倾向。就笔者之见,法律责任问题在法理学研究中是十分重要的范畴,相关研究成果虽然不多,其学术分量却值得一提。特别是现代,法律责任观已经发生深邃变化,这就是进一步强化"权责一致"的法律原理。人们深知,没有无义务的权利,

---

① 参见《大学》。

也没有无权利的义务,"法律之权"离开了"法律之责"无以存在,权利本位观和法律责任观同样是现代法律文明不可分割的组成部分。法学家李步云教授就此分析:"权利与义务由完全分离逐步走向统一,是人类社会文明不断发展与提高的一个重要标志。"①进而万流归宗,法律责任制度的确立,与其说是国家行为,毋宁视做整个社会生活之必然要求;法律责任制度的实现,也是法律功能的实现。正是在这一意义上,适当地重视责任观、义务观、道义观的培养,有利于避免极端个人主义给法律文明所带来的负面影响。具体分析,法律责任的社会意义集中表现为三大方面:

一是政府责任观的确立。政府责任的原理主要出自"规范责任"的学说。按照此说,法是指引和评价人们行为的规范,它对符合规范的行为持肯定态度,对违反规范的行为持否定态度,政府责任就是根据法律规范对其行为进行价值评价的结果。而且,政府权力机制和责任机制必须达成一致性,即"有权必有责,有责必有权",法律的基本任务正在于正确地划分公共权力和责任的界限。这又意味着以下几点:(1)政府责任不能放弃。公共权力是社会的、国家的、法定的,既然如此,国家机关充分履行自己的公共职责,才是对国家负责、对人民负责、对历史负责、对未来负责的一种表现。反之,权力主体放弃权力意味着违背了公共利益,也意味着违背了法律。(2)政府承担国家义务。公共权力具有决策性、权威性、强制性、主动性、单方性、命令性、纵向性等明显特征,一旦放任会导致难以羁束、肆无忌惮、专横跋扈的后果。为此,国家与公民发生法律关系时,必须承担"国家义务",包括国家权力必须自限,也即进行一定范围的自我约束,对于个人内心信仰、思想意识、私人生活,国家不得径行介入;国家权力必须自律,也即在道德意识的支配下,使权力运作具有伦理性、正当性、人道性、诚实性、合理性;国家权力必须自重,即公开、阳光、非暗箱操作、堂堂正正地行使权力,反之,武断、任意、刑讯逼供等则会违反现代法律理念。②(3)政府实行问责制度。现行法律或多或少地规定了政府的责任机制,如果国家机关因自己的行为违法导致责任落空的,必须承担相应的法律责任,包括对重大决策承担政治上成败之责;对违宪行为承担违宪责任;对职务上的

① 参见李步云:《权利与义务的辩证统一》,《广东社会科学》2003年第4期,第124—127页。
② 参见胡玉鸿:《"个人"的法哲学叙述》,山东人民出版社2008年版,第201—204页。

渎职违法行为承担行政责任;对职务犯罪行为承担刑事责任;对因职务而损害公民利益的承担国家赔偿责任等。

二是司法责任观的确立。所谓司法责任,是指司法机关和司法人员在行使司法权过程中侵犯了公民、法人和其他社会组织的合法权益,造成严重后果而应承担的一种法律责任。其理由在于,作为司法文明的组成部分,司法权力受到一定法律规制,这是司法活动从野蛮落后走向现代化的标志,也是为了增强司法机关和司法人员的责任感,防止他们在行使司法权力的过程有违法渎职行为。目前,中国已颁行了《法官法》、《检察官法》、《律师法》、《国家赔偿法》等一系列立法,从中可以窥见到下列司法责任原理:(1)司法行为不能处于"无监控"状态。司法机关独立行使裁判权,但对于司法腐败、司法不公现象也要通过责任追究机制进行约束,这也是权力监督体制的重要组成部分。(2)司法行为不能处于"不作为"状态。司法权力行使的目的在于为国家安全、社会秩序、公民权益保驾护航,这种司法权力具有不可放弃的性质,又意味着司法机构不能以不作为的方式渎职违法。(3)司法行为不能处于"零后果"状态。行为的因果关系是相辅相成的,合法行为引起合法结果,非法行为引起非法后果。只要司法机关从事了违法行为,或造成了冤假错案,则必须承担不利的法律后果。就此而言,司法赔偿制度是一种合理的归责,对于贯彻司法过程中的权责统一原则必将产生深远影响。

三是公职人员责任观的确立。在中国法律文化中,责任观表现为对国家公职人员的品行要求,包括道德约束和法律约束两大方面。首先,道德责任是一种"软约束"。法学家韦伯分析道:"近代官僚集团出于廉洁正派的考虑,发展出一种高度的身份荣誉意识,若是没有这种意识,可怕的腐败和丑陋的市侩习气,将给这个团体造成致命的威胁。没有这种廉洁正派,甚至国家机构的纯粹技术性的功能也会受到威胁。"①故而,各个国家都将监控腐败的希望寄托在"身份荣誉意识"之上。其次,私德并非完全个人私事,这使各国重视仰仗法律来控制腐败,对于官员的私德行为采取干涉主义。就中国的实践看,对清官的赞美、对贪官的制裁一直是法治的主流,如何控制官员行政的廉洁性也一直是行政立法的重要内容。及至现代,为了能够让廉洁成为每位国家公职人员追求的目标,中国确立了从内到外、从上到下的反贪监察机制,要求公务员

---

① 　[德]韦伯:《学术与政治》,冯可利译,生活·读书·新知三联书店1998年版,第68页。

做到自警自省、自尊自爱,奉公守法。在《中华人民共和国公务员法》、《中国共产党党员领导干部廉洁从政若干准则》、《行政机关公务员处分条例》等文件中,对国家公务员的职业道德更有明确而严格的规定。

可见,一个健全的国家机关运行机制,一个成熟的政治领导群体,是为整个国家、整个民族、整个社会承担责任的政治肌体;作为政治核心的政府及其工作人员,也要为国家、社会和公民承担法律责任。而在法律的实体强制性和精神强制性这两大作用力之下,国家机关和公职人员的法律责任意识有助于现代法治精神的贯彻。特别是法律确定公共责任体制,既是现代法治的内涵之一,也是谋求解决国家权力和私人权利紧张关系的先决条件。

(二)责任观的自律属性

就个人而言,责任主义的现代理念包括:个人不可损害他人,个人需要尊重他人,个人应当帮助他人,个人对他人承担责任。这是因为,在不同的社会生活中,作为法律主体的个人扮演着不同的角色,不同的角色又具有不同的权利和义务。在家庭中,个人是家庭成员,基于亲属关系而具有家庭中的权利、义务和责任;在社会中,个人是社会成员,基于契约关系而具有独立的经济权利、义务和责任;在国家中,个人是国家的公民,基于法律关系而享有政治上的权利、义务和责任。于是,在法律文化意义上,每一个社会主体都能作为一个独立自由的人而依法承担责任。现代法律还公开申明责任自负原则,即不论行政责任、民事责任、经济责任,还是刑事责任,法定责任总是由义务人自己所承担的。在此方面,"义务与责任归属个体化的基本作用是:既不放纵一个有责者,也不强加责任于无责者"。① 其中,下列责任观念的培养尤为重要:

自律的观念。所谓自律就是要求公民个人能够自我约束、自我控制,自觉按照各项社会规范、道德规范和法律规范的要求去从事行为。这使自律意识和责任意识勾连起来。首先,自律是人作为人的自控能力的一种体现。人是具有主观能动性、对自己行为负责、能够约束自己的人,如此,人才能在法律社会中显示出自尊、自强、自信、自觉的能力。甚至可以说,"整个规范的大厦都立基于人的意志自律之上。人并不仅仅是凭借着快与不快来安排自己的行为,决定自己的进退取舍,人的高贵之处在于它能超越于感性和功利之上,自

---

① 谢晖:《价值重建与规范选择》,山东人民出版社1998年版,第71页。

觉地以一己的行为去践履来自于律令的使命。"①其次，自律是公民扎根于灵魂深处的一种内心道德约束，它所追求的是反省自我的内修方式。"所谓修身正己"，正在于把道德责任和法律责任联系起来，教导人们批判自我意识中的物欲之性，达到自身人格的完善和升华。由此，自律性的法律责任观还是一种理想的精神境界，具有道德上的感召力。

道义的观念。从中国法律责任的观念中，我们可以进一步推演出人所应该承担的道义责任。道义责任论是说，假定人有自由选择的能力，则人应对自己出于自由意志所做出的行为负责。回首以往，中国传统文化中一直坚持以廉、义、礼、节、忠、孝、谨、勤等正面道义观的传播传承，宣扬人的行为的利他性、互助性、妥协性，同时反对"见利忘义"的自私自利行为。即使在现代文明修养中，讲求人们品行的优良也是最纯洁的理想主义文化观，它体现了对人的尊严的尊重，对人的善德的赞誉，它也传递着人与人之间的温情、和平和友爱。表现在民事关系的法律调节方面，我国许多法律规则都显现了对道义责任的支持和张扬。无论是要求父母对于子女的抚养责任、子女对于父母的赡养责任，还是设定夫妻之间的相互扶助义务；无论是对鳏寡、老幼、孤儿、羸弱一方的法律援助，还是对政府、官员、富人、家族施以救助责任；无论是对善良、德行、仁慈行为的赞誉，还是对虐待、遗弃、不孝行为的惩戒，都维护着人道主义的文化理念，并表明私权、私利、私行为都会受到基本道义标尺的约束。

守法的观念。公民的个人责任又意味着公民应该自觉自愿地守法，反而言之，守法当然包含履行法律责任的含义。进而，我们可以这样定义守法：守法是法律的基本要求，这是守法的法律根据；守法是统一行为的标尺，这是法律的外在表现；守法又是人们在一定法律意识指导下进行的有意识、有目的的活动，这是守法的价值判断；不守法将受到法律的惩罚，这是不守法的不利后果。凡此种种，都是当代守法文化的精髓所在，也即这种文化对于法治推行的贡献。尤其在现代法治意义上，由于绝大多数社会成员的确能通过自身的约束去遵守法律，守法成为了现代社会文明发展进步的标志，亦是法律得以实现的结果之一。

无论如何，责任作为一种文化意识，侧重于将人们的行为相互联系起来，"使人们知道自己的行动会引起别人和社会公众的何种反应，自己需要承担

---

① 吕世伦主编：《法的真善美——法美学初探》，法律出版社 2004 年版，第 465 页。

什么样的责任,从而采取理性的行为。"①在这种意识支配下,中国人期望建立一种将理性、经验、人伦、信仰、道义、责任等融为一体的综合型文化。这种现代文化虽然包含着束缚个体自由精神的因素,在理论上和实践中都难以堪称完美无缺,但其中恰合社会发展的部分仍然值得珍视。

---

① 参见樊平:《社会转型和社会失范:谁来制定规则和遵守规则》,219.141.235.75/shxs/s09_shx/jpdd/fanping1.htm。

第三章

法文化样态论：当代中国之法源

在法律文化建设中，制度建设和思想建设是统一的、协调的、互动的。思想诱导着行为，规则体现着意志，文化必然通过一定的"固体"形态来表现。也就是说，法律文化资源不仅包括指导着法律制度和法律实践的法律意识、观念、思想、原理、价值和信仰，还包括法律规则和法律制度本身。从思想和制度两大维度，鉴别法律文化本土资源，以及透视法律文化和法律制度的关系，表现为把文化的基本价值和主要精神传送到法律制度中去，并型塑制度。因此，"法律制度作为一种外显的规范性结构，它是法律文化的产物，又反过来规范作为观念形态的法律文化，由此两者形成了互动关系。"①

第一节　规则之治：法律的标准化形式

关于法是什么，法又应该是什么，自人类第一次提出法概念时起，法就呈现出扑朔迷离、变幻莫测的不同面相，使这一论题一直困扰着大智大慧的古代先哲们，现今依然为众多的法学家争论不休。诸如，哲理法学家认为法律就是"自然法"，分析法学家认为法律就是"制定法"，历史法学家认为法律就是"习惯法"。那么，法渊源的命题何以有如此巨大的吸引力？审视起来，无非因为这些林林总总的观念和学说，代表着人们对法律之内涵世界、天生本性、目标理想的不断追问，而各个流派的法学原理的分野也是从法的定义、形式、属性

---

① 高鸿钧：《法律文化的语义、语境及其中国问题》，《中国法学》2007 年第 4 期，第 27 页。

发端的。因之,关于法的基本设问、追索、分析和解答,仍然是法学家们孜孜求索的时代话题。

一、制定法的法源基础

与法律思想资源相同,一种法律要有强大的、持久的、连续的生命力,需要满足从内容到形式的条件。其中,最根本的条件,是法律逐渐脱离其他社会规范获得独立形态和独立地位。这一过程,即为法律的实质合理化和形式合理化的过程,"其基本精神强调以一定的独立程序或者制度为基础,进而获得一种前后一致,能够自我解释的法律秩序或法律体系。"①因此,尽管不同学术立场的人会对法律是什么作出迥然相异的回答,但到19世纪后期,制定法已经取得了标准化法源形式的主导地位。也就是说,在现代法律质料的意义上,制定法是确定一个国家"正式法律制度"的常规途径,它提供着法律文化的最核心、最关键、最重要的历史资源与现代资源。

(一)制定法之意蕴

所谓制定法,是用来对法律领域里的基础性规范和根本性原则作出权威陈述,并由国家立法机关经法定程序创制的、以规范性法律文件予以表现的法律。与制定法相当或近似的指称还有很多,诸如成文法、法典法、国家法、官方法、实在法、人定法、世俗法、严格法等。在发达的法律体系中,具有严格规则意义的成文法传统,一直是促进法律制度化的驱动力。

从脉络透析,各个国家的文明形态,都是通过一定的历史积攒下来的,包括历史的文献、历史的事件、历史的传统。作为独立形态发展的制定法的文化传统,即来自于各国的法制实践。同时,制定法作为一种法律文明形态,与大陆法系模式最为密切。首先,法律在历史上受到尊重。公元前两千多年前巴比伦王国的《汉姆拉比法典》,是迄今发现的最古老的、保留最完整的成文法典;其次,用法律来管理国家的思想在古希腊的摇篮中早已开始养成,几乎与政府的存在一样古老;接着,古罗马时代成文法的代表作品,是影响更为深远的《国法大全》,这一著名的卷帙浩繁的法律大全体现了法律抽象化、系统化的方法,并把这种方法传递到了世界各个角落,现代法典"在很大程度上可以

---

① 赵旭东:《"报应"的宇宙观:明清以来诉讼解释模式的再解释》,苏力主编:《法律和社会科学》,法律出版社2006年版,第133页。

被看做是查士丁尼庞大的罗马法的翻版,前者只不过是适应时代的需要,披上了现代语言的外衣而已。"①至中世纪,《自由大宪章》、《萨克森法典》、《加洛林纳法典》、《罗斯真理》、《教会法大全》,以及近世出台的《独立宣言》、《人权宣言》、《法国民法典》、《德国民法典》、《美国联邦宪法》,纷纷出台的宪法、民法、商法、刑法、诉讼法等法律文献,标志着成文法已明显地成为各国法律的主要形式,以至"自19世纪初期出现法典编纂运动后,几乎所有的法律思想都或多或少的与对法典的看法有关。"②一定程度上可以说,成文法尤其是法典法的诞生,是法律制度文明获取重大进展的一个界碑,它们为后世提供了宝贵的法律资源,也给中国法治奉献了法律华章,从中我们不难寻觅到法律进步的各种真迹。

历史上,整个中国法制自成一格、独树一帜,但在法律文化模式上,中国法的主流形式由来已久地属于成文法模式,以《法经》、《秦律竹简》、《汉九章律》、《唐律疏议》、《清朝会典》等为代表的律令形式始终不曾中断。这种顽强的延续性,不仅证明了中华法系的内在的强大生命力,而且展示了中国法律类似大陆法系的外在特征。至新中国成立后,虽然我们一夜之间废止了民国时期的"六法全书",但经过改革开放后30余年的努力,又在吸收各国的成功做法之后迈向了法律体系不断完备的时代进程。如今,"中国特色的社会主义法律体系"业已基本形成,宪法、法律、行政法规、军事法规、地方性法规、民族自治法、特别行政区法等规范性法律文件构成了中国法的核心资源。诚如学者们所形容的,法典化"从来就没有像在中国这样的社会主义国家那样被坚信不移地坚持"。"在社会的变革过程中,是法典编纂,也只有法典编纂能够保证人民民主法制作为一种新型的社会主义法律的进步作用。"③据此分析,在中国法律成文化后,制定法已经独立于其他行为规则,并在各种法源形式中拥有最关键的地位;中国当代强调法律的统一和效力,也必然导致法律本土资源的积累与制定法本身的定位密切关联;而中国法的文化基础历来相似于大陆法系模式,亦需要对大陆法系的模式风格予以溯源。

----

① 　[德]阿图尔·考夫曼、温弗里德·哈斯默尔主编:《当代法哲学和法律理论导论》,郑永流译,法律出版社2002年版,第109页。

② 　徐国栋:《民法基本原则解释》,中国政法大学出版社2004年版,第267页。

③ 　[美]埃尔曼:《比较法律文化》,贺卫方、高鸿钧译,清华大学出版社2002年版,第42页。

　　在法律理论上,表现为形成了诸多论证制定法的学术思想,为制定法的存在和发展辩护。(1)制定法的规范属性。制定法是一套关于权利与义务、权力与职责的明晰规则。其基本宗旨,在于提供所有社会组织和社会成员的"规范性的行为模式"。同时,在所有的社会规则,包括"非法律"的道德、教义、政策、民俗、礼仪、社团规章,以及属于"法律之列"的习惯法、判例法、自然法、宗教法之中,制定法这种法律渊源最讲求确定的、简洁的、实用的、稳定的、连续的、可操作的表达,是一种"人类构造秩序的符号体系"。① 而且,"人们通过法的特定形式即以文字形式所体现的法律条文,就可以明确地感受到法规范的存在",②它使人们的行为从任意、利己、特殊、专断,转变为受制、利他、协调、约定。(2)制定法的国家属性。关于法律的国家说在历史上和在今天都可以找到很多旁证。罗素在《西方哲学史》中曾经描述:"人若没有法律就是最坏的动物,而法律之所以存在则依靠国家。"③根据这种观念,国家是拥有对内对外权力的主体,有权管理国家政治、经济、文化最高事务。进而在法治领域,法律及其制度被认为是在国家范围内有效的、由国家创制和实施的规则,法律监督、法律解释、法律推理、法律救济、法律惩戒活动也都离不开国家。对于法律的这种国家属性,中国人十分首肯。如在历次关于"法律本质"的大讨论中,学者无不站在国家主义的立场上,将法律定义为"由立法机关制定、行政机关执行、司法机关实施的,体现国家意志的、具有国家强制力的"成文法体系。(3)制定法的结构属性。当今世界,法治已成为理想的治国方案,它要求各部门法所建立的法律网络可以延伸到社会各个角落,在政治、经济、文化生活的一切领域都使法律成为"社会的经络和骨架"。尤其国家立法体系,呈现出一元化、位阶性、等级性、成龙配套的结构形态,从而使现代法治具有"法制统一"的统合色彩。在中国,宪法、法律、单行法规、行政命令、规章条例、地方法规等,已形成了"一元、二级、多层次"的立法资源,它们构成位阶高低不同的,具有特定效力、形式、分类的法律系统。(4)制定法的权威属性。经过法律文明的积淀,法律被认为是极其神圣的、因而也就是人类不能随意违反和随意变动的规则,对一定时间、一定空间、一定人员具有约束力甚至强制

---

① 谢晖:《法律的意义追问》,商务印书馆2003年版,第35页。
② 马新福:《法社会学原理》,吉林大学出版社1999年版,第218页。
③ 梁治平:《法辨》,贵州人民出版社1992年版,第28页。

力。作为通行的法律世界观，中国法律业已被视为"人民意志"和"公共权力"的表征，法律至上的理念逐步深入人心。通过规范性或非规范性的法律文件，包括成文法典、单行法规、合同书、判决书、裁定书等，法律获得了形式上的最高地位；又凭借国家设立的法院、检察院、监狱等机构，法律获得了一定的威慑力；还依托行政审判、民事审判、刑事审判程序，以及授权、许可、鉴证、复议、审计、监察、问责、仲裁、调解等过程，法律获得了由国家管理权和裁判权作为后盾的终极力量。

总之，经过文明的积淀，现代正式法律制度所体现的国家性、规则性、权威性、普适性、稳定性、连续性、统一性等属性，都已十分显然。而且，人类已经在自己的文明进程中发现，只有形态健全、体系完备的法律制度，才能使法律文化在历史法苑中生机勃发、大放异彩。特别是法典化的形式构造和法源风格，决定了包括中国在内的大陆法系国家法律资源的类别与模式，使大陆国家为人类法律文明贡献了才智，贡献了调整社会关系的方式，以及运用这些方式的思维模式和技能。

（二）制定法之功能

实际上，制定法或法典法的创制，是法律从习惯走向正规的制度化的过程。这种文化特色的价值性，不在于提供了正义、公平、自由等抽象原理，而在于它的形式主义的外在功能。具体说，包括《中华人民共和国宪法》、《中华人民共和国民法通则》、《中华人民共和国刑法》在内的法典的优质属性，正是它们"作为法律制度"本身的贡献。

第一，法律制度是一种相对固定化的社会关系。在社会发展中，如果人们之间的关系长期处于变幻莫测的动荡状态中，就不可能进行正常的交往。也就是说，人在社会中必须同他人进行合作，其中包括不侵犯他人的合作，目的在于使个人与社会一致化，或者说个人为社会所同化。为了交往的便利，人们需要将每天重复的行为规则固定下来，变成普遍遵守的模式，这就形成了法律制度的固化形式。"一旦社会关系出现'固定化'倾向，人们的社会行为模式在实际上就形成了一种有系统的规范体系，而这就是社会制度了"。① 这样的被固化的法律制度，无疑是社会得以维持的一个重要条件。当然，我们也可以把这一固化称之为法律的标准化功能，它确定了哪些行为是可取的、必不可少

---

① 马新福：《法社会学原理》，吉林大学出版社 1999 年版，第 283 页。

的和应予鼓励的,哪些行为是不可取的、有害的和应予禁止的界限。

第二,法律制度是人们之间进行相互联系的一种预期。可以想见,只有在明确的法律制度中,人们才有可能对行为及其结果有一个大致确定的判断。开始,人们之间的这种行为预期主要靠自身协作来完成,但随着社会的发展,仅靠社会自发要素发挥作用还不够,社会还需要形成完整的法制系统。即人们根据自己生存、劳动、获利、合作的需要,在社会生活中发现了各种十分复杂的制度,"它们是根据证据法则、法庭规则、判例汇编传统、辩护技巧、法官雄辩能力以及法律教育成规等诸如此类的事物而构设出来的,总之是社会的产物。"①进一步,当这种预期作为法律制度被规定下来之后,又对于人们的今后行为提供了预期,因为人们能够根据法律估计自己行为是否偏离制度的要求,并预见他人对自己行为的评价和态度,预见到自己行为所应承担的法律责任。因而,人们运用法律规范时,实际是在根据积累的关于法律的知识指导和约束着自己的行为。

第三,法律制度是达成社会秩序的有效方式。社会作为一个群体构成,不是纯粹的自然结合,而要在人们交往中形成一定的社会秩序。因为只有在有序的环境中,人们才有可能对行为作出约定与约束。有学者把这一社会需要作为法律的整合功能理解,即法律所担负的任务就是把社会作为一个整体而运行,将支离破碎的冲突状态组合成一个和谐安全的社会统一体。"法律糅进了社会中相互矛盾着的观念,它像一座灯塔那样,使社会中本来分散的各种成分团结在其周围。"②此外,各种法律制度都相应地实行各种裁判,以使人们对自己的行为后果负责或付出代价,这种方式也维持着社会的基本稳定状态。

第四,法律制度是给个人任意行为的一种压力。法律制度及其实施机制具有强迫人们遵守的约束力。在社会化过程中,法律根据人们履行这些规范的表现来执行奖励和制裁。究其原因,在于"人类历史并不像浪漫的人道学说所描绘的那样,以人为起点和目的,是所谓人性的生长、实现或外化的过程。相反,人类历史是一部交织着残酷斗争、无情打击的历史。"③虽然,中国学者

① [美]吉尔兹 Local Knowledge, basic Books,1983,转引自梁治平:《法律的文化解释》,生活·读书·新知三联书店 1994 年版,第 80 页。

② [英]科特威尔:《法律社会学导论》,潘大松等译,华夏出版社 1998 年版,第 120 页。

③ 夏勇:《人权概念起源》,中国政法大学出版社 1997 年版,第 170 页。

并不争论"性本善"或者"性本恶"才产生法律制度问题,但人们对法律制度的需要有时确实并不是一件"美好"的事情,法律制度的形成与发展是为一定程度上控制社会冲突的目标来到人间的,即如果谁违反了法律规则,那么他就会受到某种程度的压力,甚至受到各种形式的制裁。当然,在宪法、民法、刑法等不同领域,由于法律制度的性质不同,其强迫的性质、范围、程度也会有所不同。

可见,法律制度是使社会秩序保持相对稳定的一种机制,它的对象是一般人的行为界限和模式,它也是满足整个社会需要的手段,法律的普适性、规则性、规律性都是法律特性的种种表现。因此,如果说单个的行为模式只可以满足某种社会关系的需要的话,那么,法律制度是满足它所调整的所有社会关系需要的一种体制。

（三）制定法之颁行

从文化层面进行研究,国家法律资源需要通过创建法律的活动和执行法律的过程进行积累。其中,立法是"造法"的主要途径,也是实现法治的前置性和前瞻性的条件,它使现代法律功能、价值、特征通过创制法律的过程得以外显。因此,法律体系的创建始终占据着现代法治的"舞台"。与此适应,从20世纪80年代中期开始,法学界兴起了研究中国特色法律体系的热潮,其命题包括:什么是法律体系,为什么要建立法律体系,如何建设中国式的法律体系,我国法律体系与西方法律体系怎样区别,中国特色法律体系的框架构想等。可以说,经过近30年的发展,目前各法律部门所体现的统一性、民主性、科学性、权威性等特征,已使本土法的自立自足色彩十分鲜明。但另一方面,我国立法中的一些突出问题尚没有得到根本解决,诸如立法的违宪问题、立法的正当性问题、立法的科学性问题、立法的民主性问题、立法的程序性问题、中央立法和地方立法的关系问题、各法律法规的层次效力问题、立法冲突的解决问题、立法的执行力问题等。这些法律缺陷及其改进,关注的是立法对于法律文明发展的形式性和目的性价值,即立法如何为现代法治提供优良"产品"以及这套立法资源怎样落实。其中,重中之重的论题,在于法律的正当性证明以及立法者文化素养的培养。

其一,法律本身的应然性价值应予证明。在立法目的上,一切法律的创制和实施,都旨在追求实现"良法之治",没有"良法"必然没有"良治"。为此,关于法律的好坏、优劣、善恶、正邪的价值判断,无疑带有强烈的道德属性和理想属性。"立法者必须在立法的过程中从伦理角度准确把握立法的道德意蕴,充分顾及社会的价值理念,以全面彰显社会的正义、平等、自由及其共同利益。"①尤其现代法律,是对于权利和义务关系所进行的理性平衡,最终目标则是实现法律的分配正义和矫正正义,正所谓"现代法律是立法者以正义为界而对主体需求及其行为所定的宽容规则"。②"在立法阶段,主要是考察立法机构所从事的立法活动本身是否体现了相应的道德要求,所创制的法律是否符合一定的伦理精神,法律所内含的价值是不是具有'应然'意义的道德价值之逻辑转换,从而最终得出法之存置抑或废止的结论。"③反之,如果一个国家的法律缺少了民主的、公正的、开放的属性,则只能称之为"恶法",而"恶法非法"早已成为全人类认可的价值判断。据此,在文化上进行法律评价,立法的颁行、实施、修改、完善不仅具有规范意义,而且具有道德的、人性的、应然的意义。

其二,法律的正当性追求起源于人民意志论的奠基。按照现代法学理论,国家立法权只能属于人民的联合意志。在此方面,西方学者早就得出了"法律起源于民德","法律是公意的体现"等诸如此类的结论,而一些中国学者也大力宣扬"人民主权"、"主权在民"的现代学说。虽然,这里的民意是一个意识形态的范畴,其主观性、任意性、分散性、多样性的色彩导致在立法中难以整合各方的利益要求;虽然在立法过程中,不能排除权威人物对民意的导向作用,也不能排除某些个人利用法律为自己利益"搭便车"的情况,但立法机关对民意进行广泛的社会调研,采用本土资源中体现民意的合理成分,充分考虑民众的信仰、心理和情感因素,方可实现法治的亲和力、生命力和影响力。此外,"国家立法只是形式上的法,它是否有资格成为法,还要接受社会的评价,这就不仅将行政、司法行为,而且将立法行为置于社会监控之下。"④这里,社会评价就是绝大多数成员的民主评价。在此过程中,如果法律能成为"好法、善法、良法",则具有推动法律民主化的特殊功效。

其三,培育立法者的优良法律素养。在法律资源的供给中,所谓"人的进

---

① 肖毅:《论立法原则中的伦理意蕴》,《求是》2005 年第 8 期,第 106—107 页。
② 谢晖:《价值重建与规范选择》,山东人民出版社 1998 年版,第 38 页。
③ 刘云林:《法律运行道德追问的两重维度》,《伦理学研究》2005 年第 1 期,第 19 页。
④ 周永坤:《社会优位理念与法治国家》,《法学研究》1997 年第 1 期,第 109 页。

路"主要包括立法者和法学家的贡献,现代法律文明愈来愈发达成熟,无疑离不开他们所作出的巨大努力。历史上,中国的标志性法律成果《唐律疏议》,即是长孙无忌等政治家和律学家集体智慧的结晶;作为民法典里程碑之一的《德国民法典》,则代表了当时法学家耶林、祁克和萨维尼的心血;美国独立战争后出台的《联邦宪法》,亦是杰弗逊、汉密尔顿等关于政治体制建构的杰作。在内涵上,作为"人"所创制的对象,法律无不打上了立法者的主观意志、选择、判断等诸如此类的"人为"烙印。立法者的判断越接近于理性、正义、真理和规律,越可能立出"好法"。从智识上看,立法者肩负着完善法治的历史使命,这使他们在创建法律体系时,必须做到自身有立法的能力、有高超的立法技术和专业的思维方式;立法者还必须对法律的正义属性有明晰的认知,这种认知表现为"从法治源头"抓起,在法律中体现扬善抑恶的法治本性以及公平正义的权利分割。此外,毫不夸张地说,现代立法是高度专门化、技术化的工作,没有法学家参与,现代法典便无以产生。所谓"现代立法主要是法学家的舞台"这一概括,说明法学家在法治建设中提供着一种"智力性"的文化资源。①

无论如何,从立法本身的应然性、合理性要求,到立法者、法学家的主体贡献,都有助于立法之发展,法治之健全。而关于立法创制角度的法文化研究,也必然列入整个法律文化建设的视野之中,不仅成为当代法治建设的组成部分,而且成为立法资源的重要成分。

二、大陆文化模式正名

如前所述,中国乃至大陆国家需要关注作为基础和主干的法典的发展。它们在时间空间、功能作用、传播力和影响力方面,对于中国和世界有着重要贡献,而它们作为"法律文化的族群"也是人类法律中的不可多得、不可替代、不可否定的有效资源。因此,这里考证大陆模式之制定法或法典法的优长,以及法律制度化运动的背景因素,主要是为了促进现代法治的发展。

(一)法典资源的有效供给

自各国颁行法典以来,制定法的主体地位不可动摇。但不可否认的是,当代大陆法系的法典化模式正日益受到冲击,相反在英美法影响日益深刻的国

---

① 参见周永坤:《法学家与法律现代化》,《法律科学》1994 年第 4 期,第 4 页。

际背景下,判例法的优势却得以彰显。学界也往往从一个极端走向另一个极端,开始忽视法典的法源性、主干性、优异性特征。这就需要"反其道而行之"的逆向思考,从法律的形式、技术、目的等方面入手,为大陆法系的法律及其功能正名,以矫正法学界忽视法典法重要性的偏颇之见。具体理由如下:

法律的形式需求之满足。形式主义是法律提供资源供给的首要条件,也是法典化思维方式所具有的一个典型特征。大陆法系的特殊性,正在于法律的形式完备、部门法的有机构成以及公法与私法的划分。其中,法典的形式主义色彩最为鲜明,它构造了内容详尽和编排合理的法律体系,即宪法、民法、刑法、诉讼法等各部门法相互配套的法律整体;它还通过法律概念、法律规范、法律原则三要素的合作,起到提供统一法律行为的有效功能。特别相形于习惯法、单行法、判例法等,成文法典有其固有的优越性,它已和法学原理、宗教信仰、道德伦理、风俗民情日益分离,排除了"法律之树"的枝枝权权,使法律秩序的建立避免了各种非法律因素的干预。正因为如此,"作为法律渊源,制定法比判例法和习惯法或其他形式的法更可取。……无疑制定法在取消或废除现行的相互抵触的规则、在设立法律规范一直很少或没有法律的领域的权力方面,以及在所预见的情况未发生之前作出法律规定的能力方面,优于其他法律渊源。"①

法律的逻辑需求之满足。法律的逻辑性是大陆模式法律文化的一大技术特征。而所谓"逻辑确证",指运用逻辑判断推导出法律的概念、规则、原理以及它们之间的相互关系,使法律的各个要素在逻辑上建立一种因果联系。表现在立法技术上,制定法突出了法律的表述、论证、诠释主义的方法论,并从逻辑性原理发展出了法律的概念主义。依这种概念主义,各种政治、经济、社会生活都可以用一系列具有明晰含义的法言法语来表述,法律发展本身就是语言文化发展的结晶,通过语言的精确表述,法律规则才能在立法中得到完美的体现。这就要求法学家和立法者加大制定法的创制力度,法律、法规、法条,法典化则正是法律思维这一逻辑运动的必然结晶。法律逻辑化的追求,还得益于各国在自然科学方面所取得的成就,几何学、系统论、控制论等促进了成文法技术的发展。例如,《法国民法典》定义精准、条理分明、逻辑严密的行文方式,就是经济规律的明显体现。大陆法系的逻辑性特征又特别表现为"三段

---

① [英]戴维·M.沃克:《牛津法律大辞典》,光明日报出版社1988年版,第548页。

论式"法律推理方式,法官从几个已知前提出发,投入权利、义务、事实、证据、程序规则,即可一步步生成判决结论,从而有利于防止司法人员采取专断行动。

法律的政治需求之满足。法典的独特性使人类发现了解决法律问题的现实之道和未来之路。因此,在所有国家中,法典是"固化和记录一定的统治秩序、社会秩序和社会改革成果的更有效的形式,是统治者或国家政权为治之要具和要途。"①例如,历代法律莫不是为了新政权得以巩固而创制,这就是为什么一个政府"一上台"就会颁行各种法律的缘由;《人权宣言》、《美国联邦宪法》等宪法性法律文献的重大使命之一,则是巩固刚刚统一的欧美国家。在此基础上,成文传统与法治需要结盟,促成了各国的法典编纂。而法典编纂,又为政治体制的建构与运行作出了不朽的贡献。至现代,成文法的重要性与国家公共能力的加强不无联系,它意味着国家正通过法律方式更多地干预着社会。相反,如果法律不能满足这类政治需求,意味其在政治生活、经济生活、社会生活中无立锥之地,则既不能推行于本世,更无法影响后世。

法律的目的需求之满足。以各国法典为权威的大陆法系,更为关注立法的目的性设计,表现为将人类的价值判断精雕细凿,在法律中明确设定公理性的法律原则,并在"总则"篇章中予以体现。首先,法典具有普适性,是人人尽知的普遍准则,这有利于平等需求之满足,即法典将人类社会关系从纷繁复杂的世界中高度抽象出来,一般只对社会关系作"类"的规范,使法律舍弃了个别社会关系的特殊性,并使公平竞争成为可能。其次,法典具有确定性,它意味着将人类行为模式化了,即人们在行为之前可预料到法律对自己行为的态度,以此来趋利避害,这种确定性有利于安全需求之满足。再次,法典还具有共识性,即现代人们对法律的认知,正随着其参与社会经济文化生活的程度而逐渐提高,这有利于互利需求之满足。"在发达国家,法律介入社会生活的方方面面,社会经济、政治、文化等都已经法律化或被覆盖了法律的外壳。"②利用这种文明成果,建构互利互惠的关系,让人类感到了无比的便利。

正是在上述形式合理性与实质合理性的法治背景下,成文法、制定法、法典法作为一个体系化的成果成熟了。甚至可以说,这种法律体系无可辩驳地

---

① 参见周旺生:《法典在制度文明中的位置》,《法学论坛》2002 年第 4 期,第 13 页。
② 张文显:《法律文化的结构与功能分析》,《法律科学》1992 年第 5 期,第 4 页。

代表着先进法律文化体系。因而,尽管法典化的法律并不尽如人意,尽管不少中外学者对法典持怎样激烈的批评态度,在现代法治建设中,它们仍然是各国法律体系之主干,并愈来愈趋向功能的全能主义。所谓"法的统治已变成了法的倾盆大雨",主要就是指制定法这一倾盆大雨。

(二)两大法系的法律理性

翻开法律史册,法典编纂在大陆法系取得了成功,却在英美法系遭遇了失败。个中原因,虽可以用历史背景、风格差异等一些传统因素作出解释,但"制定法"与"判例法"这两个语词符号,潜藏着两大法系深层的法源文化的差别。具体解剖,两大法系在以下方面存有歧义:

第一,法律创生的理性主义与经验主义。大陆法系以理性主义哲学为基础,导致了国家立法可以穷尽一切社会关系的思想倾向,自信人们能够用理性的力量发现抑或构造一种理想的法律体系,积极倡导万能法典的编纂。与此不同,英美法系则以经验主义哲学为基础,形成了一种法律来自经验,长期判例积累形成的是"自然正义"的思想倾向,对于捍卫英国土生土长的普通法不遗余力,相反对法典编纂持十分冷淡和怀疑的态度。[1] 例如,一些英美法系国家虽然制定了在数量上并不逊色于大陆国家的成文法典,但是"这些法典除了外观以外,并没有表达与欧洲法典同样的文化内涵"。在处理具体案件时,法官也似乎不乐意在法典之内寻找依据,相反,他们经常依据其他渊源。

第二,法律创制的可知论与不可知论。大陆法系的法典编纂者持可知论的世界观。他们认为,由于不存在认知的局限,立法者的意志或思想是周延的,因而立法者有能力制定出无需司法者查漏补缺的法律,作为法律适用者的法官当然也没有必要在制定法之外再行造法。英美法系则持不可知论的世界观。他们对立法者的认知能力持一定的怀疑态度,认为立法者为未来制定规则,在逻辑上是不可能的,于是法律的创制权应部分留给法官,从而使判例法上升为主导性的法律渊源,同时贬抑了制定法的法源性。

第三,法律创制的立法实证主义与法官实证主义。大陆法系制定法的法源地位获得,是立法实证主义的结果。"立法者是自己的主宰,除了受到自己

---

① 董茂云:《比较法律文化:法典法与判例法》,中国人民公安大学出版社 2000 年版,第78—79 页。

制定的宪法或其他法律的限制外,不受任何其他限制。"①同时,法官们并不对立法干预司法存有戒心甚至愤慨。因此,大陆国家立法具有主导性,立法的民主、合理、科学与否成为法治推行的先决条件,并在功能上引导着司法的方向。英美法系的情形有所不同,由于判例法法源地位的获得是法官实证主义的结果,法官视法律为"法院将做出决定的正确预见",有时甚至把制定法视为一种"必要之害",认为它搅扰了普通法的美好和谐。据此观念,英美法系的法官很少将制定法作为案件判决的起点。

第四,法律生成的乐观主义与悲观主义。大陆法系的法典主义是近代资产阶级革命大获全胜的产物,立法者和法学家们的法律态度是积极上进的,他们无不对经由理性而设计的革命成果津津乐道,亦对通过议会立法而规制未来的新生活充满了情不自禁的期望,甚至认为只有新的法律才是最好的法律。相反地,英美法系的人们对法律的生成采取了悲观的、消极的、压抑性的态度。他们认为,法律是渐慢演进的,法律可被人为主观创制的思想只是一种理性的虚妄,人们只能发现法律而不能创制法律,也只有旧的法律才是最好的法律。

第五,权力分立上的绝对主义与相对主义。两大法系都遵从权力分立的宪政思想,但在权力分立的严格程度上,大陆法系国家往往采取绝对主义态度,英美法系国家则往往采取相对主义态度。大陆法系严格固守权力分立思想的结果,是强调立法权专属于代议机关,代议机关是专门承担立法职能的立法者,包括司法机关在内的其他国家权力机关不得僭越立法权。与之不同,对权力分立思想持相对灵活态度的英美法系国家认为,立法机关并未垄断立法权,立法权也绝非至高无上,法官的自由裁量权和造法权是司法职能的必然结果。

第六,法律的普适性与衡平性。大陆法系认为,只有将统一的法律适用于所有相同或相似的案件,才能实现法律上的普遍公平正义;而如果考虑个案的实际情况削足适履地适用法律,看起来实现了个案中的公平正义,但却牺牲了法律的普遍正义,这是法律正义观所不能容忍的。相形之下,强调个案救济的英美法系认为,为了普遍正义而牺牲应予救济的个案正义,是违背正义价值的,为实现个案正义,必然看重法官能动司法或造法功能。

第七,法律的稳定性与变化性。法律必须稳定,又不能静止不变。因此,

---

① 　[德]伯恩·魏德士:《法理学》,丁小春、吴越译,法律出版社2003年版,第215页。

所有的法律思想都力图协调稳定性和变化性这两种彼此冲突的法律适用要求。但大陆法系倾情于法律的确定,英美法系青睐于法律的灵活。而在法律的激变与渐变方面,两大法系的道路也迥然有异。大陆模式的国家认为,法律的产生可通过激变的社会革命方式完成,"大革命"的直接产物之一就是造就了一个法律时代。18世纪的法国革命、1917年俄国革命与1949年的中华人民共和国革命,都印证了这一点。相反地,英美法系认为法律是逐步积累和演进的渐变产物,激变只能破坏法制而不能建设法制,其结果,是注重经验累积性的判例法。

综上可见,两大法系的法源观决定了它们各自对于制定法和判例法的不同态度,也决定了现代主要国家的法律资源的类别、形态、风格。但不容否定的是,它们都向人类法律文明贡献了自己的才智,贡献了调整社会关系的方式,以及运用这些方式的思维模式和技能。而它们的独特性亦使人类在法律文明发展中发现了解决现实法律问题的道路,这就是实现各种法源形式的互补通融。

第二节 法律多元:一张"普洛透斯式"的脸

除国家法、成文法、制定法、法典法的法理研究之外,现代法学往往在法律本体的讨论中持法律多元论的观点,有规则说、命令说、权力说、判决说、神意说、公意说、理性说、正义说、事业说、工具说等。① "法"又被法学家、社会学家、人类学家贴上了各种各样的标签,如习惯法、民间法、社会法、伦理法、自由法、民族法、社团法、本地法、商会法、行业法、工会法、政党法、学校法、兵营法、传统法、固有法、家族法、宗族法、村落法、部落法、初民法、活法、软法等,可以说林林总总,它们都被收罗到法学的"大网"之中,作出了五花八门的解释。由此,当代法文化学也步入了法律多元主义的研究领域。

一、多样性的法渊源

如前所述,法典化的法律是各国法源中的主要渊源,但国家法难以满足当代所有主体、所有事物、所有行为、所有空间的法律供给需求。因此,倘若在国

---

① 张文显:《法学基本范畴研究》,中国政法大学出版社2001年版,第26—30页。

家法之外不容许其他规范作为行为准则,必然使法律所能提供的制度资源明显不足。于是,人们开始环顾世界,寻找多元化的法律供给源。美国法学家博登海默即阐释了法律渊源的复杂性:"所谓'法律'这一术语,在我们这里乃意指运用法律过程中的法律渊源的集合体和整体,其中还包括这些渊源间的相互联系和关系。"①中国法学家也强调:"事实上,国家法在任何社会中都不是唯一的和全部的法律,无论其作用多么重要,它们只能是整个法律秩序中的一部分,在国家法之外、之下,还有各种各样的其他类型的法律,它们不但填补国家法遗留的空隙,甚至构成国家法的基础。"②这里,本文将各种法源形式分化组合,形成除制定法之外的四大法律渊源说。

(一)判例法的形态和地位

所谓判例,指法院经由司法活动在审理案件时创制的、对今后同类性质案件具有约束力的判决。在英美法国家,判例法是法律的渊源之一。而在大陆法国家,判例虽不是现行的法律形式,但有着重要的法源地位。因此,判例法是人类奉献给法律世界的不可多得的法律资源。

从文化源流和权力来源分析,判例法的优良属性是通过长期的文明积累过程完成的,英美国家的"遵守先例"原则及其应用,使这种资源的能量发挥到了极致。更为重要的是,自然权利、衡平救济、法官良心、自由裁量的英美法律文化精神被发扬光大,成为具有影响力的法文化体系。我们甚至可以得出这样的结论,倘若没有判例法的积累就难以产生"判例法文化模式"。当然,与制定法一样,判例法的效力依据也源自于国家授权。作为判例的制作者,法院和法官是代表国家意志适用法律的机关,在此意义上判例法也是一种"国家法"。例如,英美国家通过授权的方式,授予法官运用司法力量去强制实施法律规则,同样允许法官拥有有限的"造法"权力。这样,"法官确立的规则可以作为法律而接受,便以清晰的行为活动方式表现出来",③与制定法由立法机关创制并无实质的区别。

从判例法和制定法的关系分析,这两种法源形式相辅相成,实际揭示了立

---

① [美]博登海默:《法理学——法律哲学与法律方法》,邓正来译,中国政法大学出版社1999年版,第414页。
② 梁治平:《清代习惯法:社会与国家》,中国政法大学出版社1996年版,第35页。
③ [英]约翰·奥斯丁:《法理学的范围》,刘星译,中国法制出版社2002年版,第39页。

法与司法相互配合的重要性。在判例法传统中,法官面临的规则不仅包括国家颁布的法典,还包括以往案件形成的判决、传统中形成的习惯、公平正义的原则、流行的法理学说以及需要参考的公共政策等。法官对于这些要素进行解释并据此作出判决,就形成了法律先例或者原则。由此,判例法的优越性也凸显出来。首先,判例法克服了制定法的刻板和刚性,有利于灵活地将法律精神贯穿于具体的案件之中;其次,判例法克服了制定法的缺漏和空白,对于不能应付万变的制定法是必要补充;再次,判例法克服了制定法的保守和滞后性,可以随着时代演进而发展新的规则;最后,判例法克服了对权利保护的不周延性,使司法者根据判断、推理、解释的权力平衡各种利益关系。

从判例法的风格和功能分析,判例的确提供了司法经验和优良可仿的技术,向世人展示了它固有的经验主义的成功运作模式。这是一种以实证哲学为指导、以遵守先例为原则、以程序运用为风格而形成的法律模式,它无疑是社会实践的需要。凭借判例法的思维方式,法官握着真正的法律钥匙,而判例技术风格也逐渐被作为法律资源加以利用。此外,在法律文化意义上研究判例法,还要将它作为各国"本土法律资源"来理解。因为,即使判例形式和技术发源于英国,但要让它真正被推广到中国等其他国家则必须被本土化,即如果说法典法可以在国与国之间相互模仿的话,那么,任何国家却不可能参阅其他国家的相似判例去处理自己所面临的法律争议,这使判例法只能是一种符合本国国情、社情、民情、案情所形成的本土资源。

中国历史上,除成文的制定法外,也有相当发达的判例形式。廷行事、决事比、春秋决狱、编例编敕、各种疏议,以及以朝廷名义汇编的司法判例已成风气,延续到北洋政府时期。我们甚至可以就此推论,中国与英美国家在判例文化的某些方面有着可沟通之处。及至目前,中国纠纷解决和权利救济,也愈来愈多地仰仗着英美法所表现的实证性、归纳性、经验性、程序性、个案性等的典型特性,英美式的判例法对于中国法治事业发展的借鉴意义不可低估。但又不可否认,在法律之风格特色上,相形于大陆法系对中国法律文化的影响,中国近代以后对于英美判例体制的仿效并无实际的举措。新中国成立之后,由于英美这样的超级大国与中国的利益对垒,加重了我国对英美法的拒斥,因此将英美判例法纳入中国的"本土化"过程必然是漫长的,我们无法操之过急。

(二)习惯法的形态和地位

不言而喻,习惯法是法律文化资源中最原始、最本土、最基本的资源。乡约、惯例、风俗、礼仪、戒条等,构成了法律的基础性源泉,它们也作为特殊规则在社会生活中发挥着功能作用。苏力教授论证到,一个社会是否有序并不必定需要以文字体现,而要看社会生活是否体现出规则。只要有一定的社会制度存在,就意味着法律本身的存在。"社会中的习惯、道德、惯例、风俗等社会规范从来都是社会的秩序和制度的一个部分,因此也是其法治的构成性部分,并且是不可缺少的部分。"①正因为如此,人们常把各类习惯性规则解释为一种"本土化知识",也即一种"土生土长"的法律文化资源。但关于何者为习惯法,人们并没有一个明确的界限,这使当代法律文化研究仍然需要将焦点立足于对于习惯法这种资源的透视之上。

从生成发展看,习惯法根源于社会生活本身。作为各国固有法文化的重要组成部分,习惯法被认为是一种知识传统,是对社会生活中通行风俗习惯的确认或升华,是各个地区长期存在的形态迥异的惯例之汇集,是各民族在历史发展和社会进步中自然形成的智慧积累。它们还经由了不断确认和筛选的过程,又有着自生自灭的性质。而这种艰难获致的结果,使习惯法自产生之时就自然而然地为当地当时的民众所接纳。所谓"每个人都降生在一个先他而存在的文化环境之中,这一文化自其诞生之日起便支配着他,并随着他成长和成熟的过程,赋予他以语言、习俗、信仰和工具。"②

从创制主体看,习惯法往往流行于农村、家族、行会、社区、社团等各种民间组织之中,是维持某一社会组织及成员之间关系的约束力量。以往有家庭、宗族、行帮,现代有村民委员会、居民委员会、民间社团、商业社团等作为主体形成习惯。但一般地看,成文的习惯法对于创制者的合法权威和制定程序也有一定要求。例如,过去的乡规民约,往往设立"评议会"颁布和修改。现代村民自治章程,则由村民大会制定或修改。

从内容范围看,形态迥异的各种习惯法主要围绕着人们的相互交往、社会关系而确定,与人们日常的衣食住行联系密切。甚至可以说,习惯法所调整的社会事务可谓包罗万象,涉及刑事规范、婚姻规范、家庭规范、继承规范、所有权规范、买卖规范、抵押规范、借贷规范、商事规范、贸易规范、生产管理规范、分配交换规范、纠纷解决规范、宗教信仰规范等。以农村民事关系中的习惯法

---

① 苏力:《道路通向城市:转型中国的法治》,法律出版社 2004 年版,第 26 页。
② [美]怀特:《文化的科学》,沈原等译,山东人民出版社 1988 年版,第 162 页。

为例,就包括"出嫁之女,继承无份";"外来女婿,不得分红";"虐待公婆,游街示众";"小偷小摸,打手惩戒";"欠债不还,拉走牲畜";等等。

从作用功效看,由于习惯法受所在人群的生存环境和生活方式的制约,因而有特定的时空性效力。它们以心理、舆论、自律等内在控制形式起作用;它们注意与血缘身份联系的集体权利;它们在一套关系网络中实施;它们靠情感和良心加以落实;它们的效力程度不等。又很重要的是,习惯法运用非正式方法解决争端,很少需要政府、军队、警察、法庭、监狱等外部力量予以强制。同时,习俗规范又具有实用性。"它们在现实社会中是有用的(或者是利益的,或者是信仰的),而它们之所以是有用的,又主要是因为它们创造出一种使它们变得有用的社会力量"。① 习惯法的这些特征明显地不同于国家法。

从发展前景看,研究习惯法这一法源形式,目的在于抬高习惯法的地位。客观地说,中国曾经非常重视习惯法这一可供继承的"本土文化资源"。民国时期的著名法学家吴经熊即把习惯法的地位提升于制定法之上。按照他的见解,制定法可以由习惯而改变,当一项法律条文失其功效而有一习惯形成,就可以与之对抗;习惯法与制定法于立法者的意志之上时,具有同等效力;制定法亦得由习惯所解释,甚至得因两者的相悖而丧失效用。② 但 20 世纪 50 年代以来,人们以为,习惯法只是民情土俗的一部分,其当存当废意义不大,因此"缺乏关于习惯法的生命性原理",习惯法在我国的地位大幅度滑落。相形之下,西方国家将习惯法视为重要的法律渊源之一。启蒙思想家卢梭曾经形容:"法律既不是铭刻在大理石上,也不是铭刻在铜表上,而是铭刻在公民们的内心里;它形成了国家的真正宪法;它每天都在获得新的力量;当其他的法律衰老或消亡的时候,它可以复活那些法律或替代那些法律,它可以保持一个民族的创制精神,而且可以不知不觉地以习惯的力量代替权威的力量。"③就此看来,重视习惯法资源给了我们经验,忽视习惯法资源则带来一定教训。

从习惯法与制定法的关系看,两者作为对称的法源形式,虽然风格各异、内涵不同,但其互动联系也很明显:首先,习惯法是制定法的法律源泉。"任

---

① 梁治平:《法辨》,贵州人民出版社 1992 年版,第 149 页。
② 参见吴经熊:《法律的三度论》,刁荣华主编:《中国法学论著选集》,第 3 页,上海图书馆编《民国时期总目录》(1911—1949)。
③ [法]卢梭:《社会契约论》,何兆武译,商务印书馆 1980 年版,第 73 页。

何一个立法者在考虑措施时不利用这种可供利用的现存的习惯和感情,将是一个重大的错误。"①其次,习惯法可以转化为制定法。经过一段时间的积累,当某种行为持续地存在,在行为者的头脑里"就会浮现一个观念,即他们所面临的不再是习惯或惯例,而是要求实施的法律义务"。之后,利益驱动会保障习惯不再被推翻,习惯性的权利义务关系通过法律表现,于是就具有了法律属性,并明确地将它置于实施机制的保障之下,"这样,习惯就演变为制定法了。"②

在当今中国,重新认知习惯法不无意义。这是因为,现代社会生活对于习惯法这种资源的认识已经发生了微妙但却巨大的变化。变化的总体趋势,表现为习惯法对于制定法影响力的抬升。可以说,即使人类文明趋向以成文规则代替习惯性规则,即使现代国家法典、法律、法令被精心制作,即使习惯法有其固有的缺陷,但作为一种文化力量,习惯法在社会治理中的地位仍然不可低估,需要我们在承认和尊重它们的基础上予以慎重对待和运用。

(三)社会法的形态和地位

在法律文化研究领域,许多法学家也十分关注社会法这类原理。这种视角认为,"社会法"构成法的一种渊源。而所谓社会法,又被指称为非官方法、非国家法、民间法、民族法、社团法等。从广义看,社会法还是一个包括前述习惯法在内的综合性概念。一些中外学者皆持此见。台湾社会学家林端阐述:"'法律'可用不同角度来探究,简单地说:对人类学家而言,它是个动态的文化现象,无法自外于其他文化与传统,不同文化可能产生不同的法律文化;对社会学家而言,法律是个实然,即具体的社会事实,是社会规范的一种,亦非国家所专有。"③大陆学者梁治平也加入了这一讨论:"从学科分类上看,法的概念可以是出自法学,也可以是出自社会学和人类学。通常,前者更多是对于法的本质所作的哲学思考,后者只是对于法律现象进行经验的描述。"④高其才教授认为,法律应该分为"国家的"和"社会的",社会法并不是国家制定法的

---

① [英]密尔:《代议制政府》,汪瑄译,商务印书馆1982年版,第11页。
② [德]韦伯:《论经济与社会中的法律》,张乃根译,中国大百科全书出版社1998年版,第23页。
③ [台]林端:《儒家伦理与法律文化》,中国政法大学出版社2002年版,第4页。
④ 梁治平:《法律的文化解释》,生活·读书·新知三联书店1994年版,第52页。

从属物和附属物，"它有其独立存在的地位，也有独立存在的价值。"①

按照这种解释，在法律文明发展进程中，人们对于法的构造有两种基本形式，即是创造法律和发现法律。其中，发现法律的过程就是社会法自然生成的过程，也是实现社会调整、习惯调整、风俗调整、道德调整、信仰调整的互补性的过程。因此，社会法与法律文化这两个范畴密切关联，或者社会法常常表现为法律文化。"可以确信，大多数人的行为标准并不是法律，而是文化（一般文化和法律文化），因为他们并不知道具体的法律规定，也从未熟悉过法律文件。"②而且，在人们日常生活中，有些通行的社会规范虽不易被觉察，"但它的作用是显而易见的，它既反映了人们对一定价值关系的认识，又为人们处理这种关系进行协调和指导。"③

社会法的具体表现形式可能是社区的、社团的、地区的，也可能是民间的、民族的、家族的；可能是见诸文字的，也可能是口耳相传的；可能是有明确规则的，也可能是富有弹性的；可能是由社会组织负责实施的，也可能是依靠公众舆论等心理机制落实的。细化起来，社会法的具体形式可大致分类为：（1）家法族规。家族性的社会法以血缘为基础，兼及地缘性，它们在历史上曾经地位显赫，现今虽有所复活，但总体上呈现颓势。（2）乡规民约。这是一种在农业社会作用十分强劲的、调整村落内部事务的日常规则，其在当代中国的作用不可低估。（3）宗教规范。这种规范通过宗教文化的传播而辐射于信徒中间，主要涉及宗教组织、宗教礼仪、宗教戒律等事务。（4）社团规章。这是有关社会组织内部的制度、章程、条例等，内容主要与本社团的活动宗旨相关。（5）行业规章。调整内容有从业条件、从业方式、从业禁忌、从业道德，但出于狭隘的行业利益，有时行业规章也代表着行业的规制、限定和不正当竞争。（6）民族习惯。主要涉及少数民族为主体的特殊社会关系的调整和变通，包括婚姻家庭、财产权、债权、禁忌、复仇等方面的特殊机理。

由此可见，在"社会法"的意义上界定法律，明显地给了乡规、礼俗、习惯、道德、政策、舆论等以合理合法的生存空间，又意在关注社会公众的法律意识、

---

① 高其才：《中国习惯法论》，湖南出版社 1995 年版，第 4 页。

② ［俄］拉扎列夫主编：《法与国家的一般理论》，王哲等译，法律出版社 1999 年版，第 404 页。

③ 参见樊平：《社会转型和社会失范：谁来制定规则和遵守规则》219.141.235.75/shxs/s09_shx/jpdd/fanping1.htm。

法律信仰、法律态度,从而抵制现代国家法的统一化、形式化、机械化的倾向。因此,社会法的分类基础导源于国家和社会的二元对立。其理由在于,既然国家和社会是分离的,国家法和社会法也就被认为是对称的。社会本身有自我发展、自我认同、自我调整的机制,这种本土特征与中国国情不是一般性的"偶合",而是一种生存属性上的"恰合",这正是社会法这类"本土资源"受到格外垂青的原因。就此而言,国家在创制和实施自己的法律体系时,必须辩证地看待制定法之外的社会规则,理解其现实状况,汲取其合理成分,甚至将部分社会规则上升为法律,从而向社会提供足够对路的法律产品。

在某种意义上,作为一种不可忽视的法律资源,社会规则或民间规则具有国家制定法所不具备的某些优良品质和功能。一是经验性,由于民间规则往往从社会实践中沉淀出来,会导致人们经历的具体实践越多,其社会知识的积累越丰富。二是便捷性,民间规则贴近人们的日常生活,朴实、简洁、易操作,在基层的渗透功能不可忽视。三是心理性,民间规则主要依靠行为者本身的心理认同、良心选择、利益平衡的要求以及社会强大的舆论支撑,而且这种心理性的文化力量潜移默化、十分强大。四是通俗性,从传承途径上看,民间规则常常以英雄故事、格言谚语、歌谣诗词、文化知识的解读为途径,各地区还利用劳动、节庆、宗教、婚丧等仪式将这类规则表现得通俗、逼真、生动,使其家喻户晓,深入人心。五是乡土性,民间规则常常在农村比在城市有更大更广的影响力,满足着村民饱有乡土气息的利益需求,这也构成了其实际效能的规定性。

但社会法是过于广义的法律观,其根本缺陷,在于把法律与道德礼仪、民间习俗、宗教教义、社团规章、少数民族习惯等混为一谈。而现代中国,法治建设所依托的是现行国家机关制定的正式法律。基于此,社会法的答案又值得磋商。依笔者之见,我们应该承认并重视法律源自社会的属性,却并不认同"社会法"的称呼以及它和国家法的二元对立地位。故对现在中国热火朝天讨论的"民间法"原理,本文持不同意见。当然,由于法律多元主义从不同侧面提供了人们对于法律形态的基本看法,对正式法律之外的社会规则的解剖仍然极为必要。

(四)观念法的形态和地位

观念法,指法理、公理、自然法、自然权利、法律原理。法律文化最初主要是指观念之法,即人们对法律的认知、价值、态度。"观念法"的对称物则是

"实在法",它们两者之间具有相互影响的共同性和差别性。一般而言,实在法是指具有一定逻辑结构的法律规范,它们可以用文字加以表述或呈现;而观念法并不具有一定的规范结构,主要表现为法的价值原理。在法源意义上,除了制定法而外,某些法律原理、法律概念、法律思想、法律学说、法律解释、法律价值观也是多元法律的组成部分。

在法文化学范畴研究观念法颇为重要。这是因为,法律形式之发达必然推动法学原理之发达,而法学原理之发达也必然促进法律制度之发达。例如,在古代思想家那里,法观念一直与人类理性相关联,人们往往从精神世界中寻找法的本源,自然法的思想由此根深蒂固。近代启蒙思想家也高高举起了正义、公平、良心的旗帜,用于修补实在法的诸多不足,评判封建法的恶劣属性。至今日各国,随着法学事业的发达,法律理论进一步成为"某种与特定法律有特殊联系的,在理念上建立、证明、为其指向,或补充、批评、修正现存法律规则的价值、观念及其体系"。①

进而分析,观念法与制定法、习惯法、判例法的联系和区别显而易见。首先,从联系看,作为法源思想的法律文化,必然表现为各时代的法学原理和法学流派,以至现代法治发达国家中,普遍存在着指导人类法律实践的各色各样的法律理论。甚至可以说,我们今天所面临的法律生活和法治世界,正得益于现代法律思想和思维方式,它们是促使各国法律制度、法律规则、法制模式、法律程序向着体系化和科学化方向运作的动力源泉。从区别看,制定法可以轻易地从其文化模式中分离出来,变为独立的规则体系,但观念法却难以从公共道德或价值信仰中被分离出来。比如正义、公平、良心、诚实的判断,以及传统文化中的天道观、中庸观、仁政观、和谐观等,总的来说并没有从其他文化资源中脱胎出来。同时,作为原则的观念法和作为规则的制定法之间有时会发生冲突,特别在观念法滞后于社会进程的时候,它们制约着法律制度的发展。例如,以"礼"为核心的儒家学说,即与现代法治现实和需求格格不入。

如今,观念法也实际地表现在部门法领域。宪法中的民主原则、法治原则、平等原则,民法中的私权保护原则、契约自由原则、公序良俗原则等,都是

---

① [日]千叶正士:《法律多元——从日本法律文化迈向一般理论》,强世功等译,中国政法大学出版社 1997 年版,第 191 页。

以"法律原则"形态所表现的观念法。同样,观念法又对于司法实践不无意义。有时,法官所依据的并不完全是确切的法律条文,而更多的是法律所体现的主旨和精神判断,因此他们会抛开法律的规定,根据理性、正义、公平、自由、利益的法理要求引申解释。以解决疑难案件为例,法官不仅需要"以事实为依据、以法律为准绳"进行纯逻辑的司法推理,而且需要借助实质推理、辩证推理的形式,为准确地实现法律价值目标铺垫理论根基。又如在民事侵权诉讼案件中,当过错责任原则、严格责任原则的适用无法实现权利救济之时,用公平原则进行案件的裁量便是说明。

我们认为,法理性的原理是否能够成为法的源泉,揭示了法学和法律之间的互动关系,而将观念法视为法的一种渊源,不失为一种正确的法源观。但由于中国法学尚不发达,先进的观念之法还在逐渐养成之中。也可以说,我国在法律原理方面的"本土资源"还不够成熟、科学、系统。有人批评说,中国虽然有"法",但并不存在"法的思想";中国人用力在法律秩序上,而不是用力在构建公正、合理、衡平的法律体系和法律思想上。有鉴于此,在未来,我们需要将法学原理、观念、思想、学派的培育放置于更加重要的位置之上。

由此可见,一个多元化的法源体系应该包括制定法、判例法、习惯法、社会法、观念法等法的形式,这五种法源形式既区别又统一,共同构成一个效力性的法律文化体系。而它们的生成发展、相互关联以至于转化替代,都是法文化学意义上的重大事件。当然,这些多元性法律渊源都只是当代中国的有限法律资源,易言之,我国不能仅仅依靠民间的、习惯的、社会的、学理的方案进行法律关系调整,而必须建立制度性和权威性的法律,建立真正适合中国需要的法治。

二、多动态的法走向

在法律文化研究中,人们会不断提出问题和解答问题。由于法律文化被分为官方法律文化(国家法、成文法、制定法、判例法)与民间法律文化(非国家法、非正式法、习惯法、社会法),关于它们两者的对称性讨论也就列入了法律文化研究范畴之中。但在以往,学界关注的重点是它们之间的对立性,而在今日,法学研究的目标更在于将各种法渊形式密切联系,以至形成相互辅助的法律文化家族或法律文化体系,中国法律本土资源的积累也意味着建立国家法律与其他社会规则之间的良性关系。有鉴于此,我们必须对各种法源形态的关系及其动态进行重新考量。

（一）一元论与多元论之争议

法学思想的对峙中，法律多元是与一元立场相对称的术语。法的一元论主张，也即法律仅出自国家的观点，重在强调国家法的重要性；法的多元论主张，认为非国家的社会法、民间法、习惯法、自然法、宗教法、民族法、村落法、家族法、行会法等，都是法律的不可分割的组成部分。

法律的一元论，也即"法律中心论"。这种理论认为，所谓法律来自于国家的意志性创设，人类可以建立一个包罗万象、应付万变的法律世界，为一切法律问题提供行为标准，其发展的最高成就是法律的法典化。如今，法律中心主义的文化传统已经在新时代、新形势、新背景下有了全新的含义，但其基本的学理依据仍然为三点：（1）法律的实证主义。近代法理学中，实证法学构成了制定法的正统理论基础。其认为，"法"这一术语就是指主权者的命令，而与之相伴的一个观念性结果，则是法律规则的法典化表现形态。在法治社会，法律提供着统一行为模式的边界，所有主体、所有权力、所有行为都应服从于宪法和法律的基本规则，从而以法律的制度化、规范化的竞争代替人为的破坏性竞争。（2）法律的理性主义。理性主义始终如一地主张，人类只要通过努力，就在实现自己的愿望方面拥有无限力量；一项人类制度存在的事实，恰恰证明了它是为了实现人的目的而刻意设计出来的。同样，人们要做的事情，就是运用这种理性进行法律及其制度的设计，去建构完美的法典。正所谓"通过运用理性的力量，人们能够发现一个理想的法律制度。因此很自然，他们都力图系统地规划出自然法的各种规则和原则，并将它们全部纳入一部法典之中。"①（3）法律的民族主义。在法治形成中，民族主义文化推行的结果，是强调民族国家的主权性，同时抵抗外来文化的影响力。民族主义对于法律权威树立也有价值，这就是"法典以民族语言象征统一而唤起认同，加上其内容散发的共同价值，可以不带强制的轻易深入民间角落，实为极佳的统合工具"。② 不仅如此，"否认一个文明民族和它的法律界具有编纂法典的能

① ［美］博登海默：《法理学——法律哲学与法律方法》，邓正来译，中国政法大学出版社1999年版，第64页。

② 苏永钦：《民法典的时代意义》，王利明等主编：《中国民法典基本理论问题研究》，人民法院出版社2004年版，第44页。

力,这是对这一民族和它的法学界的莫大侮辱"。① 因而,民族主义精神强化了自己的本土法律文化体系,这一体系的最高表现就是国家代表本民族颁行法律。

按照上述一元论的法律理性,关于国家制定法的定位有三:其一,国家法是指由国家立法机关创制的成文法或制定法,包括法典、法律、法规、命令、决议、条约、协定等,它们被认为是唯一的法源形式。其二,法由国家强制力保障实施,这意味着法与国家权力不可分割,法治建设则以统一稳定、陈陈相因为特色。其三,国家法排除了那些在功能上与法律相似或相同的其他社会规范,人们即使承认有习惯法、民间法、判例法、自然法、观念法、社会法等形式,它们也只是作为国家法的渊源发挥作用。时至今日,这种一元观仍然在中国颇为流行,其社会基础则是国家"刚性"制度机制的加强,作为"柔性"机制的民间文化不能承担统驭万象和整合社会的功能,因而退居日常的、私人的、社会生活的领域,具有非官方资源的意义。

相形之下,法律多元论的观点与之针锋相对。按照这种观点,法律必然有着社会意义和文化意义。各种社会因素、文化因素、政治因素、经济因素交织在一起的状态,导源出了文化多中心主义和法律多元主义的各种构想,在新的时机登上历史舞台。具体分析,法律的多元性可以从以下方面予以论证:(1)社会规则形式的多元。纷繁复杂的世界不是人们能够用一部法典、一种模式、一套价值观就能够包容的。法律形式的多元性,取决于法律关系的多样性、法律行为的复杂性、法律事件的差异性和法律利益的冲突性。其中,国家正式法律占据着法治文化的中心或主导地位,同时,各式各样非正式的法源形态涉猎广泛,争奇斗艳,都是法律文化多元倾向的种种表征。(2)社会控制力量的多元。由于权力并不归国家独有,许多社会组织也享有权力。其必然的结论就是,法律与权力之间有一定的连接点,法律需要通过社会力量得以推行,又促使社会权力合法化。(3)法律思想的多元。多元性的法律形态必然养成多元化的法律思维,法律原理也从来是不同人群的智慧结晶,表现为各国家、各民族、各时代均有不同形态的法学世界观和方法论。而现代人们的思想观念、道德选择、价值取向、利益追求更加呈现出独立、竞争、变异、差别、对峙等特点。(4)世界法律文化的多元。在当代,各国法律文化的模式、风格、道路乃至影

---

① ［德］黑格尔:《法哲学原理》,范扬、张企泰译,商务印书馆 1961 年版,第 220 页。

响力,均呈现出多元样态,某个国家占据绝对主导地位的"文化专制"现象已不复存在。因此,我们应该尽可能地"跳出一元决定论的窠臼,采取多元化的、功能等价的观点来考察法制现代化的问题。"①否则制度上、思想上的桎梏如同"紧箍咒"一般,会钳制开放的法律与法学。

应该说,关于法的多元性探讨早已是老调重弹。那么,为什么现代法学家仍然孜孜以求地重视探讨这一主题,而使法的一元说与多元说激烈争锋呢?依本文之见,在法学上所表现的"多元法律论"代表着当代法律文化资源变化的趋向。这一趋向将法律变为了兼容并蓄的概念,并且体现为各种法律文化模式的差异性发展。最终它促使中国现代法学思想"与时俱进"地摒弃了制定法的单一模式,开始向认可其他各种法律形式转变。正如这样的总结:"人类的社会生活样式不是单一的,人类的行为也不是单一的。因而,没有一个社会的调整机制是单一的,而是由多种调整机制组合而成的大的调整系统,并各自发挥着各自的功能。"②这是其一。其二,多元论是为了反对"国家垄断一切法资源"的极端学说,后者致使人们"把法律看做封闭的容器一般",忽视了对法律背后的各种社会规则以及渊源属性的追问。具体的对一元论法源观的反叛理由是:(1)如果法律唯一出自国家,会使人们在法律面前只能虔诚地服从,哪怕该法律不能提供一个正确的答案。更可怕的是,法律可能被专制统治者所利用。诚如这样的警示:"政治高度一统必然扼杀民主,造成强权、特权和专制;科学文化定于一尊,必定使科学窒息,束缚科学、教育、文化、艺术的繁荣;舆论一律必定钳制言论自由,形成万马齐喑、死水一潭,造成毫无自主精神的愚民;经济一色只能缺乏相互竞争的活力。"③(2)按照国家意志论的分析,法的意志只能体现为掌握政权的集团或者群体的意志,而非政治家的意志、非主流阶层的意志、同盟军的意志、其他利害关系人的意志、反对党的意志等,都难以反馈于法律之中。从外延说,法只限于国家制定和认可的行为规范,则道德、习惯、风俗等,都不能成为法的初级源泉。这就严格限制了法律的内涵和外延。(3)法律一元论从立法渊源的角度排除了吸纳公众意志的必要性和可

---

① 季卫东:《宪政新论——全球时代的法与社会变迁》,北京大学出版社 2005 年版,第 51 页。

② 刘作翔:《迈向民主与法治的国度》,山东人民出版社 1999 年版,第 208 页。

③ 田广清:《和谐——儒家文明与当代社会》,中国华侨出版社 1998 年版,第 6 页。

能性,将法律与人民隔离,致使"一方面是成文法的大量制定与颁布,执法机构的增长和增加;另一方面,是成文法的难以通行,难以进入社会。"①

从以上方面的争论和变化我们可以获知,关于法概念、法属性、法渊源所引起的学术争议,乃是作为"法律资源"的国家制定法和各种社会规则之争。现代意义上的法,已难以坚持制定法的唯一法源地位,法律的民主性、社会性、多元性、实效性思考必然取代一元化的法观念。因此,这场争议的积极意义在于告诫人们,不仅要重视国家正式创制的法律规则,而且要注重法律的多元变化,不能用一个声音的法学话语去剥夺法律的神采各异的发展潮流。也许这种多元性的法律学说,并非能够代表现代法学主流思潮,但它们必然是一个观察法律问题的视角或朝向。

(二)制定法与判例法之互动

根据"法律文化族群"的标准,现代最为流行的法律文化模式仍然是大陆法系的制定法与英美法系的判例法。也可以说,大陆法系和英美法系已不仅仅代表着世界两大主要法系的传统,它们更是世界多元法律体系的标志,它们所奉献的法律形式——法典法、判例法、习惯法、海商法、欧盟法、国际法等,在形式、思想、价值、制度的影响力方面远远超过了国界,构成了具有法律文明意义的真实效果,也是各国普遍仿效的样板和楷模。凡此渊源及其替代,都是延续的、广泛的、深邃的、现实的,为后世的亚洲、非洲、澳洲、北美洲、拉丁美洲等很多国家和地区所继受,也为中国法律西方化进程夯实了法律文化之基础。但当人们为自己的法律杰作欣喜之余,又确实发现实行已久的本土法律文化有许多缺陷,难以为当代社会提供系统完备的法律资源。特别当法律所调整的社会生活变动不居时,法律如何能真正实现与时俱进,成为法哲学研究的一大课题。进一步我们要回答,两大法律文化族群现在的关系是什么? 它们各自的趋向是什么? 中国法律模式已经受到、或者将要受到它们的什么影响? 在此方面,答案虽然不是唯一的,却是可以预测的。

首先,前述关于大陆法系制定法,特别是成文法典的分析,乃是基于对大陆法系优势的赞誉。然而不争的事实是,由于人们构造法律的能力必然受限,法律所能够达致的成就也就有限。目前,人们进一步对法律所持的至上信念发生怀疑,同时也在警惕过分强调法典所带来的局限,这导致大陆法系国家的

---

① 苏力:《二十世纪中国的现代化和法治》,《法学研究》1998 年第 1 期,第 6 页。

自我反省和外部借鉴已成潮流。究其原因有四:一是大陆法系面临着一个最为棘手的"文化问题",这就是如何克服制定法创制和实施过程中的理性主义的局限。立法者易于用精确的法言法语来表述各种法条或规则,反而拒绝考虑与法律有关的政治、经济、文化环境情况,使法典自身具有了刚性、僵化、滞后的缺陷,而判例法的灵活性正好弥补了上述缺陷。二是各国司法地位的提升成为一种现代需求,判例的技术性优势也水涨船高。例如,英美法系的对抗式诉讼显然比大陆法系的法官机械操作法律更广受欢迎。三是20世纪后半叶以来,社会问题层出不穷,经济危机、通货膨胀、企业破产、环境公害、能源危机、交通事故、医疗责任、产品损害,使得制定法或成文法的不适应性更为突出,在审判实践中用公平、正义、自由、利益等法律理念来弹性解释法律的方法被更多地加以利用。四是美国为代表的法学研究和法学教育方式在当代占据主流地位,其他国家在接受这种主流思潮的同时,也对自己的本土资源、固有资源、特色资源发生了怀疑。

于是,在现代法治进程中,制定法传统的大陆国家开始深感判例法的优异而向英美法靠拢,以希求建立一种"混合法"的法律模式,这就出现了两者相互交叉的明显倾向。这种融合的结果是:如果说在20世纪初期前,大陆法与英美法的区别显而易见,但在现代,这一结论至少在形式上已经丧失了支撑力。中肯地讲,大陆法系国家有判例法,英美法系国家也有法典法,任何人为地对二者予以割裂的做法都与两大法系的现状不相吻合。反过来说,只有对法律一知半解的人,才会认为大陆法系是法典化的制度,而英美法系是非法典化的判例制度,这是对两大法系特点的一种误述。①

对于中国,在经历了30余年仿前苏联的"社会主义法系"的实践之后,我国的法律制度和法律学说已经明显地呈现出向大陆法系回归的趋势。特别是中国近年来已经在立法方面取得了举世瞩目的成就,积累了丰富的成文法、制定法或法典法的资源。宪法、民法通则、物权法、合同法、立法法、监督法、行政许可法、刑法、诉讼法、国家赔偿法等一系列法律的出台和修改,使无法可依的状态大有缓解。无疑,相形于以往"法律虚无"的状态,这一进程的积极正面价值必须予以肯定。但即便如此,目前中国法律发挥作用的领域仍然十分狭

---

① [美]约翰·亨利·梅利曼:《大陆法系》,顾培东、禄正平译,法律出版社2004年版,第26页。

窄。究其原因,与立法和司法的关系没有处理到位有关。一方面,立法者"总是站在时代文化意识的最高点上"进行立法活动,因而他们设想的法律体现着物质文明、精神文明的总体要求和未来趋势,使法律往往具有前瞻性和理想性;另一方面,执法者、司法者和守法者却站在现实的、具体的社会生活中去体现法律的真实性和可操作性,故而在法律实践中夹杂着国家机关、社会团体、公民个人、法官律师对于法律规则和法律制度的特殊判断。在此情形下,立法者需要从"阳春白雪"的象牙塔上走出来,走向社会、走向民众、走向生活,以避免立法与现实的差距过于巨大。

在此方面,我们需要端正对两大模式的态度,至少付出以下方面的努力:首先,我们应该确立关于制定法的"良法之治观",这是解决中国立法问题的首要条件。而所谓良法之治,是指能够反映广大人民意志的、体现客观自然和社会规律的、公平分配各种权利义务的、符合社会发展需求的行为规则体系。这种体系的形成,或者是从历史经验中获得,或者是从外来法典中借鉴,或者是由立法机关创制,或者是由司法案件中推导,无论创制主体是谁、来源途径如何、风格模式如何、环境背景如何都不重要,重要的只是其中蕴含的法律精神和法律效能。其次,要注重法律体系的科学构造,克服制定法创制过程中的空白、滞后、笼统、含糊、相互冲突、不周延性、机械实行以及效能不足等诸如此类的大陆模式的缺陷,面对新事物、新情况的挑战及时进行废、改、立,开拓法律发展的全新空间。再者,在向大陆法系回归的同时,我们也应该更多地关注英美法系的判例法、程序法因素。实际上,自改革开放以来,中国法学家和法律人已在不遗余力地借鉴着英美判例模式的优长,目标在于使中国现行法律富有灵活性、衡平性、务实性、技巧性的特征。例如,为了表现法律的"践行特征",我国加大了最高法院的司法解释权,强调司法判决书"要为纠纷之解决提供一个合理化的证明以及在可能的情况下为后来的类似案件处理提供一种引导"。① 这意味着,中国纠纷解决和权利救济正在更多地仰仗司法方式进行,为判例法在中国的成长提供了佐证。再如,中国大学法学教育中,已开始倡导"诊所式教育"、"案例教学法"、"案例指导制度"等英美模式的教学方法,目标在于使学生们逐渐学会"像英美法律人那样思考问题"。尤其我们应该向英美国家学习其具有丰富逻辑性的法律技术,包括审判技巧、辩论技巧、

---

① 苏力:《判决书的背后》,《法学研究》2001 年第 3 期,第 17 页。

推理技巧、取证技巧、裁决技巧、调解技巧、执行技巧的精心设计和有效利用，从而为现代司法活动提供能力和活力。可见，"在不影响制定法作为主要法律渊源的前提下，借鉴判例法的一些具体做法。它是一种能够体现中国特色的、并顺应世界两大法系逐渐融合发展大趋势的制度变革措施。"①

我们渴望，现代关于大陆法系和英美法系模式的研究，关于两大法系法源特点及其变化的分析，现代关于制定法与判例法形式的考证，能够提供一种具有开放色彩的动态理论，为推进中国法治建设事业贡献力量。而且可以想见，21世纪的中国法必将有世人震惊的变化，"这就在世界的东方，出现了一个由中国人创立的、历史上还没有过的先例：以大陆的法律体系为主体的多种法律形式并存。在这里，当代世界的几种主要法律存在于一体之中，而又各得其所，它产生的积极作用和影响无疑是对法律文化的贡献。"②

（三）国家法与社会法之互补

如前所述，关于国家法律和社会规则的研究在中国十分热烈。法学家既重视国家正式法律体系的构建，同时又发展了习惯法、民间法、社会法等相关原理，力求通过多种法源形式互补漏缺，不断完善我国的现代法治体系。其中，"有约定俗成的风俗，也有明文规定的法律条文、群体组织的规章制度。各种规范之间互相联系、互相渗透、互为补充，共同调整着人们和各种社会关系。"③但目前流行的法治社会认知状态究竟应该是一种什么样的制度模式，是国家追求的理想"法治秩序"占主导地位，还是民间的"风俗统治"起决定性的作用，抑或建构一种"多元混合秩序"？这类问题仍然在烤灼着政治家和法学家，是本土法律文化研究的另一个重要领地。

就特点观察，民间规则与国家制度显然不同。"作为国家法来说，它注重和追求的是法理秩序，而民间法注重和追求的是道德与人伦的礼法秩序。国家法代表的是一种国家装置，而民间法体现的是一套社会装置。"④具体区分有四：一为知识传统不同。国家法律发源于国家的、政治的、精英的背景，是自

---

① 刘作翔、徐景和：《案例指导制度的理论基础》，《法学研究》2006年第3期，第16页。

② 肖蔚云：《中国人民在21世纪对法律文化的贡献》，《北京大学学报》1994年第5期，第12页。

③ 樊平：《社会转型和社会失范：谁来制定规则和遵守规则》，219.141.235.75/shxs/s09_shx/jpdd/fanping1.htm。

④ 田成有：《法律社会学的学理与运用》，中国检察出版社2002年版，第102—105页。

上而下精心制作的规则;民间规则发源于社会的、文化的、大众的背景,是自下而上自发养成的规则。二是权力源泉不同。国家法由国家创设并提供外在压制方式的强制力保证实施,学理基础则是规范实证主义;民间规则的权力来源是群体、是信仰、是道义约束或者内心确认,其学理基础是社会实证主义。三则权利范畴不同。国家法律的权利义务机制规范明确,既涉及公法领域,也涉及私法范畴;民间规则靠相关主体普遍认可,往往属于一种私权性质的规范。四即价值取向不同。国家法律是体现公平正义的应然性的法律规则,民间规则是关于日常生活的实然性的社会现实,它们集中反馈了法治理想与法治现实的冲突。

就地位分析,一方面,一个国家的正式法律资源无疑是国家所提供的立法资源和司法资源。进而,坚持国家法的主导性、规范性和权威性在根本上是一种时代的召唤。至少在目前,人类尚未找到维系社会生活的较之法治更为理想的替代物。这表现在立法方面,只有当法律承认习惯有效时,习惯法才能作为制定法的补充渊源。表现在司法方面,目前家长、学校、社团等社会力量已日益失去对社会成员的控制能力,相反法院成为了解决其婚姻、教育、就业等法律问题的替代物。表现在技术方面,法律职业化进程促进了法治权威的提升,加强了法律人的独立性和中立性。表现在文化传统上,法律的伦理属性正在逐渐消失,取而代之的,主要是在现代意义上的立法和司法活动。另一方面,我国又需要引入多元化的法律供给源,包括习惯法、判例法、观念法、社会法等,以充分利用国家制定法以外的法律渊源,解决法律与社会需求之间的供需矛盾。这是因为,前述国家法律只能给社会提供一个大致统一的行为框架,难以把握千差万别的社会实践,难以反馈老百姓的具体诉求。为纠正自身偏颇,国家在创制正式法律体系时也需要对包括民间习惯、风俗、禁忌、教义等在内的法律文化本土资源进行整合,实现两者之间的沟通与互动。

就共性考察,国家法和社会法两者的文化基因是互补的,即两者均可被作为"本土文化机制"来看待。正因为如此,人们所要做的,与其说在于扩大国家法和民间规则的差异,不如说应该熟悉它们的共同原则、语言表述、实施技巧,以及熟悉人们接受法律的社会环境和心理条件,巧妙地运用既定的法律规则、习惯性规则以及社会性经验。(1)国家法与社会法有相互重叠的内涵。"在每个社会中都需要有各种不同的规范模式,以满足诸如家庭、宗族、社区和政治联盟这样一些社会单元的需要,这些规范模式模仿着国家法律的机构和符号形式,在不同程度上利用着法律的记号和功效。"①也可以说,它们本身都具有的规范性质,使相互之间的模仿和依存成为可能。(2)国家法与社会法有相互依存的目的。在当代,经过法律宣传、立法细化、政府介入、司法推行,国家法律与民间习惯并没有本质的冲突。"就实体规范而言,在不同的国家或民族之间,在国家法和民间法之间,的确存在许多共通的基本原则和规则,如诚实毋欺、立约守信、禁盗止杀、拒暴惩奸等;所谓差异,在很大程度上不过是语言表述的不同,强调重点的不同,粗精略详的不同,以及相关法律术语和法律技术的发达程度的不同。"②(3)国家法和社会法有相互转化的需求。一定程度上,国家法往往根源于法律自身之外的因素,并传承了民间规则的精华。如单位规章或社团规章中,已涉及诸如住房、教育、医疗、就业、退休、养老、交通、体育等福利,涉及行政管理工作和人事制度,涉及单位员工及家庭利益等,表明民间规则对法律的影响之深之大。实际上,这是一个双向互动的过程,即许多法律规则是对社会生活中通行的惯例加以确认、总结、概括和升华的结果;而社会规则逐渐被合法化、成文化、规范化,成为国家法的重要渊源。

就功能透析,国家法和社会法的价值效能也具有一致性。人们逐渐认识到,随着国家和个人冲突的增强,出自社会本身的各种法律形态将越来越发挥其功能。即使走上了国家法为主体的现代法治道路,人们也会不自觉地把一些民间规则掺杂于国家法律的实际运作中,在骨子里还会保留较多的民间意识。这使作为本土文化资源的民间规则的潜在能力不可低估。正因为如此,在中国法制现代化运动中,我们不仅要关注正在如火如荼进行的立法活动,而且要对于一些"也许并不起眼的习惯和惯例"予以足够的信任和认同。但同时,由于中国的法治之路有"一统就死"、"一放就乱"两种极端,如何将两者协调起来,达成一种相互沟通的法治形态,的确是政治家与法学家需要深思熟虑的论题。谢晖教授为此设计了现代"大传统"与"小传统"的沟通模式,用于实现国家法和民间法的共通效能。在他看来,代表国家法的大传统对于人类秩序构造居功甚伟,因之国家主义的法理仍旧回荡并主导法苑;而自生于民间规则的小传统,更妥帖地维系人们日常交往之秩序。故而,"所谓互动者,国家法借民间法而落其根、坐其实;民间法藉国家法而显其华、壮其声。两者之共

---

① 田成有:《法律社会学的学理与运用》,中国检察出版社2002年版,第143—144页。
② 夏勇:《依法治国——国家与社会》,社会科学文献出版社2004年版,第263页。

同旨趣,在构筑人类交往行动之秩序。"①毫无疑义,这是一种典型的法律文化的折中主义立场。

因此值得指出,事物总是呈现出利弊共存的两个方面,任何一种学术观念推向极端都会走向偏执和片面。对中国这样一个缺乏法治资源的国家而言,划一的政制、统一的管理、通行的语言、规范的法律,这是具有号召力的文化力量,也是造成共同法律文化的有利因素。因之,在探讨国家法律的多元性的同时,又要对中国曾经出现和可能出现的"法律虚无主义"思潮,以及对现行法律制度过激轻视、忽视、甚至蔑视的态度进行反思。从基本定位看,本文强调国家法要尊重、认可、采纳民间自发形成的各种规则,但并不赞同"民间法"的提法。从未来的趋势看,国家法从以往的不健全开始走向现代的逐渐完备,其在法律资源供给上的优势已十分明显,而包括习惯法在内的其他法源形式则在现代社会有所萎缩。于是,从习惯到法律再到法治的过程,是实现"质"的升华的过程,有些社会规则被推行,有些社会规则被改造,有些社会规则被破除。法学界的特殊使命,即在于建立一套以国家法为主导、民间规则为补充的现代法律系统。惟其如此,中国法学研究才可谓提供了适时适需的法治资源和学术资源。

---

① 参见谢晖:《论当代中国官方与民间的法律沟通》,《学习与探索》2000 年第 1 期,第89—90 页;谢晖主编:《民间法》(1),山东人民出版社 2002 年版,"总序"。

第四章

法文化体系论：现代法律质料

　　法律文化既是自然发生的历史过程,也是人为操作的制度形态,思想需要通过制度来表现,并且只能通过制度来表现。这使法律文化论题要进一步在法律规则、法律制度和法律实践层面上进行讨论。对于这种讨论而言,法律文化视野所带给我们的,是驾驭这些实证任务的理论依据。因此,当我们分析了影响法律体系的无限多样性的法律渊源问题之后,又应该承担起观察法律制度运行及其规律的使命。其目标,在于揭示当代中国有哪些本土成长的和由外国传播的制度资源。

第一节　权力制约:公法文化的主流精神

　　在公法领域,除思想资源以外,从宪法、行政法、刑法、诉讼法等各个部门,我们都能够透视出人类为法治发展提供的各种制度资源。诸如,行政法领域的官员选任机制、反贪监察机制、财务审计机制、综合治理机制;诉讼领域的民间调解机制、宽严相济机制、轻刑慎罚机制、死刑复核机制等,它们都是中华法律文明几千年孕育的法律成就。而在其中,宪法和行政法理论的变迁典型地反馈了我国公法理论的发展状况和基本价值倾向,通过公法中典型制度的优劣利弊剖析,才能充分展示法律不断成熟进步的伟大里程,为中国法治建设提供实证性的制度支撑。

一、宪政领域的思想资源

　　如果我们不对宪法之内涵作过于狭隘理解的话,宪法乃是反映人类理性的根本大法,是法治文化存在的基本要素和核心要素,是处理国家机关相互之间、个人与国家相互之间关系的制度安排。而宪政作为政治民主制度的精华,是宪法规范与宪法实践相结合的产物,宪法学则是研究宪法正义价值从而对国家权力进行控制和对公民权利实现保障的学问。对于中国,无论是从西方舶来的宪法原理,还是我们自己培育的宪政制度,都在法律文明的进步中成长成熟,这也正是我们一步步接近宪法真理的过程。

（一）宪法理论与宪法观念

宪法原理的文化脉络可以从古代希腊时代进行梳理,其又在启蒙思想家的思想体系中发扬光大,并在较为典型的资产阶级宪法中完成设计。经由这一过程,宪法已经在文化的表层意义上成为十分精巧的法律文本。这种精巧具体表现在三大方面:一是语言之精巧。语言反馈了宪法作为最高法的地位,仅从宪法解释学角度去透视宪法,人们就会感觉到它的巨大魅力。二是结构之精巧。从国家机关的构成,到国家权力的授予,到公民权利的保障,到监督宪法的体制,每一个宪法性条款都可以放到宪法的整体结构中加以理解。三是原理之精巧。各种良好的制度设计和先进思想,都被各国宪法予以表达,这使整个人类开始对于宪法这一伟大作品无限尊重。那么,除了宪法文化的技术性表现得淋漓尽致而外,宪法又为人类提供了哪些主要的思想资源呢? 总括有三:

第一,民主主义的宪法文明及其价值。实现法治必须完成的第一大任务,就是理顺公民和国家的关系。而根据"人民主权"的原则,宪法在国家和公民之间建立了"金质的纽带"。(1)从宪法创制看,何种规则和原则能够反映到宪法之中,实际受着人民意志的支配。人民通过选举出政府组成现代国家,并将自己的根本利益和长远利益反馈到法律之中。于是,立法机关作为人民代表机关就用简明的文字,将必要的制度"写"在文献里,这就是宪法。(2)从宪法内容看,宪法是保障公民人权不受侵犯的"人权保障书"。而且,当宪法反馈大众普遍要求之时,宪法的起草、公布和实施往往相对顺利;反之,当宪法装饰门面之时,宪法的不良性、反社会性、反人民性也不言而喻地表现出来。(3)从民主的方式看,人们崇尚宪法主要是基于对专制文化的反思。现代社会允许异议、民主参与、交流对抗、相互包容等,这类法治措施越来越成为流行的时代话语。同时,一个宪法至上的国家绝不允许人治、专制、特权盛行。(4)从权利救济看,现代社会面临着各种矛盾纷争,政治腐败、贫富差别、激烈竞争、违法犯罪、战争动乱等,都对政治正义有所阻碍,由此导致人们更加尊重宪法,宪法则使"有侵害就有救济"这一定律不仅在私法领域通用,也在公法领域中成为定理。

第二,公共权力的法律控制及其价值。创制宪法的目的,在于将各种政治势力、政治关系、政治活动用法律形式固化下来,这使公共权力的赋予和限定都与宪法有关。究其原因,是公共权力具有双面功能,一方面能为社会公益的实现提供强有力的权力保障;另一方面又存在腐蚀社会肌体的可能。现代国家,权力膨胀、权力超越、权力滥用、权力腐败、权力交易等现象开始以各种形态出现,在此情形下,假如没有一套足够有效的法律机制加以约束的话,权力会不断突破法治底线。因此,宪法理论意在倡导的一种积极的治国方略,使每一项公共权力的行使不偏离自己的本座。具体于宪法领域,表现为几大方面:(1)权力的宪法限定。按照现代权力学说,宪法首先要赋予权力,这种授权本身就是提供权力的合法性边界,即哪些权力应当有,哪些权力不能有,权力在什么时间、在什么范围内、对什么人能够实现。(2)权力的体制限定。宪政体系搭建起了政府组织及其结构的基本框架,包括立法体制、政府体制、法院体制、监督体制、政党体制等,整个现代权力运行秩序就是在这些制度空间里完善的。(3)权力的权利限制。由于国家机关是按照人民意愿成立的组织,这一组织也要按照大众赞同的制度进行活动,尤其不能侵犯民众的权利。因此,权利是权力产生的基础或源泉;也因此,公民会对权力的行使保持一定的警惕。

第三,分工制约的制度形态及其价值。分权的宪法体制是一种基本的制度操作,即根据权力监督原则,要在宪法上体现"以权力制约权力"的控权设计。尤其在现代社会,分权制衡体制已不是一个要不要的问题,而是如何健全的问题,政治家和法学家则要为形成这类体系殚心竭虑。主要包括:(1)以权力的分散性限定权力的无度性。权力的平衡首先在于权力掌控机关必须"平起平坐",这是一种横向制度设计。其目标,在于"通过分散既存的权力、而不是立即削弱或者任意剥夺这些权力的办法,逐步减轻权威主义的重负,扩大自由的幅度"①。例如,"为了确保普遍性,行政必须与立法分立;为了确保一致性,审判必须与行政分立。实际上,这两种分立恰恰是法治

① 季卫东:《社会变迁与法制》,《社会学研究》1993年第4期,第104页。

理想的核心"①。(2)以权力的互控性防范权力的滥用性。权力必须在"他律"的基础上实现"自律"。也就是说,分权的形式是形成特殊的、专门的、外部性的监督模式。在此方面,无论是中国古代的审计制度、监察制度、谏议制度、纠赃制度,还是西方国家现行的宪法委员会、宪法法院、行政法院体制,以及廉政公署、反贪污调查、独立检察官、全民公决、官员弹劾、不信任案投票制度等,都随之作为现代法治国家的有效制度资源获得生机。也只有形成了这样的"权力监督文化",法治及其传统才能持久弥坚。

不言而喻,人类经过长期不懈的努力,形成了一种循环性的宪政结构。这是一种公民和国家、权利和权力、宪法原则和宪法实践的良性调配模式。例如,由于担心法律被法院审查,立法者在制定法律时必然要精雕细琢,这对于立法机关是一种无形的压力。同样道理,建立在司法独立基础上的司法救济体制,能使司法机关比较超脱地立身于行政权力之外;公民、法人、团体的意志,则通过选举权、监督权、控告权等形式得到体现。由此可以说,上述宪法制度起码在合法性和正当性两大方面,向现代社会贡献了宪法这一十分优良的法律资源,它们亦是人类政治文明和法律文明不断进步的重要标志。

(二)中国实践与中国经验

经过西方思想家的反复论证,各种民主政体的形式争奇斗艳,并恰当地落实在宪法之中。这即需要我们"从文化角度"去看待西方宪法理论和宪政体制的关系,将各种宪法资源的优长加以借鉴。但不同国家有不同的政治利益要求,因此并不等于所有国家都会选择同一种宪政形式,或一种宪政形式可以适合于所有国家。就宪法部门看,中国宪法已具有根本法的龙头地位。《中华人民共和国宪法》、《中华人民共和国全国人民代表大会和地方各级人民代表大会代表法》、《中华人民共和国全国人民代表大会和地方各级人民代表大会选举法》、《中华人民共和国国务院组织法》、《中华人民共和国人民法院组织法》、《中华人民共和国人民检察院组织法》等宪法性法律,宣告了国家的根本政治制度、经济制度、社会制度,规定了主要国家机关的地位、权力、责任和相互关系,反馈了我国宪政改革和宪法文化的基本趋向。如今,我们可以自豪地宣称,在宪政制度的整体创建和价值体现方面,我国的体制是可行的,资源

---

① 〔美〕昂格尔:《现代社会中的法律》,吴玉章、周汉华译,中国政法大学出版社1995年版,第53—54页。

也是丰硕的。具体表现为：

人民代表大会制的理论与实践。在西方，公民行使宪政权利的途径是各国议会；而在中国，人民代表大会制是宪政体制的核心设计。从地位看，全国人大及其常委会是国家最高权力机关，享有立法权、选举权、监督权、财政权以及宪法的创制、修改、解释权等；全国人大的地位高于最高行政机关与最高司法机关，其他国家机关要向人大负责并报告工作；全国人大由人民代表构成，根据组织法、选举法、代表法的授权与程序行使各项权能。当然，由于会期固定、代表非职业化，人大权能有被虚置的现象。因此，我国政体改革必然包括人大本身的制度调整。1993年，人大出台了《关于加强对法律实施情况进行检查监督的若干规定》，以加强立法监督权；2000年《中华人民共和国立法法》公布，标志着宪法至上、法制统一、民主科学原则获得了法律保障；2006年《中华人民共和国监督法》出台，使国家公共权力的监控拥有了法律依据。

政党政治的理论与实践。作为执政党，中国共产党的法律地位探讨一直是政治家和法学家关注的重要话题。而中国共产党之所以能够成为领导核心，取决于中国的"历史性选择"。从近代以来，中华民族面临着亘古巨变，在面临一场场战争的民族危亡时刻，唯有中国共产党能够将国家、民族、人民的公共意志表现出来。目前，随着新中国各项建设事业的推进，党的领导方式正在发生变化，现行宪法一方面确立了执政党在思想上、组织上的领导地位，另一方面又确立了党的组织和党员必须在宪法和法律范围内进行活动的原则。与之相同，政治协商的理论和实践也成为宪政制度的重要组成部分。在中国，作为有广泛代表性的统一战线组织，中国人民政治协商会议是各阶层代表进行政治协商的宪法机构，也是解决"中国问题"的特殊政治方案。如今，在世界范围内，各国政党制度都面临着急剧变化的国际形势，我国也要在坚持党的领导、坚持民主协商制度决不动摇的前提之下，进行政党制度的更新完善。

一国两制的理论与实践。"一国两制"的中国和平统一模式，向世界呈现出了独特的创新性。邓小平同志为此评价："'一国两制'以和平统一代替武力统一，以'一国两制'代替'一国一制'，以政治宽容代替政治不宽容，开创了一代政治新风，树立了新的政治典范。"①根据这一模式，中国已特别设置了香港和澳门特别行政区，并在特别行政区内实行《中华人民共和国香港基本

---

① 《邓小平文选》第3卷，人民出版社1993年版，第101—102页。

法》、《中华人民共和国澳门基本法》,不仅顺利地解决了香港问题和澳门问题,还成为中国力求解决台湾问题的战略方针,对于维护国家主权和领土完整发挥着积极作用。(1)法律冲突问题。香港法律传统是英美法,法官造法、遵守先例、判例形式、推理风格、程序设计都与大陆风格的中国大陆不同,这使港澳回归前后必须进行立法、司法体制的协调,使迥然有异的体制得以保留或弱化。(2)管理权力问题。在高度自治的模式下,除了军事和外交事务,中央政府赋予了港澳政府自治权,使这两个地区保持以往的管理特色不变。(3)经济多元问题。虽然大陆、台湾、香港、澳门都属于"祖国大家庭"的一员,但长久的分离已使各自发展出独立的经济模式,又有着经济发展水平速度的巨大差异。针对此情,国家采取了既共享利益、也保持特色的对策措施。(4)文化差异问题。中文与英文、普通话与粤语之间有着对话交流的障碍,而港澳台的法律文化发展更多地借助了西方近代文化的元素。解决这类文化问题的关键,并不是消灭某种语言或文化模式,而是采取一些相互尊重和融合的办法。

民主参政的理论与实践。扩大基层民主、提高参政能力、健全公开制度、强化公民责任等法律措施,是确保广大人民群众行使宪法权利的基本方式。具体体现为:(1)参政权之行使。《中华人民共和国宪法》规定,公民享有选举权、被选举权;有言论、出版、集会、结社、游行、示威的自由、宗教信仰自由、通信自由。特别是20世纪80年代,我国开始通过基层干部的直接选举制,并逐步影响到乡、县、市的民主选举,动摇了维持千年之久的权力集中化、行政化、任命化问题。(2)立法权之行使。公民虽不是直接的立法者,但却可以通过立法的民主、公开、听证等程序,表达立法愿望、意见、建议和批评。(3)知情权之行使。目前,媒体舆论报道、网络信息发布、专家意见咨询、社会热点问题调查等途径,都是让普通公民了解关于公共管理的信息渠道。(4)表达权之行使。"偏听则暗,兼听则明"已然成为人类思维的基本定律。公民可以利用电视、广播、报纸、刊物、书籍等传媒,自由地形成社会公众舆论。(5)经济与社会权之行使。根据宪法,公民有劳动权、休息权、受教育权;有获得国家赔偿、社会保障、物质帮助权;有进行科学研究、文学艺术创作和其他文化活动的社会文化权利等。(6)救济权之行使。当公民的宪政权利受到侵害时,唯有宪法和法律作为"法律屏障",能够使他们利用控告、检举、起诉、上诉、复议、仲裁等程序,补救权利损害。

民族自治的理论和实践。中国的自治实践包括民族自治、市民自治、团体自治、行业自治、地方自治、村民自治、社区自治等形态。其中,民族自治制度成功推行,是解决民族问题的有效方案。由于中国是一个各民族杂居的地域大国,形形色色的地区养育了差异性的汉文化与各少数民族文化,也生成着民族多元化的管理模式和行为规则。以往有藩法、地方自治法、少数民族习惯法的出笼,新中国成立之后的民族区域自治制度则真正比较良好地处理了民族关系。现行宪法规定:"各少数民族聚居的地方实行区域自治,设立自治机关,行使自治权。各民族自治地方都是中华人民共和国不可分离的部分。"据此,自治县、自治州、自治区可在"变通权"的范围内,行使民族区域自治权和创制民族区域自治法,与中央国家权力和国家统一法治构成了互补关系。其目的,在于使国家统一、民族团结、社会稳定的局面长期持久。

对于中国,现代意义上的宪法制度是我国政治的实际需要和西式话语本土化的结果。其既可以视为一种法的时代精神的"本能选择",又体现了当代中国人对于政治文明和人权保障的"饥渴"姿态。进而,"宪政是法治发展的高级阶段"的命题也正在被广泛接受,[①]它们都日益转化为我国的本土资源,构成公法文化的组成部分。可以想见,在对宪政文明进行积累之时,虽然中国自身创造的宪法思想和宪法制度有许多值得改进之处,虽然传统人治思想还在侵蚀着中国这片政治土壤,但宪法的主流趋向已是政治民主、法治昌明,这一点无须否定。

(三)观念反思与宪政证明

人们崇敬宪法,确实因为宪法有着优良的品质。但翻开宪政历史,人类又多次经历过倒退现象。诸如,当西方欢庆民主宪政的世界性胜利之时,出现了20世纪之初的法西斯统治;当新中国成立之后不久,也经历了"反右"、"文革"的生灵涂炭。时至今日,各国政体结构已经幡然巨变,但中国宪法仍然没有真正实现其根本大法的功能,宪政体制改革也可谓举步维艰。凡此种种,要求我们在肯定现行宪法体制的前提下,实现宪法信仰的培养和宪政制度的跟进,同时进行宪法的正当性、权威性、实效性和司法化证明。

一是宪法的正当性证明。实现优良的宪法之治,必须有优良的宪政立法。宪法的正当性即是人类对于宪法原则、目的、主旨、观念的价值判断,包涵诸如

---

① 参见徐显明:《社会主义宪政是法治发展的高级阶段》,《法学研究》2007年第4期,第5页以下。

主权在民、权力分立、宪法至上、依法行政、司法独立、权利平等、诉讼救济、正当程序等一系列宪法精神,都应该成为在宪法文献中张扬的理念。可以说,宪法因符合公平正义的价值而被人们崇信,公平正义的价值又因为支撑宪法的本质而被人们重视。进而言之,新中国成立后,我国已颁布了四部宪法,又分别对宪法作了四次修正,不能说在宪法领域"无法可依",关键在于必须创制一部稳定的、反映时代需求的、价值目标明确的理想宪法。"因此,推行宪政的关键在于首先要制定一部合乎正义的宪法,然后要切实保障宪法作为根本规范的最高效力,对国家各种活动的合宪性进行监督和审查。"①

二是宪法的权威性证明。宪法规范一旦出台当然带有国家色彩,其政治效力和法律效力至高无上。这又通过三种方式体现:(1)在信仰中体现宪法权威。宪法应是法律信仰的最高对象,这就是宪法神圣性和至上性的理念生成。由此,树立宪法权威并不仅仅是政治家、立法者、法学家的任务,更重要者,它是所有国家公务员、法律工作者、新闻工作者以及公民大众的使命。当人们都能意识到宪政对于自身不可或缺的时候,宪法的真正能量才能发挥出来。(2)在效力上体现宪法权威。宪法一经制定,即是其他规范性法律文件的合法源泉,一切法律和法规都不得与宪法原则和规则相抵牾。这意味着,在所有的法律形式之中,要建立宪法为其顶点的"金字塔式"的等级结构,围绕宪法而形成效力位阶排序。这还意味着,宪法的首要任务,在于避免法律冲突,宪法之权威越高,对其他法律规则的控制就应越严格。(3)在制约国家机关权力上体现宪法权威。"以权制权"必须落实于"以法控权"。宪法上对于权力的控制,实际是对国家机关和公职人员权力的控制。如果构成国家机体的国家机关和公职人员能够违反宪法而不受制裁,现代社会必然是一个失却秩序也失去民心的社会。

三是宪法的实效性证明。发达成熟的宪政原理,还需要宪政实践予以体现。特别在当代,宪法已不仅仅是一种政治口号、政治宣言、政治纲领,当它通过立法的表述、政府的执行、人们的遵守、法院的判决而获得实际效力时,其最高法律性才能获得体现。对此,汉密尔顿有一句深刻的表述:"宪法的美德不

---

① 季卫东:《宪政新论——全球化时代的法与社会变迁》,北京大学出版社 2005 年版,第136 页。

在于它的庄严,而在于它的适用。"①具体于中国宪政实践,我们虽然反复制定和修改宪法,但经苦心积虑而形成的政治方案和权利宣言,或被贬之无用,或被束之高阁,有流于形式之嫌。如今,宪法的创制已经提供了纳入"法律文本"中的制度资源,还需要提供组织性资源、设施性资源、程序性资源、保障性资源,它们直接关系到宪法的实施效果。

四是宪法的司法化证明。目前,关于是否应该建立专门的宪法审查机关,是否授予普通司法机关违宪审查的权能,是否司法机关可以监督立法权力的行使,是否保障公民违宪诉讼的权利等,在中国学界讨论得非常激烈。但有几点已成定局:首先,作为宪法救济的一种方式,宪法的司法化已经在各国的宪政历程中充分证明了合理性,并使宪法优越、宪法监督、宪法适用、宪法救济、宪法诉讼的思想丰富多彩,值得我国作为法律文明成果予以借鉴。其次,我国需要对宪法救济进行逻辑证明。即根据一般的逻辑推理,只有在所有的宪法规范都得到遵行的情况下,宪法不需要自我救济。但显然,这个判断在任何国家都难以实现。正因为如此,宪法失去了司法救济的保障就会成为空中楼阁。"作为保障宪法具有实效性的一种手段,违宪审查显然无比重要。我们甚至可以说,凡是没有确立有效的违宪审查机制的社会,就没有宪法。"②再者,追究违宪责任是宪法司法化的一个必然结论。目前,我国法院不能受理宪法诉讼,这使得大量法律、法令、命令、决议的违宪问题,以及对于宪法人权的侵犯问题,无法通过司法程序予以解决。这也从反面证实,我们必须选择一条宪法司法化道路。所谓"法律的生命在于诉讼,宪法学的起点是诉讼,宪法体系应建立在诉讼的基础之上"。③

由此可见,中国目前宪政基本范畴的困境,在于宪法正当性、价值性、确定性、实效性在逻辑上的悖反。而弥补这一缺憾的重点,在于不断积累政治问题的解决经验,沟通文本上的宪法和运行中的宪法之间的良性互动联系。而通过上述宪法原理的论证,我们又豁然发现,宪法规范的理想与宪法运行的实效之间存在着惊人的逻辑关联。因着这一条道路,我们才能为中国宪法的理想

---

① 转引自程燎原、王人博:《赢得神圣》,山东人民出版社1998年版,第374页。

② 章剑生、林来梵、陈骏业:《违宪审查理论的借镜》,胡建淼主编:《外国公法译介与移植》,北京大学出版社2009年版,第214页。

③ 陆永胜、朱中一:《中国法学会宪法学研究会2001年年会综述》,《中国法学》,2001年第6期,第182页。

境界提供佐证。

二、行政法领域的思想资源

无论是西方还是中国,国家权力体系的核心部位是行政机构,由此行政法成为现代法治的重要组成部分。近 30 年间,我国已经颁行了行政诉讼法、行政复议法、行政处罚法、行政许可法、国家公务员法、政府信息公开条例等一系列规范行政权力的法律和法规。其中,渗透着有限政府、透明政府、服务政府、责任政府的现代法治理念,并可以透视出行政法治与行政法学在现代中国的地位和前景。同时,其他国家也对行政运行模式进行了精心设计,为当代中国行政法和行政法学的发展提供着经验。

(一)现代执法的理论要义

行政法部门是一个十分庞大的专业领域。在法文化学角度进行研究,只能将焦点聚集在行政法的历史进步、行政法的主要资源、行政法的特殊问题,以及如何通过本土的行政法治观念引导制度建设等方面,而其他具体的行政法律制度则不在本课题的研究范畴。特别是行政领域的正当、合理、效率、公益、福利等价值理论已日臻成熟,与之适应,独具中国特色的控权论、平衡论、服务论、公共权利论等各种新理论也纷纷出台,它们是现代行政法所具有的文化意蕴,亦可谓行政法律文化的不容忽视的学术源泉。具体而言,行政执法理论体系主要涉及以下方面:

一是行政执法的合法性研究。合法性原则是现代法治国家对执法的基本要求,也是法治原则在执法中的具体体现。首先,现代国家要求强化国家机构在组织社会经济生活、稳定国家政治安全、加强对外合作交流、服务社会公益事业等方面的"国家能力"。实际上,国家能力的法治化进程越规范,则中国越能屹立于世界文明之林。就此而言,行政权力资源从哪里来需要行政法予以确定。其次,执法的合法性进程又要求执法主体合法、行为合法、程序合法。"这意味着,与其把合法政府理解为在既定限制内运行的政府,不如说我们需要在更为动态的角度上思考合法的政府,即把它理解为连续和有效地监督自己正当性的政府"。① 同时,行政管理的合法性还可以在宪法中找到最高依

---

① [美]阿兰·S. 罗森鲍姆:《宪政的哲学之维》,郑戈、刘茂林译,生活·读书·新知三联书店 2001 年版,第 188 页。

据,即行政法与宪法一样,都属于公法范畴,行政权力和宪法授权之间有着密切关联。"一方面,行政活动对任何社会来说都是必不可少的,没有行政功能的社会活动是不可想象的。另一方面,行政既然与国家权力——社会的公共权威有密切的关联,那它的性质也派生于社会的公共权威——国家"。①

二则行政执法的合理性研究。所谓行政合理性原则,是指执法主体在执法活动中,必须做到客观、适度、合情、对等,具有充分的事实根据,与社会生活常理相一致,从而体现对行政相对人的不偏私、不歧视。从文化意蕴方面进行阐释,则该原则的基本立足点表现为执法的人道主义、人文主义、福利主义、均衡主义的内在要求。可以说,行政行为是涉及国计民生的重大事务,必然要求体现文明执法的价值追求。而且,执法的合理性,与文化意义中的人本、人道、公道、公益、善德、诚信等社会公共标准不谋而合,它们共同成为评判执法行为的基本尺度,也是法律文明发展的重要征兆。相形之下,倘若行政机关及其工作人员有武断专横、反复无常、显失公平、畸轻畸重、区别对待、强制高压、过度处罚等类似情形发生,则既为不合理的行政行为,更为法律文明发展所不容。

三为行政执法的公益性研究。人们已经清楚地认识到,行政权力行使的目的决非仅仅指治理、裁决和处罚,而是为了实现一定的社会公益,这使维护国家稳定、组织社会生产、提供公共服务、促进共同福利等成为现代国家普遍强调的公共职能之一。反映到精神文明建设层面,行政法治被视为现代国家推动交通、城建、环保、保险、就业、教育、卫生、体育等社会事业和文化事业发展的法律手段。在此过程中,城市建设法、环境保护法、医疗保障法、失业救济法等也发达成熟起来。一定程度说,执法者正是通过这些法律法规的执行以及配套管理措施的完善,最大限度地满足着人们的物质和精神生活需要。而其最终结果,又极大地推进了社会公益事业的发展进程。尤其中国政府的管理社会文化事业的能力是有效的,贡献也是有目共睹的,由此中国才能在改革开放的几十年里取得让世界震惊的成就。这一点不应被否定也不能被否定。

四即行政执法的公平性研究。公平是法律文明从古至今的不懈追求,公平也是一切法律机制进行操作的基本范式,行政权力的行使当然不例外。当然,与立法和司法环节所要求的公平不同,由于行政组织是一个最为庞大的运转机器,其执法的公开、公正、公平关涉国家稳定、经济发展、社会安全、百姓利

---

① 转引自王沪宁:《行政生态分析》,复旦大学出版社1989年版,第5页。

益。就此一点,执法公平的重要性可见一斑。从反向分析,由于违法擅权、腐败渎职、暗箱操作等现象的频频发生,在有关行政执法公平原则的落实方面,我们仍然任重道远。

五是行政执法的伦理性研究。作为国家权力的主要执行者,中国政府是最为实在、最为庞大、最为权威的组织体,担负着"从摇篮到坟墓"的管理职责,这导致其稍有不慎就会落入不法的窠臼之中,诸如徇情枉法、以权代法、权钱交易等。这就需要通过法律手段来对权力合理设计,慎重限定,施加责任,只是这样还不够。对于行政机关和公职人员还要施加更高标准的道德约束,诚实守信、反腐倡廉即为法律规则和道德标尺相互支撑的重要表现。其中,法律的硬约束往往注重行为结果,惩戒于已然之后;而道德的软约束则有利于防患于未然之中,贯彻在未然之前。

理性分析起来,中国行政法制建设已初见成效,与此适应,"行政法理论作为一种行政法的整体观,从一开始粗糙简单的概念、观念,逐步走向系统化、理论化,同时在一棵大树上生出几支枝繁叶茂的分权,形成争奇斗艳的格局,而后,又在尝试开启新的理论视窗,引进新的知识资源,丰富本主题的研究"[①]。这表明,行政法文化的价值理性在公法学的发展中已经获得彰显。当然,中国行政法制建设无疑更是一个重要的"实践理性问题"。在行政权的分配问题、公正问题、合法问题、合理问题、效率问题等方面进行政府管理模式的改良,必然是当务之急。

(二)中国成功的制度设计

从法文化学视野进行分析,古代尽管没有行政法和行政法学的专门概念,但由于有着特殊国情,我国存在着异常发达行政法律制度体系,包括业已十分完善的纵向行政管理制度、官吏管理制度、财务制度、审计制度、税收制度、监察制度等,都对于当今社会产生了深邃的法律文化的影响力。如今,新中国行政法制建设进入了更迭时期。《中华人民共和国行政诉讼法》、《中华人民共和国国家公务员法》、《中华人民共和国行政许可法》、《中华人民共和国行政处罚法》、《中华人民共和国行政复议法》、《中华人民共和国国家赔偿法》等有关法律,将行政命令、行政审批、行政调解、行政复议、行政处罚、行政仲裁、行

[①]　沈岿:《行政法理论基础回眸》,姜明安主编:《公法理论研究与公法教学》,北京大学出版社 2009 年版,第 287 页。

政诉讼方面的制度确定下来,与外国同类法律相比,其原则和规则大同小异,又蕴涵着我国行政法律文化的独特资源。

科层组织机制。所谓科层制,指通过分层的行政隶属关系,完成管理和执法的一种纵向的、职业化的、组织一体化的基本行政结构。这种组织体系在分工多样化、细密化、效率化的情况下,以不同形式平缓地运行了几百年,文官制度的发达即为典型表现。至现代,在纵向管理模式上,我国行政组织仍然维持着这一体制结构。1993年国务院颁布了《国家公务员暂行条例》,将公务员的行政级别分为15级。2005年通过的《中华人民共和国公务员法》中,又将国家公务员职务分为领导职务和非领导职务。当然,现代行政体制已摆脱了封建管理制度的窠臼,发展成为法治化的国家公务员体系,具有了机制健全、分工明确、权责清晰、决策理性、高效快捷、非人格化、严格依法行政等新时代的特征。而相关行政法理论,也建立在法理的预设基础之上,对于提高中央和地方各级政府的管理效能产生了积极而深刻的影响。

公务员选任机制。如何选拔、任用、考核、晋升、监督国家公职人员永远是行政法必须解决的基本问题。从西周的典章制度、百官设置,到著名的《唐六典》规定了治、教、礼、政、刑、事六职,再到今日国家行政机关的有机构成,中国历史上和现代文官制度设计一直受到高度关注,从中我们可以窥见到行政法治发展的全景图。时至今日,在总结多年公务员选任制度的基础上,我国着眼于进一步建立起"选人用人的新机制",包括:(1)录用把关。目前,公务员统一考试范围已覆盖了全国,而考试的定期化、统一化、规范化已是《中华人民共和国公务员法》中的明确规定。(2)考核把关。考核的目的在于测试公务员的素质,通过考核发现其创新思维和开拓能力。(3)品行把关。为保证德才兼备的人才队伍建设,国家公务员法规定了不能录用公务员的各种情形。(4)过程把关。贯彻"公开、平等、竞争、择优"的公务员选拔原则,通过建立公务员选任公示制度扩大民主性。(5)教育把关。在公务员管理中,我国一直坚持廉洁、无私、奉公、勤勉方面的道德教育,以提升公务员的政治素质、学识水平和文明修养。

财务审计机制。中国的审计制度由来已久地非常发达,为今天的审计监督提供了宝贵资源。而近年来,国家审计功能也愈来愈凸显出来,有力地打击了职务违法行为。表现出下列趋向:(1)审计制度的合法性趋向。2006年我国修定了《中华人民共和国审计法》,国家审计署又制定了《审计机关审计重要性与审计风险评价准则》、《审计机关分析性复核准则》、《审计机关内部控制测评准则》、《审计机关审计抽样准则》、《审计机关审计事项评价准则》、《审计机关审计项目质量控制办法》等一些审计细则,使审计机构的职权范围、审计方式都趋于精确,达到了"健全审计监督机制,完善审计监督职责,加强审计监督手段,规范审计监督行为"的审计目标。① (2)审计职能的权威化趋向。财政财务收支是政府存在的重要经济基础,完善的审计组织体制是维护国家正常经济秩序的重要措施。我国现行国家审计制度属于行政型审计体制,国务院审计署、地方政府的审计局既是监督财政的一个重要部门,也是掌握国家经济决策权的重要机构。(3)审计范围的专门化趋向。相比其他法律监督形式,审计工作主要针对有关财政财务活动进行,有利于对审计对象的预算执行情况,金融机构的资产和损益状况,社会保障基金、环境保护资金、社会捐赠资金的收支情况,政府援助、贷款项目的收支情况等进行有效监督。

反贪监察机制。文明社会的法律监督是人类有意识、有目的的活动,也即防止擅权、纠正不法、治理国事的一种手段。在中国,法律监督机制历来精致、独到、健全。不仅历史上统治者从谏如流、虚怀若谷的典型事例值得我们欣赏,更重要的是,如何借鉴前人的做法,建立有效的监督体制。从形式分析,我国当代的法律监督机制已十分完备,形成了诸如全国人大常委会的宪法监督,中国共产党内部的纪检监察,行政机关的行政监察,针对财政财务活动的审计监督,作为专门监督机制的检察制度等。从分类形式看,既包括国家监督,也包括社会监督;既涉及外部监督,也涉及内部监督;既包括纵向监督,也包括横向监督;既包括事先监督,也包括事后监督。当然无须讳言,监督体制的健全不等于监督体制的有效。如何使这些内外机制有机统合,发挥功能,还需要我们在制度上和理论上进行完善。

地方管理体制。对于中国这样的地域广阔的行政大国而言,实现中央的统一领导和地方自主权的有效发挥,是非常重要的一项事业。我国已合理地确定了中央和地方之间的权力划分。无论是立法权、行政权,还是司法权的配置在宪法的框架下都显得比较合理;在管辖权、审批权、规划权、财政权、税收权、收费权、土地使用权等划分方面,也实现了既放权又监控的效果。尤其于地方行政事务的处理方面,我国积累了诸多有益的制度资源,为中国社会的长

---

① 黄骥:《法定审计职责解析》,《重庆社会工作职业学院学报》2006年第2期,第20页。

期稳定提供了良好的法制条件。民国时期,孙中山先生就曾提出:"吾夙定革命方略,以为建设之事,当始于一县,县与县联,以成一国"。① 当时的构想是,县为国家行政管理基本单位,也是实现直接民权的肇始。如今,反思中央集权的教训,充分发挥地方政府治理地方的功能,有助于更好地实现国家管理。在此背景下,省、市、县、乡级的行政性纵向管理模式业已规范化和法制化,现代分权理论亦开始发达起来。可以预见,中央统辖、行政区划、地方自治、特区制度等成功的制度一般不会发生重大变化。

基层管理机制。对中国而言,除民族自治、地方自治等形态而外,乡镇、村社、社区、社团等基层管理也很成功,相关法律已初步健全。诸如《中华人民共和国村民委员会组织法》、《中华人民共和国城市居民委员会组织法》、《中华人民共和国工会法》等法律中,都规定了基层组织和社会团体的设立方式、性质任务、组成人员、权利义务、民主决策原则等内容。以居民委员会的法律调整为例,就是中国特色的基层组织形态之一。1989 年我国专门颁行了《中华人民共和国城市居民委员会组织法》,其中第 2 条明确规定:"居民委员会是居民自我管理、自我教育、自我服务的基层群众性自治组织。"从中可见,针对中国这样一个行政大国的特殊国情,我们已经成功地构建了社会管理的制度模式,并逐渐使这种基层社会管理机制走向法制化。

社会保障机制。以往,由于行政性的社会保障制度忽视了权利救济功能,政府所采取的社会保障措施与人们的现实需求极不适应。但如今,行政法治理念正在转变,国家则肩负着大力发展社会保障事业的重任,已初步建立起了政府为主导、社会和单位为辅助的社会保障体系。特别"当公民在遭受失业、贫困、疾病等困难时,现代公法理念要求国家的积极帮助"。② 这一体系的显著特征,是以国家财政保障为核心,形成劳动保护、养老保险、医疗保险、工伤保险、失业保险、商业保险、社会福利、社会救济、优抚安置等配套体制。在法律层面,则意味着加强社会立法和执法措施,使之成为我国当代社会保障制度的重要成分。如《劳动法》第 70 条明确:"国家发展社会保险事业,建立社会保险制度,设立社会保险基金,使劳动者在年老、患病、工伤、失业、生育等情况下获得帮助和补偿。"

---

① 转引自陈旭麓等:《孙中山集外集》,上海人民出版社 1992 年版,第 35—36 页。
② 韩大元主编:《公法的制度变迁》,北京大学出版社 2009 年版,第 84 页。

由于我国尚处于现代化建设的初级阶段,上述与行政法有关的制度化措施并非完美无缺。比如,行政权力膨胀难以得到有效遏制;实践中泛行政化现象非常流行;政府所承担的服务、福利、救济责任由于缺乏经济支撑而没有完全兑现等。在时代变化的背景下,这些行政法领域的关键性问题仍然是永恒不变的研究主题,而在大力弘扬优良行政文化理念并将其制度化方面,我国也仍然任重道远。但无疑,公法领域的法治理念正随着时代的变迁日益成熟,并在根据社会需求进行结构性调整。在这种调整中,国家有必要采取措施实现公共权力在法治体系内的收缩或扩张,而我们也会发现公共事业发展的应然取向,以及这种取向对于公法文化发展的客观影响。

(三)行政法学的适时转型

20 世纪 80 年代以前,中国的行政法学理论主要以苏联行政法学为主导。届时,行政法被视作"管理法",强调通过维护行政特权保证国家管理的秩序和效率,政府居于强势地位,可以在一定范围内要求相对人强制履行义务。现如今,行政法理论在改革中不断完善,成果已蔚然大观。这里,总结行政法原理的现代趋向,可见从以往的管理论,发展到现代的控权论、服务论、平衡论、依法行政论、责任政府论、公共利益论,这些新的理论顺流直下,盘络其间,成为现代行政法的基石。

公共治理理论——从"管理本位"思想向"分享行政权力"的结构转变。对于行政管理,中国人的态度经历了由依赖到防范的认知过程。最初,管理理念是计划经济的产物,其借国家之名行人治之实,使政府运用授权、颁证、收费、关税、管制、强制、禁止、命令、处罚等权力方式去调整行政法律关系。加之,中国长期存在的"官本位"文化,必然导致政府高高在上,与被管理者形成矛盾之关系。因此,行政法制化首先要着力解决特权思想、长官意志、官僚主义作风盛行问题。按照现代学说,问题的关键不在于要不要管理,而在于管理措施为谁服务。正因为如此,"分享行政"之说开始流行,它既指行政机关从普通公民那里分享了公共权力,又指公民从行政权力那里分享了公共权力;政府对公民的要求可依赖行政权力实现,同时公民对政府也具有权利。可见,该理论意味着政府和公民之间在力量上的相互抑制关系,实现管理的开放性、民主性、中立性和透明化。与此同时,行政关系结构也从"纵向隶属性"向"横向平面化"过渡,公民向政府交涉的能力扩大。在这一点上,分享行政权力之说无疑代表了现代行政法律文明的基本征兆。

公共事业理论——从强化政治统治向提供社会服务的价值转变。一般认为,政府的三大职能是政治统治、社会管理和公共服务。但传统社会政府活动的重心在于政治统治,至工业社会转向社会管理,到现代社会又调整为提供公共服务。① 也就是说,现代政府开始承担着更多的为社会供给公共产品的责任,包括发展文化、教育、体育、卫生、城建、福利、就业、保险、民政、救灾等公共事业。这种服务性政府功能的深化,标志着政府工作必须突出公平正义、和谐发展、私权保障、社会福利等重要的价值指标,而不再停留于维持秩序、控制违法、打击犯罪等政治使命之中。中国政府也的确运用了它对人、财、物的掌控之权,给人民生活带来了物质的和精神的丰富资源。与此同时,一些服务性政府的客观评价标准也在逐步形成,诸如政府工作的态度问题、政府工作的方法问题、政府工作的效率问题等。但目前,我国经济发展极不平衡,公共福利事业不发达,即使颁布了劳动法、医疗法、保险法、教育法、就业促进法等方面的法律法规,政府所面临的压力仍然远远大于其他国家。如何通过有效措施落实公共服务目标,依然成为政府应该关注的重大课题。

行政规制理论——从计划命令式管理向规划指导式管理的职能转变。作为管理者,政府的庞大权力主要作用于宏观领域,包括规划、决策、预算、调配、统筹、协调、分配、处罚等功能的实现,这使人们深感政府权威的重要。然而政府"行政之手"也不能伸得太长,只能通过规划性指导进行管理,以取代计划经济条件下的政府过度干预。按照"规划行政法"的原理,现代行政的一个重要特点,是通过创制大量的指导性文件引导主体的行为选择。诸如当遇到政体改革问题、中央和地方关系问题、通货膨胀问题、破产失业问题、贫富差异加剧问题时,往往通过政府的指导来体现"有目标、有思路、有步骤、有落实"。② 因此,在反对政府过多干预的同时,我们并不赞同把"政府之手"束缚起来。

权力控制理论——从忽视行政法制建设向强调依法行政的精神转变。从属性分析,行政权力无比优异,包括组织权、命令权、规划权、人事权、审批权、证明权、财政权、收费权、协调权、警示权、监督权、复议权、强制权、处分权、处罚权等。这些权力运用不当,会对国家、社会、人民带来灾难性的后果。目前

① 参见胡建淼主编:《公权力研究——立法权、行政权、司法权》,浙江大学出版社 2005 年版,第 227 页。
② 莫于川等:《法治视野中的行政指导》,中国人民大学出版社 2005 年版,第 30 页。

多发性的土地审批、土地承包、土地征用、土地补偿纠纷,就反馈着这个领域行政权力的桀骜不驯状态。正因为如此,依法行政成为依法治国的关键环节。其基本原理是要求行政机关的一切活动必须服从国家法律,由此奠定了"以法律制约权力"的主要基调。而且,健全以限制权力滥用为宗旨的行政法律制度,有利于克服人治的诟病,远比靠政策、靠习惯、靠道德约束具有更为重要的制度性意义。

行政协调理论——从单向行政处罚向扩展行政裁量权的方式转变。行政裁量权广泛存在于行政过程的各个环节,对裁量权的控制始终也是行政法治的一个重大理论问题。在中国,由于特殊国情所致,政府为解决行政纷争倾注了较多心血。就此而言,政府化解纠纷无疑是一种长期存在的客观现实,而不管人们是否赞同这种现实。目前,中国基层实行的行政调解即对于纠纷处理具有公力救济的效力,其优点也很明显:(1)成本小。协调职能基于政府日常管理职能而形成,相对于司法成本费用较小,有利于解决执行难问题。(2)可信任。协调职能由于政府在民众中的地位高而值得信任,且不以营利为目的,具有超然性。(3)易接近。协调职能的主要承担者是乡镇司法所、派出所、警务室等基层司法行政机关和公安机关,有利于深入基层,贴近群众,最大限度地将调解效果和社会稳定结合起来。(4)多途径。进入新时期以来各种社会矛盾复杂化,都纳入司法程序不可能,如果以劝告、说服、引导等方式及时调和轻微的民间纠葛,可将一些社会事件或治安案件抑制在发生之前和激化之中。为此,要在各种矛盾纠葛的化解方面,将"政府之力"作为一种重要因素予以考量。

形式正义理论——从排斥行政程序向完善行政程序的意识转变。在"日理万机"的压力下,以往的行政行为主要具有快捷性、主动性、灵活性等特点,反之,则忽视了行政管理和行政救济的程序性。诸如不开具票据的罚款、不事先通知的拆迁、不举行听证的提价、不出具证件的搜查、不遵守时限的拘押等。就此看来,行政领域的法定程序遵守,也是行政法治建设的重要方面。其中,决策制作的程序、命令发布的程序、管理公开的程序、行政审批的程序、收受费用的程序、公众听证的程序、送达方式的程序、招标投标的程序、复议时限的程序、公务人员回避的程序等,作为对权力控制设置的"第二道闸门",已成为当代行政法的主流趋势。为此,一些法学家还提出了"综合控权模式"作为改革方案,包括法律制定阶段的实体性控制,即规则性控制;行政行为实施阶段的程序控制,即过程性控制;权利救济阶段的诉讼控制,即补救性控制;行政行为方式的沟通控制,即自治性控制;行政系统内部的专门控制,即内部性控制;行政行为的合理性、正当性、舆论性、道德性判断,即价值性控制;其他非正式控制,如习惯、品行、教育方式等。①

进一步,有学者高度概括了近30年公法文化发展变革的经验,这就是:努力与政治背景相契合,坚持人民当家作主地位,促进政治生活的民主化、制度化和法律化;寻求与社会发展的同步改革,在改革中关注社会客观实际,逐步形成一套适合国情的公法制度;围绕人的主体性和尊严开展研究,实现人治向法治观念的转变,使公法制度凸显人权保护、人性关怀的法律价值;倡导渐进式改革模式,注重局部改革和个案改革的效果,发挥民众、媒体、学者、政府四种力量的综合作用;寻求公权与私权之间的平衡,削弱强势的政府权威,促进政府功能向公共性、服务性转化。② 从上述概括可以看出,今天的公法理论和公法实践已不是以往的法制复制,人们已渴望形成一种本土化的公法体系,切实把保障人民权利、促进人的自由作为公法发展的价值取向,"使公法成为凝聚社会力量、维护社会共同体价值、保障基本人权、约束公共权力的实效性的制度与规范体系"③。

第二节　运作机理:私法文化的现代变革

在以往重农抑商的法律文化背景下,我国民商法一直处于并不健全的状态;而从计划经济体制向市场经济体制转轨也有一个渐进过程,又导致私法文化的发展的确经历了很多曲折。至当代,随着时代的更迭和外来文化的渗入,个人本位、自由主义、契约神圣等私法优位的观念从不能言说到逐渐盛行,成为民商法律文化转型的重要标志。而从民法、商法、经济法、知识产权法、婚姻法、家庭法、继承法等部门法之中,发展出了一些解决现代新的法律问题的原理、观念、规则和制度。这里,本文并不着力解剖民商法调整的具体法律关系,

① 孙笑侠:《法律对行政的控制——现代行政法的法理解释》,山东人民出版社1999年版,第38—45页。
② 参见韩大元主编:《公法的制度变迁》,北京大学出版社2009年版,第351—355页。
③ 韩大元主编:《公法的制度变迁》,北京大学出版社2009年版,第357页。

而是以法律文化价值观为导向,重点关注现代民事原理的发展,以及这类原理对于制度改革的推动作用。

一、私法优位的理性初识

一般来说,民事领域是古老文化的传统地盘,比起公法范畴的时代聚变而言,民法的传统色彩、民族色彩、民间色彩、习惯色彩、伦理色彩、地方色彩、自治色彩等都更加浓郁,这是我们观察法律文化本土资源时必须考量的独特因素。也可以说,现代中国民法体系的创制比西方国家晚了许多年,但支配民商法律关系的一些"基础性质料"早已存在,并作为本土资源存在于私法文化之中。同样,相形于公法领域的成文化因素,民商私法活动的复杂性和变化性决定了其法律调整难以划一而论,需要根据习俗惯例、道德标尺、社会经验、衡平理念作为判断准则。因此,该领域法律资源供给具有多元属性,我们则应该更加珍惜这些出自本土的原生性、自发性、习惯性的法律渊源。

(一)私权保护主义的扩张

现代国家中,个人私权的意义在于法律赋予主体意思自治的资格和能力,并保障社会成员不受其他主体的非法干预和侵蚀。而当每个自然人和法人都被认为是独立主体,享受法律提供的财产和人身保护之时,这些主体才能在经济发展的时代潮流中展示个性、活力四射。据此,各国关于自由、平等、人权的法律原理,不仅深深地渗透在公法文献中,而且巧妙地体现在私法原理中,使公民在财富的占有、分配、交换、投资、贸易、劳动、职业等方面具有非常强烈的个别化程度,最终通过文明意识的开化程度有利于私法权利的真正实现。

在中国以往,由于历史的、经济的、文化的许多因素,制约了私法的发达。私法所赖以形成的三项基本权利——平等人格权、独立财产权、契约自由权——难以被法律呵护。特别是农业社会结构的相对封闭性,以及政治上的集权专制对于私法的完备形成障碍,人身关系和财产关系十分简单。如今,我国作为基本法的民法典仍然没有出台,表明私法领域的活动仍然缺少着"法律总纲"。反思这类教训,我们深知,保护私权的先决条件是将私权纳入法定框架之内,将维护市场经济主体的财产、投资、租赁、抵押、借贷、继承等权益作为法治的核心任务。易言之,树立起民商法的高大形象,使之体现权利主体的权利要求、财产要求和救济要求,是当务之急。具体包括:(1)规则要求。市场主体为了追求利益最大化,会自然而然地形成并恪守市场中的共同规则,现代民商法律的法典化、制度化即反映了经济主体对权利进行保护的迫切需求。(2)权利要求。事实上,民商法的内在本质,归根结底就是保护社会成员的产权、继承、缔约、开发、投资、经营等合法经济权利。(3)财产要求。权利特别表现为民法上的物权。此物权被视为绝对权,具有可以对抗一切人的绝对性。而当公民和法人能够按照自己的意志占有、使用、收益、处分自己的财产之时,就意味着民商法律的权威性和实效性。(4)观念要求。在中国,由于农业经济的局限性,法律对于经济关系的调整极度缺失,导致市场经济转轨期间的法律改革任务特别繁重,从"重义轻利"向"权利本位"的转变即为法律文化观念的根本性转变。

当然,经过近几十年的努力,相关民法通则、合同法、物权法、知识产权法、继承法、房地产法、劳动法、环保法、社会福利法等出台,早已抬升了私法的地位,弥补了我国由来已久忽视私法发展的缺陷。而公民享有人格权、财产权、缔约权、经营权、就业权、劳动权、继承权、诉讼权等,张扬了人的独立意志、独立身份、独立地位、独立需求,说明我们已初步摆脱了无法可依的状态。其中,与个人私权最相关联的是产权保护制度,"个人自治的核心是个人对其财产的独立的排他的支配权,连治产的权利都没有,哪有权利的治身"①。为此,"有产者需要政府从法律上、制度上提供充分的保障并希望限制权力的干预,而政府也需要通过'有恒产者有恒心'的机制使社会安定化,并通过保护财产权的行政服务来获得支持和国库收入"②。

我们相信,凭借市场交换积累起来的权利文化,已成为发展私法关系的重要条件,而其价值功能正在于调动权利主体的积极性。从国家看,唯有形成健全的产权制度、投资制度、金融制度、分配制度、资源管理使用制度等,才能极大地释放出社会主体的创造力,取得经济发展的巨大成就。从个体看,在全面建设小康社会的过程中,积极性的调动由来已久地与激活主体的权利能力有关。因此,一定要使公民和法人得到经济、政治、文化、社会利益,及时享受到由改革开放带来的实惠。

---

① 刘军宁:《风可以进,雨可以进,国王不能进!——政治理论视野中的财产权与人类文明》,《公共论丛·自由与社群》,生活·读书·新知三联书店1998年版,第141页。

② 季卫东:《宪政新论——全球化时代的法与社会变迁》,北京大学出版社2006年版,第233页。

(二)意思自治主义的发展

意思自治是经济发展、社会繁荣的原动力所在,它意味着社会成员如果不违背正义的法律,就允许按照自己的方式追求利益、幸福、福利,以及他自己所喜欢的社会生活。进一步,在社会生活中,人们联系、结合、交易的主要纽带是契约,契约使彼此之间形成了规范的权利义务关系。"契约的形式表达的是一种'合意',这种合意既发生在个人与个人之间,也发生在个人与团体、个人与国家,集团与集团、集团与国家之间,只要涉及人类关系范畴的事物和行为,都存在着一个通过契约达到合意的问题。"①于是,意思自治的法律表现即为契约制度的发达和契约自由原则的确立,它是各个国家在进行交易过程中所倡导的三大民法原则之一。

在法学理论中,契约论与理性、自由、平等、人权、诚信、合意等观念一道,不仅有着悠久的历史渊源,而且蕴含着社会成员意思自由的价值观念。其具体要义有五:(1)平等。契约在主体地位平等的基础上缔结,这种契约性法律关系一旦建立,便有利于保障身份平等的人际关系。(2)交易。静止的社会不是一个商品社会,也不是一个发展着的社会。交易即是一种双向的动态性活动,而契约性法律则凝聚着人与人之间的协商、对话和合作。(3)自治。契约建立了一道权利屏障,防范其他人或组织对于双方当事人自由选择的干预。所谓"一种建立在社会契约基础上的自治形式,就其实质而言是一种私人性、个体性社会自治,内蕴着深刻的个体伦理精神"②。(4)竞争。现代民商立法和实践都旨在培育合乎法律底线的一种公平竞争机制,竞争性又是社会能否被激活的一个显著标志。在竞争中,人们要遵守市场规则,如优胜劣汰规则、产品质量规则、反不正当竞争规则。(5)效率。效率是增加个人和社会财富的重要途径,反之,忽视效率价值意味着社会关系的"运转不灵"。这就需要在经济运行的各个环节中挖掘潜力,杜绝平均主义,以效率价值促进社会经济发展。

毋庸置疑地,中国如若加快进入现代化步伐,当务之急是在上述意思自治、契约自由、公平交易、合法竞争、追求效益的理论旗帜下,形成一系列有关

---

① 刘作翔:《迈向民主与法治的国度》,山东人民出版社1999年版,第79—80页。

② 王飞南:《市民社会:"契约性"社会自治的伦理精神》,《胜利油田党校学报》2007年第4期,第33页。

个体自愿进行自我约束的法律机制。事实上,随着现代民商立法的完善,契约性立法已在法治建设中处于十分重要的地位,契约制度更成为中国经济腾飞的推动器。而且,中国二十多年来的经济体制改革,已经初步实现了商业自由化、投资自由化、金融自由化的经济模式,产品生产、资源开发、乡镇企业、承包联营、金融信贷、证券交易、跨国经营、外贸投资等领域的契约化程度也不断加大。尤其改革开放时代的中国,在从自然经济、农业经济、计划经济逐步转向商业经济、工业经济、市场经济之关键时日,靠契约结成自然人与自然人之间、法人与法人之间、地区与地区之间、行业与行业之间、甚至国家与国家之间的联系至关重要。

就实践而言,现代契约观念在我国的实现需要以法律的形式加以保障。1981 年、1985 年和 1987 年,中国先后制定了《经济合同法》、《涉外经济合同法》和《技术合同法》,对商品经济的发展起到了保驾护航的作用。1999 年,新的《中华人民共和国合同法》出台,对契约立法进行总结,确立了平等、自愿、诚实信用等契约活动的基本原则,赋予了当事人选择缔约对象的自由、确定缔约内容的自由、决定缔约方式的自由等。可以想见,在未来的私法体系中,契约观念和契约法律的完善必将成为各项事业发达的重要标志。

(三)人文主义精神的彰显

法治与人文精神有着深刻的亲缘关系。法律是人文理念的培育、铸就、彰显与崇尚,法律的尺度就是人文关怀的尺度。据此,有学者宣称,"从根本上讲,现代法治的逻辑起点或文化源头必然是立足于人的现实生活世界,并以现实的人的幸福生活为其核心归依的,现代法治的精神意蕴和核心底色就在于人文的幸福生活的确立与确证"。"在我们看来,法治作为一种生活方式,其主要原则或精髓应当是人文精神价值观的反映。它们必须也必然毫无例外地荷载着人文幸福的热望和人文使命:尊重幸福,承诺文明。"①具体于民商领域,现代人文主义精神体现在以下价值范畴之中:

人格。以往,作为传统"身份法"的民商部门,代表着血缘、家族、保守势力的重镇,与重主体、求平等的市场理念格格不入。至如今,一整套新的民商法思想体系不再借助神灵、祖先、道德、亲情发展,而主要借助法律对人的尊重

---

① 杜宴林:《法制现代化——以人为本》,www.66wen.com/03fx/zhengzhi/xingzheng/.../26851.html。

日益成熟。它意味着现代法治与封建法制有天壤之别,这就是从"非人地位"向"人的地位"进行转变,"突出人格的价值,突出人的价值,把人和人格的价值作为最高的价值"。① 最终使私法中的人本主义法治精神树立起来。

公平。就经济实力而言,民事法律关系主体的差别当然存在,但在民法上夯实平等基石,意味着任何人不具有显著的优越地位,更谈不上法律要差别化对待个人。因此,民商生活的一个基本判断是"一切民事主体都是平等的"。进而,法律意义上的公平又指参与民商经济活动的主体能够在企业运营、吸引投资、开发资源、分配消费、损失弥补等方面,获得法律一视同仁的授权和保护。毫无疑问,无论是物质利益的获得,还是精神利益的享受;无论是经济交易的过程,还是经济交易的结果,都要在法律平等原则的呵护下完成。

互惠。经济活动中,人们通常以获得自己的最大利益为原则,但既然为交易,就不能不考虑对方的收益问题。这一点,对于对方而言也是同理,其交易,最终往往取得的是双赢的效果,而不是单纯地为了"打败对方",否则只能使自己走上狭隘的死胡同。当然,经济的互利并不能天然实现,而是经济主体不断争执又不断妥协、不断纠葛又不断磨合的结果。因此,除了赋予经济上的权能之外,民商经济秩序的保证也有赖于法律。人们借助法律将互惠的理念建筑在规制人的非理性举动之上,最终才能获得双赢。

诚信。中国人由来已久地强调道德约束和法律约束相结合的诚信文化,私法则尤其注重当事人品行的正面评价。古代社会,人们就提出了"诚实生活,不害他人,各得其所"的法律准则,其必然是文化在当时的反映。即使在今天,虽然人们常常在道德和文化上把参与市场竞争的主体形容为"恶人",诸如不择手段、自私自利、损人利己、投机取巧、不当得利等,但社会经济活动的积极因素仍然是交易中的诚实信用。唯利是图、显失公平、欺诈蒙骗的短期行为只能使交易的链条被轻易地扯断,法律中自然而然地也将善良风俗、公序良俗作为基本原则之一。

孝道。民商法律关系的特殊性还表现在关于人情因素的考量方面。我们虽然在法律与道德的区别角度,反对法律的泛道德化和过于依赖家族的文化传统。但不可否认的是,现代社会要正视相关法律中这类伦理观念的影响。例如,民法中对名誉权、人格权的保护;婚姻法、继承法、收养法中对赡养和扶

---

① 杨立新主编:《中国人格权法立法报告》,知识产权出版社 2005 年版,第 9 页。

助义务的规定、对虐待行为的约束等,无不渗透着中华文明优良的法律精神。再如,《中华人民共和国老年人权益保障法》第 10 条规定:"老年人养老主要依靠家庭,家庭成员应当关心和照料老年人";第 11 条规定:"赡养人应当履行对老年人经济上供养、生活上照料和精神上慰藉的义务,照顾老年人的特殊需要。"这表明,中国式的家庭赡养机制是"孝文化"留有的明显印记。

可见,民商交易规则作为一种法律成果要经历很长时间才能形成。中国社会民风淳朴,注重互利,和谐谦让,因此形成了非常优良的习惯规则,它们是永远不变的心理的和社会的需求,也是民商法生生不息、巍然有效的源泉之所在。从现代资源层面分析,当代社会已经培育了许多与市场经济相吻合的价值要素,如自由、利益、效率、公平、互利、等价、诚信、和谐、福利等,个中的精神和变化,正反馈了中国本土的需求和特征,必然作为法律文化成果得以延传。在此方面,中国的人文精神与西方的个人主义不谋而合,是实现人的解放、走向人类文明的重要标志。

二、公私冲突的法律调整

简单概括,在法律文化发展进程中,各种关于调整民事法律关系的原理论说一直争奇斗艳。诸如个人本位、社会本位、权利本位、公益主义、福利主义等法律主旨,此起彼伏地流行于世。但在古代与现代、在西方与中国,各有不同的民商法律文化在延续。在此领域,中国目前的"法律的任务"既不同于以往,又不同于外国,需要在现代私法和公法基本原理的基础上,平衡个人利益、社会利益、国家利益三者关系。而且,笔者一贯如一地反对走极端,表现在私权利和公权力的配置和运行方面更是如此。

(一)利益博弈平衡论

衡量任何一种思想和制度的标尺,是看它们是否符合人类发展的目标,是否促进社会进步,是否代表最大多数人的利益要求。推及法律价值观研究,则离不开对利益问题的探讨和解读,利益之属性也已得到法律的普遍承认乃至维护。其中,国家、社会、个人之间的利益关系,构成了自中国向市场经济转型以来法治和法学发展的"主动脉"。随之,无论在公法还是在私法领域,相关利益学说纷纷出台。归纳分析,如下几种论调最为流行:

利益保护论。利益问题与人的生存境况同一。人们之间的关系、人的基本权利,主要从利益演化出来,利益由此成为人类从事活动的内驱力。中国古人早就说过:"仓廪实而知礼节,衣食足而知荣辱"。马克思也有定论:"人们奋斗所争取的一切,都同他们的利益有关。"①如今,在法律的目的性方面,法学家们也都对利益价值有了深刻认识。"人类社会的发展史表明,利益是支配人类社会组织建构和行为方式的根本准则。在长期的社会整合进程中,法人动机和公共利益都确定了自己的合理性和定义域,因此形成了利益分配方式与竞争规则。"②就此而言,法律保护利益的宗旨也已十分明显,这就是通过立法、执法、司法活动对人的精神和物质需求予以肯定,使利益价值成为现代法律的直接追求,并为人类所公认。

利益多元论。在西方,法律的重要使命被认为是保护私人权益,因此法律主旨被称为"个人本位",市民社会被称为"私域",相关法律被称为"私法"。在中国,过去我们的理论缺陷,总倾向于把公共利益置于私人利益之上,呈现出用国家利益淹没个人利益的种种做法,其结果反而激化了矛盾。实际上,不同团体、不同群体、不同个体的人们都在"为利益而斗争",法律调整即是在斗争中求和解、在妥协中求公平、在退步中求发展的方法。特别在公有制一统天下的局面被打破以后,私有权益和社会公正的冲突必然摆到了面前,并引起新一轮的制度更新。这就需要在形成利益格局时,不能偏颇短期利益与长期利益、局部利益与整体利益、少数利益与多数利益,以求得运用法律化的途径达成公民、社会、国家三者利益的均衡和协调。

利益博弈论。经济学上的博弈,指利益双方进行选择并加以行动,各自取得双赢的均衡结果。而在法律方面,博弈作为时髦话题,被认为是通过法律不断寻求权利与义务平衡点的过程。在此过程中,国家为了维持社会的长治久安往往会创制利益博弈的规则,使博弈在法定的框架内进行。由此,利益博弈既反映着市场经济的需求,又体现着法律制度的潜能,还催生着法律活动公开化的可能性。此外,即使最简单、最基本、最粗糙的法律关系背后也总有各种利益纠葛,诸如土地承包、证券交易、税制改革、经济垄断、破产清偿、工人待遇、社会保险、失业救济等一系列新问题的出现,都使现代民商理论和实践面临全新挑战,法律自然地要将制止利益博弈中的不平等竞争放置在自己的管辖范围之内。

---

① 《马克思恩格斯全集》第1卷,人民出版社1956年版,第82页。
② 郭剑雄:《道德人的经济学检验》,《江苏社会科学》1997年第2期,第35—36页。

利益分配论。在一定的社会生产、交换、消费环节中,当主体实现了各尽所能而又各得其所时,社会关系结构往往会趋于平稳。反之,当某些人利用优势地位占有各种资源时,权利格局就会被打破。因此,为了维护利益平衡,应该建立公正的利益分配机制及其保证这种机制的运行。首先,由于利益必须在固化的制度中得以体现,立法中的利益分配成为了利益博弈的规则性、固定性、稳定性表现形态。诚如这样的精彩表述:"只有利益合法化才是合法的、安全的、可预测的。"①当然,利益调整不仅是私法的任务,也是公法的功能。现代宪法、选举法、代表法、行政法、劳动法、诉讼法等创制和运行,无疑都体现了法律关系调整中的利益分配原则。其次,现代利益调配方式中,行政执法和司法程序均发挥着特殊功能。诸如,通过对中央和地方利益、部门利益、行业利益的调整,实现利益均衡的对策,有利于维护国家经济秩序。而当经济交往双方发生纠葛时,当事人也往往借助司法活动作为利益争执的最后解决方案。与之配套,调节、仲裁、复议等机制以及诉讼文化的高度发达,均会受到经济利益的推动。

总体而言,市场经济的发展已将合法利益保护的使命赋予在"法律"身上。人们期盼经济发展的快速、体制转型的迅捷、利益蛋糕的增大,但市场经济也带来了恶性竞争的激烈、贫富差距的加大、经济状态的混乱,会使人们"忍耐的底线"被无情地突破。因此,"法律的利剑"不仅应指向纯粹的计划体制,也要向市场体制进军。

(二)社会公益保护论

近代法律文化发展中,"个体本位"的精神一直流行很广,并在事实上成为促进个人成长的利器。但显而易见,个人自由的真谛仅仅如此。因为"自然人不仅仅是一个生命的简单存在,他的智慧、思维的流动性、跳跃性、模糊性以及他的行为的目的性和偶发性都决定了个体的多样性和变化性"。② 这就需要用社会所公认的统一法律规则,发展个人和社会的联动关系,避免个体的自行其是。于是,在现代人的视野中,个人权利至多只能处于和社会权利相同的层面上,或者在很大程度上,这些个人权利也确实需要社会整体发展提供保

---

① 张文显:《法哲学范畴研究》,中国政法大学出版社 2001 年版,第 366 页。

② 周佳念:《"经济人"、"制度人"假设及民法上的人》,吴汉东主编:《私法研究》,中国政法大学出版社 2002 年版,第 525 页。

障。就此看来,中国法治目标追求,既包含着西方自然权利、个人主义、自由主义、天赋人权等学说的因子,但又不能完全等同于这类学说,其特点表现出了一定的社会属性。具体表现于公法和私法领域,也呈现出了明显的社会化变革趋向。

一是健全公共利益机制,以实现从绝对个人主义向法律社会化的主旨转换。众所周知,近代私法反映了国家经济政策上的放任主义,其结果在促进私有经济发展的同时,也引起了许多严重的社会问题。故当代法律发生的一个重要变化,即发展社会服务,禁止私权滥用,维护公共秩序。首先,在公法范畴这种变化十分明显。选举权、参政权、结社权、环境权、民族自决权等,都成为炙手可热的公法权利。其次,在私法领域"法律社会化"有诸多具体表现。如私有权观念发生了从无限到有限的变化,契约神圣开始受到社会利益的限制,格式合同大量涌现,保险制度普遍盛行,医疗卫生教育等公共社会福利事业迅速扩展等,都显示出现代私法的变革倾向。再者,在法学原理中,法学家开始张扬社会关系、社会合作、社会结构、社会组织、社会利益、社会秩序、社会自治、社会控制等新型理论,实现了对传统"个体本位"精神的重要修正。

二是完善社团组织机制,以实现从散个人向强法人的形态转换。以往的交易,主要以农民、手工业者、小业主和小作坊主为主体进行,法律则将对于有血肉之躯的自然人的保护位于首列。但如今,单靠私人之间的相互竞争难以实现社会经济转型,于是一家一户的生产模式开始瓦解,取而代之的,是各种组织起来的群体,包括企业、公司、社团、行会、工会、跨国集团、新闻媒体、交通系统、慈善组织等,它们成为经济生活和法律生活中的必不可少的要素。这种变化表明,必须形成把个人利益、群体利益、行业利益、集团利益、公共利益、地方利益、国家利益结合起来的机制。由此,注重法人地位的保护当然地成为民商法的第一要务,而合作的急迫性也展现在世人面前。许多社会组织、利益集团正在向着仿照国家组织的结构运作,并在达到一定势力时要求在政治上、法律上表达他们的意志。法律中,关于企业的规定、公司的规定、联营的规定、社团地位的规定,都是与这一经济趋势相关联的法治景象。

三是形成风险共担机制,以实现从个人责任向社会责任的承担转换。现代经济社会可以说是一个高度的风险社会。成本过大的风险、盲目竞争的风险、合同违约的风险、自然灾害的风险、产品交易的风险、外贸投资的风险、政策变迁的风险等,随时都会发生在法律实践之中。这迫使人们必须采取战胜风险的警示性态度,并形成制止风险发生的各种方案。"风险概念表明人们创造了一种文明,以便使自己的决定将会造成的不可预见的后果具备可预见性,从而控制不可控制的事情,通过有意采取的预防性行动以及相应的制度化措施战胜种种的副作用。"①在实践中,民商制度也发生了深邃变化。(1)第三者责任。权利交易中的违法侵权现象随风随影地存在,这要求现代担保制度、保险制度愈来愈完善,为最大限度地回避、控制和战胜交易风险提供制度资源。(2)公平责任。按照以往的私法自治原则,民事主体仅对于损害发生有故意或过失情景承揽责任,但目前,法律对于许多特殊侵权行为规定了无过失责任或严格责任,还导入了公平责任和社会救济补偿制度。(3)公益诉讼。矿难事故、交通事故、缺陷产品致损、环境污染公害等,导致一些损失不仅涉及个人利益,也涉及社会公共利益,于是法律对公共利益的关注已日益明显,表明公平正义的法律理念正逐渐落实在对公共致害的责任追究上。

四是强化弱者群体的保护机制,以实现从身份差异向平等理念的价值转变。我国颁布了劳动法、产品质量法、反不正当竞争法、消费者权益保护法、妇女儿童权益保护法、老年人权益保护法等。这些法律的颁行,正是为了从制度上表现"对人性的尊重"。中国是一个疆域广袤、人口众多、民族杂居的国家,"在一个层级立体化而非单层平面化的社会中,人权首先指的是社会弱势群体的人权"。② 在理论界,随着保护特殊群体权益的需要加大,各种理论纷纷流行。例如,有学者提出了"三次分配"理论。第一次分配,主要是通过市场作用实现收入分配。该分配偏于注重效率,鼓励一部分人通过合法经营先富起来。第二次分配,主要是通过政府调控而进行的收入分配。在此分配中,要加强政府金融、财政、税收方面的宏观调控,提供平等的教育和就业机会,增加对贫困人口的健康投资。第三次分配,主要是通过个人自愿进行的收入分配。其强调培育社会成员互帮互助的社会责任心,在习惯和道德的影响下捐赠部分收入,同时由国家大力发展慈善事业,以有助于缩小社会成员的两极分化。③

---

① ［德］威廉姆斯:《关于风险社会的对话》,转引自薛晓源等:《全球化与风险社会》,社会科学文献出版社 2005 年版,第 4—5 页。

② 齐延平主编:《社会弱势群体的权利保护》,山东人民出版社 2006 年版,第 1 页。

③ 郑成良:《法律之内的正义》,法律出版社 2002 年版,第 40 页。

当然在今天,公法文化和私法文化的发展进化仍然是一个值得关注的课题。这一方面是因为我国法律的体系化建构远未能实现,另一方面则由于权利本位说、社会公益说、利益博弈说、公共秩序说、法律救济说等尚未深入人心。我们以为,法律制度的设计必然是法律文明积淀之产物,而它的根基则奠定于改革开放以来所需要的法治供求关系基础之上。目前中国的物质文明已极大地推动了法律文明的孕育和发展,法律发展前途是光明的,然而道路却仍然是曲折的。

(三)公法私法配套论

相对于公法,私法被认为是存在于"私的个人"和"私的团体"之间的法,反过来言,倘若没有"私域"的生活,就无"公域"可言。基于这种分类,现代私法自治观念已经深入人心,其目标之一,是要求国家机关及其工作人员能够以民为本,化解公私矛盾,遏制公权干预私权的现象。而这类私法文化取代以往公法文化的思想潮流,也是不可忽视的法律现象。但在变革中,社会又呈现出许多自相矛盾的情形,包括国家主义与个人主义的对峙、社会本位与个体本位的对峙、公共权利与私人权利的对峙等。其中最典型者,即为国家权力扩张和公民个人欲求的矛盾。因此,对于私法和公法的关系还要作深度理解,各种新颖之见就此脱胎而出。

公私权利平衡论。法律的要旨在于授权和分权,使所有法律主体的关系明晰、权责到位、交易有序、损失可弥。这导致无论是宪法权力、行政权力的分配,还是民商权利、经济权利的调整,现代法律的核心内容无非要在公权力和私权利之间进行关系调节,使之在各自的法定范围内相互尊重。一方面,在公法领域,平衡论之提出的背景,是中国社会转型和公共治理的兴起,其根本宗旨在于强调政府和公民协调合作、平等对话、同舟共济,进而"运用制约、激励与协商机制,充分发挥行政主体与相对方的积极能动性,维护法律制度、社会价值的结构均衡,促进社会整体利益的最大化"①。另一方面,在私法领域,平衡论的重点是给"私人自治"留下广阔的空间,使人们可以在法律所界定的范围内自主地处分自己的权益。说到底,法律既不能单纯突出一方的权益,也不能过分牺牲另一方的权益,而只能最大限度地兼顾各方的权益。"这就决定

---

① 参见罗豪才:《中国行政法的平衡理论》,北大讲座 www. hafxw. cn/Article/fxyj/ytzs/200907/84586. html。

了一个合理的社会既不能只推崇私权,亦不能只青睐公权,任何一方利益被漠视社会便难以达到动态平衡,制度便难以进至公平合理,甚至带来严重的社会危机。"于是,"把个人选择转写到公共选择的框架里,再用公共选择的框架反过来限制个人的选择",才是最良好的"制度装置"。①

理性合理妥协论。无论公法抑或私法发展中,妥协都是一个重要的概念,它意味着宽容、双赢、和谐等社会心理结构,理性化的反思以及保留一定的回旋余地。妥协的重要功能在于通过互让互利找到一致点,从而力求消除差别、消解对立、消减贫困,达成一致。妥协还在制度上表现为让步、融通、松动、调整、中立化的过程,实际是一种判断法律体制合理化程度的重要标准,其目标则是为了实现社会公正。具体包括:(1)社会性的妥协。应该说,人与人之间的利益分配,带有社会成员之间的理性妥协性质。这种妥协主要借助商议的、调解的途径解决相关权益争议问题,因此具有合理的、高效的、便利的和优良的属性。特别对于利益群体而言,妥协是在法治的框架下牺牲局部、短期、具体利益而达成整体、长期、共性的合作。(2)政治性的妥协。在国家管理领域,妥协代表着不断调整制度模式。如当国家利益和个人利益发生激烈碰撞之时,必须克服以国家"大我"代替"小我"的倾向,由此公权力向私权利妥协被认为是现代社会的重要机制,其实质在于公共权力配置的合理化和法治化。(3)法律性的妥协。无论是宪政、行政法、民商法的发展,还是司法、诉讼法、程序法体系的发达,也都可以归结为一种妥协的产物。例如,法院活动实际就是在法律目的支配下,寻求对各种冲突的利益进行调整的方法,以及进行实际的妥协。

国家适度干预论。横向对比,我国的法律主旨与西方国家由来已久地不同,即国家除了对于整个政治生活和经济生活进行管理而外,亦可以在法定范围内对于个人事务予以一定方式的适度干涉。这种适度授权拥有如下理论依据:(1)它是国家管理本位的要求。管理本位是指国家机关运用国家权力实现宏观调整的功能,其目标在于达成国家稳定、社会安全、经济秩序。特别是关于公共安全、公共救济、公共服务等执法领域,有一些公法和私法交界的问题。例如,农民工的地位问题、职工的劳动条件问题、学生的就业问题、消费者

---

① 季卫东:《宪政新论——全球时代的法与社会变迁》,北京大学出版社 2005 年版,第 96 页。

的权益问题、老人儿童的社会保障问题、企业的破产问题等,国家应该介入。(2)它是国家法治状态的追求。一个国家要发展自己的各项事业必须在稳定的社会结构中进行,而完全的个人自由会导致社会混乱。目前,国际形势动荡不定、战争频仍,国内各种违法犯罪现象、群体事件频发。解决这类重大问题的方案,在于要由国家法律充当最权威的裁判,以规范政治行为、经济行为、社会行为、个人行为。(3)它是国家制约权利滥用的手段。毫无疑问,不仅公共权力可能变形,而且私人权利也可能越界。例如,在公有制经济向私有化转变的过程中,我们是否会走向另一个极端,让公有财产任意流失、变卖、挪用、改制? 就此而言,国家机关通过命令、指示、审查、批准、许可、禁止、处罚等权力行使方式,有利于实现资源和财富的合理配置。

公法私法协调论。在法律发展中,公法常常被视为政治性的法律,私法往往被定义为民事性的法律;公法用于调整国家管理关系,私法偏于调整财产利益关系;公法侧重宏观层面的社会关系调整;私法重在解决微观层面的具体冲突;公法被认为具有优位性质,私法被认为具有基础性质。凡此区别,决定了公法文化和私法文化在价值、功能、范围方面的差异性,也决定了它们各自在当代之地位、走向、变革。但对于中国,从公法优位向私法优位的转型已成为大势所趋,其目标,在于纠正我们由来已久地重公法、轻私法的历史偏颇。与此同时,要求悉心培育一种逐渐成熟发达的私法学说,所谓"民法是与宪法相并列的存在,高于其他部门法,为根本法之一"①。这明显地提升了私法的地位,使民商法律部门具有与宪法并驾齐驱的关系。由此公法和私法"二元化"格局的深刻变化,还使中国法律文化主旨建立于公共利益和个人利益的双向保护之上,即"在国家与社会同一性之前提下,藉'共同社会'之概念,缓和个人与社会或国家的对立态势,成为现代理论的一种折中主义选择"。进一步分析,只有构造发达的公法与私法配套体系,才能真正使法律具有人文主义向度,进而孕育法律现代化的胚胎。

毫无疑问,中国目前关于公法和私法的理论资源和制度资源虽不尽如人意,但却已有很大进步,从中我们可以概括当代法治发展的四大趋势,这就是:在本质上,已由人治专制之状态进化于法治民主之状态;在形式上,已由规则简陋之状态进化于法律系统之状态;在内容上,已由义务本位之状态进化于权

---

① 徐国栋:《市民社会与市民法》,《法学研究》1994 年第 4 期,第 4 页。

利本位之状态;在结构上,已由公法独大之状态进化于公私法律配合之状态。由此四大方面可以看出,弘扬现代公法与私法精神是法律文化研究中的一个永恒不变的话题,我们的任务只能是寻觅其间所透视的关于个人本位、社会本位、国家本位主义的法律精神,从而在各种法律观念和制度的对峙中,找到相对合理的解决私权利和公权力抗衡的方案。

第三节　法在事中:司法文化的客观理性

在司法领域,法律文化本土资源怎样理解?初看起来,法律文化研究比较务虚,司法领域研究偏于务实,两者之间难有连接点。孰不然,正是法律文化环境"决定了人们何时、何地、为什么诉诸法律、法律制度或法律程序,以及他们在什么时候会选择其他制度或者什么都不做",因此将法律实务纳入法律文化图景中"就好像给钟上紧发条或者给机器接通电源一样"①。同样,中国正式司法和非诉讼模式交织、内行法律文化和外行法律文化并存,从中呈现出了司法文化的独特特征。而如果我们将法律文化和司法文化联系在一起考察,有利于透视现行司法体制的风格,形成源于社会实践又高于社会生活的司法模式。

一、大司法的制度设计

从法律文化视角进行分析,司法制度和诉讼方式是社会文明发达之必然结果。例如,"好讼"或者"无讼"即为某一国家法律文化的一种表征,"大司法制度设计"和"小司法制度设计"也成为对称的概念。所谓大司法制度设计是指以正式诉讼为核心的纠纷解决模式,鼓励人们通过司法方式保护权益;所谓"小司法制度设计"是指寻求诉讼之外的非讼途径,将大量的纠纷在涌入法院的大门之前"过滤"掉。在这两种模式的取舍上,国家正式法律制度选择了前者,但事实上民间流行的解纷方式则属于后者。

(一)当代司法的价值性追求

按照大司法制度设计,司法被认为是保障人们法定权利的"最后一道关

① 罗杰·科特雷尔《法律文化的概念》,www.studa.net/faxuelilun/081004/11004186.html 48K 2009-4-2。

口"。因此,一切立案、侦查、逮捕、起诉、取证、审判、辩论、推理、调解、判决、强制、惩罚、抗诉、执行、监督等活动都必须在司法程序要求下进行。现代西方国家的司法体制即为样板。中国自清末法制改革以来,也逐步形成了类似西方的司法体系。至20世纪80年代以后,司法改革开始纳入新的建设轨道,从中我们可以窥见到现代司法文明的真谛。与之适应,防止任意干预的司法独立性价值、限制滥用司法权力的程序工具性价值、体现公正裁判的司法正当性价值、反对滥用酷刑的人道主义价值,以及司法的民主性、中立性、伦理性等理论,正越来越成为现代司法文化和诉讼文化的组成部分。由此概括,当前司法制度主要体现下列价值:

司法的公正价值。公平正义是司法活动的生命和灵魂,是司法文化的终极目标和追求。司法机关公正司法必然引起人们对法律的敬仰和服从,反之,"不公司法"比"无司法"更为糟糕。现如今,司法正义观备受青睐,其理论依据主要有五:(1)主体立场之公平。在任何一个讼案中,冲突双方都有着利益对立和分歧,如果依照一方的意愿进行裁判,无疑将抵牾司法的性质。因之,司法活动必须站在受害人一边、站在法律一边、站在正义一边,作到不偏不倚。(2)司法程序之公平。司法机关要坚持法不溯及既往、对抗式诉讼、言词性辩论、程序性阻隔、客观性取证、合理性推理、合法性惩戒,使司法正义的理念在程序正义的落实中得到张扬。(3)适用法律之公平。"法律面前一律平等"原则落实于司法活动中,即体现为适用法律一律平等。相形于以往专横的、特权的、残暴的司法制度,这也是人类经过上千年得来的文明成果。(4)裁判结果之公平。尽人皆知,当公民、法人、社会团体、国家机关发生争执时,在发生违约、违法、侵权、犯罪行为时,需要司法机关做出公正判决,并防止冤、假、错案发生。(5)损害补偿之公平。司法的威慑功能被形容为"一把体现公平正义的利剑",它使违法者承担不利、负担责任,使受害者的权利基本恢复到公平状态。在弥补损害方面,通过司法机制才能确保人们的财产权、自由权、人格权、诉讼权的真正实现。

司法的独立价值。司法独立是各个国家司法运行所坚持的一项基本原则。"司法权越能保持中立性、参与性和独立自主性,公民个人就越能藉此'为权利而斗争',各种国家权力也就越能受到有效的宪法或法律的控制。"①

---

① 陈瑞华:《看得见的正义》,中国法制出版社2000年版,第147页。

在我国,司法权已通过宪法和法律明确赋予法院与检察院,而且其权力决不小于其他国家的司法机关和司法人员。那么,我国司法权行使的症结究竟何在?关键在于其是否被干涉。在此方面,我们往往喜忧参半。一方面,改革开放后我国司法机关的地位在缓慢提升,这对于及时解决法律纠纷有非常重要的意义;但另一方面,政府干预和人情制约仍然使司法体制面临危机。以行政诉讼法的发展为例,"行政诉讼十年初步发展取得了相当的成绩,让人们真切地感受到'民告官'制度的理性价值和实践正义,但同时也使人们深刻认识到未来面临的困难和挑战。"①在此,法学家们不断呼吁,司法独立具有国家权力的分工属性,也即司法机关与立法机关和行政机关有各自明确的权限范围,司法机关行使司法权只服从法律,同时要排除司法权之外的各种政治压力。这一点说起来易,做起来难,现在做不到,但必将通过司法改革做得到。

司法的伦理价值。法律职业伦理是法律人在其职业实践中必须遵守的一种道德律,其基础建立于法律人的个人品行、善良风俗、公共标尺和社会舆论之上。司法职业伦理也一直是中国文化的典型反映,它要求司法过程中强化法官的职业操守,包括:(1)以民为本的司法主旨。与西方司法文化相比,中国社会并不讲求"精英司法",却从骨子里渗透着大众司法的爱民主旨。忠诚、刚正、廉洁、自律、德行等标尺,一直决定着对于司法者的品行判断。(2)张扬中和的基本理念。法律人奉行兼听则明的思维方式,寻求合法合理地消解矛盾、协调关系、平衡利益。尤其善恶、优劣、好坏等类的道德评价,事实制约着人们的主观判断。(3)廉洁自律的优良品行。为政清廉不仅是政府官员的基本要求,也是对法官、检察官、律师的任职要求。而打击行贿受贿、贪污腐化、以权谋私、知法犯法、枉法裁判等行为,其目的都是为了防止司法腐败。(4)合理限度的情感评价。严格的法律思维反对道德情感对司法的渗入,但有时法律人也主张"法本容情"。这是因为司法活动难以绝对排斥情感因素、信仰因素、心理因素的影响。(5)职业伦理的特殊要求。从法律职业集团产生以来,其内部一直传承着职业伦理,法律人则实践着这种职业伦理,诸如忠于法律、刚直不阿、秉公办案,抵制非法说情,杜绝不良嗜好,不畏权势而生存,不为政治所左右,不以自己的职业生涯作任何交易,不进行赢利性的商业活动等。这类规则可以被视为集文明智慧为一体的"道德法典"。

---

① 马怀德主编:《行政诉讼制度的发展里程》,北京大学出版社 2009 年版,第 102 页。

司法的人道价值。法律在某种意义上"可以说是'自然的'或'必然的',但同时,它毕竟是'为了尊重人而设定的',所以没有理由不是人道的"①。实际上,法官办案就是在当事人的参与下解决"人的问题"。照此主张,司法应坚守这样一些人文理念:"每个当事人都应当得到关怀"、"每个当事人的权利都应该得到法律救济"、"每个当事人对恶的行为都应当承担法律责任"。具体分析,司法的人道主义原则表现在许多方面。一是通过维护被告人的知情权、回避权、辩护权、陈述权、申诉权、上诉权等,体现对处于不利状态的被告人的尊重。二是通过调解而非强制的方式,让当事人进行对话、发表评说、发泄不满,最终修复那些已经被破坏了的亲属关系、邻里关系、乡民关系。三是反对司法的报复主义。现代司法已不单纯是为了惩戒,更重要的是提供一种对违法者的心理拯救和教育方式,因此当违约、违纪、违法行为发生后,要讲求区分不同动机、目的、后果。四是刑法趋向宽和以及对罪犯人权进行保护,如反对刑讯逼供、废除肉体刑、减少死刑、改进死刑执行方法、改善监狱条件等。

在法律文化的养成中,上述司法的公正性、独立性、伦理性价值以及人道主义精神,已在中国本土资源中被日积月累、发扬光大,成为现代法律文明发展成熟的新的增长点。在此,我们需要发掘其中有利于现代法律成长的元素,并通过新型价值观的培育而体现司法制度的进步;我们又需要加强司法人员的整体文化素养,阻止司法中的知法犯法现象;我们还要向社会大众不断灌输法律知识,使其养成信仰和服从法律的品质。这些都是中国司法事业进一步发达、司法文化进一步繁荣的前提条件。

(二)中国司法的职业化进程

司法制度的变迁是一个体系化的过程。其中,宏观方面涉及司法组织、司法权限、司法解释、审判方式、判决执行等原理;微观方面包括仲裁制度、立案制度、批捕制度、鉴定制度、证据制度、律师制度、辩护制度、陪审制度、调解制度、上诉制度、复核制度、监所制度、法律援助制度、错案校正制度等改革,它们均需同步进行。目前,以最高法院为龙头所倡导的大刀阔斧的司法改革不断推进,自然而然成为当今法治改革的突破口。其总体趋向是:

职业主体地位和素养的提升。由于法律人是法治社会中的一个特殊群体,其职业特殊性决定了他们必须形成自己的文化内涵。故此,讨论法律职业

---

① 黄克剑:《人韵——一种对马克思的读解》,东方出版社 1996 年版,第 171 页。

共同体的从业范围、角色分工、权利义务、发展前景,目的在于适应当代中国司法的职业化趋势。具体分析,这种"主体资源"建设包括四个方面:(1)司法体制的健全。横向对比起来,中国的司法组织系统虽不能与法治发达的国家相提并论,但并不亚于其他国家。改革开放以来,我国已建立了完备的民事、刑事、行政诉讼体系,又根据需要设立了海事法庭、知识产权法庭、青少年法庭等特别审判机制。同时,西方的廉政公署制度、违宪审查制度、宪法法院制度,也可作为文化资源供我们参阅。(2)法律角色分化。从法律诞生之日起,廷尉、大理、判官、书吏、幕友、讼师等各种法律职业者就前赴后继地存在,其中有专门机构设置,也有在行政和司法机关内部从事法律工作的人员。现代社会,立法者、法官、检察官、律师、警察、公证员、仲裁人、法律顾问、法学教师、法学研究人员等,已从政治家和行政官员中剥离出来,成为现代法治的主角。(3)从业标准的严格。司法需要在开阔的视野下对社会利益的把握、对公共政策的敏感、对案件后果的预见,这必然要求进入司法职业的门槛提高,要求选拔、考核、奖惩、晋升、罢免等相应制度日渐完善,还要求司法工作者具有现代化的司法观念、司法知识、司法能力和司法经验。(4)社会地位的加强。通过法律教育和司法实践的双重途径,我国已培养出一些训练有素、精明干练的法律精英,随着他们应对新型案件、复杂案件、重大案件、政治案件的处置能力加强,其地位也会不断攀升。

实体法和程序法的兼容。诉讼的过程既是一个实体法实现的过程,也是一个程序法运作的过程。其中,程序化是法律文化的外在形式表现。而在程序制度改进方面,我们的难题在于由来已久地忽视程序功能,一些违宪行为、公益诉讼、环境纠纷、教育权争议、新型犯罪则"没有程序"可以适用。于是,反思程序对于法律文明的重要性,成为重中之重。首先,从程序法对实体法的作用看,诉讼文化理念重在让实质理性和形式理性之间建立一种"结构性配套关系"。特别是进入 21 世纪以来,我国实体法的触角已进入行政管理、产权保护、资源利用、财政金融、国际交流各个领域,而随着民事、刑事、行政三大诉讼法的制定和修改,随着立法法、仲裁法、行政复议法、国家赔偿法的不断问世,程序方面的"本土资源"开始齐备起来,它们应该"双管齐下地"解决立法权和司法权的配置问题。其次,从程序法的固有功能看,现行程序法已预先设置了完备的规则,包括送达程序、拘捕程序、回避程序、管辖程序、调查程序、举证程序、听证程序、辩护程序、陪审程序、审判程序、调解程序、裁判程序、仲裁程序、处罚程序、上诉程序、抗诉程序、申诉程序、复核程序、执行程序、错案追究程序、国家赔偿程序等,问题的关键仍然在于如何落实这些程序性规则,使"程序是法律的心脏"这一文化价值真正得以体现。当然,从趋向看,程序法将和实体法一样得到重视,并呈现出通过程序公正实现实体公正的不可阻挡之势。

惩戒作用和救济功能的交织。文明社会中,解决权利冲突是实现社会生活有序化的根本途径,这使司法之作用当然离不开国家强制力。"法律的意义不仅在于剑锋锋利,而且在于警示高悬;惩前解决现实问题,毖后解决根本问题。"①甚至可以说,法治的实现不是由法律规则本身确定的,却是由违反规则所受到的惩罚确定的。但同时,我们又必须清醒地意识到"物极必反",片面强调司法的制裁属性必然把法律的适用效果委身于国家法的报复功能。目前,我国司法机关对权利救济的力度欠乏、死刑制度泛化、群体事件频发等,都可以说是过于强化司法的制裁功能带来的恶果。于是,如何使法律的制裁功能做到"张弛有度",如何坚持"有损害必有救济"的法治原则,是现代法治的一个难点。在走向上,今日中国的司法能力,应该重点体现于补救公民合法权益之上,法律控制手段则将趋向人道和宽和。诸如坚持惩罚犯罪和保障人权相结合,坚持保留死刑但又慎重适用死刑,坚持既保障被告人的合法权利又救济被害人的合法权益,坚持重证据不轻信口供等,均反映了现代改革的朝向。在程度方面,目前一些轻微的、局部的、民商经济领域的纠葛,相形于政治冲突、国际冲突、民族冲突有着明显差异,不能动辄"残酷斗争"、"无情镇压"。在警示方面,现实中违宪行为的制约乏力,行政权力的膨胀扩张,公民自由的随意剥夺,权利被侵犯后的无奈和叹息等,已成为法律生活中的公害现象。接受教训,反思现实,中国急需实现有效的法律救济,同时要对"制裁"、"惩戒"、"报复"意识进行调整,实现司法工具主义向司法正义价值的转变。

法官职能主义和当事人合意的灵动。在解纷机制中,如何探求司法权力和当事人合意之间的均衡点,是当下又一个重要问题。即一方面,国家的司法权力应该得到落实,这导致司法判决的执行力成为人们关注的热点。实践中,无论是"民告官"案件的受理,还是对高官贪污案的惩戒;无论是孙志刚、齐玉

---

① 樊平:《社会转型和社会失范:谁来制定规则和遵守规则》,219.141.235.75/shxs/s09_shx/jpdd/fanping1.html。

苓、佘祥林案引发的争议和变化,还是最牛钉子户案、重庆打黑案、高空抛物案给司法所带来的思考和震动,都表明司法机关正努力改变着自己的形象和地位,更加重视通过司法权解决社会纷争。另一方面,随着司法改革的不断强化,越来越多的中国学者呼吁引入"当事人主义"诉讼模式。而后者的突出特征,在于坚持司法的被动、消极、中立原则,反而强调控辩双方在庭审中的积极主动地位,它使司法机关在保持解纷之核心地位的同时,通过当事人协商自主地处理纠纷,很好地体现了强制与合意互补,又对于以往的诉讼制度是一个极大修正。与此同时,源自西方的对抗制诉讼模式,以及刑事诉讼中的无罪推定原则、简易程序、辩诉交易、沉默权等制度和观念,也成为颇具研究价值的诉讼法律文化资源。

从中可见,法律改革的动力在于促进社会正义,其能量不仅释放到了法理学、宪法学、行政法学、民法学范畴,而且进发于诉讼法学领域。进而在改革思想的促进下,中国法学所关注的重点已从法律本身的规范主义,转向法律实践中的司法正义、诉讼正义、程序正义问题。宏观地说,法律规则是死的,但司法运作却是活的,司法文明的发展本身就需要创设出各种各样的对策来。这种改革还得益于现代关于司法问题的大讨论,即法学家对于司法之内涵、之目的、之技术、之功效所进行的文化探求。在此期间,中国的司法改革也在追寻着人类法律文明的共同足迹。起码表明,推动我国司法改革的因素既有社会的期盼、内生的需求,也有外部司法和诉讼制度的冲击。当然,在中国司法进程中仍然存在着大量悬而未决的问题,改什么,怎样改,可能性和实效性如何等,都值得探讨。

(三)司法方法的技术性积淀

法律文化和法律资源,不仅仅关涉"思想之本"问题,而且关涉"技术之用"问题。因为法律文化的历史要靠某种体现法律技术的文化模式或风格发展成熟。在西方,许多学者对于"好讼文化"进行了相关解释,用于透视司法过程的变化。凭借这一描述,得以勾勒出诉讼的一般趋势,给人们留下了"深刻的文化印象"。在中国,传统法学的研究焦点主要在于立法领域,而不在司法领域;在于实体法创制,而不在于程序法救济。此种状况,造成了法律文化领域的一大空白,这就是缺乏"艺技知识"的资源供给。因之,纳入司法领域的实证主义、经验主义、诠释主义的分析思考,极有必要。当然,法文化学仅仅研究的是司法技术、程序技术、诉讼技术的"文化意义",以及这些技术作为一种知识性资源对于现代法治的影响,而并非研究这些技术的具体构成。

其一是法官思维方式。"司法过程不仅意味着一个特殊的知识运作过程,而且意味着一种特殊的思考纠纷的过程,这种法律知识和法律思维方式构成了现代法治的根本特征。"①首先,在技术功用上,司法活动依赖于用严谨精致的主观思维过程,将原本含糊抽象的法律适用于具体的、个别的、差异的案件,又用于支持某种规则、原理、主张、陈述、判断的正当性。以司法中的审判技术为例,即代表了一套以自由裁量为依据、以实践经验为积淀、以权利救济为目标的精细之术,法律人运用这类思维技术,即能够游刃有余地在案件侦破环节、案件审理环节、证据收集环节、法庭辩论环节、裁决制作环节、上诉抗诉环节,发挥自由裁量的功能。其次,在推进改革上,法官必须把握时代脉搏,通过更新观念使法律适合于新出现的社会关系。以"马锡武审判方式"的运用为例,作为"革命根据地时期"时空状况的自然选择,当时的法官可以根据法律的基本规则、情理、民俗、习惯、调解等方式解决纠纷,体现了"走群众路线"的风格特征。但在 20 世纪 90 年代后,随着商事案件、金融案件、知识产权案件、国际贸易案件等纷纷出现,法官面临一个高科技化的复杂社会。在这种社会变迁之中,法官难以"坐在田间炕头办案",内行法律文化开始具有更为强烈的专业化和技术化的特性。

其二是逻辑论证技术。逻辑思维的特性,是从事物的本源出发,经过理性判断,最终得出关于法律一般准则、原则或规则的结论。它合理地利用了人类将法律思辨和法律实践连接在一起的能力,通过具体生活的逻辑加工,在理论上抽象出实践经验的一般理性,最终体现出一种普遍的理性精神。而这种从具体到抽象、从特殊到一般、从规则到原则、从个案到先例的逻辑线索,正是法律运行和法律实践的过程。同样,法学研究的某些观点、成果、结论,也都是人类对于法律运动进行逻辑分析的必然结果。例如,孙笑侠教授在《法的现象与观念》一书中,用专章阐释了角色分化、思维阻隔、直观公正、意见交涉、形式理性等正当程序的基本特性;归纳了比较、推敲、讨论、说服、妥协等司法过程;描述了当事人的陈述、控告、质疑、辩论、对抗、举证、证明、解释等具体权能;最终揭示了司法通过直接参与、充分表达、平等对话、集思广益所达成的解

---

① 强世功:《立法者的法理学》,生活·读书·新知三联书店 2007 年版,第 219 页。

决纠纷目的。① 可见,逻辑论证可以帮助人们肯定各种法律现象的相同性和差异性,从而不仅升华出各种法学原理,而且反向控制着法律操作实践。

其三是辩证分析技术。辩证法是现代哲学用于认识事物、分析问题的方法论,也是进行社会科学研究的重要指导思想。根据这种思想方法,对社会现象的考察应该是全局的、多元的、立体的、变量的、动态的,而不是局部的、单一的、片面的、孤立的、机械的、教条的、静态的。如今在司法实践中,也要倡导应用对立统一、因果关系、一分为二的观点透视各种法律问题,反对本本主义、教条主义、机械主义的倾向性。尤其作为法律人,一般要经过法律教育,从而获得专业知识功底;需要具有司法素养,从而驾驭庭审;需要理性思辨,从而处理复杂疑难案件;需要把握时代脉搏,从而适应社会变迁;需要了解与案件有关的社会学、经济学、心理学等相关基础学科,从而作出有说服力的裁决等。就此看来,司法化的过程或方法并不是简单的,它们拥有使法律规则变得有效的法律模式和裁决风格。与工程师的公式一样,它们还代表了辩证思维对于法律实施的阐释,也代表了人们在用各种发达的认识方法所进行的创造性技艺。

其四是法律推理的技术。法律知识的运用、法律规则的解释、法律语言的表达、法律论证的精致、法律经验的积累等,它们不仅是法律的理性原理体现,也是法律技能方法的体现,因此渗透了许多文化属性。我国法学家已将法律方法细分为法律推理、法律发现、法律解释、法律论证四个环节,并对每一个环节的功能和技术作出分析,为司法文化增添了新的内容。其中,法律推理方法可谓是重中之重。例如,法官对案件进行推理的过程,往往是"在案件事实和法律规范之间来回穿梭"的过程,法律推理时,还应当遵循合法性原则、论证性原则、普遍化原则。所谓合法性原则,是指法律推理要有法律依据和法律理由,以正当阐释法律而获得法律推理的大前提。所谓论证原则,是对大小前提的真实性进行证实,决定前提与结论之间的逻辑联系。所谓普遍化原则,是将具体案件的处理与法律规则的一般目的相结合,个案推理不能违反法律的一般主旨和精神。由此可见,法律推理挑战了形式主义的机械做法,弘扬了法律规则的开放性。

其五是立法和司法之间的沟通技术。影响法律实效的因素虽然很多,但从内部制度的"供给"方面看,无非在于立法和司法机制是否健全以及两者之

---

① 孙笑侠:《法的现象与观念》,山东人民出版社 2001 年版,第 149—166 页。

间是否密切联系。从立法学立场看,法律制度本身的发达与否明显地影响着司法运作的效果,如果我国法律是统一的、协调的、配套的、严谨的、准确的,则司法主体易于适用它们;反之,如果法律冲突、矛盾、抵触、过时,则司法会陷入无所适从的境地。从司法学立场看,法律的实效又取决于司法的落实。如果法律不被法官援引,不能规范社会生活,不能约束官员行为,则它们确实为"一些废纸"。正因为如此,人们目前特别重视在立法权力和司法救济的连接点上,证明两者的逻辑关系。以此为背景,司法机关也在不断调整自己的权力空间,以求与立法权、执法权"平起平坐"。可以说,虽然中国司法权仍然不足以抗衡立法权和行政权,但已在实现立法过程和司法过程的衔接方面付出了努力。未来,我们仍然致力于厘清立法和司法的关系、理论和实践的关系,来具体模塑中国司法文化的现代形态。

法律之技术还涉及很多方面,诸如证据收集技术,案件侦破技术,审计查账技术等。这里笔者反复强调的,并不是这些技术在部门法中的运用,而是它们所渗透的法律文化属性,正所谓"在司法中透视文化,在实践中获得真知"。尤其中国这样的以成文法为主要法律形式的国家,推动立法学、部门法学、判例法学、诉讼法学、法律解释学等实用学科的发展,使法律和法学具有更加浓烈的现实主义韵味,很有法律文化价值。我们还可以得出结论,在任何社会里,优秀的法律人总是那些对文明特性有深刻理解的人,是那些有相当深厚社会生活阅历的人。而司法者接触法条越多、接触实践越多、接触史料越多、接触事例越多、接触案件越多,其学术思想和司法技能就会越丰富、越深邃、越博大。

二、非正式的解纷机制

依照分类,争端解决方式可以分为正式和非正式两类。其中,正式解决争端方式是随着社会分工发展起来的、由正式的社会组织实施的、具有法定程序性的解决争端方式,如行政复议、司法判决、国家赔偿等。而非正式解决争端方式是自发产生的社会控制措施,如谈判、调解、中介、仲裁等。在文化形态上,非诉讼解决纠纷机制是一种与"大司法制度"对称的"小司法制度"模式。但无论大司法与小司法、诉讼制度与非诉讼制度、公力救济与私力救济、内行法律文化与外行法律文化有多大差别,它们在当代法治建设中都不失为重要的法律资源。在这一意义上,我们才采取文化整合的进路对"非诉讼文化"进行相关研究,认同它们所体现的目的、功能和重要性。

(一)解纷方式的基本模式

在早期社会,嘲笑、辱骂、责打、决斗、私刑、血亲复仇、驱逐出境、神明裁判等方法具有一定的解纷效果。至 20 世纪末,美国用 ADR 缩写简称"替代性"、"审判外"、"诉讼外"、"法院外"纠纷解决方式,从此 ADR 成为非诉讼纠纷解决方式的总称。[①] 从地位看,现代社会是法治社会,选择正式诉讼方式解决纠纷占据了主导地位。有数据显示,1979 年以来我国法院一审的各类民事、刑事、行政诉讼案件,在总量上有了迅速的增加,从中可以看出,中国正在由一个"厌讼"的国家转向一个把诉讼视为重要的纠纷解决方式的国家。[②] 而这种诉讼数量的变化反馈了诉讼文化观的变化,使我们不得不重新审视国家司法效能。但另一方面,非诉讼方式作为一种"本土资源"在中国的土壤上扎根成长,分析这种机制及其存在的主要理由,有利于体现其独有价值和实际运用。

理由之一:纠纷形态的多样性。在一个主体分化和利益多元的社会中,影响纠纷解决方式选择的因素很多。其中,一般纠纷和特殊纠纷、微小冲突和激烈冲突、民事争议和刑事犯罪、公民利益和公共利益等往往纠葛在一起,它们决定了诉讼与非诉机制的选择。具体理由,一者,现代国家必须减少对社会的干预程度,在纠纷被诉诸法院之前允许替代性的小司法制度存在,司法只是穷尽了其他解纷方式之后所采用的最后的解纷机制。二者,在矛盾冲突面前,司法不能显得束手无策,但如果"最简单的事情如邻里争吵、夫妻失和、种谷种菜,都要依赖政府的意志,那么这个社会肯定是缺乏自组织能力的"[③]。三者,事实上现代社会纳入国家正式司法机制的社会冲突相当有限,许多纠纷被法院拒之门外,加剧了人们对单一司法模式的质疑之声。四者,在日常民事纠纷领域,"意思自治"原则发挥着作用,对那些自身权利损害不大的纠纷,当事人

---

① 范愉:《非诉讼纠纷解决机制研究》,中国人民大学出版社 2000 年版,第 10 页以下。

② 其中,民事案件的数量 1979 年为 389943 件,2004 年为 4332727 件,年平均增长率为 10.7%;刑事案件从 123846 件增加到 647541 件,年平均增长率为 10.5%;行政案件从 1983 年的 527 件增加到 2004 年的 92613 件,年平均增长率为 58.7%;各类一审案件总数从 1979 年的 513789 件增加到 2004 年的 5072881 件,年平均增长率为 10.2%。相关数据解读参见朱景文主编:《中国法律发展报告》,中国人民大学出版社 2007 年版,第 1—29 页。

③ 夏勇:《乡民公法权利的生成》,《走向权利的时代》,中国政法大学出版社 1999 年版,第 639 页。

可以选择行政复议方式、仲裁方式、人民调解方式。

理由之二:习俗调节的重要性。比较而言,文化本土资源中的一些重要元素不但以国家正式制度的形式存在,还以种种舆论的、道德的、精神的、习俗的、人情的、血缘的约束力量存在。特别是,中国社会自身孕育的民俗惯例等成分在处理纠纷中举足轻重。以少数民族习惯法为例,对违反习惯法者的处罚制裁方法形形色色,且各种处罚方式由违法的性质、种类、情节、后果等决定。又以农村中的法治状况分析,由于"送法下乡"较为漫长,"非诉讼机制会使乡土社会的民间秩序得到国家正式制度的承认或者默许,也使国家正式制度更为有效地融合到民间的乡土秩序中去,从而建立起富含生机和活力的法律运行机制"①。

理由之三:公众舆论的压力性。按照分析,外行法律文化的主体主要是普通社会公众,他们与作为内行法律文化主体的法律职业者有所不同。事实上,由于前者偏于具体情感和个别化直觉,导致普通公众与法律职业者对许多重大案件评价不同。而且,中国诉讼文化以大众意志作为特性之一,这使法律的正义价值并不单靠法官判决体现,有时也凭借民心和群众感情,公众舆论则常常具有维护正义的面孔。范愉教授曾就此论证:"任何公平和正义都是具体的,体验并验证于社会生活之中的,因此,对事实的判断和法律适用都不可能完全垄断在职业法律家手里,也需要以平民视角和常识判断加以考量。"②实践中,民事纠纷、商事纠纷、经济纠纷、劳动纠纷都被认为是社会矛盾的缩影,致使司法活动本身离不开对诸多非法律因素的考察。例如,地方法院在审判中一般会考虑案件是否"民愤极大",或适当"准情酌理"。基层法官也往往有让步和妥协的举措,给大众留有一定的自治空间。

理由之四:公民厌讼的心理性。根据常识,倘若诉讼在一个社会中被视为道德、习惯、风俗、文化问题,社会成员运用法律时就会相对消极与慎重。对于中国,"居家莫讼"、"一场官司十年仇"的传统心理,一直影响着纠纷解决方式;公民厌讼的心理,还与中庸、和谐、妥协、无为、忍让、忠义的文化观不无联系;法律的道德化、人治力量强大、法律信仰未能树立起来等,更是导致"无讼

---

① 顾元:"中国衡平司法传统论纲",《政法论坛》2004 年第 2 期,第 110 页。
② 范愉:《试论民间社会规范与国家法的统一适用》,谢晖主编:《民间法》(1),山东人民出版社 2002 年版,第 98 页。

文化"产生的重要原因。此外,在盘根交错的中国熟人社会中,从事经济活动和社会活动的人们长期居住在一个地区,使家庭的、血缘的、朋友的、邻里的、社区的各种联系缠绕在一起,纠纷发生后,当事人会注重自己的口碑或声誉,考虑别人对自己的看法,不会冒"得罪"其他人的风险长期陷于纷争之中。当然,厌讼也并非仅仅具有消极的成分。为了追求人际关系的和谐,我国特别强调社会成员之间的交涉、衡平、合作、人性、宽容属性,非强力的救济方式中也确实有诸如关心孤寡、扶助幼弱、公正善良的"奇贝异石"。近十几年来,一些民众在栅栏修建、牲畜越界、民间收债、邻里纠葛、交通事故、农民工维权等领域不诉诸法律,而企求"和为贵"的解决方案,调解制度在中国比外国更显发达等,都取决于这些赖以生存的深层文化背景。

理由之五:非诉讼方式的优异性。毋庸置疑,对于当事人而言,他们最关心的不是"由谁判决",而是"谁能解决实际问题"。因此,从诉讼向非诉讼的扩张导源于两者的优劣短长。其中,非诉讼方式的优势可概括为:(1)程序上的非正式性,即简易灵活,迅速便捷,贴近人性,无须严格遵守的步骤和方法。(2)基准上的非法律化,即允许自由裁量,无须严格适用实体法规定。(3)主体上的非职业化,即可以由非法律人从事调解,使纠纷解决脱离职业法律人垄断。(4)形式上的多样化,即纳入各种因素的判断,其中民间性、道德性、社会性判断占据主流。(5)构造上的平等性,即纠纷解决当事人之间是平等的,当事人的处分权和合意具有决定意义。(6)过程和结果上的互利性,即纠纷解决以平和方式进行,而非对抗形式出现。(7)成本的低廉性,即非诉讼方式对人们具有经济上的吸引力,并在一定程度上有助于节约执法、司法和守法成本。相比之下,正式诉讼成本代价相比非诉讼纠纷解决方式为大。一为时间成本,诉讼有着严格的程序,繁杂的手续,需要耗费较多的时间;二则经济成本,诉讼要缴纳一定的咨询费、代理费、诉讼费、交通费以及由此产生一定的误工费;三是关系成本,由于裁判不公、司法腐败等因素,诉讼有时会成为关系之争;四有隐性成本,双方对峙法庭,之后却仍要生活在一个村落或者社区里,一方当事人有可能对另一方进行报复;五即社会成本,随着诉讼的增加基层法官和律师的工作负担加重,引起法官和律师的社会需求量上升。凡此种种,使普通百姓与法院存在着时空距离,导致当事人不愿诉讼或不敢诉讼。

显而易见,民间解纷方式特色鲜明,优势突出,无疑是中国社会状况的反馈。而厌诉的心理、亲情的考量、外界的压力、舆论的影响、成本的分析等,则会使纠纷当事人走上一条非正式解决纠纷的现实之路。但作为社会控制之工具,无论是通过司法方式,还是通过非诉讼方式,只要能够消解矛盾都可以说异曲同工。因此,对中国解决纠纷模式的动态考察,须就大、小司法制度设计两个视角进行,忽视其一则无法全面概括我国诉讼文化的现状和趋势。

(二)解纷方式的理论模型

从前述分析可见,影响纠纷解决方式选择的特殊因素有很多,以至选择何种方式,取决于争端者之间的关系、争端的性质规模、解决争端所需要的人力财力消耗以及文化传统等。在此还要强调,不同解决争端方式之间有着互相渗透的关系,即同一争端可以通过不同方法解决,也可以通过几种方法相互配合解决。由此出发,法学家发展了关于争端解决方式和途径的各种学理。这里参考我国学者朱景文教授所作的分析,提出以下几种值得参阅的理论模型:[1]

一是社会关系类别理论模型。首先,选择什么样的解决争端方式取决于人们之间的关系类别,包括简单关系和复杂关系、亲密关系和距离关系、核心关系与边缘关系等。美国法学家布莱克就用"关系距离"这一概念来表示社会控制形式的选择。[2] 其中,所谓简单关系是指人们为了非常单纯有限的目的而建立的短暂接触关系;而复杂关系是人们为了多方面的目的而建立的接触面广、存续时间长的关系。它们导致纠纷所需的控制形式不同。例如,复杂的、距离近的关系担心关系破裂后的后果,要求较多的社会控制方法。而在简单的或距离远的关系中,由于权利和义务对每一方都是明确的,不需要各种方法补救,因此通过司法解决纠纷自然常见。此外,人们选择什么样的方式解决争端,还取决于社会关系距离对争端者的重要性程度。处于核心地位的争端不可放弃,争端者宁愿选择正式诉讼的方式;反之,处在边缘地位争端利益对于当事人是可放弃的,争端者往往希望通过非正式的调解方式予以解决。

二是社会发展程度理论模型。社会发展程度也是决定人们选择什么样的调整方式的重要因素。在社会发展早期,人们善于用调解等非法律方法解决问题,但随着社会生活的现代化,人们越来越多地转而借助诉讼解决矛盾。原

---

[1] 参见朱景文:《解决争端方式的选择——一个比较法社会学的分析》,《吉林大学社会科学学报》2003年第5期,第13—16页。

[2] [美]布莱克:《社会学视野中的司法》,郭星华等译,法律出版社2002年版,第23页。

因在于,传统社会分工不发达,人口流动很少,各种熟人联系往往缠绕在一起,其中一个关系发生矛盾就要顾及其他方面的联系,因此适合于利用家长、族长、中间人的权威进行调解。而现代社会则被认为是一个工业社会,其主要特征在于社会分工、功能分化、角色单一,而且人们从一个城市搬迁到另一个城市,到处遇到的都是陌生人,这种状态适合于通过诉讼解决纠纷。例如,在企业或公司发展业务时,连续不断的业务联系总是存在,它们在商业争端中利用合同、仲裁、诉讼方式解决纠纷的比重就大为增加了。

三是社会文化影响理论模型。从不同文化的角度,可分析为什么有的人喜欢用调解的方法解决民事争端,而有的人又喜欢用诉讼的方法解决民事争端。在许多场合,有时人们凭借精心设计,有时人们却凭借一时冲动处理纷争,这取决于人们的理性和非理性因素。再者,对于文化问题的常见解释是,东方文化把人际关系的和谐看得非常重要,并因此而厌讼;而西方文化力求分辨是非曲直,并因此而好诉。以西方的美国、德国、意大利和东方的日本为例,它们都属于经济水平基本齐平的发达国家,但据 1985 年和 1989 年数据统计,日本的民事诉讼率只是美国的 11%、德国的 18%、意大利的 42%。那么,为什么在选择诉讼方面会存在如此大的差别呢? 这显然不是经济因素所能说明的,文化的影响起了关键作用。

四是社会利益计算理论模型。在大量民事和经济案件中,当事人究竟选择什么样的社会控制方式,还依赖于利益方面的计算。一般而言,哪种方式能给自己带来的经济和社会效益更大,人们就会选择哪种方式。而且,公民不仅要考虑在博弈中自己所能获得的回报,还要综合考虑得到这种回报所要付出的代价,每个人都会尽量选择使自己所得回报高于付出成本的纠纷解决方式。以日本 20 世纪 60 至 70 年代曾经出现的"四大污染案"为例,届时,不同的受害人采取了不同的态度。有的主张直接与污染公司谈判,有的主张由政府部门组织调解,有的则主张通过诉讼解决。而之所以出现如此的态度分歧,显然与不同受害人的利益衡量有直接关系。选择调解的人大多数与公司有着利益关系,他们或者是公司雇员,要从公司获得工资、医疗保险和社会福利;或者要从公司获得非正式的利益,如子女就业机会、在公司子弟学校上学等。反之,那些主张通过诉讼解决纠纷的人,则没有失业、医疗保险、社会福利、子女受教育等方面的"后顾之忧"。

但须注意的是,上述任何一种理论,都不是决定争端方式选择的万能理论。制约人们选择争端解决方式的因素是综合的,以至人们很难把政治的、经济的、文化的或社会因素放在一个平台上去衡量。因此,从理论上真正设计出类似"灵丹妙药"式的方案并不可能,法学家所提供的只是解纷方式的多种路径,具体问题还要具体解决。

三、典型化的中国方案

当代中国,大司法和小司法制度架构内的各种解纷机制,即国家的解纷方式和民间的解纷方式,强制型的解纷方式和调解型的解纷方式,司法主导型的解纷方式和行政主导型的解纷方式,以及中介组织、劳动仲裁、群众信访、普法宣传、人大个案监督等并存不悖,这已是不争的事实。其中,一些新颖别致的特色做法在传统社会早就存在,一些在新中国成立以后得到大力推广,还有一些则是近 30 年更为畅行的解纷模式。

(一)中国特色的民间调解制度

中国自古以来就有着民间息讼的文化传统,集中体现了法律文化的独特风格,又以私力救济和社会性救济两类方式为主要表现形态。新中国成立之初,调解制度作为国家支持的系统化解社会矛盾方式被承继下来。届时,中国形成了三套互补的调解形式:一是群众自己调解,以至将矛盾内化于社会之中;二是政府调解,这是传统中"行政断案"的现代延续;三是审判调解,以"马锡五审判方式"的推行为典型代表。如今,通过政党、社团、学校、工会、妇联等组织对社会冲突进行救济,已成为司法组织之外的社会控制措施;包括亲友调解、邻里调解、单位调解、行业调解、社团调解、社区调解、村委会调解等各种形式的调解,更得以迅速发展。

其中,具有中国特色的人民调解委员会制度,是民间调解的一种最主要形式。据统计,到1980 年,中国有"人民调解委员会"81 万个,从事调解工作的有576 万人员,其解决的社会纠纷大约是法院的 10 多倍。[1] 而且经过发展,人民调解制度已经获得的良好效益以及在大众中的心理支撑,使该制度居功伟傲。美籍华人李浩总结道,中国存在着两种法律制度的分类,一类是内部模式,一类是外部模式。外部模式指国家正式法律制度,内部模式是在城市、机关、学校、公社中广泛存在的人民调解委员会,它们执行着大部分社会控制职

---

[1]　参见徐平:《论调解》,《中国法学文集》(1),法律出版社 1984 年版,第 242 页。

能,处理了大量离婚、偷摸、伤害、家庭纠纷、邻里矛盾以及未成年人犯罪案件。①

分析人民调解制度之所以行之有效的原因,取决于它本身就是一种民间的社会的力量。一是从传统看,由于中国政权结构一直以宗法制度、地方自治、村民治理为特征,亲友调解、家庭调解、邻里调解、乡里调解、行会调解等形式历来发达,调解制度的形成即来源于这一社会自治的传统。二是从范围看,国家法的效力主要在于社会上层,"户婚田土钱债"以及日常生活纠纷,诸如追债、索赔、悔婚、析产、侵权、偷牛、殴斗等纷争,一般按照风俗习惯解决,其多元解纷方式也就在司法模式之外独立发展起来了。三是从功能看,人民调解被认为是人们自己处理法律事务的独特形式,有利于体现人民当家作主的权利;调解期间贯穿着道德教育、纪律教育、文化教育,又促进了精神文明建设;调解工作还与治安保卫工作一起,成为安定社会、防范和打击违法犯罪活动的重要形式;调解者一般是双方信赖的人,容易在其主持下达成自愿调解协议,从而弥补司法不足,克服执行难问题。②

从调解制度的前景看,西方法治发达国家在经历了诉讼爆炸后,日渐重视诉讼外纠纷解决机制。我国则从民间调解的经验中,总结出了诉讼调解的新方法,如最高法院于2007年发布了《关于进一步发挥诉讼调解在构建社会主义和谐社会中积极作用的若干意见》,要求各级法院大力推进诉讼调解工作,克服法院审判的刚性,结合人民调解的柔性,实现"案件调撤率提高,开庭率明显降低,庭审时间缩短,当庭宣判率提高,上诉率明显下降,结案周期缩短,当事人自觉履行率提高"的效果。③ 有学者评价说,恰恰是在中国的司法实践中,"法院调解的价值才被认为具有了重要意义"④。

我们认为,调解制度是中国诉讼文化的一大特色,其优越性需要保持,但也应该看到该制度客观存在的缺陷,对调解工作进行法律规制。特别应提高调解的制度化程度,划分调解权力的界限,加强诉权对调节权的制约,进行调

---

① 参见朱景文:《法治和关系:是对立还是包容》,徐显明主编:《法治社会》,山东人民出版社2003年版,第99—100页。

② 参见徐昕:《完善人民调解制度与构建和谐社会》,《中国司法》2006年第4期,第65页。

③ 参见彭文洁:《中国调解制度的复兴》,强世功主编:《调解、法制与现代性:中国调解制度研究》,中国法制出版社2001年版,第353页。

④ 姚辉、刘潇潇、赵瑜、陈新:《"诉讼爆炸"催生多元化纠纷解决机制》,《法制早报》2005年9月21日。

解方式和程序的改良,以实现法院与社会调解的协同归一。

(二)中国特色的行政信访制度

信访是我国解决社会纷争的重要形式。广义的信访指公民、法人或者其他组织采用书信、邮件、传真、电话、走访等形式,向有权接受信访的单位提出建议、意见或者投诉请求,依法由有关机关予以处理的活动。接受信访的单位在中央有全国人大常委会办公厅信访局、国家信访局、中纪委、公安部、最高人民法院、最高人民检察院等权威部门,在地方也涉及各级立法、行政、司法机关。狭义的信访具有浓厚的行政化色彩,指各级人民政府接受和处理人民来访的活动。

根据历史资料,现代信访制度在一定程度上体现出了"传统文化的连续性"。苏维埃政权初创时期和抗日战争时期,中国共产党积极鼓励人民用来信来访方式表达各种意见,而许多来信来访都由中央领导人亲自批阅或接待。但信访作为一项制度形成,是在新中国成立前后。1949年,正式成立了中央书记处政治秘书室,中央人民政府、全国人大常委会办公厅也设置了"人民接待室",作为专门处理来信来访工作的办事机构,很多省市县也据此建立了相应机构,制定了工作规章。①"文革"结束后,逐渐恢复的国家信访机构制定了相关法规规章,包括1980年最高人民法院发布的《信访处接待来访工作细则》、1982年中共中央和国务院的《党政机关信访工作暂行条例》、1995年国务院颁布的《信访条例》,2005年再度修订此条例。随后,各部委、各地方政府也陆续发布了信访条例、工作办法、暂行规定,标志着我国信访制度正式纳入了法制建设范畴。

在功能上,信访组织的设立初衷在于"统合"。即在国家政权建设过程中,新政权发明了这套包括组织管理技术、民主动员技术、化解矛盾技术在内的网络系统,"并在这种技术组合中形成了自己的新传统"②。因此无论成败与否,现行信访制度都有一些特点值得关注:一是从事信访工作的机构众多,从中央到地方,各级党委、人大、政府、法院和检察院及相关职能部门都设有信访机构。二是有权信访的主体广泛,公务员、工人、农民、被告人、受害人、对社会不满者、对政策提供意见者等,都可能成为信访主体。三是信访涉及的事项

---

① 刁杰成:《人民信访史略》,北京经济学院出版社1996年版,第25页以下。

② 强世功:《法制与治理》,中国政法大学出版社2003年版,第101页。

广泛,不仅包括诉讼和非诉讼各种事宜,还包括向国家机关提供意见建议。四是信访具有理想化的价值追求,它更多的体现为一种权利救济的手段,同时还被赋予了监督制约国家权力的功能。

进一步分析,信访制度的存在具有一定的合理性价值。这就是:(1)群众路线的宗旨。信访制度的出现并不是偶然的,而是连通政府和群众的一条途径,是"为人民服务"意识的直接反馈。特别在它形成初期,直接面向社区、面向农村、面向群众,代表了"从群众中来,到群众中去"、"正确处理人民内部的矛盾"、"克服官僚主义,改进工作"等诸如此类的政策性导向。(2)为民做主的目的。中国政府历来承担着保民护民的使命,加强信访工作也被认为是实现"亲民"政策的重要途径。尤其"文革"之后,拨乱反正的需要使政府面临解决很多遗留问题的使命。而且,中国社会各种矛盾相互交织,借助信访形式,有助政府了解民情、社情、区情,处理积案,稳定治安,促进改革。由此,信访成为新一届领导集体的选择方案。(3)信仰政府的心理。信访制度的形成发展,并非完全是政府的主观设计,一定程度与民众的文化心理有关。在中国,人们对政府有挥之不去的依赖心理,以为政府是解决社会矛盾的最权威的组织形态,这种依靠"清官"为民做主的社会状况已变成为一种中国特有的"文化现象"。① (4)监控腐败的需要。以各种方式防止国家机关工作人员以权谋私,是政府的责任。这一任务也力求通过信访制度作为辅助手段予以完成。当前社会上一些热点问题的集体信访,如改制、拆迁、非法集资、土地征用、企业破产等,都直接因行政违法而引起,导致信访事件的焦点集中在行政机关。

无论如何,法治目标的达成意味着要建立一种顺畅的能够有效化解社会矛盾的机制。在这个意义上,信访制度的设置理想与法治本身所追求的目标并不冲突。但"理想归理想,事实归事实"。随着转轨时期社会矛盾的复杂和激化,群体上访、重复上访、越级上访和赴京上访人数多、规模大、时间长、行为激烈,形成了愈演愈烈层层上访的"信访洪峰"和"信访危机"。从信访和诉讼的关系看,虽然我国行政仲裁制度、行政复议制度、行政诉讼制度等已经相对发达,但近十多年来,一些刚开始进入司法渠道的案件,最终又通过上访形式流向政府,造成了所谓"涉法上访"或"涉诉上访"的局面。据此分析,政府信访能力的扩张化和法院司法能力的弱势化,意味着行政机关和司法机关两者

---

① 参见于建嵘:《中国信访制度批判》。

的职能错位,不仅造成行政机关的压力负担过大,也影响了司法体制的效能。

对此,我们应该宣扬一种从"行政性权利救济"向"司法性权利救济"转移的基本理念。从行政功能看,各级政府承担着执行法律、管理国家、服务社会的重要使命,其解决纠纷的社会责任不能过大,这就需要政府严格信访的程序和路径,逐渐提升接受信访的"门槛"。从司法功能看,公民的上访纠纷或而属于民事案件范畴,或而属于经济案件范畴,或而属于行政案件范畴,应该纳入国家统一的司法管辖之中。总之客观地说,中国信访制度的困境"已是一个综合的社会性制度危机"。虽然直接取消政府信访功能的条件并不成熟,但信访的确不应成为"通过政府"解决社会矛盾的主要渠道。因此,解决信访问题的根本点,在于抑制法律关系行政化这一"制度问题"。制度问题不解决,对社会矛盾的处理就不能从根本上纳入法治建设的轨道。

（三）中国特色的社会治安综合治理制度

所谓综合治理,是指在各级党委和政府的统一领导下,组织各部门、各单位、各社区,运用政治、经济、行政、法律、教育等多种手段,通过加强打击、防范、管理、改造等方面的工作,实现从根本上预防违法犯罪的社会系统。按照设计,由基层各部门共同组成实体性的办事机构,包括人大个案监督、政法委牵头、信访局出面、公安局参与、基层政府居中、社会组织支持、公民代表监督,以及计生、土管、民政、派出所等主体以协调办案的形式化解社会矛盾,发挥稳定社会治安的重要作用。①

新中国成立以来,我们一直倡导健全社会综合治理机制。1991 年,中共中央、国务院专门发布了《关于加强社会治安综合治理的决定》,指出,实行社会治安综合治理的方针是解决中国社会治安问题的根本出路。同年,中央成立了社会治安综合治理委员会,指导全国社会治安综合治理工作,各个地方也设置了相应的综合治理委员会或办公室。1996 年,中央社会治安综合治理委员会通过了《1996 年——2000 年全国社会治安综合治理五年规划》,提出了社会治安综合治理工作的指导思想、总体目标和重点工作。2008 年,综治委又发布了全国综治工作要点,明确提出要通过问卷调查、重点督察、巡视制度、联合检查等方式,查找治安问题,加强督导整改,兑现奖惩措施。经过近 30 年的发展,我国的综合治理机制已经非常完善,与基层社区和城镇中的普法宣

---

① 范愉:《非诉讼程序（ADR）教程》,中国人民大学出版社 2002 年版,第 248 页。

传、庭外调解、社会中介、行政复议、劳动仲裁等形式配套,为现代法治社会建构奠定了坚实的基础。

从基本功能分析,社会治安综合治理关系到广大群众切身利益,追求着社会和谐的基本目标。其主旨,在于依托协商、调解、自助等现代纠纷解决方式,惩恶扬善,扶正祛邪,查禁社会丑恶现象,依法坚决打击危害社会安定的各种犯罪活动。尤其突出转型期全方位的控制秩序模式,强调把单向控制转变为网络控制,将各项社会治安综合治理措施落实到基层,为物质文明与精神文明建设创造良好的社会环境。① 社会治安综合治理还是法律控制和其他控制手段的有机结合,即它将公力救济和私力救济、国家手段和民间手段、法律制裁和社会自治进行统合,以维护秩序、维护稳定。而且相比之下,虽然其他国家也有类似社会机制存在,但中国这一独特的基层治理模式是我国自身长期进行治安管理的经验结晶,有一种"土生土长"的文化蕴意。

从理论基础透视,无论在西方抑或在中国,"多元化的社会控制说"十分流行。人们早已清醒地认识到,各种社会失范行为都可以通过社会的综合机制,包括教育、管理、交涉、调解、仲裁、裁判等形式加以解决。据此,社会治理的力量可分为两大部分,一是国家强制力,由军队、警察、法庭、行政组织等活动体现;一是社会规范、社会环境、社会舆论、社会自治,后者是指"社会中占统治地位的价值观所赋予的力量。它的根源是价值观所代表所维护的现实社会结构对主体存在和活动方式所形成的压力,也是主体在违背价值标准时感到将失去资源的压力"。② 事实上,法律的力量不仅来自国家,亦来自于社会本身的权力。这一点早已成为政治家和法学家的共识。

但在社会治安综合治理的过程中,某些做法却背离了该制度设计的初衷。例如,一些乡镇为司法调解工作人员配置了类似警服的统一制装,以至人们分不清"干部"和"司法"的界限如何;一些司法调解中心的主要任务是配合基层政府的征地、拆迁、收费工作,号称"拔钉子"、"打刺头"。就此看来,我国基层法制建设的道路仍然很漫长,而其中,对社会治安制度进行改良也十分重要。笔者相信,通过努力,当代中国特色的本土法律资源将得以富足,当代中国法

---

① 向德平、田北海:《转型期中国社会失范与社会控制研究综述》,《学术论坛》2003 年第 2 期,第 124 页。

② 谢邦宇、黄建武:《行为与法律控制》,《法学研究》1994 年第 3 期,第 26 页。

律文化事业将得到推进,当代中国社会治安环境也有望获得健康发展。

(四)中国特色的人民陪审制度

所谓陪审制度,是司法机关依法定程序,吸收普通公民作为陪审员,与法官一起依法参与刑事、民事和行政案件审判活动的一项重要司法制度。中国陪审制度成型于 20 世纪 30 年代初,当时吸收人民群众参与审判案件就是为了准确的查明案件事实,巩固革命政权。新中国成立后,我国基层法院配备了一定数量的人民陪审员,使陪审员成为一支庞大队伍。2004 年全国人大常委会通过了《关于完善人民陪审制度的决定》,再一次肯定了实施人民陪审员制度的重要价值,这也是我国历史上第一部关于陪审员制度的单行法律。同时,《中华人民共和国民事诉讼法》第 40 条、《中华人民共和国刑事诉讼法》第 13 条、《中华人民共和国行政诉讼法》第 46 条都对陪审制作出了原则性规定。

与之适应,我国学者对于中外陪审制的研究逐步深入,大都充分肯定了陪审制度的积极价值和功用。具体归纳,陪审制的理想设计目标如下:(1)司法民主价值。陪审员制度是民主制度的具体体现,民主既是公民参与国家政权的基本标志,也是司法民主的象征和宣示,更是陪审制度本身的内在价值。诸如在少年犯罪、医患纠纷、建筑质量、环境污染等诉讼中,公民参审已提到重要日程,司法也越来越向着听取对立意见的方向发展。(2)权力监督功能。任何权力的行使都需要相应的监督机制来保障,国家审判权也不例外。通过人民陪审员直接参与司法过程,对司法权行使进行面对面的监督,防止法官在审判过程中搞暗箱操作,从而使司法权保持其应有的公正性。(3)法律教育作用。公众的法律知识和法律意识是衡量一个国家司法水平的重要标志之一。陪审员通过亲身经历有关诉讼程序、证据采纳、审理裁判、法律适用的过程,相当于接受了生动的法制教育课;又可以通过他们的宣传扩大审判活动的社会效果。此外,由于陪审员在普通民众中一般享有较高威望,有助于增强案件当事人对法院判决的信任度,从而减少不必要的上诉、申诉,自觉执行生效判决。(4)职业偏见矫正。职业法官常常因为与形形色色的案件"打交道",会自觉不自觉地形成职业习惯和思维定式。而陪审员大多来自基层,熟悉社会,了解民情,富有经验,他们的大众性思维和社会道德标准可以与职业法官的职业思维形成有效互补,督促法官采纳公众智慧,用常人的视角来观察分析案情。而且,在金融、财会、房地产、股权等类似纠纷案件中,如果法官匮乏一些专业知识,聘请各行各业专家参与陪审,可以发挥后者的专业知识优势,形成审判中较为科学的法律、智力和专业结构。

虽然,陪审制度实施中仍然存在着各种问题,如一些法官并不尊重陪审员的意见,使"陪而不审"的问题普遍存在,但即使如此,该制度依然有着必须肯定的法律文化价值。因此,陪审制度不是应不应该被取消的问题,而是应该如何改进、如何发挥实效的问题。尤其应尽快制定"人民陪审员法",赋予陪审员查阅案件材料、参加合议庭合议、对审判程序进行监督、对主审法官进行制约等实际权利。同时,可吸收外国陪审制的一些优良做法,促进现代司法的民主化、公开化、交涉化进程。

(五)中国特色的法律援助制度

法律援助制度,是世界上许多国家所普遍采用的一种司法救济制度,其含义是在国家司法制度运行中,对因经济困难及其他因素而难以享受诉权的社会弱者,提供法律帮助的一项社会公益性保障制度。这种制度重在保证权利被损害的当事人能够获得实质的法律救济,因之作为实现司法公正的法律措施,是法律文明的重要象征之一。

中国的法律援助制度从 1994 年年初开始试点,正在发展之中。1996 年的《中华人民共和国刑事诉讼法》第 34 条规定:"公诉人出庭公诉的案件,被告人因经济困难或者其他原因没有委托辩护人的,人民法院可以指定承担法律援助义务的律师为其提供辩护。被告人是盲、聋、哑或者未成年人而没有委托辩护人的,人民法院应当指定承担法律援助义务的律师为其提供辩护。被告人可能被判处死刑而没有委托辩护人的,人民法院应当指定承担法律援助义务的律师为其提供辩护。"这是在我国立法史上,首次明确将法律援助肯定下来。1996 年的《中华人民共和国律师法》第 6 章,又对法律援助作了专章规定,明确了公民获得法律援助的范围和律师必须依法承担的法律援助义务。1997 年,在国家一级建立了司法部法律援助中心,统一对全国的法律援助工作实施指导和协调。同日,成立了中国法律援助基金会。此外,《民事诉讼法》、《国家赔偿法》、《残疾人保障法》、《老年人权益保障法》、《妇女权益保障法》和《未成年人保护法》等法律中,都有法律援助的相关规定。2003 年,国务院颁布施行了《法律援助条例》,更标志着这个领域的工作纳入了法治轨道。

虽然与发达国家比较,我国的法律援助制度起步很晚,但也应当看到,这一制度在我国获得了非常迅速的发展。与时俱进,关于法律援助方面的理论研究也有所凝炼和升华,可主要概括为:(1)法律援助的人权平等性。众所周知,平等原则的实现有赖于一定途径。对于社会主体,如果不能在其救济权利之时,获得与其他人同样的诉讼权、辩护权、陈述权、上诉权,则法律的公平性难以兑现。(2)法律援助的司法救济性。被法律援助者往往是社会弱势群体,为了实现对他们的司法救济,才设定法律援助制度;而只有当社会弱者遭到侵害时能真正求助于法律,法治的扬善罚恶功能才能得到张扬。(3)法律援助资源配置的公平性。法律援助首先表现为物质帮助,对于那些因经济困难而无力支付各项诉讼费用和法律服务费用的公民,国家有责任采取合理的资源配置措施,无偿提供物质帮助。(4)法律援助的形式正义性。我国宪法明确规定了公民的政治权利和自由,人身财产自由和权利以及批评、建议、申诉、检举和取得赔偿的权利。一旦这些权利受到侵害,就需要通过诉讼加以恢复,最终使公民权利完成"从实质平等到形式正义的飞跃"。(5)法律援助的人道主义性。中国自古就有"老有所终,壮有所用,幼有所长,鳏寡孤独废疾者皆有所养"的大同社会构想。如今,这种人道主义精神在司法领域得到一定程度的展现,而且这种援助不同于其他社会慈善事业,承担这一人道义务的是国家,因此是一种制度化的人道主义措施。

当然,由于我国幅员辽阔,人口众多,对法律援助工作的需求量也不断扩大。未来,我们要向西方发达国家学习法律援助的一些做法和经验,促进我国当代法律援助事业的更快发展。重点是:一要颁行专门法规。目前,除了国务院的《法律援助条例》,我国关于法律援助的制度规定散见于各个法规之中,导致司法实践中有关公民享受法律援助的条件、范围、形式、程序等方面并不明晰,是否应制定"中华人民共和国法律援助法"还在讨论之中。二是精炼人员队伍。法律援助是以律师制度的发展为前提的,但农村和涉外事务中,现有的法律援助人才难以满足需求,特别是高层次的法律援助工作者奇缺,需要加大对法律援助专业人才的培养力度。三为解决经费困难。要保障法律援助工作的有效开展,必须把法律援助经费纳入国家财政预算,从根本上解决法律援助经费短缺的问题。①

显而易见,在分析了中国特色的诉讼与非诉讼体制之后,我们对中国当代的诉讼文化有所感悟。特别自新中国成立以来,我们形成了行之有效的解决

① 参见严军兴:《中国法律援助制度的完善》,中国人大网 www.npc.gov.cn(2008-03-07)。

社会纠纷的特殊机制,但这类机制的实际效能发挥利弊参半,大有值得调整和改进之处。尽管如此,我们仍然需要从正面和肯定的角度去评价它们。这是因为,生长在中国土壤上的法律制度体系和思想文化体系已渗入社会之中,成为法律文化的组成部分。这就要求我们在大司法制度和小司法制度之间、在诉讼模式和非诉讼模式之间、在内行法律文化和外行法律文化之间,寻找到密切的结合点;确立起多元化的纠纷解决机制。预测未来,中国进行社会控制的对策是适度改革和充分利用这些独具特色的调解机制、信访机制、陪审机制、法律援助机制、社会治安综合机制,而不在于废止这些机制。

第五章

法文化继承论：传统法律文化之特性

在中国法律文化研究中，一个特殊的领域是传统法律文化的研究。这是因为，文化的产生和发展有其内在的逻辑，一个民族的文化内含着该民族在久远的历史过程中积累的生活经验、智慧以及这一民族生存和发展的规律性，因而它具有一定的超越时空的作用力和影响力。这使人们除了强调现代法律的观念之维，还必须突出法律传统的历史之维和文化之维。法学家曾宪义指出："中国传统文化中凝聚着人类共同的精神追求，凝聚着有利于人类发展的巨大智慧，因此在现实中我们不难寻找到传统法律文化与现代法律文明的契合点，也不难发现传统法律文化对于我们的积极影响。"①正是在这一意义上，法律视阈中的法律观念、法律制度、法律模式都具有深厚的历史根基。

第一节　文化记忆：中国法律文化的历史导读

古老悠久的传统文化是文化系统中的重要组成部分，传统法律文化则是各种法律制度和法律思想通过长期潜移默化的影响在中华民族意识层面形成的一种比较稳定的积淀物，也是以往岁月中中华民族创造物质和精神财富的结晶。它还表现了一个国家的深层结构特征，影响着现代社会变革的方式和效果。正因为如此，我们应将历史文化与现代文化联系起来进行"跨文化考察"，这种考察无疑影响着现代政治家和法学家对于传统法律文化、现代法律

---

①　曾宪义主编：《法律文化研究》(1)，中国人民大学出版社 2005 年版，卷首语。

文化以及它们之间相互关系的判断。

一、传统法的成文形式和律学体系

从狭义说,文化主要指根深蒂固、历史传承的优良观念体系和价值体系。对传统法律文化的历史性继承、扬弃和超越,首先要建立在对传统法的本源、本体、本性、本质的分析研究之上,这也是法律现代化不能回避的一个重大课题。基于这种认知,我们需将注意的焦点投射于中国古代法律制度本身的质料和特色之上。概括言之,中国古代政治与法律发展的一个重要特点,就是成文法的发达,成文法的发达又成就了中国律学的发达,使律学具备了丰富的资料来源。反过来说,律学亦推动了当时和后世的法制完善。

(一)律令的沿革与贡献

从现有的史料记载看,中国古代法律最早起源于河南龙山文化时期,也即文献记载的尧舜时期。《尚书》中有"(虞舜)流共工于幽州,放灌兜于崇山,窜三苗于三危,殛鲧于羽山"的记载;①又有"流宥五刑。鞭作官刑,扑作教刑,金作赎刑。眚灾肆赦,怙终贼刑"的说法。②《国语》中也有"禹朝诸侯于会稽之上,防风之君后至,而禹斩之"的表述。③ 这些都是早期法律制度产生发展的历史见证。

伴随着社会关系的日益复杂和各类纠纷的增多,需要规范性的法律予以调整。因此,立法建制便成为一项重要的国家活动。所谓"夏有乱政,而作禹刑"、"商有乱政,而作汤刑"、"周有乱政,而作九刑",可以理解为当时国家制定法的重要形态。至于春秋时期的郑铸刑书、晋铸刑鼎,则是国家将成文法公开地推向社会的创新性举措。其后,"自魏文侯以李悝为师,造法经六篇,至汉萧何定加三篇,总谓九章律,而律之根荄已见",④标志着以《法经》为代表的成文模式开始在中国推行。再者,从1975年湖北睡虎地出土的云梦秦简记载中,也可以看出《秦律》已发展到了十分细密的程度,其调整范围遍及民事、婚姻、财产、继承、犯罪、诉讼各个领域,使国家、社会、家庭、个人生活"莫不皆

---

① 参见《尚书·尧典》。
② 参见《尚书·舜典》。
③ 参见《国语·鲁语》。
④ 参见元代柳赟:《唐律疏议序》。

有法式"。

秦汉以后,中国法进入了漫长的封建形态发展时期,历两千年而未中断。可以说,从《法经》开始,历经《秦律》、《九章律》、《北齐律》、《开皇律》、《唐律》、《宋刑统》、《大元通制》、《大明律》,一直到《大清律例》,整个成文法制史大致可窥见其一斑,而其形态的多样、内容的完备、体系的齐整、用语的简洁,则为世界封建法制所少见。其中,唐朝制定法的形式,主要包括律、令、格、式、典、敕等,形成了法律以"律令"为主体而构造的正式模式,淋漓尽致地表现了中华法律文明之发达。所谓"大唐皇帝上圣凝图,英声祠武,润春云于品物,缓秋官于黎庶。今之宪典,前圣规模,章程靡失,鸿纤备举。"①清朝对自己的法律也推崇备至,"本朝折中往制,垂宪万年,钦定《大清律例》,简明公平,实永为协中弼教之盛轨"。② 这种自我肯定,虽然带有自傲成分,但同时也表明中华法系正在这前后相继的历史进程中,得到充实、发展、完善,走向成熟。

成文法的最主要形式为"律"。由此,律在古文化中成为一个重要概念,是最基本的、稳定的、主导的法律形式。除律而外,其他各种法律形式相互之间也具有一定的互补性。例如,唐朝的令、式、格有制约违法、决定断狱的功用,包括《军防令》、《仪制令》、《公式令》、《贞观格》、《留司格》、《散颁格》、《太极格》、《永徽式》、《礼部式》等。上述律、令、格、式四种法律形式中,律有完整的假定、处理和制裁三个部分的逻辑结构,而令、格、式则大多没有规定制裁部分,因此违反后者要到律中去寻找相应的处罚条款。另一方面,一些在律中无明文规定、然而违反令、格、式的行为,也要加以处罚,由此实现了律、令、格、式的相互补充和协调。这种法律文化发展历程,也是西方法所不能比拟的。

律在形式上表现为一种成文法、实在法、制定法,通过法典和法条而强调法律的明确性和规范性。这使法制代表着一种真实的行为准绳和规矩方圆,具有规范划一的鲜明风格。正如管子所作的经典定义:"尺寸也,绳墨也,规矩也,衡石也,斗斛也,角度也,谓之法"。"法律政令者,吏民规矩绳墨也。"③近代法律改革家沈家本,也把法律定义为"天下之程式,万事之仪表也",反映

---

① 参见《唐律疏议·名例》。
② 参见《四库全书总目·唐律疏议提要》。
③ 参见《管子·七臣七主》。

出法律家对于法律的基本属性和基本特征的认知。对此,梁启超先生作出评价说,中国早就实现了"正定人民之权利义务,使国家之有秩序,得以成立。"①

近代以后,中国的政治家和知识分子更倾向于一种主观建构法律的伟大力量,表现为清末修律对法典式的制定法予以了格外关注。同样,民国时代的"六法"是中国历史上前所未有的作品,但从外观、形式、结构方面却是上述中国特有文化的遗传产物。

（二）法制的技术与经验

自从有国家,就有法律规则、法律制度、法律技术和法律经验,它们作为法律文明成果被古人创制,又传承下来。其中,中华文明中刑法、行政法和诉讼法方面的成果尤为突出,在维护政权、稳定社会、制裁违法方面的功能也独一无二、无可替代。虽然就内涵而言,当时法制的确有专制、重刑、残酷等因素必须否定,但作为一种文化遗产,如果我们抛开意识形态领域的"阶级分析法",仍然可以将古代法律制度所表现的风格和技术作为一种"法律文化资源"来理解。

首先,我们可以从历史文化中透视出行政法制的精巧。在任何时代,行政都是重要的国家事务。传统社会,君主掌握着最高统治权,通过分官设职建立了自上而下的行政机构,并使行政执法环节的设计十分精道。这一行政体制涵盖了实现政治目标的行政组织体系、行政管理体系和行政监察体系,既是当时施行统治的手段,也是政治经验积累的结晶。具体表现在以下方面:(1)政权组织体制完备。我国国家形成早期即健全了中央和地方管理体制,一切重要职务有一定的名称,有明确的权责,有任命的仪式,有内部的分工,不仅有利于国家的统一和强悍,而且控制了地方的独立和分离。(2)科举选官制度独特。以隋唐为代表的科举文化是我国行之千年并具有现代遗痕的吏治文化之一。它将考试与选官制度密切结合,实现了文官本身的职业化进程。(3)官吏铨叙制度健全。法律要求官吏集团公道、忠诚、责任、慎言、敏行、修身、正己、廉立、知耻。同时,为了保证对官吏的有效控制,采取了定期考课、陟优黜劣、扬清激浊等各种措施,形成了官吏选拔、任用、薪俸、奖惩、抚恤、退休、养老等发达的制度体系。(4)监察控权网络细密。多环节、多途径的监督网络,使监察制度成为一项防范官吏违法失职的"防御工程"。御史、都督、刺史、谏

---

① 梁启超:《管子传》,《饮冰室合集》专集之二十八,第8页。

官、给事中、台院、殿院、察院等,都在整顿吏治、政之理乱方面发挥着特殊功效。(5)问责治罪措施严格。在中国,对官吏行政、民事、刑事责任追究十分重视,各种官吏犯罪行为都被圈定在法网之中,可谓"法网恢恢,疏而不漏"。凡此成功和失败之处都值得后世引以为鉴。

其次,中国古代的刑法体制非常发达。从中国历朝历代的法律中,我们都可以看到刑法的突出地位,刑法的调控空间被无限扩大,触角伸及社会政治、经济、民间生活的各个领域,而且刑法地位明显高于民事立法、行政立法、经济立法、商事立法。因此,我们透过刑法目的、刑法内涵、刑法体系、刑法风格和刑法变革,可以揭示出中国刑制不断演化的主要脉络和纵向规律。(1)对刑典的编纂。中国古代刑事法典内容丰富,沿革清晰,包括犯罪构成、定罪量刑、律条解释、刑罚适用等都相当成熟,反映了古代刑事立法的技术水平。(2)对壹刑的追求。"刑无等级"之见体现了某种程度的法治思想的火花。如商鞅阐述:"有功于前,有败于后,不为损刑。有善于前,有过于后,不为亏法。"①韩非论证:"法不阿贵,绳不绕曲,法之所加,智者弗能辞,勇者弗敢争,刑过不避大臣,赏善不遗匹夫。"②(3)对刑制的改革。中国历代的刑名,自古就有墨、刖、劓、宫、大辟"五刑"之说,至隋唐正式确立了"笞、杖、徒、流、死"的封建五刑制,使刑罚总体向着宽和恤怜的方向发展。(4)对慎刑的推崇。虽然刑法中不乏重刑主义的法律主旨,但华夏先民并不完全把惩罚看做目的,因而反对滥施刑戮,诸如慎重对待量刑、慎重对待拷讯、慎重对待疑案、慎重对待特殊犯罪主体、慎重对待已决囚犯等。凡此表明,封建刑法的暴力性、残酷性、等级性与刑法的伦理性、怀柔性、审慎性成为矛盾的统一体,一直存在着重刑和慎性的反叛。

再者,中国诉讼文化源远流长,特色鲜明。传统的诉讼法律文化主要表现出三大典型特征,这就是行政化、司法化与民间化共存。(1)父母官的诉讼。中国的行政官员,也即司法官员,社会要求他们为政如父母,其司法业务也作为这种职责而对百姓同时施予,朝野双方则千方百计地树立着清官循吏的高大形象。(2)依法量刑的原则。在审判实践中,追求量刑标准的相对公平性、一致性、协调性,要求依法加刑和减刑,避免对疑罪的擅断,并以"反坐"的力

---

① 参见《商君书·赏刑》。
② 参见《韩非子·有度》。

度追究违法断狱的司法官员的法律责任。(3)发达的狱讼经验。各代的狱讼制度十分健全,在审判、取证、拘捕、执行、监狱管理等各个方面得到了全面的贯彻。断狱理讼、审判回避、法医鉴定等许多司法实践经验也都被纳入法律之中,一定程度地防止了冤案和滞狱。(4)特殊的复核程序。秦简《法律答问》表明已存在不服案件判决的"乞鞫"制度。至隋唐,大理寺、刑部、御史台三大机关共掌司法权,形成了"三司推事"之制。历代还通过有序的申诉、上诉、复审、谳狱、录囚途径,实现司法系统内部的监督,"三复奏"、"五复奏"等死刑复核程序更为典型。(5)无讼的文化传统。对于纠纷解决,传统社会通常将其称之为"私和"、"息事"、"和息",目的在于教化息争。此外,民间解讼方式也很流行,家族调处的机能较为发达,类似于当代流行的"非诉讼机制",国家则对许多纠纷采取不干涉主义。

凡此种种,典型地表现了传统中国社会是一个东方社会、乡土社会、熟人社会、礼法社会,又表现了古人在行政法、刑法、诉讼法领域的成功做法。这里,我们并不认为这些法律制度所表现的"文化资源"适合当今法治建设,而只是以为,现代社会应该实事求是地看待以往的法律状况,避免带着有色眼镜去否定一切。而且,诊视历史的成就和经验并不是一件"丢人的事",前人的历史应该让后人感到宝贵而不是相反,唯有那些已经被淘汰和需要被淘汰的糟粕才是历史的沉渣。

(三)律学的发展与成就

与成文律法的发展形态相适应,从中国特有的律令中,又发展出了律学的概念。律学主要是一门注释学,即对发达的成文律法进行书面的、文义的、技术的解释和说明。例如,《秦律》竹简中有《法律问答》,是秦朝对法律所作的具有法律效力的解释;汉朝董仲舒用儒家礼治主义思想阐释法律,形成著名的"春秋决狱";魏晋有张斐、杜预、刘颂、贾充等律学家,专门从事法律规则的权威注释;唐朝时将律条和解释附在一起,形成了法典和疏议为一体的《唐律疏议》;宋代律学在研究规模方面大为扩展,《疑狱集》、《棠阴比事》、《洗冤集录》等私家著作成为律学史上的代表之作;到明清时期私家注律之风很盛,佳作频频问世。这些,无疑承载着律学发展的高度和成就。

对中国律学特色进行归纳,不外有三。一是律学以刑法文本为基本研究对象,促进了刑名之学在中国的发展,也表明当时的刑法承担着为现实秩序保驾护航的重要使命。二是律学达成了实用性和理论性统一。如作为魏晋律学最优秀作品的《注律表》,是张斐为《晋律》所作之注。在其中,张斐对立法原理、法律术语、法律适用等问题的阐述都相当深刻,把古代律学推向了一个更高层次。三是在方法论上,律学主要借助了逻辑实证、经验实证、社会实证等具体方法,注重探索法律的体例、结构、形式,注重使法律本身达致科学严谨,成为当时法律制度权威性的维护者和推动者。

"吏学"研究的丰富也为其中一端。由于古时不存在专门的立法机关,许多涉及行政管理的法律规则,藉由史书或著作的形式来表达,在实践中也不断地有人总结前人得失,将吸收和传递管理经验作为自己的神圣使命,由此而积淀了厚实的吏治思想,形成了卷帙浩繁的官箴作品。诸如,西周时期,起法律调节作用的《周礼》是记载西周典章制度的重要文献,其中夹杂着许多吏学原理。春秋战国时,一些传之后世的经典著述,如《孔子》、《孟子》、《荀子》、《尚书》、《左传》、《春秋》、《论语》等,实际上都可视为官制和吏学的作品。而自东汉班固修《汉书》,将"刑法志"作为历史沿革一部分之后,二十四史等官修正书都记载了法制的发达史和官制的发达史。至隋唐以来,各朝设置了国史馆或翰林院,组成官方的政史研究机构,系统地编写、整理、记载了前代的典章制度,使吏学研究更加系统,成果累累。主要有:唐代武则天的《臣轨》、吴兢的《贞观政要》、韩愈的《昌黎先生集》、柳宗元的《柳河东集》;北宋陈襄的《州县提纲》、李元弼的《作邑自箴》、司马光的《资治通鉴》;南宋吕本中的《官箴》、胡太初的《昼帘绪论》;元代徐元瑞的《吏学指南》、叶留的《为政善报事类》、张养浩的《风宪忠告》;明代汪天赐的《官箴集要》、刘明俊的《居官水镜》、薛瑄的《从政录》、曹璜的《治术纲目》、苏茂相的《临民宝镜》、徐榜的《宦游日记》;清代汪辉祖的《佐治药言》、许乃普的《宦海指南》、徐文弼的《吏治悬镜》、陆维祺的《学治偶存》、万维翰的《幕学举要》、戴兆佳的《天台治略》、包世臣的《齐民四术》、戴肇辰的《求治管见》、王又槐的《刑钱必览》,等等。①这里只是不完全列举。

这些律学和吏学书籍,有的根据统治经验总结,有的根据司法实践汇集;有的强调中央官吏的权术,有的倡导地方官员的忠诚;有的借以律人,有的重

---

① 参见郭成伟主编:《官箴书点评与官箴文化研究》中国法制出版社 2000 年版;何勤华:《中国法学史》(1),法律出版社 2000 年版,第 39、56、185 页;《中国法学史》(2)28—31、198—207页。

在自律。而且,一些鸿篇巨著中,也蕴涵了关于法律制度发展的正面史料,它们既写政治历史的兴盛,也写政治历史的衰败;既写仁义明智的皇帝,也写昏恶残暴的君王;既写清正廉洁的大臣,也写奸佞腐败的污吏,其历史的用意都在于警示世人。因此,有现代学者评价说:"反躬自省者读之,可以知命运;心系天下者读之,可以成大事;淡然自处者读之,可以明清浊;游戏人间者读之,可以正进退。"①而且,通过这些史料,可以清晰地反映出当时统治者的治国方案,透视出古代史学发展的脉络、性质、特点与趋向,为当代法治建设提供借鉴。

综上可见,关于"法"或"律"的各种解说,并不只流行于近现代,其渊源可以从古已有之的法律文化传统中去搜寻、去体味、去洞察。而且,届时的法律虽然机械刻板,但一直以制定法作为形式,以刑法、行政法作为主干,构成了中外少见的法制化传统;其表述的精确性,体例的科学性,结构的逻辑性以及普适性、连续性、稳定性、针对性、明确性、实用性等优长,也是以往律法辗转相承而从未中断的重要原因。民国时期的居正就曾论证:"大凡世界上探究各种学科学问,必须究原究委,有一定的准绳法则。这一定的准绳法则,是由前人因事推理,准情合数,而逐渐发明。不是一蹴而就,更不是凭空捏造,我国大学有云:'物有本末,事有终始。'"②

二、传统法的基本特征与价值取向

中国传统法律文化以人本、和谐、秩序价值为指导思想,以礼教和德治建设为治国方案,以伦理和孝道教化为最高原则,体现了十分明显的儒家化、伦理化、宗族化的精神特点。这使古代法的发展建立在他律标准与自律标准、行为标准与思想标准、外在标准与内在标准等典型的双重标准基础上。梳理这类法律思想观念及其实践所表达的历史信息,有利于我们正确把握前辈留给后人的法律文化遗产,也是我们认识法律传统和法律现状的出发点。

(一)传统法的和谐追求

中国传统文化把和谐看成是世界万物的最高准则,讲求天地之间、人与人

---

① 参见林宗岗主编:《中国官训经典》,红旗出版社 1996 年版,"序"。

② 居正:《为什么要重建中国法系》,郭嘉整理,曾宪义主编:《法律文化研究》(3),中国人民大学出版社 2007 年版,第 480 页。

之间、人类自体身心之间以和谐为最佳状态。《礼记·乐记》中解释:"和故万物皆化"。"天和"、"人和"、"心和",三者皆备为"太和",而"太和"乃"和之至也"。即达到和谐的境界,天下安宁,四宇稳定,是为至上。至于和谐的含义,有各式各样的解说,其中最有代表性的和谐思想主要渊源于中国文化的核心指导思想——儒学。

首先,儒家的"和"与中庸之道有着天然的联系,或者说,从儒家"和"的价值观中自然衍生出了中庸的论说。《中庸》里称:"中也者,天下之大本也;和也者,天下之达道也。致中和,天地位焉,万物育焉。"《中庸》又说:"喜怒哀乐之未发谓之中,发而皆中节谓之和"。由此可见,对任何事务的认识和处理要把握全局,保持适度,执两用中,恰到好处,无过无不及,不偏不倚,不可极端,即谓中和。虽然一直以来,有不少学者对这种"和"的理论存有偏见,批评它为"不讲原则的折中主义",但事实上认真研究儒家主张可以发现,这种和谐观是在承认对抗的前提下,希望通过尊重他者个性的相互协商妥协,求同存异,达成一致。孔子把和谐的基本含义归纳为"和而不同",①朱熹以为"和者,无乖戾之心;同者,有阿比之意",②都是对事物分歧所持的积极态度。进一步,和谐文化的教育中,君主的职责是使天下和谐,官员的职责是使所辖区域和谐,家长的职责是使家庭关系和谐。夏勇教授由此总结,以礼为代表的儒学"不是争权夺利、相互冲突的根据,而是人们谋求和谐统一的凭借。在这里,道德、宗教、法律、政治、社会,便融为一体了。"③

当然,和谐之思想并不局限于儒家对于事物的哲理认识,它还作为一种文化观念渗透于人们的思想和行为之中,渗透于中国特色的法律文化精神世界之中。首先,和谐在利益价值的协调方面表现得十分明显。中国文化注重实现社会的立体发展、全面发展、长远发展,因而当利益关系发生冲突时,一贯坚持人文的、中庸的、妥协的、兼顾的立场调整各种矛盾,使习惯、道德和法律均在和谐价值的追求上发生功效。其次,和谐文化也与普通民众的心理相吻合。所谓"民用和睦"、"讲信修睦",都通过人伦或家庭关系得以实现。"社会通过了这种以爱为结合纽带的家庭组织,大家在家族中生活,使公与私、权利与义

---

① 参见《论语·子路》。
② 《四书章句集注》,中华书局 1983 年版,第 147 页。
③ 夏勇:《人权与中国传统》,《公法》(1),法律出版社 1999 年版,第 204 页。

务、个体与全体,得到自然而然的融合谐和,以解决杨朱的不顾事实,墨翟的不近人情的个体主义与全体主义自身所包含的矛盾。"①

进而,作为一种人本主义文化,"和为贵"的处世哲学,"仁政德行"的政治理想,"用法平恕"的司法态度等,也一直是古往今来的统治者力求达成的基本目标。事实上,中国的法律原则、法律制度、法律观念、法律运作等无不围绕着"和谐为一"和"秩序为先"的理念来设计,使和谐和秩序既协调又对立地共存于中国社会。一方面,古代法律关注人际和谐、群体和谐、天人和谐,而和谐的追求给中国人带来了宽容、温厚和理性,形成了主张民本、宣扬仁政、伦理至上、整顿吏治、赈贫济弱、扶助孤寡、慎刑恤杀的"和谐法律文化"的鲜明特色。另一方面,秩序价值也始终是中国人追求的健康运行的社会状态,特别是由于"不和谐因子"不同程度的存在,导致国家和社会往往需要用强制性的手段平息冲突,而且这种平息有时是不合情理、不合道德的。就此而言,"秩序"并不必然建立在"和谐"的基础上。但从两者的关系看,和谐社会必然是有序的社会,在和谐的基础上形成秩序,在秩序的框架内达到和谐,静之为衡,动之有序,道体和谐,均衡大用。这一境界的实现是法律关系的最高目标,也是百姓安居乐业的前提条件。于是,和谐和秩序又不矛盾。

笔者一再强调,研究传统法律思想决非"复古主义"之目的,而是为了借鉴与反思。其经验主义的精华,可以帮助我们今天作出合情合理的选择;其教训和警示,则使我们不再走回头路。和谐价值的正面效应,在于为政治统一、民族团结、国泰民安奠定基础;而其负面教训,则是为千年专制制度的扩张提供了绝佳的理论武器。在这个意义上,传统和谐文化资源的挖掘对于我们无疑有着正反两个方面的意义。但和谐理想无论对于昨天和今天都有普适价值,其正面启示应该大于负面评价。

(二)传统法的礼教灵魂

上溯历史,关于礼的记载史书不绝,论证礼法文化的思想家亦大有人在,费孝通就是代表。他指出,在礼治秩序下,礼是公认合式的行为规范,与法律无异;礼和法的不同是维持规范的力量,法律靠国家政治的有形权力来推行,而维持礼这种规范的是传统。著名法史学家瞿同祖也曾给礼明确解释,认为礼是封建时代维持社会秩序、调整人与人之间社会关系的规范或准则。由此,

① 〔台〕林端:《儒家伦理与法律文化》,中国政法大学出版社2002年版,第97页。

我们可以透析出关于礼治文化的内涵和特征。

礼的地位——正统思想。首先,作为中国传统法的灵魂的礼,其传播和影响与儒家正统思想的确立密不可分。在儒家思想体系中,礼是裁决一切事物的最终标准。历史上,汉代董仲舒奠定了礼治法律化的基础,使"大一统"思想在整个中国意识形态领域占居了主导地位,促成了中国特色的礼治文化的发展。三国两晋南北朝时期,礼教全面贯彻到法律之中,八议入《曹魏律》,《晋律》确立了"准五服以制罪"的原则,《北齐律》规定"重罪十条",都显示礼治文化的不断深化。时至唐朝,《唐律疏议》实现了"礼之所去,刑之所禁;失礼则入刑,相为表里者也。"①而且,儒家文化不仅获得了统治者的不遗余力的推崇,还在普通民众的心灵中扎下根来,即使随着时代的演进其作用力和影响力都客观存在、持续不断。

礼的内容——确定名分。从内涵看,礼是衡器、绳墨、规矩、尺度、行为标准,包括国礼、族规、宗约、家法、仪式、戒律、道德等国家生活和社会生活的方方面面。因而,"礼"是作为民事法律规则、作为行政管理守则、直至作为政治秩序规则存在于社会之中的。尤其民事立法所调整的社会关系都要服从于礼,正所谓君令、臣恭、父慈、子孝、兄爱、弟敬、夫和、妻柔、姑慈、妇听。从实质看,礼所贯彻的基本原则为"尊尊"、"亲亲",维护君主制度、官僚制度、等级制度、尊卑制度,类似于现代国家的"根本大法"。

礼法关系——出礼入刑。礼被内化在法律之中,并在精神和原则上支配着法律的发展。在法制实践中,礼也得到了不遗余力的贯彻执行。具体表现为:礼为最高立法原则。以作为中华法系代表作的《唐律疏议》的规定为例,"引礼入法"不计其数,直接引证"三礼"用于疏议的达50余处,引用其他儒家经典的更超过了此数。② 礼是办案的具体准则。自董仲舒推行"春秋决狱"以后,司法对礼教的谨遵奉行可谓至极,包括《尚书》、《孝经》、《周礼》、《家语》、《国语》等儒家经典均成为司法的基本依据。礼是百姓日用的习惯法。从渊源看,礼既被理解为广义实在法的组成部分,也被抬高为经过整理阐扬的道德法,还可作为社会生活中自发形成的秩序发挥作用。

---

① 参见《后汉书·陈宠传》。
② 参见曾宪义主编:《中国法制史》,北京大学出版社、高等教育出版社2000年版,第170页。

礼的功能——治国安邦。通过政治、礼治、乐治、刑治的结合,礼所维护的统治目的确实得到了彰显,这就是促进国家的政治稳定。古人早就论证:"道德仁义,非礼不成;教训正俗,非礼不备;分争辩讼,非礼不决;君臣上下,父子兄弟,非礼不定"。① 荀子又作解释:"国无礼则不正,礼之所以正国也,譬之犹衡器之于轻重也,犹绳墨之于曲直,犹规矩之于方圆,既错之而人莫能诬也"。② 唐朝统治者更为强调:"禁暴惩奸,弘风阐化,安民立政,莫此为先"。③ 诸如此类的表述还有很多。

总体来看,作为调整社会关系的手段,礼治具有伦理性、教化性、道义性等显著特点,主要仰赖德化的方式实现,强调通过个体的守礼守节,实现社会的秩序井然。因此,礼治思想中虽包括三纲五常、等级森严、维护君权等方面的糟粕,但如果抽掉礼的保守性内容,而从礼对人性的依赖、对仁政的推行、对百姓的怀柔、对社会的安定方面理解,则它在现代社会有同样的参阅价值。

(三)传统法的伦理特性

中国古代社会没有产生纯粹的法律意识和法律评价,只是用道德意识支配法律意识,道德评价左右法律评价,致使道德思想作为"经国家、定社稷、序民人"的普遍真理,"照耀"在法律制度的"航道"上。不仅如此,继承前人衣钵的后人,又前赴后继地将法律与仁、德、孝、义、信、忠、敬、守、节、仪、廉、耻、忍等道德化的行为标准联系在一起,使伦理法律文化至今仍然在现代留有深深痕迹,并成为法律创制和法律实施的理论支点。具体分析,这种强大道德文化覆盖下的伦理法,突出表现为以下特征:

一是法律渊源的伦理性。中国古代法律并不独立,"礼"、"刑"、"法"、"律"综合起来类似于今天的法概念。④ 韦伯在分析中国法文化的特征时即认为,在中国法律与宗教教义、伦理规范和风俗习惯含混不分,没有被形式化地界定清楚。法国学者爱斯嘉拉也判断:"根据传统的观点,在中国,法律与道德并无区别,法律只是道德的实施"。"如果说,在世界其他地方,道德规范只是作为法律规范的补充而发挥作用,那么在中国,则正好相反。"⑤这种道德法

---

① 参见《礼记·曲礼》。
② 参见《荀子·王霸》。
③ 参见《旧唐书·刑法志》。
④ 范忠信:《中国法律传统的基本精神》,山东人民出版社2001年版,第136页。
⑤ 转引自张晋藩:《中华法系的回顾与前瞻》,中国政法大学出版社2007年版,第181页。

律化的过程主要渗透于立法之中，通过道德规则和律令法条的结合形式作为表现。在地位方面，"成文法乃是道德规范的必要补充"，相反"存在着一个强大的道德意识"，"即认为成文法体系（刑法）是第二位的，充其量是调整和控制人们行为的工具。"①由此，法史学家杨鸿烈分析道："中国的法典范围尽管甚广，而凡道德思想之著于经义而未被法典包括，或法典之所定而未能符于经义者，则经义之效力往往等于法律，或且高于法律。"②

二是司法过程的伦理性。古人处理案件的最高司法原则，也具有伦理判断的典型特征。特别是当纠纷发生之时，家族、乡里、中人纷纷以道德为内容进行说教、劝导、调解；即使纠纷进入司法环节之后，以伦理为准则的社会性救济也成为法律适用的先行程序，断案法官则常常是调和法律与人情的能手，天理、孝道、血缘关系都被作为解决争讼所必须考量的因素之一。此外，对"不孝"、"不睦"、"不义"等行为的惩治，对"亲亲得相首匿"原则的贯彻，更是法律道德化的典型佐证。这一特色一直延续到近代，如清《钦颁州县事宜》要求："州县官为民父母，上之宣朝廷德化，以移风易俗；下之奉朝廷法令，以劝善惩恶。由听讼以训至无讼，法令行而德化与之俱行矣。"清代名幕汪辉祖解释："盖听断以法，而调处以情。法则泾渭不可不分，情则是非不妨稍借。理直者既通亲友之情，义曲者可免公廷之法。"③

三是法律教育的伦理性。古代律学和吏学的重要内容之一，即告诫行政官员应该公正、廉洁、自律。这种以全体官僚为对象的法律教育过程，以公、廉、正、德、忠、信、诚、谨、勤等的正面教育为主，要求官吏要坚守道德操守，公而忘私，正大光明，威武不能屈，富贵不能淫，贫贱不能移，克服各种利欲的诱惑，保证为政的廉洁性，充满了伦理色彩。例如，北宋陈襄严厉地告诫下属："明有三尺，一陷贪墨，终身不可洗濯。故可饥、可寒、可杀、可戮，独不可一毫妄取，苟一毫妄取，虽有奇异才能，终不能以善其后。故为官者当以廉为先。"④元朝官员徐元瑞在《吏学指南》中也指出："高不可欺者，天也；尊不可欺者，父也；上不可欺者，君也；下不可欺者民也。欺天、欺父、欺君、欺民，是名

① ［美］金勇义：《中国与西方的法律观念》，辽宁人民出版社1989年版，第29—30页。
② 杨鸿烈：《中国法律发达史》（上），上海商务印书馆1930年版，第4页。
③ 参见汪辉祖：《学治臆言》。
④ 宋陈襄：《州县提纲》卷一，张勇点校《官箴清廉篇摘录》。

滥官污吏也。"①这类论述表明,当时的思想家特别重视道德教育、廉政教育和亲民教育,要求所有仁人志士必须先天下之忧而忧,后天下之乐而乐,这成为安邦治国的基础。

如果抛开专制因素和等级因素而进行一分为二的分析,上述传统法律文化的伦理性经过历史的沉淀和孕育,其内涵恰恰合于当时的社会状况。而且,道德法律化作为中国数千年统治经验的结晶有其合理性,"对于我们正确处理现实社会中法律与道德的关系,更好地实现依法治国,建设社会主义法治国家的宏伟目标,对于和谐社会的构建具有十分有益的借鉴意义。"②用现代的眼光看,在法治建设的过程中,我们既不要崇尚道德至上,也不要倡导法律万能,而应在法律和道德之间找到结合点,使二者相互补正。

(四)传统法的体系风格

从体例结构和技术风格方面进行总结,中国古代法律制度表现出了重义务、轻权利,重群体、轻个体,重公法、轻私法,重实体法、轻程序法的典型特征。这类特征并非需要弘扬,但却可以从反思角度为后世提供警示。

一是重群体、轻个体的法律特色。与西方人的观念对比,中国人的国家观、社会观、个人观完全不同,体制也各自有别。这就是"推行人道,追求大同,不是借重个人的权利,而是借重个人的义务。"③这导致家族主义传统十分流行。具体表现为:(1)维护家长特权。在家族关系中,家长或族长对家族成员握有人身、财产、婚姻等大权,使个人在家庭和社会中只有服从的义务,没有独立的法律地位。(2)以服制定罪。唐律中设定了"诸詈祖父母、父母罪"、"子孙别籍异财罪"、"子孙违反教令罪"、"子女供养有缺罪"、"居父母夫丧嫁娶罪"、"父母丧作乐罪"、"卑幼自娶亲罪"等,它们都是不孝重罪,受到严厉惩罚。(3)宗法等级体制。由"家"而"国"是中国国家形成的重要途径,因此政治体制和家族统治具有密切结合的典型特征,父子关系、兄弟关系、姻亲关系网络十分细密,君权、父权、夫权神圣不可侵犯。范忠信教授为此总结:东亚特殊的自然和人文环境、小农经济的生产方式、宗法社会组织形态这三大因素"共同构成了中国传统法律文化形成与存续的基本条件,即它的'气候'和'土

① 参见徐元瑞:《吏学指南·为政九要》"正心"。
② 刘同君、魏小强:《法伦理文化视野的和谐社会》,江苏大学出版社2007年版,第149页。
③ 夏勇:《中国民权哲学》,生活·读书·新知三联书店2004年版,第151页。

壤'"。①

二是重公法、轻私法的法律结构。对国家秩序的看重和对个人权利的忽略给法律文化带来的另一影响，就是公法的片面发达和私法体系偏于飘零，尤以行政法和刑法发达，而民商法内涵简单、作用若有若无为其表现。首先，行政法十分详备。中国自西周时已出现了早期的行政法律规范《周官》；秦朝有《置吏律》、《除吏律》、《除弟子律》、《效律》、《行书律》、《为吏之道》；两汉时有《左官律》、《酎金律》、《尚方律》、《上计律》；唐朝除《职制律》、《厩库律》、《擅兴律》外，还完成了中国历史上第一部专门的行政法典《唐六典》；宋代颁布了《出定格》、《循资格》、《贡举格式》、《铨曹格敕》、《吏部七司法》、《景定吏部条例》、《京官考课法》、《州县官考课法》；明清仿唐朝制定了专门的行政法典，计有大明、正德、万历、康熙、雍正、乾隆、嘉庆、光绪等多部会典。这些立法对行政管理和为官出仕的每一个环节都有所涉及，其调整范围之广泛、基本内容之丰富、行为约束之严谨，堪称行政法的经典之作。其次，刑法具有核心地位。"刑文化"作为古代法律文化的典型代表，是中国历史上真正一以贯之的传统，所谓"止也"、"禁也"、"逼也"、"迫也"、"攻也"、"击也"、"罚也"等类的解释充斥着法律文献的始终，法典化体系更代表了刑法的发达健全程度。不唯如此，刑法也被作为得心应手的工具，反映了打击犯罪、控制政敌、维护秩序、稳定社会的根本目标。再次，私法内容有限。与同时期发达的公法体系相比，传统私法主要表现为身份法而非财产法和契约法，对借贷、买卖、商贸、侵权、违约等关系或简单规范，或任由自便。如今反观起来，造成以往的公法完备和私法供给不足的思想原因，主要在于从未养成保障权利的文化观念。

三是重实体、轻程序的法律体系。中国古人对实体法有着特别的偏爱，这导致法律之中有许多定分止争、奖优罚劣、令行禁止、义务规则的设置。相反，却在国家立法中表现出明显的"程序虚无主义"倾向，即使在以程序为灵魂的司法过程中，非程序化特征也非常明显，致使按照什么标准追究法律责任的问题始终没有彻底解决。从《法经》到《九章律》，再到《唐律疏议》和《大清律例》，每一部法典中，程序法或被置于篇末，或与实体法合于一篇，没有独立的体系，同实体法部分的详密细致形成了鲜明对照。此外，这种重实体、轻程序的传统法文化特征还表现在具体的司法运作过程中。一个案件的立案、侦查、

---

① 范忠信：《中国法律传统的基本精神》，山东人民出版社 2001 年版，第 59 页。

逮捕、起诉、审理、判决、执行各环节中,诉讼各方的权利和义务在法典中难见踪影,对司法官也没有明确的职业分工。以现代司法概念来看,当时的一个官员可以集现代公务员、警察、检察官、法官各种身份于一体,皇帝和大臣自己缉捕人犯、加以审问、最终执行的情况被视做平常。从理论上分析,该文化特征的形成原因主要有三:古代司法功能已被高度政治工具化,自身不具有独立地位;法律道德化的社会环境里司法正义观缺失,为这样的纠纷解决方式制定严格的程序决不可能;生活于自然经济状态下的中国人重经验而轻逻辑,这种思维方式也必然导致忽视程序性规则。

四是重习俗、轻法律的法源结构。从历史的角度观察,我们可以得出一个必然结论,这就是中国传统社会是一个多元法律形态并存的社会。在这个社会中,法主要通过律令来表现,又通过习惯、道德、惯例、风俗、礼仪、人情发挥作用,这构成了中国法律文化的特殊标识。梁治平教授分析说,中国古代法虽一脉相传、至高无上,但当时国家法并不必然发挥这样的实际作用。由于"天高皇帝远",律令一般只在中央层面运行,真正在地方、在民间、在私法领域发挥实效很小。① 与国家法的这种消极无为状态相对应,习惯法的作用反而凸显出来。它们渗透于民事、商事、经济、劳动、婚姻、家族、邻里关系等诸多社会领域。具体表现在行业习俗中,有关于限制竞争、学徒工钱、传授技艺之规则;在继承习俗中,有关于长子继承、宗祧继承、应继命继之规则;在婚姻习俗中,有关于结婚、改嫁、租妻、换亲、早婚、重婚、纳妾、财婚之规则;在解纷习俗中,有关于罚跪、游街、械斗、神判、革出家门、逐出村落之规则。② 毫无疑问,这是中国法律史上"最可注意"的一种现象。

对于中国传统法律文化如何看待,各学者有一己之见。在此,我们并不认为"存在的就是合理的",但现代法治建构所必须坚持的一个基本立场是"观今宜鉴古,无古不成今"。透视历史的成果乃至沉渣,才能让它们成为今天法治建设的一面镜子。当然,以往律文化、吏文化、刑文化、诉讼文化中所表现的技能技巧可供参阅,这也是今日不能将此类传统资源统统视为垃圾而抛弃的理由之一。如今,中国人仍然对某些带有人文性、自发性、社会性的中华文化

----

① 梁治平:《清代习惯法:社会与国家》,中国政法大学出版社 1996 年版,第 27—31 页。

② 以上参见费成康主编:《中国的家法族规》,上海人民出版社 1998 年版;梁景时、梁景和:《中国陋俗批判》,团结出版社 1999 年版;杨鸿烈:《中国法律发达史》,商务印书馆 1930 年版。

保有怀旧的心理,而它们作为法律历史的组成部分亦都有着被传承、被发扬、被光大的时空范围。

第二节　文化检省:回音壁和反光镜

一个国家的法治贵在有根,法律文化研究的目的之一即在于寻根。"中国未来的法制体系不能没有深厚的扎实的根,这是文化传统的根"。① 亦可以说,基于文化的民族性、独特性和延续性,现代法律观念、法律制度、法律组织及法律运作无处不体现着中华法系的历史印记。追寻这种印记所得出的结论,无非包括成与败、得与失、优与劣两个方面。成功者为经验,失败者为教训。辩说历史之得,可以帮助人们积累经验;评判历史之失,可以警示人们接受教训。以史为鉴,这就是本文的目的地。

一、中国法文化之自信

在任何时代,古老悠久的传统文化都是中国文化的重要组成部分,当代法律文化中也打下了传统法律文化长期发展的历史烙印。某些传统思想和制度作为特殊社会实践的反映,已不仅仅通过一种政体、一种法制的形态存在,而是作为一种感情联系、一种行为模式、一种社会秩序流传至今。因之,我们研究现代法治,必须将它放置在整个中国社会的历史背景之中,看它的价值、它的目标、它的功能、它的效果、它的进化、它的规律、它的趋向,从中才能发现法律的改革和创新。这使当代中国法律文化建设离不开对传统法律文化的回视与借鉴。

（一）中国传统法的基本属性

关于中国文化的特性,法史学界已经进行了系统考证。一些学贯中西的代表人物,如吴文藻、季羡林等人,持有肯定性的认同和评价。诸如,瞿同祖提出了"儒学文化论";费孝通提出了"差序格局论";杨国枢提出了"社会取向论";梁漱溟阐发了"东方精神论"。按照这类理论,以中国儒学为根本、以伦理为本位、以民族心理为依托的文化,是人类理想的文化。对中国传统文化精华应该充满深情,充满信心。进而,中国数千年的法律文化,以形成过程的自

---

① 参见范忠信:《我准备这样作贡献》,《中西法文化的暗合与差异》,中国政法大学出版社2001年版,"自序"。

发性、内容风格的独特、延绵久远的连续性在世界法律体系中独树一帜。总结起来,其特色建立在四大立论之上:

立论一:原生性。传统法律文化不同于亚洲和欧洲许多国家的次生法律文化,是世界上并不多见的内生法律文化之一。它从自身产生,代代相传,沉淀在以往的传说、事件、案例之中,由此还诞生了法律文化的稳定性、连续性、经验性、模仿性。早在几千年前,炎黄子孙仰赖自然所赐,在土地上耕种、收获、生活。后来,由于农业生产技术的进步,社会财富的日益积累,贫富分化的日益明显,阶层矛盾的日益加剧,才产生了文明国家和中华法制。这种“在中国土壤上”诞生的法律文化最初由原始习惯演变而来,又随着国家统治力的加强而形成结构比较精致的成文法典,并具有强烈的排异功能。它孕育在一个在地理隔绝、信息闭塞的农业大国之中,这阻断了中国文化与外来文化的更多接触,使中华法系基本处于自成体系、自我循环、自相契合、自发更新的状态之中,遵循着内在的逻辑成长。特别是对内而言,传统法律的文化价值代表着一种凝聚力的形成,它固化黏合人们的行为为一体,形成一定空间和时间范围内的文化共同体。一些原创的、本土的、民族的法律制度如点滴星火,却日益形成燎原之势。

立论二:独特性。每个国家都在创造着属于自己独特文明的历史。中国法律文化具有独特性之现实原因,主要导源于当时独有的政治环境、民族环境、社会环境和地理环境。也即是说,具有特定社会结构的中华法系,孕育了独特的法律制度体系、法律机构设施、法律表现方式,包括法律文化的哲学基础、价值取向、功能作用等诸多方面,也包括前面已经提到的和谐大同的人文导向,注重教化的伦理风格;成文律法的基本样式,公法体系的异常发达,基于习惯的调解制度,严密监控的官僚体系等。再从文化模式的形成看,作为一种传统精华,中国法律思想和法律制度经过不断孕育、磨合、演进的过程,已经完成了铸就国人灵魂、养成民族性格、培育民众心理的角色功能,表现出独有的智慧和神采,深刻而生动,丰富而博大,强大而自信。诚如这样的评论:“传统并不是形成文字的历史文献,甚至也不是当代学者的重新阐述,而是活生生的流动着的、在亿万中国人的生活中实际影响他们行为的一些观念;或者从行为主义角度来说,是他们的行为中体现出来的较为固定的模式。"①即使在法制现代化的历史进程中,这种根源于中国社会生活条件的法制变革运动,"也不可避免地具有自己独特的表现形式,体现着中国社会发展的特有逻辑"。②

立论三:传承性。从时空角度分析,法律文化的发展总是呈现纵向色彩,它们是历史的,也是现实的。"一种文明模式的形成所历时间愈久、所涉空间(含地域、人口和社会规模)愈大、所及文化愈复杂,其生命力也相应成正比。"③其中,古代的法律制度和法律思想代代传承,沿革清晰,没有断绝。(1)法律主体的连续性。中国法律文化的主体从来都是"中华民族",法律的发展抑或重构也只能是中国人作为主体进行创建和运行的结果。陈顾远曾经论断:"中华法制历史发展的规律表明,中华法系传统数十代,封建法典演变各有千秋,但都承前启后,陈陈相因不败。"④(2)法律风格的连续性。黑格尔形容:"传统并不是一尊不动的古像,而是生命流溢的,犹如一道洪流,离开它的源头愈远,它就膨胀得愈大。"⑤在此方面,以往的法律在规范严谨、结构技术、语言表达、组织体系、执行机制等方面,已经具有了风格迥异的文化遗传因素。(3)法律内容的连续性。中华法律宝库中有许多可被今天采纳和褒扬的文化成果,特别是行政法、刑法、诉讼法规则反馈了治理国家的智慧和经验,表现了法律文化资源的可用性。(4)法律精神的连续性。从沿革规律透视,对于中国这样一个古老的文明国家,传承文化、追寻足迹、固本求源、怀念乡土是一种精神情感上的需求,所谓"拔出萝卜连着泥"这一自然界的朴实规律,可用于解剖法律文化现象。

立论四:文化性。在传统法律文化研究领域,"文化论"的主张特别流行。文化论立足的一个基本前提,就是把"法"作为历史文化现象,以洞察法律背后隐藏着的价值判断。高鸿钧教授这样强调,文化对于传统社会的影响大于现代。在传统社会,法律制度是法律文化的价值载体,法律文化则决定法律制度的发展方向,锻造成法律制度的价值和意义体系。因此"我们只有潜入特定的文化中去,才能发现特定法律文化的形态、意蕴和价值,才能发现特定法

---

① 苏力:《法治及其本土资源》,中国政法大学出版社1996年版,第14页。
② 公丕祥:《东方法律文化的历史逻辑》,法律出版社2002年版,第358页。
③ 张中秋:《比较视野中的法律文化》,法律出版社2003年版,第6页。
④ 转引自吕世伦:《黑格尔法律思想研究》,中国人民公安大学出版社1989年版,第10页。
⑤ 陈顾远:《中国法制史》,商务印书馆1934年版,第37页。

律制度的精神、气质和底蕴,才能发现特定社会中法律与非法律的边界。"①这里,文化论的基调还包括:(1)历史主义。历史主义认为,法律和语言、风俗一样是历史产物,今天的法律产生于过去的全部历史,"一种具有深厚社会、文化基础的观念一旦形成,必将极大地作用于历史,即便在最初的条件已经消失、相应的制度已经改变的情况下,它也有可能长久地存留下去,于无形之中影响甚至左右着人们的思想和行为。"②(2)本土主义。文化有着本土成长、演化、适用的地域性,即某种行为态度、价值、习俗作为"内部法律文化"往往在地域或群体中才能形成,并使承袭了这种文化因子的本土法与外来法进行着激烈的竞争,以求长久持续保留下来。(3)多元主义。法律的同一性和差异性、连续性和变化性同在,为此,我们并不能将传统文化和现代文化、保守文化和进步文化"一刀切开"。

应该说,中华民族的文明史从其产生到今天,回归传统的人文需求依然强烈地渗透于大众的心灵。因为作为历史之根和民族之脉,文化的绵延是一个民族创造力和凝聚力的前提,是一个民族得以存续发展、走向未来的基础。法律文化的传承同样是中华文化薪火相传的一个重要部分。直到今天,这种原生性、独特性、传承性、文化性的因素仍以各种方式继续存在,深深影响着当代中国法治。

(二)对传统资源的三种态度

近代以来,面对西方文化的大举进攻,一批忧国忧民之士对中国文化的处境充满忧虑,对传统文化的未来发展十分关注。他们从中西比较的视野出发,全面地分析中国文化在世界文化中的地位,试图为中国找到一条适合的发展之路,有关精彩之论也不断问世。

综而论之,中国人对传统法文化的去留取舍有三种不同态度,这就是全盘否定论、全盘肯定论和折中主义论。(1)全盘否定论者认为,在基本价值理念和精神要素方面,传统法律文化总体上与当代法治原则相背离,并且无法通过自我改造实现现代转型,因此中国法律现代化的基本途径是创造性地移植西方法律。尤其近代中国,面临深重的民族危机,各种救国论相应而生,"法律

---

① 参见高鸿钧:《法律文化的语义、语境及其中国问题》,《中国法学》2007 年第 4 期,第 27 页。

② 梁治平:《法辨》,贵州人民出版社 1992 年版,第 85 页。

救国"是其中之一。而当时凡倡此说者,都在痛斥传统社会之弊的同时,一致地认为既有法律制度全无保留的可能和必要,必须实现法律的全面置换。改革开放以后,亦有不少人对传统法文化大加否定。(2)全盘肯定论也即"国粹论"或"中国文化中心论",其主张者对中华法律文明抱有自信,认为传统法律文化蕴涵着丰富的治国理政的智慧,也能够适应现代社会的法治要求。因此,当代法律文化应当反映几千年精神文明成就,注意本土文化资源的内涵与供给,通过对传统法律文化的复兴而实现其现代价值。(3)折中主义之见,即主张中国的法治现代化建设应该重视现代法文化的历史传承,充分挖掘传统资源的有效价值,但又要对传统法文化中与现代法治文明不相契合之处有清醒的认识,在对传统法文化加以改造的前提下,创造性地运用这些资源。也可以说,批判性地改造、创造性地转化,是对待中国法律文化遗产的第三种态度。

依笔者之见,前两种态度,反映了中国人易于走极端。曾经一度,中国人最骄傲的是自己的文化,对本土文化的迷恋使我们认为自己崇高而伟大,不愿承认自己文化有问题,这是一种基于内在封闭发展而带来的世界观。但如今,一些学者又在反思被动局面的同时,有一种怀疑主义的自卑感,看不到法律文明不断进化的过程、步骤和成就。为纠正这一偏颇,本文持第三种态度。首先,中国人一直有尊崇历史、研究历史的良好传统,致使治国之道成为中国最为尊崇的学问,并从这一立场出发,反对学术界关于本土文化的偏颇之见。其次,本土法律文化的研究,要将法律文化作为一种对后世有所启示的"资源"来理解。放弃本土资源中的传统资源的权重或尊重,意味着我们的偏颇和我们的无知。特别是"研究历史只是借助本土资源的一种方式","是由当代中国人创造出的上可以告慰祖先、下可以启迪子孙的'中国特色'"。① 这里,我们甚至可以从现代西方人对待自己本土文化的尊重态度中得到启示,即西方人从来没有因为现代法律的发展而否定他们以往法文化中的优异属性。例如,英国普通法传统是"封建的",但并不妨害现代人从中寻求文化的纵向联系并加以继承;英国至今褒扬的宪政精神,则可以回溯到1215年《自由大宪章》之中。那么,我们为什么要将自己的本土法律文化"一棍子打死"呢?

从思想资源的积累看,法律文化更多地是一种精神形态表现的历史,包括法律语言、法律知识、法律意识、法律成果、法律技能、法律价值观等。这类知

---

① 谢晖:《价值重构与规范选择》,山东人民出版社1998年版,第238页。

识越积累越丰富,当其作为一种有效的本土资源之时,即可表明中国法律有着自己的、现实的、经验的贡献。基于这样的立场,我们应该对本土法律文化资源予以正面肯定。具体理由有三:(1)传统资源的纵向性。中国传统法文化源远流长,蔚为壮观,其中一些被证明是行之有效的价值理念和制度体系。它们相互呼应,恒久恒新,值得现代人认真挖掘和提炼。以中国人历来讲求的中庸之道为例,所谓天人合一、救难扶危、怀柔于民的大同精神虽然带有历史色彩,但并不一定落伍。现代社会注重发扬这种人际关系的和谐理念,谋求各类文化之间的协调,才能真正贯通古今,开出新义。(2)传统资源的经济性。法律文化是环境所致,也即是一种客观现实。这就需要我们根据法律的工具性立场,考察利用何种法律资源更为客观、有效、经济。很显然,以往的各种规则、习惯和思想反映了人们基本的生存需要、关系样态和理想追求;某个国家、某个地区、某个民族长期遵从的行为规则,其效能也远比外部输入的文化符号更强有力。实际上,本土文化意味着我们生长于本土,耕耘于本土,我们的所思所想、所作所为皆有赖于本土的场景之中。因此,遵从本土性的目标和判断,本身就有广阔的空间和领域,其运行的成本费用也相对外来资源要小得多。(3)传统资源的现代性。在社会进程中,传统之于现代必然是一个相互联结的界面,任何人都难以将昨天、今天和明天截然分开。甚至可以说,只要是昨天发生的事件或行为,都是今日和明日的传统。正是在这个意义上,法律现代化又意味着在中国当代和未来培养出一种新的"传统"。而且,传统法律文化具有不可被取代、排除和消灭的强大生命力,这种属性,使它不会因社会制度的变革而在一夜之间发生根本性的变化。我们后人能够做到的,只是正视历史,发扬优点,在各种原理中进行选择,同时形成适合我们时代的原理。"我们可将具有现代适应性的文化价值作为法律价值的'底盘',然后构建中国的现代法律文化,并通过法律文化的中介,把中国文化与现代法律制度联结起来。这样,传统的文化价值会获得新的生命力。"①

由此可见,分析传统社会的法律文化特征,并非单纯归纳这类原理和制度本身的内涵蕴意,或对中国法律的历史资料进行堆积,而是为了从法律发展脉络的角度勾勒整个中国法学思想、法律制度产生与流变的过程,使我们对法律

---

① 参见高鸿钧:《法律文化的语义、语境及其中国问题》,《中国法学》2007 年第 4 期,第 36页。

文化研究没有历史的断层。进一步,法律文化作为人类历史的积累和沉淀,不像有形物体那样泾渭分明、非此即彼,保持中国文化的特性也不意味着必然落后,轻视或否定自己文化根基更是极其悲哀的事情,中国人应注意善待自己的法律遗产。

(三)中华法文化的内外传承

关于法律文化的内外影响,可以从技术标准和模式风格两大方面透视。前者可以视为一种量的评价标准;后者可以视为一种质的评价标准。从质而言,中国古代法律文化经过几千年的发展,形成了饶有特色的内容和形式,与处于同一时代的西方法律文化相比并不逊色,至少在实证主义、经验主义的立法和司法方面,为世界法律文化作出了贡献。从量而言,中国古代律令形式之规范、法律制度之成熟、法律技能之高超、法律体制之系统,对于维系几千年的社会秩序发挥了功不可没的作用。无论是统一政权的构造,还是地方权力的控制;无论是文官制度的发展,还是上下合作的精神;无论是国家体制的发达,还是民间自治的成熟;无论是行政规则的效能,还是刑法制裁的作用;无论是律令形式的完备,还是司法经验的汇总;都达到了它对于世界法制作出巨大贡献的境地。具体表现为三大领域:

一是中华法系之影响。众所周知,任何一种优秀的法律体系都有被传播、被借鉴、被移植的价值。在世界法制发展史册上,中华法系是以唐律为代表、以礼法结合为特征的,发源于中国古代、盛行于封建时期、影响于东亚、东南亚国家的法律系统。尤其大唐帝国盛极一时,唐律作为人类法律文明的瑰宝,成为东方法系成熟的标志。而伴随着中华文明向周边地区的辐射,中国法律对日本、越南、朝鲜、新加坡等国家产生了巨大影响。在传播方面,日本"大化改新"后展开了一系列以中国法律为模式的法典编纂活动,《大宝律令》、《养老律令》基本与唐律相同。朝鲜的《高丽律》在体系和技术上与唐律极为相似,"高丽一代之制大抵皆仿于唐,至于刑法,亦采唐律,参酌时宜而用之。"①在越南,1042 年李太尊颁布的《刑法》三卷、1230 年陈太尊颁行的《国朝刑律》均以唐律为蓝本,后来黎氏王朝的《鸿德刑律》则以宋明律为典范而制成。在地位方面,相比其他国家和地区的法律体系,中国法律是世界多元法律体系中的重要一元,而中华法系则成为与西欧法律文化、基督教法律文化、伊斯兰法律文

---

① 参见《高丽史·刑法志》。

化并驾齐驱的法律传统。美国著名社会学家费正清早就评论道:"按照现代以前的任何标准来看,中国法典显然是自成一格的宏伟巨作。"①时至今日,中华法系虽然作为一种独立的法律体系并不存在,但作为一种制度资源和文化传统,仍然以深刻而实用的理论、丰富而具体的内容、严整而规范的操作在世界法史中独树一帜,现代亚洲仍然存在着"汉字文化圈"或"儒学文化圈"。凡此种种,都深刻表明了中华法系的文化地位和影响。

二是价值理念之积淀。中国从殷周时代至今,经历了从礼法文明、到律法文明、再到法治文明的三大变迁,而每一次变迁都与中华民族的文化理念息息相关。因此,虽然当时的为政之道有不可克服的历史性缺陷,但自问世以来,"壹刑"、"一断于法"、"法不阿贵"、"参酌古今、博稽中外"等思想已如星星之火,与现今的自由、民主、平等、人权观念相碰撞,推进着中国法制现代化的进程。其中,有许多价值元素可供发掘提炼:(1)认同道德文化的理想。在历史上,我国早就形成了特有的制度建设和思想建设两手并举的文化格局。用今天的眼光看,这种崇尚道德的传统文化同现代文明之间有着千丝万缕的内在联系,以道德教化为特征的"综合为治"的治国方略也在一定程度上促进了国家统一、政治稳定、社会有序。因此,我们在反对德治代替法治的同时,要借助道德中的一些元素为法制建设服务。(2)正视礼治主义的地位。对于历时千年的礼法文明,学界持批评意见者居多。但依笔者之见,礼治文化是中国特定背景的产物,其生成时就既具有历史的局限性,又具有时代的适应性。特别是礼起着安人宁国、抑制暴政、抚恤于民的作用,西周的发达、汉初的稳定、唐代的繁荣都在如此的定局之中。而且,礼治主义还在亚洲的一些国家兴盛一时。其内涵、其功效、其流传是任何法史学研究不能回避的一个主题。(3)迸发人本思想的火花。以往的法律观念中已包含了一些自然法、习惯法、民间法、社会法的要素,同时建构起了"法律的人性"。如古代善政之说早已存在,而善政的标准就是存活百姓、赈贫济弱、匡扶正义、仁人爱物、矜老恤幼、道法自然,从而成为中华民族内在精神的显露。(4)挖掘律学文化的资源。中国文化中的"文、史、哲"各科较为发达,导致律学发展的一大特点,是它与哲学、伦理学、经学、社会学、语言学等学科的密不可分。清点起来,各朝各代的《刑法志》和官箴书籍,内涵丰富广博令人吃惊;"张杜律"被引用,促使法律具有细

---

① 费正清:《美国与中国》,商务印书馆 1985 年版,第 85—86 页。

致入微的高技术性;宋慈的《洗冤集录》是世界上最早的保留最完整的法医书籍,从中我们可以窥见法医学的发展脉络;律学中表现的逻辑实证、经验实证、社会实证等律学方法,为现代法律解释学发展奠定了基础。由此可见,滋润了中华五千年文明的传统法律是一座宝贵的文化富矿,在今天看来义理精深,弥足珍贵。

三是法律技术之沿革。法律文明的发达,还表现为立法技术、管理技术、司法技术、程序技术、调解技术的发达。因此可以说,对法制中体现的持之已久的经验、计谋、策略、方法的研究,是中国文化演进的动力之一。历史上,中国形成了发达的法律制度和诉讼模式,法律条规处处可见并付诸实施,成为中华文化自我完善的标志,又与现行的行政管理、刑事法律、司法制度结下了不解之缘。总结这类要素如下:(1)结构严谨的成文主义。中国古代汉承秦制、唐沿隋法、清袭明律;各朝各代律令陈陈相因、整齐划一、协调发展,在文化上同出一源。同时,中国长期奉行的主流的法律样态,是主线分明的法典化的成文体系,又辅之以礼仪、习俗、注释和判例,并积累了拯救僵硬法律于活泛之中的司法经验。而且,在法律的编纂体例、逻辑结构、法言法语方面,中国的法律和法学也确实有不俗的逻辑性的表现,为后世提供了精致无比的法律资源。(2)注重成效的经验主义。人所共知,法治是一种人类经验的产物和总结,而经验体现着法治的可行性、必然性、科学性、实践性和规律性。在中国五千年的历史中,中华民族以其特有的智慧,已经系统地概括了政治统治和法制技巧,诸如宏观的治国策略、微观的处事方法、日常的行为准则,以及审计监察经验、财务控制经验、证据获取经验、法医鉴定经验、综合治理经验、调解结案经验、判决制作经验、文书表达经验等,尽在其中。(3)吏治管理的实用主义。中国古代的法文化中,吏治文化非常发达。特别是建立了规范化的官吏考课制度,坚持了职官任用上的严格标准、严格权限、严格程序,对于保证吏治清明发挥了重要作用,也为现代文官制度的发展提供了参阅。(4)监督体制的功能主义。在中国传统法律文化中,值得单独研究的是法律监督体制的精致完备。其主要特点表现为:监察机构独立,即监察机关大权在握,依法行察,无所忌惮,不受其他行政长官的约束和限制;监察范围广泛,即监察活动无所不及,包括监督朝政,驳正违失,肃正朝仪,严明礼制,纠弹百官,察举非法,推鞫狱讼,审录冤枉;监察权能强劲,即监察官居其位,行其事,刚正不阿,实权显赫可以震肃百官,使为非作恶者心生恐惧而有所收敛。(5)化解纠纷的网络主义。

就法律运作而言,中国社会创造了自己独有的调处机制和司法文化。特别是,民间调解制度以及操作方式具有极大活力,各种私力息讼的办法一直在纠纷解决方面颇有成效。而且,传统司法中的有益内容也为现代司法带来了启示,诸如现代"平和司法"的理念可以从古代诉讼中寻觅踪迹。近年来 ADR 风行欧美,人民调解制度风行中国,它们无疑都是文化传承的结果,也是现代社会的需要。

值得注意,在对待传统法律文化的态度上,我们切忌用今人的眼光去透视前天和昨天发生的事实,用西方现代化的法治去评判中国古老文化所展现的成就。道理很简单,某些社会制度和法律观念是时代的和情境的,应该放到特定时空环境中进行考察,才能进行准确的定位和评价。但另一方面,我们也要将古代法律和今天的法治实践真正地对照起来进行研究,并以此作为法律文化研究的一种难能可贵的方法或途径。我们还相信,随着法律文化研究的不断拓展,将有越来越多的学者探究传统法文化的个中得失,认识传统资源的有效价值,重视传统法文化的现代传承。这无疑是法文化建设中的一种可喜现象。

二、中国法文化之超越

毋庸置疑,中国古代法制与律学乃中国法律史的独特成果之一,今日对其观察,我们不禁对中华民族法文化的博大精深而赞叹。但无可回避的是,传统法律文化也有其内在的、固有的缺陷。如果这些缺陷及余毒不被清除,会导致法律文化研究走向片面和极端。有鉴于此,评价历史和反思历史,既意味着总结经验,也意味着汲取教训。随着中国法治事业的兴盛,后世的人们对古代法律文化所持的正确态度是,我们不能放弃、也不会迷信以往的历史。否则,我们今天的选择又会成为明天的遗憾。

(一)在羁绊中获得重构

不言而喻,文化的守成意识和怀旧意识有着天然的生存空间,导致了法律本身所具有的滞后性和保守性。在此情形下,法律和法学的发展,应该重点从"破坏性的解构",转移到"建设性的重构"方面。它意味着要对中国本土的法律思想和法律制度进行创造性的转换,以开创一条中国式的法律现代化之路。推之于法律文化研究领域,正是因为中国流传千年的法制之术重在为封建统治服务,而专制主义、特权主义、宗法主义、家族主义、伦理主义的传统流弊甚多,因之用现代眼光透视分析,当然否定得多,赞同得少。再说简单一点,现代重要的不是从正在消亡的情景中拯救一些"所说和所作",而是使一些原理和制度从被湮没的黑暗河底捡拾出来,"亮于光照之下"。① 其主旨,在于使当代法律制度和法学思潮整体向着真正现代化的方向转变。在此转型中,现代变革的制度朝向如下:

从专制文化向法治文化的转变。在漫长的封建社会,政治生活是重要的国家活动。所谓"政者事也","治者理也","教不善则政治",②正是封建时期国家事务的真实写照。这意味着以皇帝为代表的政治权威对全社会的有效控制,国家构架和政府体制都围绕皇权展开。而且,这种专制统治的畅行使"魔鬼的瓶子"已经打开,自此之后的几千年专制社会里,中央集权问题、人治盛行问题、宦官擅权问题,都万变不离其宗,服从于绝对专制统治这一大否政。其次,由于君主和官吏拥有强大的政治势力,法律对权力的控制无能为力,导致"法自君出"、"朕言即法"、"为政在人"成为封建社会的典型写照。"在中国,君主权力的基础绝非法律,相反,法律倒是由权力流淌出来。权力与国家都是传统中的崇拜对象"。③ 这种与法治进程大相径庭的"人治架构"早就在中国盘根错节地保留下来,从古到今,一成不变。即使在当代新文化建构中,公然的君主专制已经一去而不复返,但在遗传过程中一些历史的陈迹仍然可见。为此,早就有政治家和思想家深刻反思了法治文明的重要性。例如,明末清初的王夫之呼吁:"法先自治以治人,先治近以及远"。④ 改革先驱章太炎倡言:"铺观史籍,以法律为诗书者,其治理必盛,而反是其治必衰。"⑤梁启超反复强调:"文明之根源有定者何? 其法律愈繁而愈公者,则愈文明;愈简陋而愈私者,则愈野蛮而已。"⑥目前,各国法治化的主旨,都在于保障国家公共权力的依法运行,体现政府权力有限受控的原理,以克服传统文化中权大于法的后遗症,最终实现对固有的专制文化的有效排毒。

从宗法等级体制向权利平等保护的转变。中国的封建时代格外悠长,立

---

① 参见朱晓阳:《纠纷个案背后的社会科学观念》,苏力主编:《法律和社会科学》,法律出版社 2006 年版,第 198 页。

② 参见《国语·齐语》。

③ 梁治平:《法辨》,贵州人民出版社 1992 年版,第 148 页。

④ 参见王夫之:《通读鉴论·卷八》。

⑤ 章太炎:《官制索引·古官制发源于法吏说》,《民报》十四号。

⑥ 梁启超:《论中国宜讲求法律之学》,《饮冰室合集》(1),中华书局 1936 年版,第 14 页。

法、执法、司法中的"差等"也就十分顽固地作为一个文化现象存在。"法律根据种种不同的身份确定人相应的权利或义务。如果这种情形极为普遍,构成社会的常态,这种社会就可以称之为身份社会。"①据此分析,传统社会的君臣之分、官民之分、良贱之分、尊卑之分决定了人们的地位等级,法律中的权利和义务也不尽相同。不仅如此,自西周起"家国一体"的宗法等级制也一直扮演着重要角色。在政治领域,宗法家族是社会组织的基本形态,如同万里长城的砖瓦一样构成了坚固无比的社会基础,家族秩序就是整个国家法律秩序的一个缩影。在民事领域,人们以血缘为纽带建宗祠、选族长、定族规、修宗谱、办私塾、管祖产、立后嗣、论婚嫁、纳妻妾。即使进入现代社会,身份差别虽然已在法律上逐渐消失,但在事实上同志、同乡、同学、同事、熟人、朋友、亲属关系仍然决定着法律关系的亲疏远近。有鉴于此类深刻教训,我们恰恰必须通过法律改革体现人与人之间的开放和平等,加强法律的权利义务结构。特别在民事领域,确定体现自由、民主、公平价值的法律框架,消除身份定位对现代社会的影响,从而构建新型人际关系、财产关系、商贸关系、家庭关系、继承关系,才能使"旧瓶装新意",最终体现法律文化进步的有机规律。

从治民文化向保民文化的转变。中国传统社会的法律指导思想从来游离在"保民"和"治民"中间。在封建思想钳制下,统治者一直把人民大众当做贱民甚至敌人来对待;而"人性本恶"的判断,又使文化理念中个人成为自私自利的小人;许多法律书籍和官箴书籍中,对民众采取了歧视性称呼,如"愚民"、"刁民"、"凡人"、"贱人"、"白丁"、"部曲"、"奴婢"等。这导致个人和国家形成了一种强烈对抗关系,百姓始终是被治理的对象。而且在这种分野之下,法律是"阳春白雪",并演化为治民的工具,对官员的敬畏、对违法的容忍、对诉讼的远离、对犯罪的私了等,更使法律生活消失在人们的视线中。这个领域的思想瓶颈,又一直在"卡着我们的脖子",中国近代前后的法制改革之所以失败,其中的一个教训就是局限于上层改革,而没有利用民力、渗透民心、关注民情、造福民众。可以认为,中国法律文化从根本上抹杀了"庶民性"。为摆脱这种状态,现代民众必须行动起来,与文化的心理惰性和麻木愚钝作斗争,以先进文化思想抵制这牢牢束缚着古老民族的精神羁绊。自然而然,作为镇压工具的治民文化传统被淘汰、被批判、被否定的历史时刻已经到来。相形

---

① 梁治平:《法辨》,贵州人民出版社1992年版,第19页。

之下,确立人本主义、个性解放、权利平等的法律精神成为现代法治的最为核心的价值导向,这也是现代法的内在本质要求。

从德治文化到理性文化的转变。中华法系作为一种具有强大思想、信仰、心理力量的文化性束缚,其特质所在、其有效性能不容置疑。但又不可否认,在道德统摄一切的社会中,法对道德的依附严重,道德原则被大量地引入法律条文,以至道德几乎成为法律的化身,道德地位也明显高于法律。而且,道德教化的功能不能被极端放大。例如,虽然道德约束是控制官吏的手段,它却并不能解决所有吏治管理问题。再者,对道德偏爱的一个结果,是当法律与道德发生冲突时,人们往往会舍法律而求道德,这必然导致法治理念缺失,给法律的自身发展带来障碍,法学也难以从伦理学中独立出来自成体系。正因为如此,新文化运动的批判矛头首先指向旧伦理:"继今以往,国人所怀疑莫决者,当为伦理问题。此而不能觉悟,则前之所谓觉悟者,非彻底之觉悟,伦理之觉悟,为吾人之最后觉悟。"①在现代法学理论中,更要将法律和道德作为地位不同的社会治理手段,而不能将道德无限法律化。这一转化,还涉及现代法律结构的调整问题,也即如何重新构筑现代法律体系的问题。由于中国古代可以说是伦理法、儒教法、礼治法、习俗法、家族法畅行的时代,在政治生活、经济生活、社会生活中难以建立起完善的法律秩序。这是新中国成立半个世纪多仍然没有达成法治状态的症结所在。如今,当道德的、信仰的、血缘的力量受到质疑的时候,对国家正式法律制度的需求就更为迫切了。其在法律结构层面的基本趋向,是改变传统法律中重习惯法、轻制定法,重道德、轻规则,重实体法、轻程序法的模式。惟其如此,我们才能在今日真正加强法律的至上权威和独立价值。

从刑法文化到法治文化的转变。中国古代刑事司法制度的本质是报复主义、威慑主义和重刑主义,统治者"对主要犯罪的基本对策是镇压、惩罚、肉体消灭,甚至株连无辜,祸及乡里,以除后患"。②尤其各个封建王朝没落时期,酷刑是镇压平民百姓的"凶器",而刑法学则是这种制度的"吹鼓手"。那么,对于这种"刑文化"当如何看待?依本文分析,一要调整实证主义刑文化而转向哲理主义刑文化。在法律中贯彻公平、正义、良心、衡平之原则,使"壹刑"、"法不阿贵"、"绳不绕曲"、"一断于法"等思想闪耀光芒。二要将报复主义的

---

① 陈独秀:《吾人最后之觉悟》,《独秀文存》(卷一),安徽人民出版社1987年版,第7页。
② 周密:《中国刑法史纲》,北京大学出版社1998年版,第8页。

刑文化改造为救济主义的刑文化。不容讳言,司法擅断、刑讯逼供、肉刑和死刑的广泛采用,以及民间流行的杀人偿命、欠债还钱、杀一儆百观念等,都是法律具有报复色彩的典型表现。如今,刑事司法应该大力倡导忏悔、教育、改造、补救权利的现代理念。三要改革重刑主义的刑文化向着宽和主义的刑文化发展。封建时代,繁法与酷吏并存,法杖、法室、法科、法曹、法辟等体制的完备,造成了"法网恢恢、疏而不漏"的血腥秩序。如今反思起来,必须克服这种暴力的、野蛮的、低俗的司法专横的诟病,使刑法制度、司法制度、程序制度越来越走向宽和、人道、谦抑。

从律学文化到法学文化的转变。从比较法的视野看,中国的法文化显然与西方的自然法观明显不同。在中国,律学并不含有应然的、理想的、抽象的成分,而且中国人过去用力主要在社会现实、社会经验之上,而不是用力在构建先进的法律体系和法律原理之上。这导致法律文化在固体形态上是发达的,但在价值形态上却是不发达的,即中国虽然有"法",却并不存在"法的思想"。表现在律学研究领域,当时中国虽然有出身世家的政治家、思想家、文学家们,但在封建统治精神高压的态势下,他们除了以鼓吹专制统治的优越之外,没有其他道路可走。反之,一旦有不利统治秩序的言行,即面临着文字狱、杀头灭族、满门抄斩等严重后果。秦始皇的焚书坑儒、汉朝的独尊儒术、明清时期的文字狱等,都为历史的惨痛教训。而且,这种文化思想牵涉的巨大不利后果,已使中国人的理性、情感、热情被几千年的封建思想奴化,最终导致人们陷于迷茫、无知、禁锢的状态,也延缓了法治精神在中国的成长传播过程。为此,现代思想家如若成功,必须向这种文化束缚发出挑战,并站在现代化的立场上对法律思想进行构筑、对现行法律制度进行改革。其间,需要以进化论作为指导,张扬人性的解放、思想的创新、理性的弘扬。

根据上述制度之弊的分析,我们可以总结出进行创造性转换的思维导向。这就是,淘汰陈旧的、落后的法律观念,培植科学的、民主的法律思想。在此过程中,我们面临着两大任务,一是对传统文化进行改造,一是对新型法制进行建设。诚如这样的描述:"历史作为遗产,它的价值不是使现代人回到历史中去,而是为现代人开创新的历史提供营养和动力"。① "我们一方面要对儒化的市民社会的不良传统进行摒弃,另一方面又要对其具有创生转换潜力的价

---

① 张中秋:《中西法律文化比较研究》,南京大学出版社1991年版,第278页。

值观进行'现代性'改造,否则将导致的是'传统复归'而不是再生和超越"。①

(二)在废撤中进行改良

如果说,上述分析是对于中国古老传统的反思,那么,社会变迁中的时代更迭则是任何一种法律文明都需要面向的趋势。传统法律思想和法律制度,必然经历着时空的变迁。在西方近代,洛克、卢梭、孟德斯鸠、汉密尔顿等人作为"思想的巨匠",为人类绘制了精美的法治蓝图;而在华夏大地,黄宗羲、沈家本、魏源、龚自珍、严复、孙中山以及杨鸿烈、陈顾远、吴经熊、梅仲协、瞿同祖、吴文藻、费孝通等社会先贤,对中国社会和法律之精辟分析已蔚然成风,他们开启了政治和法律的现代化先河。从时段上划分,现代意义上的法律制度和法律思想传播发展并不十分久远,由此我们可以把百年法制变革以及发展脉络分为四条线索:

第一阶段的改革:清末修律。近代以来的法制变革,是中国人告别旧的时代、迈入现代化的必然选择,同时它又是中华法系解体、重建文化根基的心路历程。相继发生的鸦片战争、甲午战争、太平天国运动、义和团运动、五四运动、辛亥革命等重大历史事件,极大地影响了后来的中国历史。而在法律变革方面,张之洞提出要以"中学为体、西学为用";沈家本倡导应该"参酌古今、会同中外"。自此,参仿大陆法系模式的近代法制开始架构。在形式上,晚清修律的最主要成就体现为制定了一系列新的成文法,包括《大清新刑律草案》、《大清民律草案》、《大清商律草案》、《大清民事诉讼律草案》、《法院编制法》、《国籍条例》、《禁烟条例》等,是中国法律史上亘古未有的革命。在内容上,近代立法对于破除旧传统、创立新规则功不可没。如《大清新刑律》首次确认了罪刑法定、罪刑相当原则,删除了比附援引、同罪异罚制度;《大清商律草案》一改传统的"重农抑商"政策,给商人以合法的地位;《大清刑事诉讼法》中引入了自由心证、直接审判、言词辩论、审判公开等规则。此外,区别民刑诉讼,实行审检分离,承认辩护制度,禁止刑讯逼供,删减死罪条目,改革行刑体制,删除奴婢条例,禁止人口买卖等改革,都在进行之中。可以说,这一中国历史上巨大的一次社会变革,在文化上彻底摧毁了长达两千年的传统心理链条,是对旧的法律制度的彻底否定。

---

① 马长山:《东亚法治秩序的局限与超越维度》,徐显明主编:《法治社会》,山东人民出版社2003年版,第345页。

第二阶段的改革:创制六法体系。虽然面临军阀混战、社会动荡的局势,继其之后的中华民国政府仍然十分注重法制建设和法学研究。孙中山的五权宪法、三民主义学说,中国第一部民法典的创制,都将当时的法制现代化大大地推进了一步。其成就表现为:(1)法律体系的健全。届时,通过向西方学习,中国迈开了接近国际社会的步伐,建立起包括宪法、刑法、民商法、诉讼法在内的法律体系,标志着中国法治第一次实现了法律体系统一、门类齐全、内容丰富的外在目标。(2)宪政体制的变革。在孙中山等革命先驱的努力下,帝制被推翻,为中国人展示了一幅全新的政治民主化的历史画卷。在此过程中宪法被提升到至关重要的地位,成为国家生活和社会生活的最终指南。(3)法律思想的解放。在20世纪初,法律改革运动必然是一种思想解放运动,如五四新文化运动即是对历史沉淀而成的传统法律文化的扬弃和超越。这一变革具体表现在刑法学和民法学的原理方面,相关法典编纂也可视为对旧法改造取得的丰硕成果。

第三阶段的改革:确立社会主义法制模式。新中国成立之后,我国试图采取强制性的革命方式实现法制的更迭。因此,"粉碎与创建"是当时关于法制变革的最响亮口号。这一改革的外部环境是十月革命所创建的苏维埃社会主义国家和法律,它的影响扩展到了东欧和包括中国在内的一些亚洲国家。在内部方面,中国人已从"三座大山"下解放出来,意气风发,斗志昂扬,对旧法统进行了体无完肤的批判,同时近代以来的法制变革成果也被一概否定。例如,早在共和国成立前夕,中共中央就发布了《关于废除国民党的〈六法全书〉和确定解放区司法原则的指示》,将南京国民政府法制连同其旧政权一同打碎。与此同时,中华人民共和国"五四宪法"以及《刑法》、《婚姻法》均作为革命胜利的标志之一颁行实施,土地改革、工商业改革、司法改革等也在各个领域进行。当时的中国还建立了新型的中华人民共和国国家体制,确立了人民代表大会制、公有制财产所有制形式等。而国家主义、集体主义、实用主义精神,则渗透于一系列政策文件和法规之中。应该说,这时的改革确实具有"破旧立新"的意义。然而另一方面,在大规模铲除旧法过程中,古为今用的改良声音也一度销声匿迹,以至中断了法律发展的理性之路,也中断了法律的连续性和继承性。届时,作为国家治理工具的法律体系,体现着统一性、强制性、命令性、行政性的色彩。特别是对苏联经验的教条运用,使当时的法制变了形。

第四阶段:建构现代化法律体系。改革开放时代,主要是中国法制和法学的恢复期、重振期、转轨期。其目标,是举起法律现代化的改革旗帜,建立现代新型法制体系。尤其面对转轨时代的变革需求,"必须从新的视角和观点观察、思考法律现象和法律问题,寻找能够成为新法学基石的基本范畴。"①其结果,则是通过深刻反思,宣告了"阶级斗争为纲"和前苏联模式的终结,开展了人治与法治、西方化与本土化的讨论。此后,随着"依法治国,建设社会主义法治国家"方略的确立,国家先后出台了刑法、刑事诉讼法、民法通则、民事诉讼法、行政诉讼法以及一系列有关市场经济建设的法律法规,并以现代法律价值观引领着时代朝向。这标志着"权利观、共和观、国家观、公民观、平等观等的形成,对于现代社会公民主体意识的萌芽、爱国意识的产生、民族平等意识的培养都有至关重要的影响。"②特别经过这种划时代变革,我们已经度过了"足将进而趑趄,口将言而嗫嚅"的年代,打消了学术思考中的顾虑和犹豫,使法治和法学能够与时俱进,探索法律文明的未来之路。

正是在法律改革的意义上,我们才说,现代法律文化确实得益于上述四个阶段的改革成果。但同时需要指出,我国的法律改革目标,既不是建立形似大陆法律体系,也不是单纯模仿英美模式的法律体系,而仍然保留着"社会主义法律体系"的基本内涵和特色,因之法制改革总体带有改良色彩而并非推倒重建。只是比较历史上的法律改良者的主张,现代法学家们对传统法律文化的认识更加理性,在继承中超越,在批判中提升,这无疑是现代法学的共识。

（三）在反思中形成对策

一般而言,法律制度本身的除旧布新相对容易,但作为意识形态的重要组成部分,权利观、法治观、公民观等法律观念的更新比较困难。中国同样如此。回溯上述变革的历史,我们有成功的经验,也有失败的教训,其中之一,即是近代以来的法制变革始终存在着"法观念"缔造不足的问题。届时,无论是清末新政,还是北洋政府、南京国民政府,各个政权走的都是"从制度到文化"的路线,对于法律理论的设计没有足够的意识。这就造成了部门法律体系建立了,但法律思想仍然与现代社会出现隔膜的局面。这一情形又恰恰给新的法律制度运行带来了极大的阻碍。不仅如此,今天的历史又惊人地相似。当中国人

---

① 刘雪斌、李拥军、丰霏:《改革开放三十年的中国法理学:1978—2008》,《法制与社会发展》2008 年第 5 期,第 11 页。

② 参见王申:《法律文化层次论》,《学习与探索》2004 年第 5 期,第 37 页。

在几乎空白的法律框架下开始新一轮次的法治建构之时,我们似乎仍然处于法学研究准备不足的境况。也可以说,我们正在为法律思想资源不够丰富付出"沉重代价"。正因为如此,"处在改革与秩序、创新和固本、批判与建设、传统与现代、中法和西法的矛盾旋涡里难以自拔的我们,的确有必要认真梳理和学习这一段历史"。① 笔者就此以为,思想领域的调整对策应该包括:

以历史经验和失败教训为镜鉴。进行法文化历史考察的目的,在于分析传统因素对现代制度的正面或负面影响,以现代法治建设为目标,对于传统成分"当取则取之,当去则去之"。从经验看,"传统资源利用"决不是为了恢复某些过时的原理,抑或举起纯粹的批判主义旗帜,而是力求体察人类法律原理和法律制度中的闪光之处,为现代法律文明提供有效资源。诸如,影响深远的中庸之道、民本思想、团体责任、爱国精神;行之有效的文官制度、监察制度、考课制度;成龙配套的刑法、行政法、律令格式等,摒除这些传统因子中的落后因素,在此基础上重建与超越,是今人需要认真面对的课题。从教训看,现代法律文化的发达程度,一定程度受制于长期流传的落后意识形态,即某些可能已被时代淘汰的东西仍然决定着人们的法律意识、法律信仰、法律心理、法律行为。它们会像幽灵一样"无声无息,无影无踪。然而却无处不在,无时不有,无孔不入。人们想摆脱它、甩掉它,又总是脱不掉、甩不开,就像人们不能摆脱或甩开自身一样。"②从发展看,中国人要拥有辩证的思维,冲破狭隘的民族情感的樊篱,对毁坏旧制度、旧秩序、旧观念、旧习俗并不抱有遗憾、伤感和痛惜。

以改革思想和先进理论为先导。在西方,法律文化的发展一直有着先进的理论体系作为指导,而这类指导思想又带有进化论的鲜明品格。在中国,"顺时治世则倡,逆时而行则亡"这个真理,也已被中国无数政治家、思想家反复论证。魏源曾论:"天下无数百年不变之法,无穷极不变之法,无不除弊而能兴利之法,无不易简而能变通之法"。③ 费孝通有言:"现代的社会中并不把法律看成是一种固定的规则了,法律一定得随着时间而改变其内容。"④正是因为有了这些改革思想的奠基,中国法制建设才有了生生不息的希望和活力。

---

① 夏勇:《法治源流——东方与西方》,社会科学文献出版社 2004 年版,第 115—116 页。

② 张立文:《传统学引论》,中国人民大学出版社 1989 年版,第 1 页。

③ 参见《魏源集·筹䴸篇》(下)。

④ 费孝通:《乡土中国》,生活·读书·新知三联书店 1985 年版,第 53、57 页。

而且,真正的问题已经不是如何面对古代法律文化,而是如何发展现代法律的"新传统"。所谓"传统之所以会发展,是因为那些获得并继承了传统的人,希望创造出更真实、更完善,或更便利的东西。"①当然,人类也难以幻想现代文化和历史文化诀别,或幻想先进文化能够一蹴而就地取代落后文化,我们仍然要将以往的法律资源放在当代进行考察。这种考察不是复古,不是守制,不是维持,而是避免走回头之路和重复之路。

以理性态度和科学精神为手段。中国的法制改革已经在波澜壮阔地进行,但法律现代化的主观基础仍然非常薄弱。这使我们不得不反复强调,制约制度变革成败的"还是文化问题,也即是在表面的制度之下,一些深层的价值、态度问题"。② 这里,科学的文化态度包括:(1)注意对传统文化的整体性评价。这是因为,文化传承是一个动态的、宏观的范畴,而非枝节的、零星的判断。创造性地转化传统法律文化更是一个涉及法律观念和法律制度诸多层面的系统化工程,唯有全方位地对传统法律加以审视、权衡、取舍,才能实现真正意义的法律现代化改造。"从某种意义上来说,文化就是历史的载体。我们说中国有五千年的历史,不是指某一个具体的朝代,而是指整个中国文化的积淀和传承有五千年。"③(2)防止牵强地以历史附会现实。理解中国政治史、行政史、文化史、社会史、法律史的确是开启现代法治之路的一把钥匙。但如有人用偏于一隅的乡间规则说明法律制度的差异性,用以往行政权力的强悍解释人治的胜利,甚至连"三出七不去"、"父母在不远游"也被用于论证作为"法的道理",无疑会让法律迷失方向。(3)反对"存在的即为合理的"。应该说,传统性、本土性和现实性的思考,很容易导致一个学术的误区,那就是"保持现状"。如对于儒家思想进行过高评价,以为礼治文化支配着我们的生活,因此必然承认它们的生存空间。按照现代之见,对一些传统文化的评价,我们与其认定它们是合情合理的,不如认定它们仅仅是存在的;由于它们的存在,决定了当代法学不得不正视它们。但反过来说,并不等于它们存在,就需要现代法律予以保留。只有那些文明的精华和成就,才值得我们作为宝贵资源加以珍视。

---

① [美]爱德华・希尔斯:《论传统》,傅铿、吕乐译,上海人民出版社1991年版,第14页。

② Swartz D. *Culture and Power*,Cambridge:Cambridge Univercity Press,1992,p.112.

③ 楼宇烈:《正在消失的民族文化主体性》,http://book.sina.com.cn.2007.2.12。

以克服文化的保守性和落后性为目标。总结传统法律文化发展的思想源流和特征,我们可以观察到,中国法制的背景主要有二,一是人治主义的行政管理文化,一是重刑主义的刑事法律文化。在这两种文化中派生的法律思想和法律制度自然与民主政治社会大异其趣,又显然与现代法治精神南辕北辙,这一点应被"深度识别"。而且,中国的文化复古主义思潮也一直"像幽灵一样存在。"分析原因,在于当人们沉醉于以往的法制成就的时候,就可能将这种成就当做一种既定模式去维持,并油然升起一种民粹主义的自豪感。但这时,悠久的历史已不再是值得骄傲的财富,它同时代表着顽固和保守。倘若有人用这种带着"病灶"的传统思维模式取代对本土资源的合理解释,或寻找所谓继承传统法律文化的各种理由,只能得到"反其道而行之"的效果,甚至带来人们对法律的逆反心理。这种文化的滞后性还生成了一种法治思想的"锁定状态",限制了法律自身的张力。故而,克服本土文化的保守性,已成为现代法治创新的急迫任务。至现代,中国社会历经了上百年的螺旋式的变革,已经"被深深地卷入现代化的洪流中"了,在此情势下,如果将传统法律文化作为永世不变的精神食粮,会形成抱残守缺的鄙陋。

总之,中国几千年的奴隶、封建制历史如弹指一挥间,现代发达的文明并不去过多地理解过去、回味过去,而是将眼光聚集在了未来。又可以说,现代法制与传统法制之间,有一种既"爱"又"痛"的矛盾关系,在接纳声中有批评,在褒扬声中有反对,在移植声中有继承,处于现代化激流中的我们已无可选择。当然,当历史翻开新的篇章时,法律文化发展史也会开启新的一页。这一页,不仅仅是法律制度外观、形态、结构的变化,更重要的,是法律思想、精神、价值、原理的变革。我们希望,通过历史的渗透力和扩张力,通过制度和思想的适时适需变革,现代法学能够形成一些崭新的学术理念,为国家走向法治之路而作出我们这个时代的特殊贡献。

第六章

法文化移植论：中西法律文化之博弈

在现代法律文化研究中，有几个不可回避的问题，这就是本土文化与西方文化、内生文化与外来文化、保守型文化与开放型文化之间的相互关系。因此，在透视了中国法律文化的历史传统之后，必须把视野转向西方法律文化对于现代中国法治和法学的影响方面。这是一个西方法律被中国"本土化"的过程，期间必经历冲突、对抗、变革，也必然体现为模仿、移植、接轨的景况。于是，解剖中西法律文化耦合，对于揭示中国法律发展规律，也不无裨益。但以往，人们对西方法律资源的研究主要体现了差异性、对抗性、否定性的态度，本专著则注重法律文化的共识性追求，试图在两者的关联和契合中寻求法治进化发展的道路。

第一节　历史意蕴:西方法文化回溯

法律移植是不同文明之间的法律制度和法律思想互相借鉴的过程，成功地实现法律移植又是传统社会向现代社会顺利过渡的重要保证。在世界各国现代化进程中，引进他国的法治模式，对于本国政治、经济、文化结构的调整，甚至对整个民族文化心理的现代性转换，都有着相当大的作用。而西方化又是中国进入近代发展史之后法律演化的一个明显特点，泛指西方法律文化在中国的广泛传播和影响，这种影响一定程度决定着中国法律的现代化进程。为此，追溯西方法律文明在中国的发展脉络，对于更加理性地对待中西法律文化的碰撞与融合，有着重要价值。

一、西方法律文明进程

从历史溯源,现代意义上的法治主要源于西方,是西方民主政治、宪政发展、依法行政、司法独立机制的集合体。但西方现代法治也有着自己的文化传统。为此,我们不能把法律文化传统仅仅归结为本国法律文化传统。按照分析,广义的法律传统通常可以指不同国家在历史中形成的独具特色的法律体系,它们均与现代法律文化密切关联,如西欧法律文化、印度法律文化、伊斯兰法律文化、中国法律文化等。很显然,研究西方法律文化的现代状况,必然要涉及它们在历史文化中已经形成的诸多成果。在此方面,自古希腊、古罗马开始,经中世纪的发展和近代改革,西方人用其独有的文化智慧创造了令人惊异的法律文明。这种创造,虽然也伴随着战火的硝烟、愚昧的倒退,但总体说来渗透着理性的设计。

(一)希腊和罗马的早期法治

人们注意到,西方的法律制度和相关原理有漫长的积淀过程,即其法治文明进程可以上溯到古代。早在古希腊、罗马时期,法治便伴随着其民主国家、特别是共和政体的选择自然而然地产生了,它们构成了当时政治体制的基本框架,同时又培养出了对法律的依赖和信任。

古希腊法治的基本追求,在于建立普遍有效的"法的统治"。亚里士多德时代已将这种法治原理系统化。在亚氏看来,法治应包含两个基本要素:一是已成立的法律获得普遍的服从,二是大家所服从的法律乃是良好的法律。进而,在认真思考了由"最好的人"或"最好的法"进行统治哪个更为有利的问题之后,亚氏又特别强调,"法治应当优于一人之治"。① 理由是,法律可以免除人的情欲的影响,而人治则难免使政治陷入偏见和腐败。"若要求由法律来统治,即是说要求由神祇和理智来统治;若要求由一个人来统治,便无异于引狼入室。因为人类的情欲如同野兽,虽至圣大贤也会让强烈的情欲引入歧途。惟法律拥有理智而免除情欲。"②而且法治以民主共和为基础,正如物多不易腐败、水多不易腐朽一样,民主共和政制的多数治理不易擅权。再则,法治内含着平等、正义、自由、善德等社会价值,推行法治也就是在促进这些价值实现。不仅如此,古希腊的政治是在"在差异中找到一致的意见",这使当时的

---

① 亚里士多德:《政治学》,吴寿彭译,商务印书馆 1965 年版,第 167 页。
② 亚里士多德:《政治学》,吴寿彭译,商务印书馆 1965 年版,第 199 页。

政治活动具有强烈的公众参与性质。尤其在雅典，法治观指引着城邦走出了一条以法律调整社会关系之路，一切重大国务决策都由公民大会决定，主要官员经公民大会选举产生并接受监督，公职对全体公民开放，还养成了选举制、任期制、陪审制、集体负责制、对不法的申诉制等影响后世的民主政治的精华，构成了所谓"宪法的黄金时代"。

　　继古希腊之后，古罗马人不折不扣地将这种法治财富继承下来。诸如乌尔比安忠告，对于打算学习罗马法的人来说必须先了解法的称谓从何而来，它来自于正义。塞尔苏斯定义，法是善良和公正的艺术，这种艺术作为社会知识体系一直流传至今。西塞罗也说："法是正义与非正义事物之间的界限，是自然与一切最原始的和最古老的事物之间达成的一种契约；它与自然的标准相符并构成了对邪恶予以惩罚，对善良予以捍卫和保障的那些人类法。"①更令人赞叹的是，罗马法中确立了"罗马人法律面前平等"、"国家权力以公民权利为最高准则"、"全体人民乃是政权的最高根源"等诸如此类的法律原则。②同时，法治学说落实到立法之中也不乏其例。罗马《学说汇纂》第一部中，开篇就提到"万民……皆受法律和习惯的统治"。③　而在罗马帝国时期，法典形式进一步得到尊重，用法律手段解决问题在罗马人的观念中根深蒂固。罗马人还将立法、执法、司法的法制化运行推广到了调整范围更广的私法领域，使权益属性更为重要，私法发达深入人心。

　　分析原因，这个时代法治精神的确立，源于经济交易中海上贸易的发达，源于欧洲社会内部结构的多元，源于不同利益集团间的斗争与妥协。奴隶主、自由民、外来商人、战俘、被征服地居民、奴隶等，在冲突中寻求一致，运用协商和法律手段保证公共利益，法治精神就在这一过程中自然衍生出来，与国家政治有机地融为一体。

（二）中世纪法治精神的延续

　　中世纪的西方社会是人类历史发展中的一个黑暗时代，但即使在这一时期，具有西方特质的政治文明也一定程度上获得了新的发展。等级会议、政教

---

　　①　西塞罗：《法律篇》，转引自《西方法律思想史资料选编》，北京大学出版社1983年版，第78页。

　　②　塞尔格耶夫：《古希腊史》，缪灵珠译，高等教育出版社1955年版，第187页。

　　③　参见 The Digest of Justinian 9, Theodor Mormmsen & Paul Krueger eds., Alan Watson trans., 1985。

分离、城市自治、社团中心、个人主义等,构成当时西方政治、经济和法律制度的基本形态。

首先,西欧中世纪政治力量的对抗存在于国王和领主之间。在欧洲分封制下,君主并非最高主权的拥有者,封臣和君主之间是一种契约关系。这种契约式的君臣关系,使领主作为具有独立性的权利个体始终对王权的膨胀构成阻力,而君主也对封臣负有责任。同时,契约式的君臣关系还培养了依照法律划定各方权利义务的法治意识。这时的西方学理中,已大量触及了法律和权力关系的核心命题,诸如"法律造就了君主"、"法律比人拥有权力"、"人要受法律约束"、"人为了自由做了法律的奴隶"等脍炙人口的格言,既表现了人们对法律的信仰,也表现了法律的至上地位。

欧洲中世纪后期,另有一支不断崛起的力量,这就是市民阶层。11世纪以后,随着社会生产力的提高,手工业和商业获得了较大发展,独立的市民阶层地位逐渐攀升,出现了商贸设施健全的城市。城市的资本性、交易性、竞争性,从一开始就注定了它与以土地为根基、贵族为主体的封建体制的对立。经过激烈的较量,城市先后迫使国王和领主作出让步,市民的人身自由以及从事工商经营活动的基本权利得到了法律的保障,这就是商法和城市法出现的契机。

于是,在西欧中世纪的历史上,由国王、领主、市民各支社会力量共存的相互对抗与妥协,决定了权力集中和专断难以成立,多元化社会造就了多元化的权力归属,形成了天然的权力均势。在这样的社会里,"没有一个集团可以永恒地占据支配地位,也没有一个集团被认为具有一种与生俱来的统治权利。"①尤为重要的是,在各种力量的相互制约过程中,契约精神培养起来,无论是中央与地方之间、城市与乡村之间、王室政府与市民个体之间,都以契约确定彼此的法律关系。而这种契约精神又深化了自由、平等、权利的理念,为后来资产阶级新型国家观、权力观、法律观的演化准备了必要的条件。

同时,通过影响巨大的罗马法在欧洲复兴的过程,西方不仅挽救了罗马法的文本,而且还传承了罗马法的精神,使《国法大全》为代表的法典在时隔数个世纪后再次焕发了生机。显然,罗马法的复兴与欧洲人对历史上法律文化

---

① [美]昂格尔:《现代社会中的法律》,吴玉章、周汉华译,中国政法大学出版社1994年版,第59页。

的承继有关,并深刻表明罗马法学的古典魅力,注释法学派、评论法学派和人文主义法学派则先后推动了罗马法复兴的进程。它们不仅通过注释方法恢复了罗马法的原貌,而且将罗马法与当时西欧大陆的实际生活,以及教会法、国王敕令、地方习惯结合起来,用一种比较的方法来研究罗马法,从而对罗马法在欧洲乃至世界的成长功不可没。

可见,在充分汲取了古希腊、古罗马以及中世纪早期法治文化丰富营养的基础上,西方国家逐步从"黑暗"走向"光明"。这一法治文明与古代法律文化遥相呼应,又为近代和现代西方法治发展奠定了重要的基础。

(三)近现代法治主义的勃兴

中世纪西欧经由领主君主制、等级君主制,到后期进入专制君主制时代。专制君主制在西方近代统一民族国家的形成过程中无疑起到了积极的作用,其间实行的一系列重商主义政策也为萌芽时期的资本主义经济提供了保护。但是,王权的独尊和恣意在这一过程中同时发展起来,激起了其他阶层的普遍不满,曾经相互合作的贵族阶层和市民阶层之间的对立日益加深,资产阶级革命最终在这样的背景下爆发。

至十七、十八世纪资产阶级启蒙运动时期,法治培育在这种文化之下已经是水到渠成。为了给这场革命运动提供理论支持,为了从根本上推翻阻碍历史进步的封建势力,新兴资产阶级对宪政理论、权力理论、管理理论进行了深入探索,先后提出了自己的法治模式,理性、自然法、天赋人权观、社会契约论、人民主权说、责任政府制等学说应运而生。正如英国学者海耶克所强调:"法治意味着政府的全部活动应受预先确定并宣布的规则的制约——这些规则能够使人们明确地预见到在特定情况下当局将如何行使强制力,以便根据这种认知规划个人的事务。"[①]

在此基础上,以宪政政体为龙头的完备的法律体制建构,成为当时各个国家的普遍选择。作为近代宪政制度的先行者,英国宪法的最初制定源于制约王权的需要,以限制国王的"课税权"为直接目标。光荣革命后,继《自由大宪章》的光环,《人身保护法》、《权利法案》、《王位继承法》陆续颁行,这些宪法性文件将以国王为代表的行政权力置于国会之下,置于法律的框架内,公民的

---

① [英]海耶克:《通向奴役之路》,转引自夏勇《依法治国——国家与社会》,社会科学文献出版社 2004 年版,第 19 页。

财产权、人身权、自由权、诉讼权等得到了切实保护。法国和美国宪政体制的建立,同样是人权保障和政府权力受限的产物。其他行政法、民商法、诉讼法方面的一系列法律文件,也旨在体现维护权利、限制权力的法律宗旨,并落实在执法和司法实践之中。

在宪政理论与实践发展的同时,近现代西方私法体系在继受罗马法的基础上完备起来。1804 年公布施行的《法国民法典》,是世界民法体系中最具有代表性的一部样板,它以人格自由、平等互利、产权保护、契约神圣、意思自治、诚实信用、公序良俗为基本原则,体现了"个人最大限度的自由、国家最小限度的干预"的立法精神。同时,西方私法通过划定市民社会与政治国家的界限,保护个人权利不受国家权力的非法干涉,成为近代以后各国私法制度的基础。

上述法律观念和法律体制的实行,无论在近代革命史上,还是在现代法律史上看,都有深邃的意义,它使觉醒的人类初步认识了自己的法治属性,并为这种法治的获取而不遗余力。从此,人们可以从古希腊各城邦"宪法"中,看到公民大会用共同同意的决议来规范政治生活的政体模式;从罗马发达的私法体系中,汲取保护个人权利的营养;从中世纪城市法、商法中发现国王政府向人民让步的先例;从英国的《自由大宪章》中,了解早期宪政发展的设计理念;从普通法系国家的司法判决中,认识维护自然权利是千百年来法院力争而得到的结果;从巴黎习惯法、萨克森习惯法中,透视西方人对于传统规则的尊重。凡此种种,正是西方法治文明的演化历程。

二、西方法律文明因子

如上所述,随着历史的发展,西方社会的法治追求孕育出了西方世界丰富而成熟的法治文化,而其形成和发展则伴随着重大政治革命和社会变革进程,又在这一进程中不断地充实着法治的实际内容,直到今天仍在延续。而且,西方法治改革有着先进的法学理论作为启迪和指导,一些重要的法律理念、思想、学派对其法律文化特质的形成有着根本性的影响,诸如自然法观、个人主义观,契约神圣观、社会契约论等。正是这些不可或缺又互相关联的文明因子,使西方法律发展有着独特的进路。这是值得中国人深思的一个庞大的学术领域。

(一)理性主义的自然法学

自然法,是西方法律文化中一个极为重要的观念,常常被定义为一种"受共同法则约束的状态",或"人类所共有的权利或正义体系",或"一般承认的正当行为的一组原则"。① 又诚如这样的解说:"真正的法律(自然法)乃是正确的规则,它与自然相吻合,适用于所有的人,是稳定的,恒久的"。② 而且,自然法和理性原理不可分割。按照西方法学家的论证,人具有认识各种社会环境、事物、现象的能力,也就是人具有理性;理性看不见也摸不着,但却可以支配人们的行为,判断政治的优劣,决定法律的内涵,引导文化的走向。于是,在自然法的概念下,理性思想的光芒普照着众生。

就渊源考察,关于自然法和理性的学理脉络,可以追溯到古希腊时期。苏格拉底、柏拉图、亚里士多德的法律哲学都对这类思想有所涉及。如柏拉图曾设计了理性为指导的《理想国》,在他看来,理性不应该受任何约束,它应该是万事的主宰。但这种理想国只是一种乌托邦的幻想,于是他在《法律篇》中退而求其次,改为"我们必须作第二种最佳的选择,这就是法律和秩序。"③古罗马时期,以西塞罗为代表人物进一步发展了理性主义的自然法理论,按照他的定义:"法是正义与非正义事物之间的界限,是自然与一切最原始的和最古老的事物之间达成的一种契约,它与自然的标准相符并构成了对邪恶予以惩罚,对善良予以捍卫和保障的那些人类法"。④ 至17、18世纪,资产阶级启蒙思想家也高昂着理性主义的旗帜,他们形容,理性这个词表达了正义的法律,也即"表达了该世纪追求并为之奋斗的一切,表达了该世纪所取得的一切成就"。⑤可见,理性和自然法具有正义、公平、自由等属性,可用于反抗封建专制之法,因而被贯穿于整个西方法学的历史。

就价值分析,由于相互竞争甚至敌对,人们需要建立理性支配下的法律,而使社会维持在法律秩序状态。这表明创制法律和服从法律都导源于人受理性和自然法的引导。其中,理性的判断反映了人们对于自然权利和社会利益

---

① 参见《简明不列颠百科全书》(9),中国大百科全书出版社1986年版,"自然法"条。
② 西塞罗:《论共和国论法律》,王焕生译,中国政法大学出版社1997年版,第139页。
③ 柏拉图:《法律篇》,转引自《西方法律思想史资料选编》,北京大学出版社1983年版,第27页。
④ 转引张中秋:《中西法律文化比较研究》,法律出版社2009年版,第362页。
⑤ [德]卡西勒:《启蒙哲学》,顾伟铭等译,山东人民出版社1988年版,第3—4页。

的追求,包括理性的立法规划、理性的政府管理、理性的司法活动、理性的国际秩序等。与此同时,理性主义原理扩张到法律领域,就形成了永恒的、正义的、优良的自然法。进一步,由理性和自然法的定义出发,西方形成了"二元论"的法律模式,这就是法律被分为自然法和实在法。自然法高于实在的国家法或制定法,它是法律之上的法,是支配法律的法;自然法又是实在法产生的基础,凡与自然法抵触的法律都不能成立;自然法还是法律正当性的评判标尺,即符合自然法的才为良法、好法、善法,否则,一切违背人类良知的法律制度都将失去存在的依据,是"恶法"或"非法之法"。正所谓"自然法支配实证法——虽然实在法可以补充或甚至限制自然法,但绝不能与自然法相矛盾。"①

就实效分析,理性和自然法思想切实地指导着西方的法治实践。特别是近代以降,作为国家法律的正当性判断,是宪法和法律能否有效运转的一个根本保证,因此这一思想无疑为西方法治建设提供了理论依据,并成为整个西方法学思想的奠基石。在其指导之下,在立法领域推崇理性,意味着不制定剥夺人类权利的立法;在公法领域实现理性,意味着公共政策的有效落实;在私法领域贯彻理性,意味着个人的私权归自己支配;在诉讼法领域运用理性,意味着司法机关的自由裁量权不得侵害当事人的正当权利。

由此可见,理性主义的自然法思想自产生以后,对西方法律制度乃至于整个人类社会的法律制度产生了重大的影响。而且,尽管其他法学思想已经衰败,法律代表正义和理性的思维却永远不可能在西方消逝殆尽,至今这种引导人们前行的法学理论还焕发着特殊的光彩。

(二)个人主义的价值观念

在西方法律观念中,法律除强制性和约束性之外,与权利、自由、财产、幸福这些观念有着密切的关联,法律被视为权利和自由的化身。这使个人主义精神在西方文化中源远流长。作为一种价值体系,个人主义涉及哲学观、人性论、经济利益、道德标尺等多层含义。它强调"人"是价值的主体,一切价值都以人为中心;人类重视个人财富和机会的获得,同时也要求对他人权益的尊重;个人应该自我支配、自我控制、自我发展,因此反对各种制度和思想的非法束缚,包括他人、社会以及政府权力对于个人的强制。

---

① 张文显:《当代西方法学思潮》,辽宁人民出版社 1988 年版,第 23 页。

回溯历史,在古希腊商业贸易实践和城邦民主制度中,就较早地确立了个人自由意志的合理性。其后的古罗马法、中世纪法、近代法的发展,更伴随着个体被发现、个体权利被尊重的里程,个体与国家之间亦开始趋向确立一种平等关系。最早的古罗马时代,家父权逐渐势微,个人从家族中独立出来成为具有法律人格的主体,这一传统成为西方近现代法的"个人本位"的思想源头。接着,在中世纪自然经济的怀抱中,西方国家又时断时续地兴起了独立的工商城市,商人之间的贸易交流天然地需要一种平等竞争、互惠互利的立场,使城市的个人摆脱了不平等的枷锁。私有财产的占有制度、交易制度、分配制度、救济制度都在此过程之中开始发达,而罗马法、衡平法、商法、城市法则成为保护这一个人主义文化精神的强大武器。随后,欧洲的文艺复兴、宗教改革、罗马法复兴,以至资产阶级革命迈着同一个步伐来到了人间,霍布斯、洛克、卢梭、休谟、斯密、托克维尔、杰弗逊等西方鼻祖都是个人主义的极力倡导者,他们从意思自治的价值观中衍生出法治主义的要素,他们所提出的"天赋人权观"更对于反封建、反特权、反司法专横起了十分积极的作用。

这里,归纳个人主义的法律蕴意,具体包括:(1)个体本位基础上的民主政治。个人主义思潮在近代宪政领域得到张扬,体现为宪法对政治自由的保护、对基本人权的保护以及对人格尊严的保护,其根本宗旨是以法治代替人治,以体现个性精神解放的追求代替封建时代的政治专制。其中,"人民主权论"即是个人政治自由的典型表现,它揭示了个人在政治生活中的地位,倡导每个人都有权通过议会民主、立法创制、监督权力而表达自己意志。(2)个人权利限定下的有限政府。个人权利永远是与国家权力、公共权力、政府权力、行政权力相对而称的。表现在西方的"天赋人权"理论中,已内含了政府权力有限的结论。按照这种理论,每个人所拥有的自然权利便是政府权力的边界。洛克由此论证,人们在组成政治共同体的过程中,所让渡出的只是那种保护自己和人类的权力;政府权力必须受来自人民委托权力的条件的限制,不能侵害人民的生命、自由和财产。① 卢梭进而阐释:"就权力而言,则它不应该成为任何暴力并且只有凭借职位与法律才能加以行使;就财富而言,则没有一个公民可以富得足以购买另一个人,也没有一个公民穷得不得不出卖自身。"②经过

---

① 洛克:《政府论》(下)叶启芳、瞿菊农译,商务印书馆1997年版,第80页。
② 卢梭:《社会契约论》,何兆武译,商务印书馆2002年版,第69—70页。

诸如此类的阐述,用个人权利限定政府权力成为西方政府理论的主要基调。(3)个人主义条件下的私权神圣。在西方法律文化中,"自然权利观"颇为流行。所谓自然权利,是指人所固有的、天赋的、不可转让的、不可剥夺的、不可侵犯的权利。因此,作为基本法的各国民法,必须用原则条款和具体规则完美地体现法律保护自然权利的主旨。而通过法律来保护自然权利,才能促使经济交往的发达,维护等价有偿的民事关系。同时私人权利并非只在私法上才能求得,还必须以行政法、诉讼法,甚至刑法的实施作为保障,司法实践对私权保护也是权利精神经久不衰的重要支撑力。在这种逻辑推理中,西方国家获得了"双管齐下"的私法成就。

毋庸置疑,源远流长的西方个人主义传统不仅在理论上有了深入系统的阐释,而且在制度实践中得到张扬,它们构成了西方资产阶级革命以后的法治主义的基本法律原则和基本法治形态。中国法学家们也受此启示,常常呼吁,公民是构成社会和国家的基本细胞,没有对公民权利的法律保护就没有理性独立的社会。由此,个人的自主地位、个体的尊严自由、个人的利益追求、个人的安全幸福等法律文化价值观念,应进一步得到肯定和颂扬,并与西方的自然权利理论和天赋人权理论有着某种共同的学术缘分。

(三) 契约自由的私法精神

现代契约观念和契约制度,是主要见之于罗马的民商私法的契约,见之于《圣经》的宗教神学的契约,见之于霍布斯、洛克、卢梭等人著作的契约和见之于康德、罗尔斯思想的道德哲学的契约。[①] 可以说,自古希腊时起,西方人就从他们的商贸经济中培养出了契约精神。他们以契约界定人与人、个人与社会、个人与国家之间的关系。继其之后的古罗马法律体系中,契约法已占有重要的一席之地,契约之债和侵权行为之债的分类业已形成,关于契约的法律规则发达繁盛。在中世纪西欧城市,契约文化又获得了新的发展,契约关系建构甚至使市民阶层与执政者有了经济对话的能力。此后,获得国会立法权的先驱们运用以往的契约资源,形成了完整的社会契约理论体系,标志着契约精神不仅在私法领域获得地盘,而且在公法领域发挥作用,为近代契约制度发达奠定了基础。

---

① 何怀宏:《契约伦理与社会正义:罗尔斯正义论中的历史和理性》,中国人民大学出版社1993年版,第10、17、25、39页。

在张扬契约精神方面,《古代法》的作者梅因贡献最大。他称:"把这种社会状态作为历史上的一个起点,从这一个起点开始,我们似乎是在不断地向着一种新的社会秩序移动",而"所有进步社会的运动,到此处为止,是一个从身份到契约的运动"。① 这一概括,精致地描述了从封建时代到资本主义时代的划时代的历史变迁。从此,契约原理的继承乃至恪守,使西方国家在突飞猛进地发展市场机制的进程中,领先于其他国家而在百年之内成为世界的宪政先锋和经济巨人。而从背景分析,契约文化的确立和契约制度的完善,都导源于资产阶级近代革命以及它的坚实的经济基础。近代以来,城市化、工业化、商业化、科技化进程不断加深。在这样的时代,必然养成了契约法的工商实践条件。

不仅如此,西方文化中的契约价值有着深邃的精神内涵,表现为:(1)自由精神。契约是当事人之间通过自由意志达成的合意,包括自主选择缔约相对人,自主决定缔约内容和方式。因此,按照合意产生法律关系,就成为契约的实质内涵和形式要件。它意味着公民意识的觉醒,意味着不承认任何类型的人身依附,意味着反抗特权和压迫。(2)平等意识。由于人人都是自由的,人人也就是平等的,契约的缔结必然以主体地位平等为前提。反之,不平等的主体之间达成的"协议"要么出于经济强制,要么出于政治或心理强制,则违背了契约精神。而且,契约面前平等还表明缔约人充分意识自己选择的意义,以及选择后各自的权利义务。其结果,保证了契约主体在享受法律保护和承担违约责任上,在获得损失补偿和提供法律补救上,获得法律的同样调整、同等待遇。(3)交易理念。只有契约化,才能真正实现法律关系公开、对话、协商的要求,从而保障现代社会结构和商品经济的发展。这是因为,缔结契约的过程是当事人双方在互利基础上妥协的过程,双方为了得到一个更有利于自己的结果,可以通过契约的利益谋划、理性权衡、机会均等、讨价还价、公平竞争、等价有偿的属性得以实现。(4)法律信仰。对主体双方,契约就是神圣的法律,一旦达成就要严格遵守。因此,契约性法治强调"所有的契约相当于法律"。在西方,契约是一种社会制度体制,它制约一切具体行为;契约是一种品德标尺,它要求人们信守承诺;契约还是民意或公意的体现,如果人们都普遍遵守所订立的契约,也就自然地养成了法律信仰,形成了法治秩序。

---

① ［英］梅因:《古代法》,沈景一译,商务印书馆 1959 年版,第96—97 页。

在此期间,西方国家还借助法律武器,将契约观念不断转化为实际有效的法律制度。特别是大陆法系国家,关于契约制度的法律规定极为详细。《法国民法典》中,有关契约规范的条款竟多达 1118 条;《德国民法典》中,有关契约规范的条款为 763 条,均体现了契约立法在西方国家法律体系中的重要性。

（四）公共权力的政治设计

在法治进程中,西方国家引发了一场震古烁今、气势磅礴的宪政运动。宪政运动培养了一批敏锐的、激进的、富有战斗力的思想家,使之成为革命的呐喊者和先行者。宪政运动中诞生了新型的民主共和国的政治模式,并最终改变了欧洲,改变了美洲,也改变了世界。

首先,西方宪政文化资源丰厚,贡献卓著。特点是:(1)优良的构造。作为"宪法之母"的英国首先为后世树立了样板。以 1215 年《自由大宪章》为历史源头的现代宪法,体现了"国王权力有限"的核心原则,又成为播种宪政精神的传世之作。美国的《五月花号公约》、《独立宣言》、《联邦宪法》的出台,是宪法意识在法治中的直接反馈,标志着宪法从原理走向真实社会。步其后尘,各国颁行了诸如《议会法》、《选举法》、《代表法》、《文官法》、《监督法》、《阳光下的政府法》等调整政治关系、规范国家权力、保护基本人权的法律法规,《联合国宪章》、《世界人权宣言》等也是国际社会载入史册的重要法律文献。(2)思想的推崇。在西方,宪政理论是阳春白雪的思维形式。那些富有民主经验的政治家和思想家,如洛克、卢梭、孟德斯鸠、潘恩、杰弗逊、汉密尔顿等,都是宪政运动的坚定信徒。他们不仅设计了宪政理想,而且结合本国国情实践了这些宪政理想,又正好迎合了处于上升时期的新兴资产阶级反专制、反特权的意志和愿望。(3)有效的审查。1803 年,美国大法官马歇尔通过著名的"马伯里诉麦迪逊案",明确地宣布了违宪的法律不是法律,建立了联邦最高法院的违宪审查制度;1920 年,奥地利设置了独立于普通法院的专门宪法法院,实现了对宪法地位的特殊维护;1946 年,法国在议会内部独创了宪法委员会,有权审查抽象法律行为。从此至今,宪法的最高性不仅通过法律文本深入人心,而且通过救济体系得到实至名归的保障。其他欧洲、北美、亚洲各国,也都相继建立了类似的宪法监督体制。

其次,西方权力制约理论发达,制度固化。与发达的宪政体制相适应,坚持政府权力的合法性基础也为西方法律文化的重要特色之一。在理论上,人民主权、议会至上、权力分立、以权制权、有限政府、司法独立、程序公正等诸如此类的学说风靡一时,又通过责任内阁、政务公开、两党制度、司法体制等在实践中得到了不遗余力的推行。于是,理论和制度的双重保障,使权力制约模式贯彻于政治、经济、法律生活的始终,在各国的土壤上得到固化。其中,美国的公共治理经验最为典型。其经典文献《联邦宪法》确立了三权分立体制,确立了总统不得连任两届以上的宪法惯例,确立了法律对于政府官员权力滥用的束缚,从而使这一年轻的、未经文明积累的国家,一跃而成为政治民主、法治发达的现代国家。按照西方的制度设计,政府不能进行没有约定或授权的行为,政府的组成、职能、责任必须在法律框架之内设定。同时,政府权力是人民授予的,人民有权授予之,就有权监督之,有权取缔之和有权重新确立之。正是在这类理论的鼓动下,人们吹响了反封建、专制统治的战斗号角,并一再呼唤一场场解放人类的社会运动。可见,无论是否成熟,权力制约理论的精神价值不可泯灭。

再次,西方社会契约精神传扬,波及公法。纵观社会契约论的历史脉络,可以发现,契约自治最初旨在保障个人的自由和安全,但其后开始渗透于民主共和政体之中。至近代,资产阶级启蒙思想家霍布斯、洛克、卢梭等人将社会契约论发挥得淋漓尽致,促进了社会契约论在公法领域的发展。其积极功效如下:(1)平衡政治领域的国家与个人关系。社会契约论的基本观点,指为解决社会矛盾,人们把自己的政治权利通过契约的形式让渡给合法选举的政府。这种契约授权的最终目的,是要以政府的力量来维护每个公民的人身、财富和自由。例如,利用宪法这种比较固定的契约形式就有利于"政府"与"人民"之间达成一致的协议。在这种协议里,作为一种权利交换的结果,公民承诺遵守某些规则,政府承诺只要公民遵守规则就保护他们。于是,宪法内容和形式被肯定下来,宪法这一最伟大的作品实际就是社会契约。(2)弘扬立法范畴的公共意志。按照社会契约理论,包括立法权在内的一切权力的正当性,均来自于人民的同意,国家法律也必须体现人民的公意。即当人们在议会上提议制定一项法律时,这个法律就应该是人民的根本利益、公共利益、长远利益的体现。从反向说,立法不是个人专断的意志,尤其不能剥夺个人的人权。(3)实现法治追求的政治正义。按照解释,法律应该以正义为基础,而执法者的任务就是维护作为正义制度根源的共同法律,如果这一正义被否定就没有法律可言。① 同样,契约性的法律更是各方意见沟通、交涉、妥协、讨价还价的结果。

---

① 参见《温斯坦莱文选》,任国栋译,商务印书馆1982年版,第84页。

既然契约有如此多的"优点",通过契约文化实现政治目标、社会目标和法治目标自然是现代政治的一个方向,也是法治政府所应有的行为取向。

从今天的视野看,理性、自然法、个人主义、契约自由、社会契约、宪政制度等,这些特殊的思想体系以及所指导的法治建设被赋予了深邃意义。而且,在几千年的历史发展中它们的含义和影响又不断广义化、扩张化。上述原理和制度化的过程还铸造了一种成功的法律文化心理环境,西方人正是利用这种锐利的法律武器,把自己推向了崭新的政治舞台、经济舞台和法律舞台。其结果,不仅在于建构了西方经久不衰的法律制度体系,而且成为现代法律思想发展的一条主动脉。在公法意义上,它们是联结政府与公民的纽带,是公共权力合法性的依据;在私法意义上,它们是创设权利义务关系的途径,是维护私权私利的法宝。于是,西方法学和法治不仅作为调整社会关系的手段和工具,还作为一种观念、一种精神、一种文化深入到法律生活之中,这成为西方文明的一大独有贡献。

第二节　西方范式:现代中国法文化共识

纵观人类法律发展史,各个国家的法律文化基本上都是土生土长的,但随着不同民族和国家的接触,法律文化也开始穿越国界,相互沟通与交流。对于中国而言,近代法制变革标志着法律从固守传统向迈步世界进军。一些法学家将这一跨文化流动现象视为有选择的、扬弃的、洋为中用的移植或接轨现象。当然,域外文化对中国的占领首先表现为法律的西方化。从此,中国政坛和中国法苑面临着一个经久不息的话题,这就是西方化的理由、西方化的过程、西方化的领域和西方化的效果。

一、中国法律西方化的历程

从大规模地移植西方法开始,近代中国法制变革启动。鸦片战争之后,在空前的民族危机面前,中国人开始了救亡图存、富国强兵、政体改革和变法修律的努力。从此,西方法律文明在中国影响加大加深且具有典型意义。而且直到今天,这种传播或渗透都没有中止。按阶段分析,可以将借鉴西方法律的过程划分为四个特色鲜明的时空阶段,这就是第一阶段清末的托古改制、变法修律时期;第二阶段民国的全盘西化、法典编纂时期;第三阶段新中国成立之初的废除六法、造反有理时期;第四阶段当代的一国两制、涉外先行时期。

(一)清朝末代的变法修律

近代以来,西方的知识和技能藉助其经济、政治、军事领域的强势而不断向后发国家渗入,使一度辉煌强盛的中华帝国割地赔款、颜面扫尽。"这种从中心到边缘的历史,使中国文化精神遭遇到内在的撕裂:一方面,文化精神的承续,使中国文化仍然是世界上几大古代文明衰亡后的唯一幸存者;另一方面,在西方文化中心主义的话语权力中,中国文化被不断地边缘化。这种文化处境的尴尬,使中国文化在一个多世纪以来不断寻求自身的创造性转化之路,并且使得文化论战成为整个民族命运的大会诊。"[1]

面对列强咄咄逼人的态势,面对日益迫近的民族危机,面对丧权辱国的切肤之痛,1902 年 5 月清廷发布谕旨:"现在通商交涉,事益繁多,著派沈家本,伍廷芳将一切现行律例,按照交涉情形,参酌各国法律,悉心考订,妥为拟议,务期中外通行,有裨治理。"[2]依此谕旨,清廷提出了"专以模范列强为宗旨"的修律方针。诸如,组织人员出国考察,输入法治概念,引进大陆法系国家的法典,起草民法、刑法草案,翻译《万国公法》、《法意》等大量法学书籍,聘请外国专家来中国指导立法活动等。在此期间,一些有识有志之士开始进行反思自我的自强运动,各种政治学、社会学、法学思想也应社会之变滋生。如林则徐、魏源、沈家本、康有为、梁启超、谭嗣同、严复等,从"天朝大国"盲目虚骄的梦幻中逐渐清醒过来,意识到中西关系的发展可能是现代中国的新起点,主张"师夷长技以制夷"。北大教授李贵连形容:当文明世界隔绝的状态被打破之时,正是中国开始与西方建立联系之日,这是一个"异法异制,乘海风东来"、"梯航毕通、中国面对大千世界"、"变法图存,维新思想家改革尝试"、"同一法制,旧律改造和新律制定"的时代。[3]

中国法律西方化的外在原因,是由于西方法明显先进,而中国法有明显的时代落差,在落差中抛弃落后、维护先进是一种文明进化的规律或本能。以往,由于封闭型文化模式的阻碍,近代以前的中国虽然也曾受到过外域文化的渗透,其结果却是后者被前者同化,本土文化依然故我。至 20 世纪,东进而来

---

① 王岳川:《全球化语境中的中国文化精神》,http://www.creader.com,2001 年 9 月 14 日。
② 参见《大清光绪新法令》第 1 册。
③ 参见李贵连:《近代中国法制与法学》,北京大学出版社 2002 年版,第 9—34 页。

的西方法律文化开始震撼着维系千年的旧中国法律体制,中国人开始发现自己的政治与法律"远不如人"。相形之下,西方法在其发展进程之中确有可供借鉴之处,其贯穿始终的正义、自由、权利、平等的法治原则,与中国专制、特权、宗法、家族主义的传统形成鲜明对比。这种外力的催化与催生,使隐秘于清末修律背后的两种文化、两种制度、两种社会形态、两种生活方式的角斗相互作用,法律西方化成为一种迫不得已的选择。

当然,外力乃是导火索,内力才是原动力,模仿西方的发展道路有其深刻的社会背景。即当社会进步使以往封闭的传统文化落后于时代之时,新时代的统治者就不能不"被一种异己的力量推动",通过旧法律"土崩瓦解"的过程,朝着理想的法治目标努力靠近。在此过程中,中国人要由专制而共和、由人治而法治、由愚昧而科学、由中体而西用,这是一种翻天覆地的社会变革。公丕祥教授为此指出,近代中国社会和法律发展尽管缓慢,却处于变化过程之中;促成这一变化的一个原因是西方文化的冲击,但这不是终极的、唯一的、最主要的原因。"这一变革是在西方法律文化东渐、传入乃至挑战的情势下所采取的一种回应姿态,是按照传统文化与近代文化的双重标准所进行的一项法制改造工程。"①可以说,正因为外在和内在双重原因,这个时期法律变迁不仅要解决社会制度、政治制度和法律制度问题,更为重要者,还要解决法律变迁的文化价值问题。

可见,中国法律文化的西方化,或者说将西方法律本土化,与希腊、意大利、西班牙等国仿效英国《自由大宪章》、《法国民法典》、《德国商法》决然不同。后者只是在技术层面、形式层面吸取其他国家法律的精华之处,而前者则同时面临着改造自己法律体系的一种文化选择。这种选择,不仅需要引进一种全新的法律体系,而且应该放弃一种带有"国粹"性质的传统文化,去强迫自己接受不习惯的生活方式,还要强迫自己去丢掉那些一直珍惜的文化习性。同样可以说,中国的思想家和欧洲启蒙思想家所面临的环境和任务大不相同,其中最大的不同,是"中国人拿着欧美的东西批判自家的东西","中国的所谓启蒙,是接受欧风美雨的洗礼"。② 这是一个非常痛苦的过程。

---

① 公丕祥:《法哲学与法律现代化》,南京师范大学出版社 1998 年版,第 521 页。
② 夏勇:《法治源流——东方与西方》,社会科学文献出版社 2004 年版,第 140—141 页。

(二)民国前后的法典入流

以孙中山、黄兴、章太炎、邹容、陈天华等人为代表的资产阶级革命派,开创了推翻满清王朝的历史。他们的功绩,首先在于以实行资产阶级民主政治为目标,彻底改造了数千年的封建君主专制政体,并为建立民主立宪共和政体付出了努力。随之,天赋人权、权力分立、三民主义、五权宪法、司法独立等原理逐渐深入人心,最终成为一种强大的思想运动,致使中国传统法律文化发生质的明显动摇。"新文化运动是一个全盘西化的运动,提出了'科学'与'民主'等概念,以及个性解放的要求——这些因素显然是与传统文化对立的。"①

此后,南京国民政府在对待西方法律的态度上变得更加积极和主动,其表现之一是使当时的法律体系、内容、结构丰富多样。而在此之前,古代制度文化的类型比较简单,基本上采取民刑不分、重刑轻民、程序和实体不分的体例。南京国民政府则先后完成了宪法、行政法、民法、刑法、民事诉讼法和刑事诉讼法六法的制定,构建起了成文法体系的基本框架。这一时期立法的基本方针,仍然沿袭了清末以来的变法成果,大量借鉴了西方大陆法系国家的法律内容。当时著名的法学家吴经熊曾经分析,法律移植中最为困难的亲属与继承制度被彻底改变了,如民法各篇95%仿效了德国与瑞士的民法典。②

民国时期的西学东进,还表现在法学研究领域。在法理学、法史学、法社会学范畴,西方法学成果流行于世,学者们大都对西学持非常肯定的态度。特别在法的起源、法的性质、法的目的、法的功能、法的形式、法的实效、法律方法等诸多方面,我国学者与西方学者的观点几乎如出一辙。一些法学家还表达了中国法学向西方学习的目的:"当此思想庞杂,学说纷纭的时间,我们研究法学的人应如何悉心研究,以求明了现今法学思潮的新趋向,藉以融会贯通,截长补短,他山之石,可以攻玉,而作我们今后立法的张本。"③还有的学者论辩,中国法学的发展从古就与西方法学有大同小异之处,所谓"思潮所至,于

---

① 孙隆基:《中国文化的深层结构》,广西师范大学出版社2004年版,第444页。
② 参见吴经熊:《新民法和民族主义》,《法哲学研究》,会文堂新记书局,第27—28页。
③ 杨谦鸣:《庞德的法律目的观——社会利益说》,《法学杂志》:上海东吴大学法学杂志出版社1938年版,上海图书馆编第10卷第3期,第357页。

文化、于社会,俱呈连带之关系"。"二十世纪之法律思想之趋势,盖已隐相吻合。"①在此背景下,西方的功利主义法学派、新康德法学派、新黑格尔法学派、法社会学派、实证主义法学派等,尽在当时占有一席之地,从中我们可以透视出中国法学和西方法学的一脉相承之处。

归纳而言,这一时期是中国现代法治真正初建和法学繁荣的第一阶段,即无论在制度资源抑或在思想意识方面,民国时代的法典编纂和法学研究掀起了20世纪初期以来法学领域百花齐放、百舸争流的局面。而其中所表现的学术风格,基本以移植西方法律原理、规则、技术为特点,这也正是我们评价民国时代法律史的基点所在。当然,由于届时社会动荡、纷争迭起,并没有一个祥和的法制建设和法学研究环境,也未能真正将西方式的法典现实化和本土化,致使外传而来的制度文化对于中国而言仍然存在着价值和功能偏差。

分析这场近代以来西式变革的属性,从中可见,即使在民国阶段,这仍然是一场以法典化为形态、以西学渗透为途径、以抵制传统为内涵的变革。这一变革进程,使中国从"中式"基本走向了"西式"。究其原因,在于当时中国原有的法律传统遭遇破坏,又没有诞生新的本土资源的前提条件,因此只能将西方法作为被引进、被传播、被借用的法律供给源。

(三)新中国成立时期的西法中断

新中国成立初期至20世纪80年代,中国进入了一个全面建设社会主义法律体系的阶段。作为占统治地位的法律意识形态,也作为法律文化的制度资源和思想资源,这一时期的马克思主义法学世界观以及前苏联模式影响相当深远,直到今天我们仍能从当今的法律体制和法律观念中看到那个时代的影子。同时,所有的西方民主和法制运动又都在新政权面前黯然失色。具体分析,当时的法律发展和法学研究有几个显著特征:

一是学习和引进前苏联法制模式。苏联十月革命一声炮响,给我们送来了苏联的制度体系。例如,在宪政体制方面,我国仿苏维埃体制建立了人民代表大会制度,由此而阐发的人民民主专政理论与西方的议会民主原理有很大差别。再如,我们在司法体制中模仿前苏联,建立了庞大的人民检察院系统,这一系统在打击犯罪、维持治安方面显示了强大权威。又如,我国的法学研究

---

① 丁元普:《法学思潮之展望》,《法轨》1934年第1卷第2期,转引自何勤华、李秀清主编:《民国法学论文精粹》(1),法律出版社2003年版,第453页。

深受前苏联法学的影响,"他们的法概念即是我们的法概念"。直到 1980 年代,我国才实现了法学研究"在对象上和体系上的重要突破"。① 从时代背景分析,当时西方国家的封锁使中国有一种"与西方话别"的心态,自然而然地将目光转向"苏维埃社会主义国家",仿前苏联模式就是一种势所必然。

二是马克思主义法学思想占据主导地位。对于刚刚成立的新中国而言,我们确需一种现成的意识形态指导思想,来引领我国的政治实践和法律实践。这导致在法学研究领域,几乎全盘接受了马克思主义者的国家说、阶级说、工具说等法律意识形态。从属性分析,我国虽然一度中断了对"西方资产阶级法"的模仿,但并不意味着没有"法律指导思想"存在,即使"法律的国家主义说"、"法律的阶级意志说"也是一种法律世界观之表现。就此而言,我们仍然需要对这一时期的法学思想体系进行客观研究和评价。

三是轻视法制建设和法学研究。由于新中国成立前后的法律变革是在政治运动中进行,即革命首先发动于政治领域,然后才波及法律领域,这使法学隶属于政治学,没有独立发展空间。特别是"文化大革命"前后,由于政治形势的变化和阶级斗争的扩大化,新中国的法制建设几乎进入停顿状态,法学研究更陷入低谷。"当中国法学从长久的冬眠中苏醒过来的时候,中国的法学界可以说是满目疮痍,百废待兴。最为关切的,是法学研究人员的严重匮乏,以及对法学研究人员断层危机的深深忧思。"②

四是对资产阶级化的西方法持全盘否定态度。当时,中国法律工作者接触的外国法学作品已非常少见,只有商务印书馆翻译出版了洛克、卢梭、孟德斯鸠、黑格尔等人的一些著作,同时一般都会加上批判性的评论。例如,1959 年商务印书馆翻译出版狄骥的《宪法学》即附有一段这样的出版说明:"狄骥的法学思想已经成为现代资产阶级法学中的一种极为反动的思潮,……有必要对狄骥的反动著作进行彻底的批判。"③这种态度,表现了对于西方文化的彻底反叛,包括法律制度和法律思想在内的文化遗产都被纳入"彻底批判的对象"之列,导致我国 30 多年几乎中断了与西方法律文明的接触。

---

① 张宏生:《法学理论研究中的几个值得注意的问题》,《改革与法制建设》,光明日报出版社 1989 年版,第 22 页。

② 张文显:《法学基本范畴研究》,中国政法大学出版社 1993 年版,"总序"。

③ 参见张宏生主编:《西方法律思想史》,北京大学出版社 1983 年版,第 19 页。

上述分析表明,在"西学东渐"的停顿时期,西方法学思想处于一种极其被动的地位。其原因,有政治因素、法制因素、社会因素、文化因素,但根本上由政治因素所决定。新中国成立后,我国一直把"西方"视为敌对阶级的洪水猛兽,自然而然,西方法学思想也被作为"历史的垃圾",扫出了中国法学研究的大舞台。

(四)当代法学的再度振兴

至20世纪80年代以来,也即改革开放以后,中国社会又一次面临着深刻的变革,也开始了又一轮学习西方现代法律制度的过程。而这一阶段采纳西方法律文化的主要"据点",首先是涉外领域的法律空间。如在经济特区的法制建设中,许多法律概念和技术标尺主要来源于西方国家的既定规则。这一过程,无疑既加强了经济交易的合法性,又促进了我国法律的国际化、现代化、开放化的进程。当然,现代法律西方化的意义,远不只涉外法律移植的实际效益,更重要者,在于其能量积蓄到一定程度,完全有可能引起"中国法律体制的地壳变动。"①包括宪法、行政法、刑法、诉讼法等公法领域的改革亦在潜移默化地进行之中。具体表现为:

翻译西方作品。法学在中国再度兴盛必须经由一个过程,翻译西方作品即掀开了这一过程的序幕。期间,西方学者的专著、论文、理论、观念通过翻译的过程被介绍到国内,许多中国法学家,包括邓正来、苏力、季卫东、贺卫方、高鸿钧、张志铭、梁治平、夏勇、郑永流等,付出了极大的努力。例如,朱苏力译有波斯纳的《超越法律》、《法理学问题》,卡多佐的《司法过程的性质》、《历史、传统和社会学的方法》、《司法中的社会学方法》等。邓正来教授译有哈耶克的《自由秩序原理》、博登海默的《法理学:法律哲学与法律方法》、庞德的《法律史解释》等。同时,哈特的《法律的概念》、罗尔斯的《正义论》、达维德的《当代世界主要法律体系》、韦伯的《法律与宗教》、昂格尔的《现代社会中的法律》等作品,也占领着中国法学市场。此外,孟德斯鸠的《论法的精神》、洛克的《政府论》、密尔的《代议制政府》、汉密尔顿的《联邦党人文集》等一大批西方经典法学读物在中国再次畅销。事实上,翻译西方作品不仅提供了一个推荐西方法学思想的主要途径,而且成为法学自身获得发展的一个入门向导。

---

① 季卫东:《宪政新论——全球时代的法与社会变迁》,北京大学出版社2005年版,第58页。

　　加强外向联系。外向交流是学术发展、创新、扩展的基本途径或手段,目的在于通过相互学习,纵横比较、扩大影响、取长补短。而当代法学家利用这种手段的广度深度都为前辈学者所不能比拟。法理学界的张文显、朱苏力、朱景文、季卫东、贺卫方、梁治平、高鸿钧等人都曾先后到世界各国进行互动性学术交流,也获得了激发群议、点评江山的可能性。其中,中国人民大学的朱景文教授曾先后前往美国夏威夷大学法学院、威斯康星大学法学院作访问学者;到荷兰莱顿大学欧洲中心、法国巴黎大学作访问教授;又在美国哈佛大学、比利时布鲁塞尔大学、日本名谷屋大学、东京大学讲学或作讲座。上海交通大学的季卫东教授,往来于中外之间,参与、承办或主持了许多国际间的法学研讨活动,这使他能有得天独厚的学术环境圈,站高望远、穿针引线、纵横驰骋。

　　促进东西荟萃。对于西方化的趋向,中国学界付出了极大的热情进行探讨,并从法学角度提供答案。梁治平教授先后在美国、意大利、西班牙、日本等国举办了各种讲座,讲座的主题包括"法律在中国社会中的作用"、"中国法的现代化"、"中国宪政的本土根源"、"中国法律传统与法律文化"、"中国法律发展趋势"、"法律文化:相遇与转型"、"文化中国:诠释与沟通"等。从中可见,他的思想中渗透着一种从法文化学角度看待东西方法律文化的宏观视野。现代中国学者中,更有研究中西法律文化异同的,如张乃根著有《西方法哲学史纲》、张文显著有《二十世纪西方法哲学思潮研究》、何勤华著有《西方法学史》、高鸿钧著有《西方法律传统的主要特征》、朱景文著有《比较法导论》、沈宗灵著有《比较法研究》、江平主编《比较法在中国》、张中秋著有《中西法律文化比较研究》、范忠信著有《中西法文化的暗合与差异》、公丕祥著有《法律文化的冲突与融合》和《东方法律文化的历史逻辑》等,都是花力气心血的代表之作。

　　致力法律改革。法学理论必须服务于法制改革实践,当代法学家深谙这一道理。借助西方法律文化中的开放性的法律思维方式,不少中国学者参与了正在进行的各种法律实践活动,包括对立法、执法、司法改革建议建言,研讨重大案件,提出法律修改意见,参与人权状况调查,推动司法改革步伐。在此过程中,中国不但要形成立足本土的完备制度体系,还要将承接过来的西方法律原理适应于中国的不同环境,提供解决中国问题的实际方案。尤其面对法律国际化的形势,中国人在"吃一堑长一智"的过程中成熟起来,对于西方法从盲从欣赏、到心理拒斥、再到最终走向理性化的态度,以至于知晓了世界法学发展的基本潮流,使西方异质文化中的先进因素内化于中国本土法律文化之中,从此走上了一条西方文化和本土资源更加紧密结合的发展道路。

通过上述阶段性对比分析,我们在把握中国自身法律文化发展的脉搏的同时,透视了西方法律文化在19世纪末到21世纪初对于中国的传播力与渗透力。而总结我国百年法制西方化的进程,可以发现,法律文化发展的前途命运并不取决于法律本身而最终决定于社会变动。当中国面向世界急速演进之时,法律文化必然要冲破与世隔绝的封闭牢笼,不再限于自我运动。但显然,与前三个时段不同,目前中国在对待移植西方法律文化的态度上经历了从被动到主动、从盲从到理性、从保守到开放的螺旋道路,而这一切都是以民族自信为前提的自我选择。

二、中国法律西方化的需求

综上可见,中国近代以来的法制创建,几乎都和"西化"问题紧密相连。各种固有的与外来的、情感的与理智的、思想的与制度的因素,彼此纠缠,相互作用,共同造成了极其复杂的社会情态,也被认为是一个"恼人"的问题。当然,经过了一百多年的文化洗礼,经过了中国人反复试错的过程,经过了法律价值的理性选择,接纳外来法律文化使之"化"为中国法律资源的组成部分,已经有了时代的可能性和必要性。

(一)吸纳外来优良元素的必要性

不可否认的是,现代化并不等于西方化,但本土化也并不等于拒绝外来文化。一些学者一直在为中国法的发展进步寻求着有益、有利、有好处的资源,为法律的相互借鉴提供着理论支持。而随着人类交往的日益密切,现代各国法律制度中融和外国经验者比较常见。理由如下:

体现进化规律。按照法律进化论原理,任何一个国家的法律都有从不发达到发达的进化过程。这一过程,既可以靠自身积累完成,也可以靠外力推动实现。究其原因,在于法律文化是具有历史连续性的意识形态,各个国家在形成自己法律体系时,并不能忽略它们的前驱所做的历史性工作,而当一种法律文化注重吸收其他法律文化成果时,这种法律文化就会获得更高一级的繁荣发展。这是其一。其二,法律文化的发展带有明显的价值选择的倾向性,即哪一种法律文化在目标、主旨、精神上更适应社会的进步发展,人类就会选择哪一种文化模式。在现代化过程中,落后国家必须汲取先进国家法律发展的现成经验,这就是法律文明发展的规律所在。其三,对于后起国家来说,学习发达国家的既有经验,可以大大节省法律发展的成本。对比起来,西方国家一整套有效的法律运作机制业已建立起来,它们是西方法律智慧的结晶,也是全人类的精神财富,移植它们具有周期短、收益大、见效早的特点。如果中国能借助这些经过不断试错而成型的外来资源,对于法治现代化来说无疑是一条高效便捷的路径。

改善本国法律。几千年发展起来的农业文明及其所造就的传统法律文化在中国社会根深蒂固,其中的腐朽落后因素早已成为沉重包袱,对中国社会的现代转型造成阻碍,也决定了我国法律现代化的本土资源严重不足。在这一情形下,借鉴西方先进的法律文化以改造自我显得尤为重要。有学者指出,传统法是土生土长的历史老人,而舶来的西方法是根植于自由平等精神的权利法,"要救国学西方,除此而外,别无选择"。① 而且,移植论也是一种积极的改革态度,"因为当改革是由于物质的或观念的需要以及本土文化对新的形势不能提供有效对策,或仅能提供不充分的手段的时候,一群法律精英或者一个权力集团在分析、比较和借鉴的基础上从域外引进法律制度进行'移花接木'式可能取得完全或者部分的成功"。② 事实上,西方法律和法学在当代中国颇为流行,正是由于它们作为制度和思想的文化源泉,对于现行保守的、落后的、非现代的法律形态有着改造功能。从这个意义上讲,利用外来文明在表象上是其他国家对中国法治模式的控制支配,但实效上则意味着确立先进性的法律文化导向。一旦这些法律文化资源被纳入中国本土,必然会引发关于当代中国法律问题的诸多思考,使我们的法治事业上一个新的台阶。

达成法律共识。虽然不同国家、不同地域、不同社会背景的人们在法律意识的养成和法律制度的选择方面颇有差异,但法律文化具有相对独立性、连续性、共同性或普适性。为此,我们要抵制把本土问题仅仅作为一种特殊的"地方性知识",而要把它理解为人类文明所面临的普遍性问题。只有坚持这样的立场,才能打破中西文化对立所带来的瓶颈,把西方有益的因子纳入到现代文明国家的建构之中。尤其当代,随着政治、经济、文化事业的全球化进程,具有跨国属性的法律制度,已经在全世界范围内形成一种势力,某些法律思想亦

---

① 李贵连:《近代中国法制与法学》,北京大学出版社 2002 年版,第 101—106 页。

② 程雪阳:《法律是如何发展——〈比较法律文化〉带来的启示》article. chinalawinfo. com∕Article_Detail. a...36K 2009-8-6。

发展成为一种法律文明的共识。诚如这样的描述:"法律毕竟是人类社会生活关系的秩序规则化,毕竟是人类对公正理想追求的体现,即使人类的法律千差万别,其本质仍然有相通之处,不同的法律体系也还有相同或相似的功能。"①例如,我们不能认为宪政、人权、契约等理念仅仅是西方的,它们是全人类法治文化的共同财富,并作为文明成果跨越了国界。

实现外向发展。从历史看,中国传统法律文化发展的一个教训,就是在内循环中实现法制,在当时的法典、律令、刑法、行政典章中我们几乎看不到文化交流的影子,于是造成西方文化和本土资源对立起来的"二元冲突"的状态。如今,"在达成共识的过程中,任何文化价值都不可避免地要受到外来文化的冲击和挑战,而一旦在外来冲击下被迫开放就会出现传统价值和现代价值、本土价值和外来价值的冲突和融合。"②但现代理论与实践已经证明,利用外来法律资源补充本土资源的不足,是世界法律文明发展的一个普遍现象,即"世界是流动的,人类法律文化的交流是它的常态"。③ 特别于改革开放以后,中国经济、社会、文化事业越来越多地融入国际社会,法治建设也已被纳入到世界法治化进程中,必然能够成功地移植西方发达国家的既有制度,这也是现代中国法治发展的一个重要征兆。

汲取成功经验。各国法律发达之原因,既包括本国的内在条件,诸如人种、民族、地理、政体、道德、习俗环境;又包括外力推动的因素,诸如外国法典的模仿、外国学说的采择、外国审判程序的影响等。从经验事实分析,我们可以发现,内外文化交流已经成为了法律文化发展的常态或范例,尤以日本最为成功。封建时代,日本曾仿中国法制,但这并不妨碍日本在学习西方法问题上裹足不前。明治维新开始后,日本推行文明开化政策,使欧洲大陆的先进科学技术和民主法治思想一齐涌入,为日本近代法律体系的建立奠定了重要基础。第二次世界大战后,日本法律移植的对象又主要是英美法系国家,从而形成了法律文化的混合模式。就西方法被日本"本土化"的效果看,其三次法律改革实现了三次历史性突破,给后世树立了自强与图新相结合的典型。

---

① 张中秋:《比较视野中的法律文化》,法律出版社 2003 年版,第 94 页。

② 陈力祥:《一种全新的伦理秩序和伦理规范——试论全球化时代普世伦理在实现全面和谐中的价值》,《探索》2005 年第 1 期,第 33 页。

③ 张中秋:《比较视野中的法律文化》,法律出版社 2003 年版,第 145 页。

可见,世界法律文化的融合已成为不以人类意志为转移的潮流和趋势,中国法律的发展进化必须与之相吻合。这其中,对各色各样西方法学原理以及由此带来的法律制度资源,我们所采取的态度应该是肯定大于否定,传扬大于贬抑。甚至可以说,西方法学之优秀成果已经给法学界带来了一片新的学术天地,有利于为中国法治铺路架桥。

(二)传承西方法律成果的可行性

西方国家的法律制度和法学思想被引入,主要导源于两大文化因素。其一,法律现代化的需要。现代化是人类不断追逐的发展目标,而这种现代性在全球范围内促进了政治文明、经济文明、社会文明的发展,对一切领域产生了示范性的巨大影响。虽然现代化并不等于西方化,但现代化又确实是西方先开始,并由西方传播到中国的。其二,西方法本身的一些特性,诸如适时、规范、公正、先进。这些特性决定了此后的政治对话也罢,经济交易也罢,文化互动也罢,制度模仿也罢,学术商榷也罢,都为中国提供了参照。反过来论证,如果外国法治与我们完全同一,外来法的本土化便成为多余。具体分析,本土资源与西方资源的融合领域如下:

法律形式的借鉴。法律形式是一定法律文化的风格、特色、样式、模型的体现,它反馈法律内涵的外在需要,法律文化向来通过内涵和形式的双重积淀而实现发展。一方面,中国从古就选用"律典"作为法律的成熟形态,至今天,仿大陆模式创制法典仍然是中国法律的主流样态。另一方面,我们通过英美法的分析,又体悟到判例法形式可以弥补法典化的不足,从而解决成文法难以包罗万象、应付万变的缺陷。特别是当代,西方国家善于运用立法的规则性、司法的权威性、程序的严密性调整各种新出现的法律关系,这对于缺少法治传统的中国来说,是一个很好的补正。再者,我们还可以从自然法、习惯法中寻求现代法律形式多元化的答案;从公法、私法体系的配套中获得公共利益和个人利益的平衡手段;从民法、刑法、诉讼法的逻辑结构中发现健全法律体系的有益经验。

法律制度的借鉴。"在当今世界,发达国家的公民对法律的感知、了解和认识之所以远比发展中国家的公民要直接、宽广、深刻得多,乃是因为在发达国家法律介入社会生活的方方面面,社会经济、政治、文化等都已经法律化或被覆盖了法律的外壳。"[①]这无疑也是中国人希望通过法治达成的梦想。其

---

① 张文显:《法律文化的结构与功能分析》,《法律科学》1992 年第 5 期,第 4 页。

中,就政治制度而言,西方法治所提供的保障是最成功的。历史上,西方就有希腊民主的积淀,有中世纪城市自治制度的经验。而且,欧洲封建专制的历史大致只持续了三百多年,时间上的短促使许多欧洲国家早就割断了与专制制度的联系。至中世纪后期,人文运动、独立战争、宗教改革、资产阶级革命等,都意味着与专制、人治、特权制度的分道扬镳,并早就积累了宪法、行政法、民商法方面的宝贵制度资产。

法律技术的借鉴。在西方法中,法律技巧的重要性业已淋漓尽致地表现出来。例如,由于商品经济的发达,西方国家私法内容丰富、体系完备、思想精深,一切交易活动,包括买卖、借贷、承揽、抵押、继承、运输等,都获得了法律规则的调整。如今,西方国家的合同规则、贸易规则、投资规则、金融规则、票据规则、科技立法、知识产权法等,均孕育在发达的工商社会实践之中,为中国这样的农业国度转轨提供了借鉴。再如,在司法和诉讼领域,西方国家普遍采纳了发达的律师制度,发展了自由裁量技术,完善了举证规则,实行对抗式模式,奉行当事人主义,从中可以学到关于纠纷解决方式的许多"技艺"。

法律原则的借鉴。法律现代化的根本目标在于淘汰陈旧的、落后的法律观念,培植科学、民主、理性的法律思想,法律原则在法律中的中兴正是实现这一进程的表征。从内涵看,西方法律文化中的人民主权、分权制衡、权利本位等原理,早已构成了西方法治的核心和精华。而宪法中的人权保障、自由平等、社会契约、有限政府、司法独立原则,民法中的平等互利、等价有偿、诚实信用、社会公益原则,刑法中的罪刑法定、无罪推定、人道主义、正当程序原则等,则标志着这种文明形态从内容到形式都能为现代社会所认同。从影响看,西方民主、法治、人权三大要素在中国宪法中早已有完全体现。事实上,1954年新中国第一部宪法,即确认了民主原则;1999年修宪,依法治国方略被写入宪法;2004年一度被界定为"资产阶级的口号"的人权写入宪法。① 由此可见,即使我国与西方国家有着政治、文化、历史背景的差异,但都需要通过法律体现其价值目标和共性原则,这为相互借鉴提供了可能。

法律学理的借鉴。除制度资源外,西方法律文化发展的贡献之一,在于法学家为社会改革和法治进步"提供了先进的指导思想",而他们对法治问题、价值问题、社会问题的格外关注,使法治的旗帜高扬,法律的宠信永恒。同时,

---

① 参见王人博:《宪政的中国语境》,《法学研究》2001年第2期,第133页。

西方法学流派林立,百家争鸣,其博大精深的法学思想为世人贡献了思考法律问题和解决法律问题的各种对策方法。从马克思主义国家说和阶级说,到庞德和韦伯的法社会学说;从吉尔兹的法律文化论,到哈耶克的自由主义观;从波斯纳的法经济学,到霍姆斯、卡多佐、弗兰克的现实主义法学,以及权利哲学论、程序正义论、统一法学、后现代运动等,西方的各种法学思想为中国展示了一个未知世界,带来一丝新鲜空气。相形之下,由于众所周知的原因,中国的法学研究中断了几十年,致使在社会转型的当代还有许多空白需要填充。或者说,法学研究中断的 30 余年,为西方法学在中国的"东山再起"提供了理论机缘。这种学理借鉴还有一个值得称道的功能,这就是造就了中国人从"研究法律"向"研究法学"的思维过渡,初创了现代法哲学在中国发展繁盛的局面。

虽然,西方法律中有一些不能成为"资源"的文化垃圾,虽然我们要对其褊狭之处予以矫正,但我们仍然可以宣称,西方法律与法学的确促进了世界法治建设事业的发展。这使透视法律文化移植的形态与方式、成败与利弊以及隐匿在法律移植背后的背景与趋向,可以起到事半功倍的效果。

(三)西方法律文化要素的本土化

西方法律的本土化过程,即是西方法律文化融入中国的过程。这一过程潜移默化,又十分漫长,甚至可以说非常艰难。因之,站在实事求是的立场上评价西方法律文化,是值得认真研究的"大题目"。而其中,哪一些外来文化能被转化为中国法律文化本土资源,则是现代中国学者需要花大力气才能作好的一篇"大文章"。在中国,一些法学研究者已把注目的焦点,聚集于世界主要文明国家的文化成果方面。其目标,在于找到现代法律文化的源头和背景,以及西方法律资源为什么要在中国"本土化"和怎样"本土化"的理由。具体总结以往经验,对外国法律精华之借鉴,一般可采取下列方法或步骤:

一是选择性的适用过程。任何外来法律都很难不经筛选过滤而被移植到他国法律之中,任何一种外来文化传入本土后都要经历一个本土化的吸收同化过程。正如弗兰肯伯格所说:"关键的问题在于本国的法律以及法律经验怎样被引入,其他国家的法律与经验如何加以选择。"[1]尤其在法律制度良莠不齐的情形之下,适宜者生存下来,不适宜者则淘汰之,形成优胜劣汰机制必

---

① ［美］弗兰肯伯格:《批判性比较:重新思考比较法》,转引自梁治平:《法律的文化解释》,生活·读书·新知三联书店 1994 年版,第 195 页。

然是各国采取的举措。而且,历史发展到今日,殖民与反殖民、强权与反强权、剥削与反剥削、传统体制与现代体制、民族主义与国家主义、保守思想与批判精神等,都摆在了世人面前。到底哪种体制、哪类思想能达成法律模式方面的相互妥协的方案,还需要现代政治家和法学家予以深刻思考。在本土化的过程中,则应该采纳优选方法,遵循科学合理的原则,认真、细致、谨慎地甄别移植对象,从多样化的法律规范、法律原则、法律思想中挖掘与本国法律发展相适应和所需要的内容。于是归根结底,法律优选的过程也就是法律被本土化的过程,只有优选的外来资源也才有可能本土化。

二是特色化的转化过程。对于中国,如果发现外国法属于成熟、发达、合理、科学的体系,而我国法律有空白和缺漏,可考虑对国内法的有关规则进行修改,通过参阅仿照、直接引用、缔结条约等形式,将可用的法律渗入中国。这类直接或间接方式引入的法律资源,会对中国人的法律观念、日常行为、文化心理产生较大影响。但在法律西方化的道路上,我们不能局限于纯粹沿革西方法治道路前行,而要付出我们自己的独立思考,这就是将西方资源与本土文化结合起来,放置在"我们自己的法律"之上。如今,伴随这一过程的一系列重大问题的讨论,已充分显示了中国学界思想之活跃、争鸣之激烈、理论之求实的学术风貌,包括对中华法系如何重新认知、对中国法治道路如何选择、对立法改革如何提出实效方案、对社会制度缺陷如何反思、对部门法体系如何改进等问题。由此过程,西方法学才能在中国扎根成长,从纯粹的法律话语走向中国社会实践。

三是升华中的创新过程。移植的过程也意味着制度重建的进程,"每一次继受必定是一次重新创造"。① 也即是说,法律文明之间移植,不是单纯地模仿、照搬、复制。民国时期的法学家杨幼炯早就强调,法律之制定应以本国固有人情、风俗、地势、气候、习惯为根据,因此如不明察社会生活之背景和时代潮流之趋向,必难出台适于国情之法律;中国法律事业重在创造,不在模仿。② 这就要求立足于西方原理而又高于西方原理,分析西方原理而又发展西方原理。如果说,以往模仿西方法是一种无可奈何;那么,今日中国的法律

---

① [德]伯恩哈德·格罗斯菲尔德:《比较法的力量与弱点》,孙世彦等译,清华大学出版社2002年版,第111页。

② 参见杨幼炯:《今后我国法学之新动向》,《中华法学杂志》1936年新编第1卷第1号。

与法学都已经相对自成体系,应该脱胎于西方,开始重新崛起,走向繁荣。

四是制度化的落实过程。说到底,法律移植又是一个从应然视角向实然视角进行转变的过程,它要求从理论到实践的真实仿效,注重"器物的实效"。就此而言,法律移植不是一个该不该学外国的问题,而是一个怎样学外国、求变革、用资源的问题,以及所移植的内容是否真正消化的问题。这是一个不可小视的实用主义或功利主义的移植目标。以立法借鉴为例,在过去30年里,我国已开始了一个以大量立法为标志的法律体系化运动,但具备现代西方式的法典,并不一定表示法治已经实现,中国的状况使我们既要吸收西方法律形式,又要付诸实施,两者"均有甚大的影响。"美国庞德在中国进行司法调查的过程中就曾提醒国人,不要无限度地追求立法层次上的西方化,而要发展法律解释和运用技术,使之地地道道地成为"属于中国的法律"。① 启蒙思想家梁启超也早就开出了一个西制东渐的"程序单":"第一步,是要人人存一个尊重爱护本国文化的诚意;第二步,要用那西洋人研究学问的方法去研究他,得他的真相;第三步,要把自己的文化综合起来,还拿别人的补助他,叫他起一种化和作用,成了一个新文化系统;第四步,把这新系统往外扩充,叫人类全体都得着他的好处"。②

毫无疑问,西方法律和法学在20世纪80年代以来不再是受批判的对象,而变为一种有启蒙价值的法治资源建设,对于中国有着相当的传播力与渗透力。这一"身份地位"的变更,深刻反映了中国从封闭到开放这样一种翻天覆地的变化。虽然,中国在接受西方法还是反对西方法的问题上还有争论,但从20世纪以来,无论其被潜移默化或者直截了当的接受,都说明了它的积极意义。在现代,世界各国法律文化的宏观走向,不仅构成东方世界与西方世界的法文化的历史脉络,而且决定着21世纪法文化建设的未来表征。我们相信,经过几十年或者上百年的法治建设,成熟性的法律会在磨合中成长,而带有传统色彩的中国法律文化会以本国的独特面貌,汇通发达国家的既有经验,不断完善起来。

---

① 参见 Roscoe Pound:"Comparative Law and Histoey as Bases fou Chinese Law",Harward Law Review,Vol.61,No.5(1948) pp. 758—759。

② 参见梁启超:《欧游心影录节录》(5册之23),第37页。

三、中西法律文化异同证明

对于比较法律文化的研究来说,除了说明各个国家或者民族的法律制度、法律观念的模式状态以外,还有两个问题无法回避。其一,为什么不同国家的法律会呈现出不同的面相;其二,这些不同的法律文化将如何得以发展。这两个问题都需要另辟蹊径,从法律文化的异同、冲突、磨合的角度来探讨法律发展的异己力量以及不同法律之间进行移植面临的难题。一定程度可以说,法律移植研究决不意味着仅仅从正面或积极的方面去提供理想模型,它还需要从反面或消极方面去提供教训和反思。在此方面,近代之初,中国人在对待西方文化的态度上存在一个认识误区,即把西方的价值体系当作文化标准加以套用。但不久就认识到,让人们的思想和行为都臣服于西方的既定模式有其弊害,这就是忽视了对国家、民族和文明命运的思考。为此,在对传统法律文化进行清算之时,也要纠正盲目瞻仰西方文化的偏颇。

(一)现代疑义:西方文化中心?

"西方中心主义"意味着将西方法治模式视为具有唯一性和世界性的法律文化体系。其突出表现形态,首先是西方人的自我陶醉、自我欣赏,而对于其他文明则带有强制变迁的侵略性。西方学者保曼曾经指出,西欧精英们把自己的生活方式当成了阐释历史终极目标的基准,其时代的计算围绕着正缓慢逝去的某一个固定点进行,并将其牢牢地系于它自身的迅猛进程中。[1] 然而第二次世界大战之后,包括中华文化、东亚文化、欧盟文化、俄罗斯文化、伊斯兰文化等,正以各种方式渗透于社会生活之中,形成了多种法律体系共存的状态。于是,我们要向以下三种极端主义倾向发出质疑:

一是对强制推行西方法有所抵制。在实践中,随着战争和殖民的过程,西方国家将包括法律制度和思想在内的文化精神间杂其中进行征服。"法律普适论"的推行,使西方法律与法学以一种绝对真理的方式出现,一方面固化了其他国家法律发展的模式,另一方面确立了西方法律文化的霸主地位。而"这种大写的真理有时会变得暴虐,让其他语境化的定义、思想和做法都臣服于它"。[2] 夏勇教授也反对西方文化优越的偏颇结论,指出"在文化的比较研究中,差异被看作一种缺乏,因为缺乏,才要进入所谓的先进时代。这便是西

---

[1] 夏勇:《法治源流——东方和西方》,社会科学文献出版社 2004 年版,第 247—248 页。

[2] 苏力:《法治及其本土资源》,中国政法大学出版社 1996 年版,第 27 页。

方文明霸权的逻辑。"①例如,在近代法律改革中,土耳其采用了瑞士的民法,埃及照搬了法国的民法,中国移植了德国的民法,伊斯兰教国家推行了英美的普通法以及程序。然而,就历史事实看,"法律文化作为人类文化的重要组成部分,具有鲜明的不可替代性和无法原封不动的复制性。"②尤其在体制上,无论如何强势和先进,一种法律模式都难以凭借强制手段得以扩张。相形之下,在被传播地,本国法律文化总会得到本民族、本地人的情感上的青睐。这种状况,自然而然地引起了本土法律文化与外来法律文化的对抗,外来的法律制度远远难以产生它们在本国那样的效果,相反却导致了本土法律文化受到严重破坏。特别是,"在亚洲、非洲以及在东南亚都提出了完全不同的问题。在这里不曾像在美洲荒无人烟或其居民心甘情愿接受欧洲优越生活方式的地区那样发生过欧洲的渗透。尤其在亚洲有着为数极多的人民与不能被看成低于西方文明的各式文明。"③

　　二是对法律绝对共性论有所警示。应该说,法律文化既具有共性,但又具有因国家而异的时代特性,其中既包含了纵向的时代差异,也体现着横向的文化距离。诸如,西方人崇尚抽象理性,中国人注重现实经验;西方人偏于价值追求,中国人偏于实际效用;西方人强调规范调节秩序,中国人依赖伦理约束行为;西方人热衷由表及里的制度,中国人要求由里至表的自律;西方人往往通过诉讼主张权利,中国人宁愿选择和解处理纷争等。又可以列举说,我们的人口基数很大,在人权保障方面与西方有区别;我们的地域范围很大,在立法层级方面与西方有区别;我们的人文精神倡导妥协和谐,在诉讼意识方面与西方有区别。这些区别是历史所赐、环境所赐、时代所赐,无所谓你优我劣、你好我坏,保持特色也并不都意味着落后。进一步从法律渊源分析,当代西方法律文化源自古希腊、古罗马时代,有长达千年的文化传统,它们适合于倡导"自然权利"、"天赋人权"的社会环境背景,具有民族精神、语言、文化的统一性,以及大致相仿的思维方式。与之对比,中国现代化建设是通过殖民的屈辱、政治的动乱过程实现的,这使我们的政治资本、经济资本、文化资本建立在"民族血泪"的积淀之中,从已经凝固的法律意识、情感、观念出发,拥有着与外国

---

① 夏勇:《法治源流——东方和西方》,社会科学文献出版社 2004 年版,第 248 页。
② 参见何勤华:《多元的法律文化》,法律出版社 2007 年版,"序"。
③ [法]达维德:《当代主要法律体系》,漆竹生译,上海译文出版社 1984 年版,第 421 页。

对话时的"独特声音"。这无疑告诫我们,在现代法治模仿中,既要客观地看待中西法律文化的共性,同时也要保持一定程度的中国文化的特性。

三是对教条主义移植论有所反思。法律移植中进行简单套用的方法,往往被统称为教条主义的方法。许多人盲目崇拜西方,因此常常发生这种套用的现象。教条主义的表现之一是机械模仿,指鹿为马,使"橘生淮南则为橘,生于淮北则为枳"的悲剧在中国演绎。孙中山曾经指出:"中国几千年以来,社会上的民情风土习惯,和欧美的大不相同,中国的社会既然是和欧美的不同,所以管理社会的政治,自然也是和欧美不同,不能完全仿效欧美,照样去做,像仿效欧美的机器一样。"①梁漱溟也旗帜鲜明地批评:"考究西方文化的人,不要单看那西方文化的征服自然、科学,德谟克拉西的面目,而须着眼在这人生态度生活路向。要引进西方化到中国来,不能单搬运,摹取他的面目,必须根本从他的路向,态度入手。"②教条主义的第二个表现形式是只重外观形式,游离社会之外。即许多外国制度设计常常因时空加以改变,而我们只不过是"借用了一个美丽的外壳而已"。这致使我国在外观制度层面上取得了仿西方模式的较大成功,但在法治的内在条件上与西方颇有距离。如在轰轰烈烈的司法改革方面,有许多是仿照西方进行的,其中有成功者,也有值得商榷之处。一些法官评价说:"事实上,作为法律工作者,其实我们更需要的是自身业务的提高。对于外在形式的追求实在是太肤浅了"。③ 进一步反思中国法学问题,也需要扪心自问,我们引荐西方的法学著作,难道只是为了像精美的艺术品那样欣赏吗? 西方化的法律是否与中国社会需求不对口? 以什么样的标准来提供最广大民众大致可以接受西方文化? 他山之石只为了攻玉,如果不为了攻玉我们何需要他山之石? 此类问题,的确需要我们反思。

考虑到国家间的竞争说到底是文化的竞争,丧失文化自性在竞争中必然会失败,以长他人志气、灭自己威风的"阿Q精神"作为思潮,更会产生中国文化的深深自痛。有鉴于此,法学界反复提醒:"现代世界的法治已不是西方的专利,不能简单地用西方法治的经验和标准来衡量已发展了的现代法治。如

---

① 孙中山:《三民主义、民权主义》,转引自夏勇《法治源流——东方与西方》,社会科学文献出版社2004年版,第148页。

② 《梁漱溟全集》第1卷,山东人民出版社1989年版,第385页。

③ 方乐:《法袍、法槌、符号化改革的实际效果》,苏力主编:《法律和社会科学》,法律出版社2005年版,第86—87页。

果胶着于此,就会出现刻舟求剑的悲剧"。① 文化的多元性决定了我们"不能人为地创造一种以发达国家为模特的理想标准,然后将中国社会装进这个模式之中","不能固守西方法律文化一元主义的价值取向,或者说简单以西方法治模式为东方翻版"。②

(二)折中立场:内力还是外力?

从前述分析可见,文化传递是先矛盾、冲突、对峙,而后凝聚、交汇和融合。推及当代中国法律西方化领域,我们同样得知,法律的对立最终是一种文化的对立,法律的选择最终是一种文化的选择,法律的变革最终也是一种文化的变革,法律的超越是对传统法律文化的突破,法律移植则是涉及方方面面的复杂系统工程。期间,对于特有文化与共有文化的组合进行预测,实质在于讨论关于法律文化的内力和外力问题。在此讨论中,持"本土化必然论"和"西方化必然论"的都不乏其人,这场讨论又明显地影响到了现代中国法律改革和法学发展。

其中,第一种主张,是在法律思想和法律制度体系方面实现完全的中国化或本土化。按照这种见解,中国法不仅过去而且现代都有着极强的特殊性,包括目的、环境、价值观、社会需求、内在体制和法律风格。为此,一些学者用本土要素、环境条件、社会背景抵御着日益强盛的法律交流的时代潮汐,同时反对西方自由主义、个人主义、功利主义、拜金主义的绝对精神,甚至有人得出了"西化的阴谋"、"法律的悖论"、"法学市场的闹剧"之类的结论。对此见解,我们一方面要批判其保守性,另一方面也要看到它在中国有着一定的国情基础。由于目前我国确实缺乏足够的用于建立真正属于"本土主义"理论和制度的基础,致使我们有着深重的"文化危机意识"。正因为如此,我们才有更强的使命感,要学会构造我们自己的体系。无论如何,我国不是西方,不是欧洲,不是美国,我们必须走出一条自己的道路,而不是永远走他人走过的重复之路。在这个意义上,国情论、本土论、民族论是中国人的必然选择。

第二种选择,是在法律思想和法律制度体系方面持西化论的观点,而且这种呼声有日益高涨之势。其主要论据如下:一是作为近代以来的主导文化,西方法律文明带有时代的气息、优良的属性、理性的价值、完备的形式、超能的技

---

① 张中秋:《比较视野中的法律文化》,法律出版社2003年版,第282页。
② 黄宗智:《悖论社会与现代传统》,《读书》2005年第2期,第22页。

术,代表了政治民主、社会发展、文化变迁的倾向性,因此可将法律的现代化与西方化基本等同。二是中国传统与西方文化之间没有调和的余地,当它们两者相遇相撞之时必然是一个非此即彼的选择,要么国粹,要么西化,没有其他道路可走。"虽然我们不能说西方国家是现代化的唯一模式,但是我们可以确证,现代社会的法律必定是西方式的。"①三是当代法制建设中,移植至关重要,本土化则在其次,中国需要把"不具备的条件创造出来","强制性地完成社会制度的变迁过程",通过全盘西化很快成为民主健全、法制发达的现代国家。

第三种选择,是中国应学会寻找一条折中主义的中间道路。前述分析表明,在谈到法律文化的冲突与融合之时,人们总是在走极端,将文明传统与现代精神对立,将中国国情与世界进化对立,将东方法律与西方法律对立、将社会实践环境状况与理想价值理论体系对立。也即我们在历史和现实、东方和西方、中国和外国之间尚未找到恰当的结合方式,似乎非此即彼,非我即他,非有即无。这是我们应该特别警惕的。用辩证的思维看,学术界各种观点的对立是一种百家争鸣,但不必"相煎太急"。事实上,东西方法律文化都是世界法律发展史浩瀚大海的两支主流,也是当今世界法律体系的两支主干,它们预示着法律进化的历史与未来。因此,在探索法律改革之路时,我们应当提倡兼收并蓄、喜新而不厌旧的态度,从传统文化里搜寻精华,从理解国情里发现规律,从西方成果中汇总经验,从移植法律中缩短距离。中西文化的结合之路,应该是法律现代化的成功之路;利用丰富的法律文化本土资源,兼容世界一切优秀文化成果,应该是我国有容乃大的胸襟。

由此我们可以得出结论,外来文化对中国文化的冲击,造成了中国社会并存着两种不同性质的历史动力。一是发源于中国本土的法律思想和法律制度的影响力和控制力,这是法律系统的自我定型机制,通过固有的、内在的秩序性规则进行定型,凝结成自治、自尊、自律性体系。一是诞生于西方社会的政治体制、经济基础、文化模式对中国法律思想和法律制度的诱导力和冲击力,这是借鉴外来材料或资源的外部供给机制,带有很强的时代惯性。这两种力量长期并存于中国社会,相互激荡、相互纠缠,又相互利用、相互妥协。实际

① 梁治平:《中国法的过去、现在与未来》,《法律社会学》,山西人民出版社 1988 年版,第211 页。

上,它们都可归结为法律文化发展中的内力与外力的关系问题。如同社会发展规律一样,中国的法律和法学发展也既需要内力,亦需要外力。内动力是自发自动、自我更新,外动力是外引外联、外部移植。保持特性、取得共性,蕴特性于共性之中,使中国法律文化站立于世界,这是哲学的思维,也是法律文化进化的方法论。

(三)道路选择:目的还是途径?

通过上述分析,我们可知,完全走中国之路或完全走西方之路都行不通,我们必须保持"两条腿走路"的平衡性,这就是既保留部分传统文化、固有文化、本土文化的因子,又输入外来西方文明、外来资源、外来经验的成就。但以往,中国人在一条绝对化的道路上行走了数百年,"文化大革命"前后又带着"有色眼镜"批判历史遗留和外部引入的法律遗产,这使当代人仍然处于文明选择的茫然无措的深度困惑之中。如此看来,现代中国法治道路的选择绝非一日之功,法学家要进一步探讨关于法律道路选择的三大辩题:

一是法律目的还是法律手段的学术之辨。在本文看来,法律继承和法律移植本身都不是目的,而是形式、方法、途径、手段、动力。促进法律的现代化发展,才是目前中国法律改革的最终目标。就此看来,法律现代化的实质不在于仿照东方还是西方法律,不在于利用你国还是他国成功经验,不在于积累本土还是外来资源,不在于尊重以往传统还是批判旧制,而在于从人治社会向法治社会的转变过程。这一过程,无论是通过内部条件成熟而从传统走向现代,还是由于受到外来法律冲击而从落后走向先进,其意义都是深邃的、开拓性的、可歌可泣的。吸收西方法也好,弘扬中国传统也罢,都不过是当代中国寻求的应时而变、更法改图道路的一种道路选择。

二是制度为本还是技艺为本的学术之辨。近代以来的中国改革,早就有"求本"抑或"求末"的本末之争。届时,我国在打破闭关锁国的政策之后,接踵而来的,是学习西方的政教制度,还是学习西方的技术方法。张之洞所提出的"中体西用论",其中的"体"大致即指政治制度,而其中之"用"则大抵等于救时之计、谋国之方、为政之艺。① 但由于"在欧风美雨的疾打下,许多人在比较和反省中国固有传统文化的过程中,渐渐地丧失了文化的自信,乃至自觉不自觉地以背祖为荣,以挞古为快,以西式为主,以本土为辅,终致不能从自己的

---

① 参见张之洞:《劝学篇》外篇"设学"第三。

文化上回答民之所本、民权之所本是什么。"①相反也有些人把以往的"人治"作为制度之本,使西方先进的政治理念和法律原则无法真正渗透于中国。反思这类近代教训,如果将现代法治进程看作是世界先进文明的组成部分,我们就应该立足于"求"各种先进的意识形态之"本",而不管它们是制度性的,思想性的,还是技术性的。只要是对中国法治建设有益、有利、有好处,都应该视为法治之本、法治之术。这才是中国法律的出路。

三是民族文化还是全球文化的学术之辩。历史上,民族文化一直是本民族屹立世界的基本表征,但当今世界不同实体的文化成就已带有跨国界的性质。于是,"面对现代性的命运,我们是以'尾随者'的姿态走在历史终结的道路上,还是以政治民族的胸怀为人类开辟出新的历史道路? 这与其说是历史对中华文明的挑战和考验,不如说是历史赐予我们这个民族的机会"。② 还有学者形象地比喻,应使各民族文化渐渐缝合,其后有法意的通融,进而再有人生与人心的共鸣,以及"整个国族作为文明共同体的整体阵型的形成",才可以创造出"差不多的人世生活。"③事实上,法律发展并非具有单向性,而是多向和复杂的,"在法律趋同的背后存在趋异的潜流,在法律全球化的同时存在着法律民族主义的反叛,在现代主义的法律潮流中存在着法律原教旨主义的吁求。"④正确的选择是:"一个国家或民族的优秀文化总是具有浓郁的民族性,也总是密切关注时代潮流的变换和发展,并参与其中,作出自己的反应和奉献。"⑤

客观地说,上述学术之辩早已落实于法治建设的具体实践之中。特别是随着香港、澳门特别行政区的建立,在中国形成了四个法律区域、三个法系归属的特殊局面,这就是中国大陆法域、台湾法域、香港法域、澳门法域,以及中华法系、大陆法系和英美法系之模式。又可以说,现代中国法几经演变已选择了混合式的发展道路,包括:(1)源自中国的历史传统。它保留了本土法律的

---

① 夏勇:《中国民权哲学》,生活·读书·新知三联书店 2004 年版,第 44 页。

② 强世功:《立法者的法理学》,生活·读书·新知三联书店 2007 年版,第 364 页。

③ 许章润:《法学家的智慧:关于法律的知识品格与人文类型》,清华大学出版社 2004 年版,第 72 页。

④ 参见俞可平:《全球化研究的中国视角》,转引自刘同君、魏小强:《法伦理文化视野中的和谐社会》,江苏大学出版社 2007 年版,"导言"。

⑤ 吴元迈:《经济全球化与民族文化——兼论文化的民族性与世界性》,《中国社会科学院研究生院学报》2001 年第 2 期,第 6 页。

特殊文化属性,虽然随着时代的演变,其中的有些制度和观念已经更新换代,但心态的转变、意识的转变、模式的转变仍然是一个漫长的过程。(2)源自西方的法律体系。清末修律使西方式的法典和价值观随附而来,近30年来中国和外国的交流也已经成就显著,西方法律文化的符号体系不再让中国人感到陌生。(3)马克思主义的法律观念。文化之渗透往往不是通过"固体"的制度实现的,而主要是一种世界观与方法论的引导。在这一点上,马克思主义的意识形态仍然以思想形式传播并影响着中国,可被视为一大"法源"。(4)改革开放的时代元素。20世纪80年代以来,多元性的法律思想、法律理念、法律规则不断吸纳到宪法和部门法之中。传统和现代的连续、东方和西方的交融、公法和私法的组合等,均导致中国法律文化的现代发展道路会带有综合的属性。

在当代,改革开放的大潮使中国法治和法学的历史翻开了新的篇章。而在"续论"中,如何不否前辈之师、不忘前车之鉴、不弃前年之成果、不排斥外力之推动,都是我们现代人所必须思考的问题。虽然在这种思考中,我们常常会面临着难以解决的共性和特性的悖论,但它却是一个合理的、客观的、必然的悖论。在这一立场上,我们预见,无论是中国自身发展出的法律文明,还是西方国家发展出的法律文明,都将从法律改革中获得广阔的生机;我们也坚信,只要是优秀的法律文化成就,就不怕接受时代的考验。

第七章

法文化成因论：中国法律文化之背景

每个时代法律意识的形成和法律形态的发展，都必然基于其所处时代的经济模式、政治结构、社会环境等客观与主观条件。自然而然，法律文化建设并不限于其本身的规则、制度、形式、技术性构造，更重要者，它是整个政治模式、文化传统和社会工程的组成部分。"经验和科学告诉我们，法律制度的有效建树和运作有赖于相应的法律文化的存在，法治的成长必须扎根于相应的法律文化土壤"，否则法律和法学就会成为"空中楼阁"。① 有鉴于此，法律本土资源研究应以外部客观环境作为考察的基点，解剖现代法律文化形成发展的内在根基，在社会的土壤上进行法治改革的探求。

第一节　法的灵魂：法律文化与社会结构

法文化学研究中的任务之一，是揭示法律现象与其他现象之间的极其复杂的连带关系，即揭示法律文明与政治文明、经济模式、社会生活之间的互动关系。在此，文化是一个"便利的概念"，可以指称由社会实践构成的一般性环境。而且，法律文化之于社会的重要性不亚于法源、法系、法治的观念。"它是刻画由众多独特因素组成的大型集合体特征的一种手段。"②中国特色

---

① 参见张中秋：《比较视野中的法律文化》，法律出版社 2003 年版，第 273 页。

② 罗杰·科特雷尔：《法律文化的概念》，www. studa. net/faxuelilun/081004/11004186. html 48K 2009-4-。

的法律文化,也必然产生于国内特定的土壤之上,培育和传扬这类法律制度资源和思想资源,需要以当代社会关系、社会结构、社会需求为背景,进而解剖法律本土资源积累对于"社会"的依赖性,正是我们认识法律之源泉、法律之精神、法律之灵魂的基本方法。

一、自然秩序与法律文化的关联性分析

在社会科学研究中,将文化问题与自然问题联系起来探讨似乎不可思议。但孰不知,自然与法律的关系问题应该成为法文化学探讨的重要论题,因为这关系到"法的精神"。实际上,自然世界必然有规律可循,这些规律又体现为一定的自然秩序,它们虽不等同于法律本身,但也不能为人类所任意摆脱甚至抵制,人们只能通过认识自然来为自身服务。推及法律领域同样如此,人们在法律和各种自然现象的联系中把握法律原理,从而能使法学向科学前进一大步。由此,中外法学家开始挖掘这一领域的资源,而其成果则构成了法律文明的重要成分。

(一)自然视野中的法的精神

广义的"自然"一词,如同文化、民主、正义等概念一样,是一个极富弹性的术语,一般泛指事物本身所固有的、合理的有序模式,自然规律或自然秩序。依此推论,凡自身确定、无须求助、不言而喻的真理,都是属于自然的和不可逆转的法则。推及社会科学领域,"自然"被视为真理的起源和基础,顺乎自然就是不违背社会常情、人伦之道,就是达成和谐、均衡、竞争、优胜劣汰的社会状态。进一步,与法律文化相联系的"自然"解释,意味着公正、平等、和谐、有序的化身,其以不偏不倚、无私无瑕、朴实纯净、普照人人的属性,同等地眷顾着地球和人类。如中国古代的"灋"字,被解释为"平之如水"的自然正义;西方的自然法学说,体现着人们对于法和自然关系的理性化解读。

本文概括,古今中外关于自然性之领域有几大主要学说:(1)法哲学领域的法律精神说。作为"一个伟大的尝试",启蒙思想家孟德斯鸠早已得出了自然因素和社会因素结合构成所谓"法的精神"的结论。他宣称:"从最广泛的意义来说,法是由事物的性质产生出来的必然关系",各国的地理、气候、风俗、领土、人口、宗教、商业、贸易、居民的生活方式等条件都对法律制度产生着深刻影响。[①] 中国法学家也论证:"法律之所以是一种社会现象,首先是因为

---

① [法]孟德斯鸠:《论法的精神》(上),张雁泽译,商务印书馆1982年版,第18页。

它源自社会生活。社会生活不仅为法律的产生提供了必要性和可能性,还为法律规范提供了生活原型,即社会渊源。"①(2)人类生存所必需的自然权利说。按照该学说,人的世界与动物世界、植物世界一样,是自然的产物,必然受自然规律支配。即人是宇宙的一分子,只有在自然状态下获得自然权利的保障和遵守自然和谐的秩序,才能维系自己的生存;人又是理性的动物,可以锻造法律秩序为自然秩序服务;自然权利还先于法律规则而存在,它们是法律文化生成之母,一切立法和司法活动都需要围绕对自然权利的保护进行。(3)生物主义的社会学说。一些社会学家发展了达尔文的进化论,在生存竞争、自然淘汰等生物进化理论的基础上,提出了人的社会结构观。根据分析,社会和国家如同自然界的生物一样,是一个由简单到复杂的不断进化的有机体;社会成员的地位、自尊、人格、精神需求等主要源于人类的生物社会性,人与人之间的关系也是强存弱汰的关系;为了使各阶层共存共荣,必须保持一定的平衡,而保持平衡的办法就是改善法律。② 虽然这种生物主义的社会学,将法的社会属性与自然界的生物属性牵强附会地连接在了一起,但也不失为人们透视法律现象的一个侧面。

这类学说虽然有局限,但把法律纳入自然社会中进行研究的独特视角,对于我们今天理解法律文化的精神实质有悠远的意义。毫不讳言,在中国传统文化中,早已渗透着"人法地,地法天,天法道,道法自然"以及天理、天道、天命、天志、天德等原理,自然秩序观与和谐秩序观也被视为中国特有的宇宙观、人生观和社会观。进而,这也是古人国家观、政治观、法律观之必然的逻辑轨迹。尤其中国人表明了人不能离开自然而生存的鲜明立场,主张世界万物、社会伦常、人类行为都有秩序、有规则、自然而然,犹如天有昼夜阴晴之变化,地有山泽水流之分布,岁有春夏秋冬之更替,天有日月出没之运行等现象。诚如《易传》所云:"有天地然后有万物,有万物然后有男女,有男女然后有夫妇,有夫妇然后有父子,有父子然后有君臣,有君臣然后有上下,有上下然后礼仪有措。"根据此理,每个人的人生轨迹都沿着自然逻辑顺流而下,由自然而个人,由个人而家庭,由家庭而社会,由社会而国家,由国家而规则,由规则而道德,由道德而秩序,由秩序而和谐。至如今,老庄哲学所推崇的"天人合一"思想

---

① 孙笑侠:《法的现象和观念》,山东人民出版社 2001 年版,第 5 页。
② 〔美〕殷克勒斯:《社会学是什么》,黄瑞祺译,巨流图书公司 1985 年版,第 111 页。

被发扬光大。就连西方哲学家、史学家、人类学家对于这类中国智慧、中国经验、中国文化,都大加赞赏。①

在法学研究领域,法律的自然属性、社会属性和文化属性亦被普遍认知。民国时期的蒋澧泉即认为,法律具有"四性":一是法律的时间性,法律为时代事物,时代不同,则解决事物之法律须连带改革;二是法律的空间性,法律须以国家情状为图案、以社会环境为材料、以国情民习为准则,才不失形成中华法系之雏形;三是法律的社会性,个人要发展自己的才能品格,同时应履行对于社会最大限度的义务;四是法律的民族性,中华民族素以仁义道义、济弱扶贫为人伦之大纲,故必然以弱者为保护对象。② 现代学者朱景文教授论证到,决定法律文化特性的主要因素有七个,这就是经济制度、政治制度、宗教信仰、历史背景、自然条件、种族特征、其他偶然与未知因素。③ 谢晖教授也阐述了现代化进程中各要素之间的密切关联:"不论从工具价值还是从目的价值讲,经济、政治和文化的现代化必须以法制现代化为目标取向,而法制现代化又无往不受经济、政治和文化现代化进程的影响乃至左右,其中文化因素对法制现代化的影响尤甚。"④付子堂教授进一步指出"法之理在法外",即是说,法之理在社会中,在民俗中,在经验中,在实践中,在信仰中,在自然中,也在历史中。⑤

由这些法学思想可见,法律现象绝非孤立存在,各种因素相互耦合铸就了一定的法律文化特征,决定着一定时空的法律制度模式和法律意识形态。因此,在探讨当代法律文化的自然属性与社会属性时,应当特别注重洞察下列关系:(1)经济发展对法律和法学的影响;(2)科技成果对法律和法学的影响;(3)自然环境对法律和法学的影响;(4)地域因素对法律和法学的影响;(5)政治体制对法律和法学的影响;(6)道德习俗对法律和法学的影响;(7)民族宗教对法律和法学的影响;(8)家庭社团对法律和法学的影响;(9)职业分工对法律和法学的影响;(10)人际关系对法律和法学的影响;(11)历史传统对

---

① 参见俞荣根:《儒家法文化》,江山:《法哲学的价值转型》,付子堂主编:《法理学讲演录》,法律出版社 2006 年版,第 262—263、324 页。

② 参见蒋澧泉:《中华法系立法之演进》,《中华法学杂志》1935 年第 6 卷第 7 号。

③ 朱景文:《比较法社会学的框架和方法》,中国人民大学出版社 2001 年版,第 44—49 页。

④ 谢晖:《价值重构与规范选择》,山东人民出版社 1998 年版,第 222 页。

⑤ 参见付子堂主编:《法理学讲演录》,法律出版社 2006 年版,第 345 页。

法律和法学的影响;(12)文化教育对法律和法学的影响;(13)时代演进对法律和法学的影响;(14)国际形势对法律和法学的影响。上述分析,又使当代法文化学研究有一个纵横达观、旁征博引、驰骋千里的学术空间,也使研究者可以从多个维度去窥视以往法学研究所没有企及的法律领域,为人们提供了多方位、多角度、多元素、多路径的文化视野。

(二)法律文化中的自然理性

如上所言,所谓法律并不只是专门化的制度体系,它实是一面反映人类物质生活和精神生活的镜子。但客观地说,我国以往的社会科学、包括法学研究中,常常"纯粹"地看待各种自然和社会现象,使自然科学和法律科学隔绝起来,导致此领域尚有很多空白,标志性成果也不多见。至当代,中国人开始追求精神世界和物质世界的融合,关注决定法律成长的各种自然的、物质的、生活的条件,认为它们才是支配法律形式和法律风格的自然因素。而如果能够通过一定的法律措施维护自然秩序,则法律也将会获得不断扩展的空间。透视这种法律和自然的关联性,主要涵盖以下领域:

理论法学领域的"社会和谐"研究。现代学者纷纷将研究视点集中于和谐问题之上,其中之一,即是人与自然的和谐关系。从正面分析,大自然给人类带来物质文明的同时,也给人类带来了保护自然秩序的需求。和谐理论由此要求运用人与自然关系调整机制,使现代法律熔铸哲学思想、自然经验、文明进化之成果。例如,中国古代关于禁猎期、禁渔期的规定,早就体现了"以求草木之长"、"以成鱼鳖之众"的法律目标,而这类目标显然符合人类对于自然规律的认识,从而使自然和法律之间建立了和谐联系。从反面警示,认识自然并不等于人类可以破坏自然。恩格斯早就告诫人类:"我们统治自然界,决不像征服者统治异族那样,决不是像站在自然界之外的人似的,——相反地,我们连同我们的肉、血和脑都是属于自然界和存在于自然界之中的;我们对自然界的全部统治力量,就在于我们比其他一切生物强,能够认识和正确运用自然规律。"①为此,法律保护自然界的和谐现象、和谐规律、和谐需求,这既是现代人关注自然现象的一大必然结论,又成为一种法律所体现的价值追求。

民法领域的"人的生物性"研究。法律与自然的关系分析又渗透于部门法领域,民商私法关系无疑受制于经济、社会、文化运动的客观规律。一般说

---

① 《马克思恩格斯选集》第4卷,人民出版社1995年版,第383—384页。

来，现代民法规定了民事法律关系的基本概念、基本要素和基本制度，包括权利主体、权利客体、法律行为、法律责任等，使人与动物、植物的行为方式明显区别开来。但就具体的法律关系而言，民法不仅调整人与人的关系，也调整人与物的关系，民法上的个人则是具有生物性、心理性和社会性的有机体。例如，现代民法要关注有形物的研究，关注法律在亲属、血缘、家庭关系结构中的调整力，关注人的心理、人格、人性方面的自然属性。尤其在亲属法和继承法范畴，"以自然眼光"去透视血缘关系对于法律的影响就再恰合不过了。所谓"以天伦关系为准，而规范之，如父子之亲、长幼之序，莫不顺乎自然是也"，①就是写照。苏力教授也分析到，婚姻制度"这种文化"，"是一个具体社会的诸多制约条件，其中包括自然、气候、资源、生产方式、生产力水平、人的相对恒定的自然属性等共同塑造的。"②

环境保护领域的"生态文明"研究。自然界供给人类吃穿住行的物质需要和精神需要，使人们的一切活动都围绕开发自然和利用自然进行。当代环境状况和生态状况，越来越需要法律提供保护，成为现代法律文明发达与否的重要标识。而且，人类在开发大自然的过程中既得到了对于自然界的深刻体验，又接受了无数惨痛的教训。由于水土流失、酸雨赤潮、地震洪灾等不可抗力的客观因素，由于许多矛盾纠葛是人类对资源不合理开发引发的，由于人类破坏环境的行为会在几十年甚至上百年后贻害子孙，大自然已经给了人类行为以严厉惩罚。为此，1980年3月5日联合国向全世界发出了"必须研究自然的、社会的、生态的、经济的以及利用自然资源过程中的基本关系，确保全球的可持续发展"的呼吁。在法治实践中，各国关于农业生产规则、劳动力使用规则、环境保护规则、动物饲养规则，以及土地、草原、矿产、海洋和空间资源开发利用规则等层出不穷，均要求改善人与自然的紧张关系。我国还先后实施了《环境保护法》、《海洋环境保护法》、《野生动物保护法》、《大气污染防治法》、《水污染防治法》等法律法规，强调要善待自然，维护生态文明。其目的无非在于通过法律手段，使人类在绿化土壤、兴修水利、开凿运河、开发矿产、改造桑田、整治污染、发展核资源过程中，既受制于自然规则的约束，也受制于相关立法，真正体现对一山一水一草一木加以关爱的人文情结。

---

① 郑玉波：《法谚》（2），法律出版社2007年版，第68页。
② 苏力：《也许正在发生：转型中国的法学》，法律出版社2004年版，第249页。

行政法领域的"人口管理"研究。受法人类学思想的影响,我们可以认为,关于人口构成、迁徙、管理问题都应该纳入法学研究的视阈。原因在于,"来自人口方面的变迁,不仅是社会变迁的重要方面,而且也对法产生着巨大的影响。"①尤其中国,由于居民占世界人口的五分之一,法律与人口的关系探讨成为特殊论题,构成我国政府采取政治决策和法律决策的基础要素。在此,我国所面临的法律调整对象明显"与众不同",即我国要让十几亿人都生活在统一的法律框架之下,这是多么艰巨的社会工程! 特别是,随着人口的数量增加,资源分配消耗问题、人口数量控制问题、人口质量素质问题等都呈现给了社会,进而呈现给了法律。再如,随着农村人口涌进城市,迁徙问题、治安问题、就业问题、劳动保护问题、计划生育问题、户籍管理问题、医疗卫生保障问题等也随之发生变化。此外,特定地区的控告、诉讼、逮捕、审判等司法活动的工作量,随着人口违法或犯罪率而上下波动,也是法治变革应该考量的重要因素。

生命科学领域"新型问题"研究。按照以往的学说,法律关心的是人的精神、意志和行为,人以外的"物"是权利的客体;作为权利主体的人与作为权利客体的物,两者间存在不可逾越的鸿沟。但目前,上述理论正在动摇,法律制度中的"人的物化现象"正作为新的领域为世人熟知。所谓人的物化现象,是指人的意思形成和活动被物质性过程部分替代。如生物学的研究证明,人的遗传基因与动植物的遗传基因几乎没有任何差别,人、动物、植物都可以通过DNA 的遗传信息得以繁殖,而这类新的发现必然对法律产生影响。包括自然人的器官、血液、骨髓、组织、胚胎,以及冷冻受精卵在财产法和继承法上应如何处理问题;根据遗传基因诊断,预见遗传疾病的婚姻障碍问题;生物体的移植和转让问题;DNA 相关知识产权问题等,这些问题在民法中如何规定尚在探讨。② 也有人提出了建立作为"第三法域"的"生命法"的构想,所谓"生物技术进步和新的法律关系产生要求生命法律从伦理学母腹中分娩出来。最终,作为生命伦理底线的生命法从生命伦理中分流出来。生命法如期

---

① 马新福:《法社会学原理》,吉林大学出版社 1999 年版,第 322 页。
② 参见王利明主编:《中国民法典草案建议稿及说明》,中国法制出版社 2004 年版,第 21 页。

而生。"①

一分为二地说,在自然和社会发展进程中,任何思想和行为都可能有恰合生存环境的一面,也有与物质世界格格不入的一面,对法律思想和法律制度的评价也是如此。而且,相同的法律思想和法律制度来源于大致接近的社会背景,即人类社会和自然世界的一般性条件;相异的制度和思想则来自于不同的社会背景,即人类社会和自然世界的差异性条件。如果我们不重视这些差异性条件,则理论和实践会发生极大的错位。在此情形下,即使法律规定的权利再多、法律文本表述的再好、法律体制设施再健全、法律科学技术再发达,也会因法律不符合自然环境"水土"而成为"死"的法律组合。这其中,自然界为人们提供了基本的生存条件,又有自然法则或自然秩序在起作用,而自然环境的变迁也会引起法律变迁。这一循环,恰给现代法律发展和法学研究带来了沉睡已久的问题。如何在"天道自然"的中国理念、在"自然权利"的西方思想,以及在环境科学、生命科学发展的今天,真正理解现代"法的精神",并积累起这个领域的标志性法律文化本土资源,正是一个全新的挑战。

二、社会因素与法律文化的关联性分析

由于各种法律现象的发生是一种根植于社会的现象,"文化"问题与"社会"问题密不可分。易言之,法律本身并不能决定自己的命运,最终决定法律发展进化的因素是它所赖以生存的社会环境。据此,中国当代法学不能仅限于一般法哲学原理的探讨,而要开辟更为广大博深的领域,包括从社会学视野看待法律问题。这种法律和社会相关联的视角,从基本的社会关系、社会分层、社会组织、社会结构、社会角色、社会利益、社会秩序、社会规范、社会制度、社会正义、社会变迁等范畴谈起,层层深入,有利于解剖现代法律文化的社会背景,为法律资源的积累夯实"社会学地基"。

(一)社会关系对法律规则之影响

广义的"社会"一词,被解释为人与人之间的相互关系和共同活动。中国古籍中,"社"指土地之神或祭祀之所,"会"指集合之意,即许多人为了一个共同目标而聚集的活动。现在的通说以为,社会是一个相对自足的人口聚居范

---

① 倪正茂、刘长秋主编:《生命法学论要》,黑龙江人民出版社 2008 年版,第28页。

畴,它以内部组织、土地、文化以及两性的补充为特征。① 也即是说,社会一般由三个要素构成,一为自然环境,这是构成社会的基础性要素;二为人口,这是组织起来的社会细胞;三为文化,这是人类以群体的能力创造而出的文明成果。在此意义的社会观,已成为理解现代法律现象的一条主线,从中可以引申出关于社会关系的几大基本文化属性:

群体性——社会关系是建构在个人组合基础上的人际网络关系。社会由社会成员个体构成,个人及其行为构成了社会的原子。但人又天生是一种群居性的生物,只有通过社会生活才能获得正常的生存条件。正是在这种社会结构的框架内,人与人之间建立了纷纭繁杂的社会关系网络,社会则成为一种有机结构体系和集体现象。"人生之始,便为家族团体之一员,与父母兄弟,营共同生活,及年长入校,与同学营共同生活,后来为农;为工;为商;或为宗教团体的一员;或为市乡的公民,在须和他人,保持一种共同生活之关系,此由人与人的关系造成之家族、学校、工会、村落、宗教团体、国家等之总和,普通称为'社会',所谓人为社会的动物,即指此而言也。"②

主观性——社会关系是一种受理性支配的权利义务关系。社会行动的本质,是人在一定目的支配下与他人发生联系。如果行为者不仅受自己主观意志的支配,而且虑及他人的行为,那么,这种把自己和他人联系起来的行为就叫做社会行为。"社会事实不是向壁虚构出来的,它发生在一定的脉络之中。同样地,社会中的人也不是孤独的原子,他是社会脉络与社会关系中的存在,他是谁,必须放在他与别人的关系中来看待,必须看别人如何看待他而定。……社会结构与社会秩序也是在人与人的相互依赖中产生的。"③与此同时,人们又都理性化地希望走向有秩序的社会生活,法律的任务就是参与这种理性化的过程,用权利义务作为纽带将人们联结于法律关系之中。因此,真正作为规则或制度的法律,从来都是强调社会性的。也由此,个体要摆正与他人和社会的关系,不能仅仅在狭隘的个体中去寻找自我的地位、自尊、人格需求,而必须放置在社会的大背景中乃至权利义务的关系中寻求法律制度化的根源。

---

① 徐忠明:《法学与文学之间》,中国政法大学出版社2000年版,第250页。
② 黄右昌:《现代法律的分类之我见》,转引自何勤华、李秀清主编:《民国法学论文精粹》(1),法律出版社2003年版,第411页。
③ [台]林端:《儒家伦理与法律文化》,中国政法大学出版社2002年版,第411—412页。

　　分工性——社会关系是通过社会分工而定位的角色关系。社会作为一个复杂的有机体,由多层次的社会分层结构组成。即社会成员的地位、职业、身份、权利、教育程度、收入类型,使人们在社会结构中呈现分工状态。这种自发的社会分工,最初由农业、牧业、手工业、商业的分离所造成,后来愈来愈走向专业化和职业化。正如马克思经典作家的分析,"在过去的各个历史时代,我们几乎到处都可以看到社会完全划分为各个不同的等级,看到社会地位分成多种多样的层次。在古罗马,有贵族、骑士、平民、奴隶,在中世纪,有封建主、臣仆、行会师傅、帮工、农奴"①。如今,虽然阶级对立不存在了,但在分工中为人父母、为人师表、为人徒弟、为人同事、为人上级、为人代表等,都必然伴随着一定社会角色的要求;政府官员、治安警察、企业雇员、法官、检察官、律师等角色,也都是一种职业分工的结果。每个人在社会中都有自己相对固定的位置,这些位置构成了本人和他人的横向和纵向联系。纵向联系即为一种上下级关系,横向联系即一种平等关系。

　　规则性——社会关系是一种需要社会规则制约的秩序关系。按照法律文化解释,社会关系的形成并不是毫无依据的,社会中必然形成大家公认的一些行为准则,使人们的行为保持一定的行为惯性,并鼓励人们交往中的合作态度。反之,在人际交往中不遵从特定的行为模式,各行其是,则会在某种程度上瓦解社会秩序。首先,既然个人要由社会交往获得权利和利益,则他就必然对他人或社会负担义务,道德、舆论、习俗、教义、行规、政策等形式即是对人们应该做或不应该做的行为所做出的限制。于是,习惯规则、道德规则、商业规则、宗教规则等应运而生。但即便如此,人们也并不一定都遵守这些规则,这致使社会必须采取防止违反规则的制裁手段,社会规范于是变成了法律规范。正所谓"为了使行为规则能够发挥有效的作用,行为规则的执行就需要从这些规则有效运行的社会中得到一定程度的合作与支持。"②而且,只有当社会成员树立起法律观念、培养起法律意识、承担起法律责任,才能正确地处理父母子女关系、夫妻关系、家庭关系、社会关系、工作关系,将法律规范真正内化为行为模式。

---

　　① 《马克思恩格斯选集》第1卷,人民出版社1995年版,第272—273页。
　　② 〔美〕博登海默:《法理学——法哲学及其方法》,邓正来译,中国政法大学出版社1987年版,第382页。

以往,人们先验地认为法律一旦出台就优良无比和具有至上权威,因此得出了凡法律必有效力、凡法律必须遵守等诸如此类的结论。应该说,这类结论对于维护法律尊严是一种"形式性功能"。但这还不够,社会成员必须把自己对于法律的认识建立在对法律和社会的双重理解之上。亦言之,法律只能在社会生活中得以传承,法律更是一种社会现象和文化现象,没有社会和文化就谈不上基于社会生活需要产生的法律规则,法律文化则铸造了相对持续的社会系统。反之,如果法概念、法原理、法学说失去了对法律之社会特性或文化特性的把握,也就失去了这种研究本身的价值和功能。

(二)社会组织对法律机制之构成

在法与社会关系研究中,社会组织结构及其权力的原理也具有举足轻重的地位。按照这一原理,社会虽然自发形成,但又是一定社会组织或社会团体严格依法运作的社会机制,即纵横交错的社会组织一体化形态是社会的基本结构体制。这些组织或团体被定义为在反复的社会互动中结成的关系相对稳定和持久的社会生活单位,更是社会实现自身功能的一个完整系统。而且现代社会,法律对于社会组织机体的保护远远超过对于个人利益的保护。

从起源分析,社会组织是社会成员从个体走向社会的过程,社会自然共存着由众多社会成员组成的机构、单位、法人、社团、部落、民族。这是因为,人类为了走向社会要进行政治活动、经济活动、宗教活动、文化活动,而某些组织、机制或场所也就成为人们相互交往的设施,成为社会本身存在于个体之外的表现模式。而且,中外实践早已表明,决定各阶层或个体法律地位的因素,主要取决于社会成员自身的组织化程度。"组织"将"社会"从"国家"中剥离出来,具有明显的独立自主的属性,拥有法律认可和保护的权利和责任。各种社会组织还以自愿和自治为基础进行活动,形成了不受国家过多干预的自由空间。其又具有非官方性等特征,有利于在国家机构与利益集团之间进行讨价还价。

从构成分析,各国的社会组织体以各种形式出现,但却主要指一些利益团体,诸如政党、人民团体、宗教团体、工厂、农场、企业、公司、学校、医院、社区、商会、协会、学会、工会、联合会、研究会、基金会、联谊会、促进会、大众传媒、慈善机构等。某种程度上,国家机关也属于最大的社会组织形态。"每个法律制度都依靠一定的组织——正式成立的立法机关、司法机关、行政机关、强制执行机关以及非正式的旨在实现法律目标而建立起来的团体来执行其职能、实现其目标。"①为此，法学家需要着重研究这些组织在法律活动中的地位、结构、权限、活动方式，揭示社会组织的完善程度对法治建设的制约关系。

从功能分析，社会组织的形成是为了满足合作的需要，这意味着社会组织是一种集体行为的能力。各种主体建立组织关系的主要目标，是在利益分配和责任分担方面起一定的协调控制作用，使社会不再以某个个体利益的形式存在，而是以社会体系化利益的形式存在；它的每一个组成部分都发挥着使社会稳定的作用，从而致使社会具有整合性、稳定性、平衡性的特征。同时，"组织作为一个超越个人之上的实体，作为一个各种力量和各种关系形成的系统，在向人们提出并强制他们接受某些行为和思想方式这方面具有压倒一切的力量。"②正因为社会组织有这样的功能，有必要对社会机体进行设计，使社会主要通过各种组织形式来完成社会整合的任务。

从趋向分析，由个人走向社会、由多元走向整合、由无序走向有序，现代社会已经通过文化积淀形成了特殊的有机体制。在这种个人、社会和国家的三元结构机体中，个人是社会最为重要的基本元素，社会是个人的组织结合方式，国家是社会组织的最高表征，法律是控制社会秩序的有效手段。个人和社会需要运用自身力量限定国家权力，国家也需要提供个人和社会的发展空间，由此才能达成三方互动的结构平衡。于是，当今世界的个人观、社会观、国家观，正以现代社会之需求为指向，丰富着自身的学理，贡献着法理的资源。当然，现代法学界更期望通过对社会群体利益的保护，限定国家干预社会和个人权利的范围。因之，对于中国这样一个有着国家主义文化传统的国家，特别需要形成一些非正式组织代表个人与国家权力抗衡。只有当政党成为享有社会沟通能力的社会团体，当企业成为真正自主经营的市场主体，当社区成为居民民主管理的基本单位，当新闻媒体成为介于国家和公民之间的信息渠道之时，才是中国现代政治文明、法治文明发达之日。

对于中国，接受以往社会结构行政化的教训，人们已将目光转向行业集团等社会组织力量的发展。"这些团体互相讨价还价、协商和斗争，通过竞争性的政治市场形成权威，各种集团依据自己的资源即支持率取得影响力，因而直

---

① 王子琳、张文显主编：《法律社会学》，吉林大学出版社1991年版，第34页。
② ［美］帕尔墨：《语言学概论》，李荣等译，商务印书馆1984年版，第147页。

接、主动、广泛的社会动员和政治参与,构成了基本的政治生活秩序。"①故而,实现法治必须完成的一大任务,就是尽快完善"民间组织法"、"人民结社法"等,规定国家机关与社会组织的法律分界,确保村民委员会、居民委员会、消费者协会、民间社团、慈善组织等社会结构形态发育崛起,把分散的公民组织起来进行集团化、群体化的相对独立运作。

(三)社会自治对法律权威之影响

联系国情进行分析,以往为了贯彻国家法律、政策、行政命令,中国政府一直致力于利用国家权力,采取行政手段长驱直入的办法进行地方控制、行业控制、社区控制、直至村落控制。但这种控制收效甚微,反而打破了"土生土长"的社会结构体系,使国家权力过于宽大,加剧了"国家全能主义"的诟病。如今在改革中,利用本土文化中平民性、自发性、中介性因素,把非国家的社会力量组织起来,让其在适当的空间和时间内发挥社会自律效果,成为一种比较明智的选择。于是,给社会权力、社会组织、社会自治以充分的关注,是现代社会理论的重要内涵。其中有几大理论趋向引人注目:

社会本位的原理。与国家主义学说相对称,社会本位理论强调社会本身的重要性。而在中国,有感于无数历史教训,现代最为忧虑的是"用政治国家吞没市民社会",由此期望将社会作为一种抗衡国家权力的重要力量,学界也将研究焦点聚集于社会要素的各个方面,诸如倡导社会中介、社会管理、社会利益、社会平衡、社会秩序等类似的学理。按照这些新的原理,社会"是一种在一定的社会团体中,由其成员独立自主地制定章程,并由章程支配其成员行为的能力。它的核心是独立自主,也就是不受外力的干涉和影响。"②人们还证明,社会本位的主张不仅是西方的逻辑和经验,"中国的改革开放和市场经济发展同样展现了国家与社会分离的现实进程,这说明市民社会理论可以用于中国国情的分析,培育和构建中国市民社会也是可能的和必要的。"③进而随着各种社会力量的加强,社会理论和控权理论也紧密结合为一体,其根本思路"是变'大政府'、'小社会'为'小政府'、'大社会',即弱化公共权力,使群

---

① 张静:《政治社会学及其主要研究方向》,《社会学研究》1998年第3期,第17页。
② 张文山:《自治权理论与自治条例研究》,法律出版社2005年版,第4页。
③ 马长山:《中国法治进路的根本面向与社会根基》,《法律科学》2003年第1期,第3页。

众通过各种形式自己管理自己。"①

社会权力的回归。社会权力指相对于国家权力而言的社会组织和社会群体享有的权力。主要表现在三个方面:一是社会经济的权力,即在经济生活中生成的社会组织可以在自由平等的基础上独立享有经营管理权、财产权、缔约权,发展自己的事业和利益;二是社会规制的权力,即当正式制度供给不足时,社会内部会产生一些区域性、社团性、群体性的规则,来维持社会本身的安全、稳定和秩序;三是社会管理的权利,从广义看"管理"一词不仅指政府所具有的职能,我国不少行业协会都执行着自己的行业标准,包括建筑质量标准、食品卫生标准、原材料配置标准、产品质量技术标准等。从这个意义上说,社会权力与国家权力相得益彰。但一直以来中国的社会力量比较薄弱,为改变这种状况,现代学者提出了"国家权力向社会权力流动"的学理意见,这使公共权力出现了多元分化现象,单向权力运行系统渐渐地被分散化的社会权力运行系统所取代,从而实现一种理想化的"善治。"②

社会控权的需要。社会组织作为个人与国家之间的中介形式,承担着与国家机关沟通、反抗国家对个人权利侵犯的重任。也可以说,当代发展社会机制的一个初衷,就是在绝对"个人主义"或"国家主义"称雄的时代,加入一种将个人和国家联结起来的控权机制。如果说国家代表着主权利益,个人追求的是私人利益的话,那么,社会则偏于维护公共利益、群体利益、行业利益或社团利益,有助于培养公共精神。而社会力量的强大必然促使国家重视社会的压力,于是社会势力越强大,对国家政治活动合理性的要求也就越大。正因为如此,以社会的重要性推动政治的合理性,前者是基础,后者是方向;发挥各种社会机制的作用,则被政治家和法学家视为形成新型社会关系的秘方和良药。"每一个组织拥有足够的资源——成员的支持,用以发挥影响,引起决策者的关注。"③又从各国监督模式看,凡重视社会监督和舆论监督的国家,监督权力的效果最好。反过来说,社会力量弱化,国家力量就可能会膨胀扩张。例如,新闻媒体对国家权力活动进行的评议;消费者协会对于消费者利益的维护;工会对于工人劳动条件、劳动报酬、社会福利的保障等,这些将权力滥用暴露在

---

① 高鸿钧:《善待权利——法治的前提》,夏勇主编:《公法》(1),法律出版社1999年版,第356页。

② 参见余可平:《治理与善治》,社会科学文献出版社2000年版,"引论"。

③ 张静:"政治社会学及其主要研究方向",《社会学研究》1998年第3期,第19页。

阳光之下无以遁形的方法,已经大显其能。

社会自治的功能。一定程度可以形容,法律文化是人与人相处过程中为形成社会稳定祥和的状态而逐渐摸索出的自我治理模式。其中,政治的自治属性具有分权的意义,其主要通过国家宪法规定的民族自治、特区自治、地方自治等方式表现出来。而社会自治则是一种民主管理形态,既包括政治意义上的社会组织参与国家民主管理,又包括文化层面上的社会组织内部沟通、协调、合作和治理。在此我们必须看到,现代国家职能面临着一个不断社会化的过程,主要途径是将国家职能和社会职能进行大体分工。在国防、治安、司法、教育、公共福利、公共事业领域,国家的作用无比强大;在个人发展、婚姻家庭、市场交易、社区服务等领域,主要由社会自行调节。同时,由政府过去直接行使的部分职能应逐渐从社会和私人领域退出,交由基层社会性组织去行使,这样将有益于基层对具体社会事务的微观调节。表现在法治方面,意味着对某些法律不保护但也不限定、不禁止、不惩罚的行为,往往由社会普遍认可的道德规范、习惯礼仪、社团内部规章等去调整,只有社会难以自治的地方或事务才交由国家法律调整。这并不构成对法治国家的破坏,只是表明"社会与国家代表着两种不同的价值导向。国家反映的是公共权力的联结体系,而社会反映的是社会成员间的自治体系,前者具有强制性,后者具有自治性。"①

综上可见,随着时代的发展,社会成员的自主意识不断加强,社会组织的独立地位不断攀升,使社会的规模不断向前发展。但与此同时,加强社会力量并不意味着社会没有局限,也不意味着不需要国家法律进行必要的控制。现代中国社会处于一个急剧变动的时代,许多不稳定的社会因素长期存在,在此情况下,国家必然通过扩大自身的强制力来维持社会的正常运转。尤其当一种社会权利与另一种社会权利发生冲突时,以国家的力量推行统一的法律乃是民心稳定、社会安全的要素之一。最终我们还要强调,社会自治的形态虽然可以提供法治发展所需要的本土资源、民间资源或社会资源,但也需要用国家正式的法律制度去调配这类资源,为此我们既要反对国家主义的绝对化思潮,也要警惕利用社会自治对法治状态的冲击。其结论是,现代人必须将国家问题、政治问题、法治问题、社会问题"放置"在一起进行思考。而上述分析,与政治理论、国家理论、法治理论、社会理论遥相呼应,提供了中国社会问题和法

---

① 吴家清:"国家与社会:法治的价值选择",《法律科学》1999 年第 2 期,第 17 页。

律问题的解决方案。

第二节 法经济学：法律文化与客观基础

无论古代还是今日，无论西方还是东方，法律体制作为一种上层建筑首先必须适合其所处时代的经济环境；民法、商法、经济法、诉讼法的发展则是社会运动、特别是经济发展的客观产物；法律意识形态也总是特定时代经济发展水平的反馈，又作为那个时代的指导思想而传播。于是，各种经济法律关系的创建和法律纠纷的解决是一种根植于社会的经济现象，法学家不仅要考察法律与自然、法律与社会的关系，更要考察法律与经济的关系。在这种考察中，西方法经济学原理为我国现代经济关系调整培植了优良的学理资源，而中国自己的法律思想配置到位，是我国相关法律制度发展的坚实理论根基。

一、纳入经济分析法学的学理

经济现代化是现代社会发展的基础。近代以来，在生产力、资本、金融市场出现质的飞跃之后，各国一般都经历了工业革命、城市化、公司化等一系列变化，生产方式和文明形态随之呼应，法治运动正是这种现代化生产方式日积月累的结果。在此进程中，经济规模的宏观调控、经济主体的产权保护、经济利益的公平分配、经济交易的合法有序、经济资源的可持续利用、经济纠纷的适时解决、经济损失的合理弥补等，均成为联结市场经济与法律规则的桥梁。经济学则成为利益原理、衡平原理、合同原理、投资原理、贸易原理、效能原理、救济原理等形成发展的理论资源。在西方文化中，早就积淀了马克思的政治经济学、边沁的功利法学、耶林的目的法学、波斯纳的法经济学等有利于经济发展的各种法治学说，它们标志着法学和经济学之间的壁垒逐渐消失，也都对现代中国法治和法学有所启示。

（一）马克思主义的法经济学原理

从基本理论寻源，中国的法经济学发展有几大重要的思想源流。其中，马克思主义政治经济学原理是中国奉行的主要法律世界观。而马克思主义法哲学的主要贡献，在于深入阐释了社会存在决定社会意识、经济基础决定上层建筑的逻辑命题，并在此基础上揭示了法的起源、法的发展、法的本质、法的作用、法与社会、法律变革的根本性因素。根据马克思主义学说，法律和经济关系的答案是不言而喻的,这就是:从经济发展中寻找影响法律文化发展的各种因素,又从法律发展中发现其对经济增长的保护作用;法律的优良与否取决于经济发展的供给需求,但同时法律又不只是反映经济生活现实的被动物,它们还对经济发展起着反馈作用。这正是马恩经典作家的历史伟绩之一。

在法律本质方面,站在历史唯物主义立场上,马克思、恩格斯从法所赖以生存的物质生活条件中探寻法的本源,提出了法律制度与生产力和生产关系相适应的社会史观,揭示了法的物质制约性这一根本属性。按照马克思主义原理,社会发展离不开现实的人,人为了创造历史必须能够生活,因此人类的第一个活动就是物质生活本身,法律则是维护人类物质资料生产的重要条件。"在社会发展的某个很早的阶段,产生了这样一种需要:把每天重复着的产品生产、分配和交换用一个共同规则约束起来,借以使个人服从生产和交换的共同条件。这个规则首先表现为习惯,不久便成了法律。"①社会物质生产活动还构成其他一切活动,包括政治活动、经济活动、文化活动的基础,物质利益也由此成为认识法律功能的出发点。"法的关系正像国家的形式一样,既不能从它们本身来理解,也不能从所谓人类精神的一般发展来理解,相反,它们根源于物质的生活关系"。②

在法律主体性方面,马克思主义者进行了开创性的研究,认为生产力的发展是人的本质力量的展现,因此要求对于生产力不光从客体的角度去理解,也从主体的角度来理解。"工业的历史和工业的已经生成的对象性的存在,是一本打开了的关于人的本质力量的书"。③ 生产力和社会关系——这二者是社会的个人发展的不同方面。后来,马克思几乎用了全部精力研究《资本论》,以剖析资本主义的生产关系,并对保护剥削、唯利是图的法律世界观进行了尖锐的批判。马克思恩格斯一开始就把大机器生产视为科学社会主义理论的基本前提,强调社会主义作为崭新的社会制度,需要对生产发展更主动地适应。

在法律的实践性方面,马克思主义法学摆脱了理性论、神意论、唯心主义、形而上学方法论之拘束,反对从绝对精神出发去认识法律,提出法律应该是社

---

① 《马克思恩格斯文集》第3卷,人民出版社2009年版,第322页。
② 《马克思恩格斯选集》第2卷,人民出版社1995年版,第32页。
③ 《马克思恩格斯文集》第1卷,人民出版社2009年版,第192页。

会共同的、一定物质生产方式的利益和需要的表现,而不是单个的个人的恣意横行。这种从法的实践基础来阐释法律的观点,使法有了客观性的依据,不仅与其他西方流行的法律观念相道别,而且给现代法律找到了脚踏实地的归宿。马克思还提出了检验真理的标准问题:人的思维是否具有客观的真理性,这并不是一个理论的问题,而是一个实践的问题。人应该在实践中证明自己思维的真理性,即自己思维的现实性和力量,亦即自己思维的此岸性。这就非常清楚地告诉我们,一个理论是不是真理只能靠社会实践来检验。这是马克思主义认识论的一个基本原理。

对于上述马克思主义学说,中国人历来非常重视,将其奉为我国社会科学、包括法学的重要指导思想。至今,我国关于法律起源说、本质说、功能说的理论渊源,仍然主要导源于马克思主义的政治经济学奠基。为此,当我们今日探索法律和经济的关系时,不能不接受这一科学的世界观和方法论。当然,我们也绝不能教条主义和本本主义地看待马克思主义学说,而应该力求将马克思主义法学思想中国化。"法理学研究者是在继续深入研究马克思主义经典作家的法学观点的基础上,依据这些年来的马克思主义中国化的伟大成果,对于马克思主义法学中国化问题展开研究的。"[1]在此过程中,要注意将发展马克思主义法学同毛泽东思想、邓小平理论、科学发展观等中国特色的重大战略思想结合起来思考。实际上,后者正是几百年前的法哲学原理与时俱进的结果。

(二)法律功利主义的学术思潮

与马克思主义学说几乎同时成长的,还有各种各样的法律和经济关系的学说。这些学说无疑与近代以来西方国家的经济发展有着必然瓜葛。也即是说,西方优良的经济基础不仅奠基于各国经济所创造的奇迹,也在法律调整方面向全世界贡献了资源。在经济活动中,西方要求与经济基础相适应的"像机器一样靠得住的法律";要求确立生产者的平等主体地位及其财产所有权;要求交易、分配、消费规则固化为契约形式;要求作为管理者的政府不得对经济主体进行随意干涉;要求独立而公平的司法体制;要求通过程序对权利受损进行救济等。这些均契合于现代朝气蓬勃的生产方式。

---

① 刘雪斌、李拥军、丰霏:《改革开放三十年的中国法理学:1978—2008》,《法制与社会发展》2005 年第 5 期,第 24 页。

其中,为适应经济发展和法制变革的需要,以边沁为代表的法律功利主义学说开始出笼。这种思潮所表达的效用、利益、好处、正当、福利、幸福、快乐等术语都具有同样的意蕴,即它们最为典型地推崇着经济利益的价值观,甚至把这种价值观推向了人类所有行为的动机和目的领域。"人类的一切行为动机都根源于快乐与痛苦,我们的所思、所言、所行都受它们支配,换言之,对快乐的追求与对痛苦的避免是人的行为的最深的动机,在这个意义上,它们也就成了人类行为的最终目的。"①进一步分析,功利主义的理论强调福利,指出有好的福利人们才从事各种积极有益的活动;功利主义又主张人的行动受正当性控制,正当性使人们大致有着良好的目标;功利主义还倡导集合论、普适论和最大化论,以为每个人的功利可集合成一种整体的功利,人类福利就是一个最大利益;最终人们不但要追求最大多数人的最大幸福,而且要促进这些幸福最大范围地分配。可见,在功利主义者的眼中,判断人类行为要看它对于个人自身幸福的影响、对于他人幸福的影响,以及对于最大多数人的最大幸福的影响。②

就影响而言,作为西方世界的重要价值理论,功利主义构成了现代权利理论的学术传统。首先,功利主义在对权利概念、权利本质问题上的关注,无疑对理解权利有着重要意义。按照功利说,立法即是一种利益的体现,"组成共同体的个人的幸福,或曰其快乐与安全,是立法者应当记住的目的,而且是唯一的目的"。"这种功利标准的检验将大量不公平的和大量荒谬的东西一扫而空,其原因就是这种检验意味着承认每个公民的权利,并且承认立法中确实的实际目标。"③其次,功利主义还被作为政府措施和法律制度的衡量标准。在功利主义者看来,政府每项政治措施的判断标尺,都包括利益、幸福等倾向,而"法律的终极原因是社会的福利。未达到其目标的法律规则不可能永久性地证明其存在是合理的。"④由此,功利原理既可以依靠法律之手建造福乐大厦,还可以作为批判现存法律制度的武器和支持社会改革的准则。

法学之科学性也建筑在功利的计算之上,法学要为利益等价值追求服务。

---

① 龚群:《对以边沁、密尔为代表的功利主义的分析批判》,《伦理学研究》2003 年第 4 期,第 55 页。

② 参见 Geoffrey Scarre, *Utilitarianism*, Routledge, 1996. pp. 4–26。

③ [英]边沁:《道德与立法原理导论》,时殷弘译,商务印书馆 2002 年版,"导言"。

④ [美]卡多佐:《司法过程的性质》,苏力译,商务印书馆 1998 年版,第 39 页。

这使探讨功利主义理论在法经济学范畴具有重要意义,而以利益计算为核心的功利理论亦对后世影响较大,成为法学思潮的重要一支。相形之下,中国古代虽有功利主义学说,如法家和墨家的学说被认为具有功利色彩,但由于中西文化不同,功利之词虽从字面上具有相同性,实际含义却相差太远。西方理论偏于追求最大多数人的最大利益,我国则主要用功利主义表现利禄功名。由此提醒我们注意,在进行法学研究时要"将比较对象放在特定的历史背景和语境之中。"①当然,我们又应该肯定西方功利学说对于当代中国利益价值观的一定影响。

(三)社会利益说的现代朝向

上述功利主义的学说影响虽大,但却难以适应社会矛盾日益激化的后资本主义时代。随着垄断的形成、经济全球化进程,也随着国家、社会、团体和个人之间利益冲突的加剧,西方世界的法经济学原理日趋变化。其标志之一,就是社会利益说开始取代个人自由主义学说而占据上风。

相形于个人利益,广义社会利益说的代名词是整体利益、公共利益以及国家政治利益。按照这一解释,社会利益带有明显的群体色彩、公益色彩、整体色彩和长远色彩。即使在倡导个人主义法律主旨的国家,人们也意识到,"各个人都不断地努力为他自己所能支配的资本找到最有利的用途。固然他所考虑的不是社会利益,而是他自身的利益,但他对自身利益的研究自然会或者毋宁说必然引导他选定最有利社会的用途。"②同样,现代法以社会利益平衡为其价值目标,法正是通过表达利益要求、平衡利益冲突和重整利益格局而达到社会控制目的。

在社会利益原理的形成之中,有几个法学大家的思想值得一提。一是德国法学家耶林的利益说。耶林系统深入地探讨了法律如何处理社会成员相互冲突的利益问题。他指出,追求利益是人类存在的目的,因此当有假定的个人表达时,利益以利己主义的专断为特征;当有假定的社会表达时,利益包括集体合作;利益还可以被视为在特殊文化中形成的某种利益事实,这是人类的实践动机;法律则是使社会利益得以安全的一种工具,法律由此具有维护利益的

---

① 肖光辉:《功利、正义与良知》,曾宪义主编:《法律文化研究》(4),中国人民大学出版社2008 年版,第 246 页。

② [英]亚当·斯密:《国富论》(下),郭大力、王亚南译,商务印书馆1972 年版,第 25 页。

直接功能;法律上被保护的利益是一种法律权利,国家通过法律所进行的干涉不过是为了促进社会利益,因此国家权力往往受到社会利益的限制。"法律的目的是平衡个人利益和社会利益,实现利己主义和利他主义的结合,从而建立起个人与社会的伙伴关系。"①可以说,耶林为社会利益而呼吁的声音,震撼了整个西方世界。

二是美国法学家庞德的思想。在庞德庞大的法社会学理论体系中,利益论是其内在理路,包括利益的概念、利益的分类、利益的价值和利益的保护等原理都反馈在其中。首先,庞德把利益划分为个人利益、公共利益和社会利益三大类,其目的是谋求这三者之间的协调与平衡,做到既不偏袒社会利益而疏于个人利益,又不放纵个人利益而破坏社会正义。他还指出,"法律的作用和任务在于承认、确定、实现和保障利益,或者说以最小限度的阻碍和浪费来尽可能满足各种相互冲突的利益。其中包括一般道德的利益,即文明社会生活制止的触犯道德的行为,诸如制止不诚实的行为和性关系方面的不道德行为等。"②他又强调,现代司法、行政、立法等方面的活动,都旨在通过规定每个人坚持自己的权利范围,协调人们之间彼此重叠的权利主张,也都旨在发现那些能够使更多权利主张得到满足的手段。

三是德国法学家韦伯的学说。作为欧洲文明之子,韦伯是一名百科全书式的学者,从其思想深处人们可以透视出关于社会、经济、伦理、信仰和法律之间的密切而复杂的关系。其中,他将社会行动背后的利益驱动和法律制约二者结合起来,使之成为解构各种社会现象的制度性因素。例如,韦伯在其著作《新教伦理与资本主义精神》中,就阐释了基于利益观而产生的市场逻辑,论证了资本价值的合理性。在《经济与社会》一书中,韦伯更详尽论证了经济生活和法律生活之间的相互关系,提出了法律随经济条件演进的法理模式。在韦伯看来,市场是一个以利益为基础的逻辑运作系统,理性经济伦理因素中既包含经济制度、法律制度、政治制度,也包括宗教制度、文化制度,它们从来都是一种彼此包容的"镶嵌"关系。可以说,韦伯是第一个将"利益—动机—制度分析"与"社会—文化—结构分析"一体讨论的尝试者。这正是韦伯理论有

---

① 转引自张文显:《二十世纪西方法哲学思潮研究》,法律出版社 1996 年版,第 129 页。

② [美]庞德:《法律的任务——通过法律的社会控制》,沈宗灵译,商务印书馆 1984 年版,第 73 页。

容乃大的胸怀之所在,对于我国市场经济条件下法律体制建设无疑有重要的启发意义。

这里值得一提的,还有美国法律文化的研究者弗里德曼。他在《法律制度》一书中,对于法律文化影响法律体系的理由作出了说明。按照他的观点,利益被转变为需求、并被成功地加之于法律制度时才产生出法律;法律文化的运作塑造了需求,法律文化还决定了法律制度回应这些需求的方式,"某些利益需要加以保护,这些需求都摆在了法律体系的面前,而法律文化则控制着这些需求的产生步伐"。这进一步揭示了法律文化所赖以形成发展的利益动机。①

(四)波斯纳为代表的现代法经济学

在现代法学中,经济分析法学十分畅行。但实际上,除了前面提到的马克思主义法经济学、功利主义法学、社会利益说之外,研究法律和经济关系的学说早已风行。例如,孟德斯鸠在揭示"法的精神"之时,深刻分析了经济模式对法律制度的影响。奥地利伦纳指出,法是经济发展的条件但却不是经济变化的原因,社会变迁的动力主要是经济而不是法律。②

当然,谈及法经济学,必然要展示现代法经济学大师波斯纳的主张。毋庸置疑,经过波斯纳作为集大成者进行阐发,现代法经济学已全面吸收了新制度经济学的成果,形成了用经济方法分析法律制度的宏大体系。这一体系,是将经济学理论和经验主义方法全面运用于法律制度的分析,几乎涉及了所有的法律部门和法律问题,包括法律哲学、三权分立、政府管制、公共管理、种族保护、言论自由、普通法等宪法和法理学问题;侵权法、契约法、赔偿法、财产法、家庭法、企业法、公司法、金融法、税收法、海事法、投资法、债券法、信托法、反托拉斯法等各种经济法律问题;减少科刑、谈判方法、辩诉交易、法律实施、司法管辖等民事、刑事和行政程序问题;等等。它们都可以根据"法律经济分析理论"进行定量分析。③

---

① 参见罗杰·科特雷尔:《法律文化的概念》,www. studa. net/faxuelilun/081004/11004186. html 48K 2009-4-2-。

② [奥]卡尔·伦纳:《私有制度的社会功能》,加藤正男译,法律文化社 1977 年版,第 156—157 页。

③ 参见张文显:《二十世纪西方法哲学思潮研究》,法律出版社 1996 年版,第 207—211 页;钟明钊、顾培东:《西方法经济学评介》,《现代法学》1985 年第 1 期等。

按照波斯纳的核心观点,人们可以借助市场、财富、分配、交换、收入、价格、成本、效率等经济学原理,形成谋求法律利益最大化的理性机制和需求规律。例如,立法机关可以运用一般经济理论,使法律制度得到改善;部门法学者可以运用成本效益理论探讨法律权利问题,使之成为取舍某一法律制度的最高标准。在司法裁决中,经济思考也总是起着重要的作用,法官能够"将经济理论运用于对法律制度的理解和改善",使经济分析成为解决法律纠纷的思维角度和方式方法。此外,对于任何一个试图探究法律在社会生活中作用的学者而言,法律经济学也被认为是一种"极为有益的理论视野"。①

可见,以波斯纳为代言人的法经济学在西方法律文明的演进中独树一帜,风靡世界,对于市场经济模式下的法律调节无疑提供了理论导向。也正是由于这类理论十分系统,才得以有一个以"法经济学"命名的独立学派。虽然作为一种新兴学说,法经济学思想仍然有缺憾之处,但用经济学方法来分析、评判、解释和改革法律制度,即是一种极有益处的尝试,可服务于我国的市场经济体制和现代法治建设。法经济学原理又的确拓展了法学研究的更大、更广、更深空间,值得法学界进一步加深研究和加强运用。

二、中国法律的经济思想动力

在中国,法律与经济的关系可以说是最为复杂的问题,但它又是现代法律科学所不能回避的主题。虽然,我国曾经长久地实行着束缚经济发展的计划经济模式,但目前的市场经济转轨已经排除了这一干扰,形成了法律和权益结盟的有机联结。由此,市场经济通行的自由与平等、竞争与合作、公平与效率等新型经济伦理,以及体现资源优化配置的各项市场经济法律制度,都开始在新的土壤上萌生壮大。与之伴随,中国一直按照生产力标准、四个现代化、改革开放政策、科学发展观、实践是检验真理标准等指南,对法律进行着实质性的判断。这些决定经济发展和法治建设前途命运的方针策略特色鲜明,符合时代需求和中国国情,对于今天中国具有重大的政策导向功能。

(一)以"四个现代化"作为基本目标

从鸦片战争以来,中华民族的仁人志士都以振兴祖国、实现民族的复兴为

---

① 参见[美]波斯纳:《法律的经济分析》(上),蒋兆康译,中国大百科全书出版社1997年版,中文版作者"序言"。

己任，不断地寻求国家富强的道路。而历经几十年艰苦卓绝的斗争，改变中国极端贫穷落后的面貌，当然成为毛主席等前辈政治家早就确立的奋斗目标。这个目标的文字表述，则是在新中国经济建设的实践中逐步清晰起来的，它成为 20 世纪 40 年代末至今我国经济建设的重要发展方向。

1945 年，毛泽东在《论联合政府》中提出，在抗日战争结束以后，"中国工人阶级的任务，不但是为着建立新民主主义的国家而奋斗，而且是为着中国的工业化和农业近代化而斗争。"1954 年，毛泽东在《关于中华人民共和国宪法草案》的讲话中说："我们是一个六亿人口的大国，要实现社会主义工业化，要实现农业的社会主义化，机械化。"1957 年，在中国共产党全国宣传工作会议上的讲话中，毛泽东提出了三个现代化："我们一定会建设一个现代工业、现代农业和现代科学文化的社会主义国家。"1959 年，在读苏联《政治经济学教科书》笔记中，他对这一提法作了完善和补充："建设社会主义，原来要求是工业现代化，农业现代化，科学文化现代化，现在要加上国防现代化。"①1964年，在第三届全国人民代表大会第一次会议上，周恩来总理根据毛泽东建议在政府工作报告中提出实现四个现代化要"两步走"，即第一步是建成相对独立的工业经济体系和国民经济体系；第二步是在 20 世纪末实现工业现代化、农业现代化、国防现代化和科学技术的现代化。对于上述过程，邓小平同志曾经总结："我们现在讲的四个现代化，实际上是毛主席提出来的，是周总理在他的政府工作报告里讲出来的。"②

经过几十年的演进，中国作为新兴的现代化国家已经在世界经济发展中占有重要地位，法治建设也取得了前所未有的成就，但如果我们不能确立系统化的经济和法治战略指导思想，或许中国仍然只是"经济暴发户"。在此情形下，以改革开放为契机，于 1975 年和 1978 年的全国人民代表大会上，中国政府再一次开始重申四个现代化。目前，经过发展的四个现代化已成为完整科学体系，四者之间也形成了相辅相成的辩证关系。首先根据国情，我国确立了农业现代化为基础的战略目标。其设想在于，农业是关系中国生死存亡的大问题，加速农业生产的发展对于缩小城乡差距具有特别重大的意义。其次，科学技术现代化不但关系到工业现代化、国防现代化的发展，而且对实现农业现

---

① 《毛泽东文选》第 8 卷，人民出版社 1999 年版，第 116 页。

② 《邓小平文选》第 2 卷，人民出版社 1993 年版，第 311—312 页。

代化也关系极大,所以国家加速了发展科技事业的力度。进入21世纪以来,"四个现代化"理论更趋于完善。例如,中国科学院成立了专门的"中国现代化研究中心",从2001年开始每年形成《中国现代化报告》,2001年至2009年的主题分别是"现代化与评价"、"知识经济与现代化"、"现代化的理论与未来50年的展望"、"地区现代化"、"经济现代化"、"社会现代化"、"生态现代化"、"国际现代化"、"文化现代化"。①

与此同时,"政治现代化"和"法治现代化"研究也同步进行。其重点在于探讨宪政制度和经济制度是什么关系,经济的现代化进程怎样促进宪政体制的完善,而宪政制度又如何保障经济的现代化进程。正如法学家所揭示的:"经济现代化与政治民主化或者说它们之间那种内存的互动的逻辑关系在西方是如此,在东亚和东南亚的宪政史上特别是现今的政治实践中也不例外。"②"任何一个社会(无论发达的还是发展中的)的法律进步与发展,都是一个内部与外部环境共同作用的过程。而在其中,社会的内在的经济条件像一根红线贯穿在法制现代化的全部过程之中,它是法制现代化的持久不竭的深厚动力。"③同样,"人的现代化"、"文化的现代化"论题亦渐渐凸显出来。人们认识到,四个现代化是一种国家目标,但落实到个人来说则是提高人的能力和素质、使人们具备实现现代化的基本技能。其立论,在于"人是四个现代化的目的的承担者和归宿","四个现代化是属于人的社会的现代化,所以,它的核心是人的现代化、是为了人的现代化"。④ 在此领域,我们还可参照美国著名社会学家英格尔斯关于现代人应该具备何种品质的观点。这就是:接受新的生活经验、思想观念、行为方式,接受社会的改革和变化;思路广阔,头脑开放,尊重并愿意考虑各方面的意见;守时惜时,办事讲求效率,工作和生活有计划;尊重知识,在形成自己的看法或意见时注重尽可能多地去获取事实;有可依赖性和信任感,对自己承担的责任负责;重视专门技术,对教育的内容和传统智慧敢于挑战;了解生产及过程,发挥出自己的才能与创造力;对社会生

---

① 参见何传启:《四个现代化是民族复兴首个完整的政治目标》,http://www.sina.com.cn 2009年9月1日。

② 张中秋:《比较视野中的法律文化》,法律出版社2003年版,第297页。

③ 公丕祥:《法理学》,复旦大学出版社2002年版,第560页。

④ 李鹏程:《四个现代化与人》,《人是马克思主义的出发点》,人民出版社1981年版,第17页。

活及未来持乐观态度，有平等观念和守法意识；等等。①

由此可见，"四个现代化"最初只是作为实现国家民主、繁荣、富强的政治目标提出的，这一奋斗目标本身具有科学性和进步性，由此而成为中国发展的立国之本。现如今，现代化的步伐已经在经济力量和科技力量的推动下渗透于法律、社会、文化事业各个领域，必将起到凝聚人心、确立方向的导航作用。

（二）以"生产力发展"作为进化标准

在人类历史进程中，生产力是最活跃、最先进的因素。各国法治正是生产力和生产方式演化的必然结果。即生产力越发达，法律越进步；法律越发达，又越能促进生产力的飞跃。在古罗马，私法的发达为罗马商品经济提供了有效保护，罗马法及其罗马法学的辉煌由此铸就；在中世纪，"哪里有贸易，哪里才有法律"，已成为众所周知的真理。因此，尽管衡量法律进步的标准是综合的，但在众多的标准中有一个根本的标准，这就是社会生产力的发展。时至今日，生产力标准也被作为我国发展经济事业和法治事业的重要尺度。根据这一标尺，决定法律变迁的最终力量是社会基本矛盾运动，即生产力和生产关系的运动。

首先，根据马克思主义原理，只有代表生产力发展要求的社会集团，才是社会发展的促进力量、实践力量、核心力量。在中国，自新民主主义革命以来，政治家集团一直肩负着打碎旧的生产关系的神圣使命，并把最大限度地满足人们物质和精神需求作为自己的根本任务，作为衡量国家富强、人民幸福的首要标准。至改革开放之初，邓小平又提出了"发展才是硬道理"的时代命题。于此命题中，世界在发展，中国也在进步。这种发展，是综合国力的普遍提升，也是政治、经济、文化和法治事业"四位一体"的全面进步。当然，按照生产力标准判断，法律文化的发展必然以文化的先进性作为尺度，但这种先进性不是随意拔高的，而是依托于经济基础和经济繁荣。同时，生产力标准还意味着法律功能、作用、价值、实效均取决于法律是否能在更广更大程度上有助于推动中国的社会稳定、是否尊重科学、是否体现客观规律以及是否维护经济秩序。这一点已被立法和司法实践深刻证明。

其次，谈到评价法律的标准，又涉及生产力标准和法律价值之间的关系问题。包括：（1）生产力标准和公平价值的关系。当判定法律所提供的公平指

---

① 参见［美］英格尔斯：《人的现代化》，殷陆君译，四川人民出版社 1985 年版。

标之时,人们常常依据我国生产力发展状况来具体把握。如宪法规定了"法律面前人人平等"的法律机制,但其最终实现却有赖于加快经济和社会发展步伐。(2)生产力标准和利益价值的关系。生产力的发展不仅仅指单纯的经济指标增长和科技水平提高,同时也意味着绝大多数人的物质利益和精神需求的满足,真正的财富衡量就是个人和法人利益的合法获得。(3)生产力标准和自由价值的关系。所谓自由价值尺度,主要指以每个人的财产、人身、人格权利的全面发展,故生产力的发展取决于人的潜能、个性、优势的发挥,而发展生产力的最终目的又是实现人的逐步解放和自由意志。因而,用生产力标准进行自由的价值评价,终究会在经济发展和个人发展中殊途同归,达到统一。

事实上,如何用生产力原理去判断法律的优良好坏、推动法律的进步改革、落实法律的功能目标,是一个非常宏大而又有实证意义的问题。目前,我国的法律经常被虚置而无效,针对这种现象,我们不能仅限于批评法律本身"有问题",还要将法律放置到经济实践中去考察,看其是否符合社会生产力的发展,是否体现经济事业的进步。

(三)以"实事求是"的实践观作为认识论

自马克思、恩格斯将实践的观点引入认识论以来,实事求是的思想路线一直是中国倡导的唯物辩证的哲学世界观。按照这种人类认识史上的变革,认识运动是实践—认识—实践的循环往复的过程,真理的特征则意味着要坚持理论和实践的统一、主观和客观的一致,弘扬科学精神和人文精神,从而在认识世界、改造世界中作出人类的伟大贡献。

新中国第一代领导人毛泽东曾经强调:"真理只有一个,而究竟谁发现了真理,不依靠主观的夸张,而依靠客观的实践"。"真正的理论在世界上只有一种,就是从客观实际抽出来又在客观实际中得到了证明的理论。"①毛泽东还发表了具有里程碑意义的《实践论》一文,系统地阐述了实践的基本概念、形式和内容,透彻地分析了实践是认识的来源、动力和目的,全面地总结了认识运动的飞跃和总规律,最终得出了认知和行为统一的结论。毛泽东又积极推行群众路线、社会调查、深入基层的思想路线,要求我们的理论家能够到田间、工厂、实验室去"正确地解释所发生的实际问题"。

继其之后,我国结束了延续 10 年之久的"文化大革命"。届时,中国政府

---

① 《毛泽东选集》第3卷,人民出版社1991年版,第817页。

和人民刚刚经历了严酷洗礼,经济发展几乎停滞,法制建设遭受损失,人心思变、百业待举。一系列"活生生"的社会现实所提供的经验和教训,召唤着人们必须重视实践论的再研究和再评论。针对这种状况,邓小平多次提出,要恢复和发扬实事求是的优良作风,把实践作为检验真理的标准,并在关键时刻推动了全国范围内的"真理标准的大讨论"。这场讨论冲破了个人崇拜的长期禁锢,重新确立了解放思想、实事求是的思想路线,从而成为改革开放30年历程的思想先导。由此作为转机,尊重实践的认识论又回归到了中国各项建设事业的航道上,它还引发了一场法学思想解放运动,对于推动当时法律文化事业的发展,引导当代中国法制改革的前进方向,具有十分深远的理论与实践意义。

由于实践具有把主观思想和客观实际联系起来的特性,因此理论联系实际被认为是经济学、政治学和法学研究必须坚持的一个基本原理。这一理论精华在于:(1)坚持检验法律优良好坏的评价标准只能是社会实践。即检验真理的标准不能在主观意志中去寻找,不能到法律理论本身内去寻找,唯有实践才能完成检验法律的任务。(2)倡导法律理论与法律实践的统一。即凡是科学的法律理论都不会害怕法律实践的检验,而只有坚持实践检验也才能够使伪科学、伪理论现出原形,从而捍卫真正的法律科学。(3)坚持社会发展促进法律完善的进化论思想。即认识客观世界不是僵死、静止的、一成不变的,新事物、新问题层出不穷,需要在法律实践的基础上不断作出概括、提升、改进。特别在现代,我国已经进入了改革开放的历史发展时期,需要我们勇于研究生动的社会问题,为法律的废、改、立提供理论依据。

随着"依法治国,建设社会主义法治国家"方略的确立,包括法律制度在内的几乎所有现存的事物和现象,都成了实践的对象。易言之,我们要从哲学认识论高度,观察我国立法、执法、司法、守法几大法治环节的实践问题。例如,我国应将"实事求是"作为立法的指导思想,用于在立法规划、立法创制、立法监督过程中作为判定法律是否需要修正补充的重要标准。再如,根据"一切从实际出发"的政策导向,要求司法工作者必须坚持"做耐心细致的调解工作"、"走到田间地头办案"、"坚持惩办和宽大相结合"等工作方针,从而使案件的举报、侦破、处理、审判活动都体现一定的群众性、社会性、经验性的因素。这些均构成了当代法学和哲学研究的重要路径。

(四)以"改革开放"政策作为经济指南

众所周知,我国的国家政策和执政党政策在社会主义建设事业中具有重要地位。其中,改革开放政策即是决定当代中国命运的关键抉择,是实现中华民族伟大复兴的必由之路。1979 年,中国共产党第十一届三中全会作出了"把工作重点转到以经济建设为中心上来"的战略决策,由此启动了我国经济体制改革和对外开放的进程,极大地推动了经济建设的现代化步伐。30 多年来,我国综合国力显著增强,国民经济持续高速增长,人民生活水平得到改善。有经济学家分析,1978 年中国是世界第 10 大经济体、第 32 大出口国;而现在,中国已是世界第 4 大经济体、第 2 大出口国,人均收入从 1978 年的 190 美元提高到了 2008 年的 3180 美元。① 这意味着,以中国为代表的亚洲国家和地区的经济增长已向人类展示了一个巨大的"经济市场",而中国改革开放则是"本世纪最重大的事件之一"。②

在国内方面,由于方向明确、政策到位、措施得力,我国经济体制改革取得了成功,已使中国人恢复了民族自豪感和自信心。总结这方面的成功经验,表现为:一是实现了计划经济向市场经济的转轨,这一过程奠定了我国经济快速发展的制度基础。二是选择渐进式改革开放道路。由于推动思想观念的更新、产业结构的调整、政府管理方式的转变以及经济运行规则的完善等工作是庞大复杂的系统工程,为此我们选择的是一条稳步发展的改革道路,实现了改革和发展的良性循环。三是改革政策和开放政策的有机结合。即在对内搞活经济、消除行政壁垒、打破地区封锁、鼓励私有制经济发展、促进企业优胜劣汰的基础上,我国抓住了经济全球化的机遇,大力吸引外商直接投资,参与国际产业分工和国际竞争。四是实行特色化改革措施。中国经济增长不完全是靠廉价劳动力或外国投资的运作,而恰恰是靠农村中独具特色的"家庭联产承包制"以及国营大企业的主导地位实现。五是通过法律促进经济增长。改革中,我国颁行了企业法、公司法、投资法、关税法、金融法、银行法、知识产权法等一系列法律法规,逐步实现了从依靠政策发展到依法管理经济,"解决了中国法律制度的形式合理性问题"。③

---

① 参见新华网 www.ls666.com/html/.../2009919_hwkzg_44260.html。

② 参见[日]原洋之介:《从"奇迹"到"危机"的展望》,《亚洲经济论》,东京:NTT 出版社 1999 年版;林毅夫等:《中国的奇迹:发展战略与经济改革》,生活·读书·新知三联书店 1994 年版,第 8—11 页。

③ 参见张玉台:《新形势下坚持和深化改革开放的政策取向》,http://www.sina.com.cn 2008 年 05 月 20 日。

在国际方面,随着这种起引擎作用的经济地位提升,中国的政治地位也越来越重要,它带来了亚洲权力的变化,以及其他国家"重新考虑"的对于中国的看法。在此方面,信春鹰教授深刻分析道:"一个经济上生机勃勃的亚洲必然要求一个与其经济地位相适应的政治与文化氛围。一直处于被贬低、被批评地位的,似乎其存在的价值就是为了反衬西方优越的亚洲,在经济上已经构成了对西方经济的挑战的情况下,在政治与文化方面也对西方价值观提出挑战,对西方在国际政治中的霸主地位提出挑战。"①这也催生了一些新的价值理论,包括:"核心权利论",指任何国家对一些共识性的权利都要加以保护;"具体情况论",指考虑各个国家由于发展水平不一致而导致的能力不同;"发展优先论",指发展中国家迫在眉睫的是发展经济,由此才能使国家和民族强大起来。② 实践中,在充分利用全球资源的基础上,我国特别注意加强竞争实力和平等对话,以确保对外开放中的经济安全与资源安全。

在法治方面,改革开放政策对于法治建设的指导性已十分明显。据统计,在1990年以来的规范性法律文件中,有148个文件将"改革开放"作为当时立法的指导思想。③ 具体分析,主要涉及以下领域:一是完善产权制度和契约制度,使法律机制与市场机制配套,对生产、交换、分配、消费、投资等环节发挥更好的调节作用。二是加强环境法制建设,使之能够更加真实地反映我国的土地、水流、矿产资源等供求关系,促进资源节约、环境保护和质量安全。三是改革我国的财税制度、金融制度、投资制度、贸易制度、证券交易制度,灵活运用汇率、利率和税率等财政法律政策,确保宏观经济建设重大比例关系得到合理规制。四是健全教育、卫生、文化、科技创新体制,大力发展知识产权保护制度,形成有利于自主创新的外部环境。五是形成合理的收入分配制度,提供社会福利政策和法律方面的制度保障,完善公益性事业保护机制。六是积极引导市场主体从事合法经济活动,打击经济领域的违法犯罪现象,警示无序化对经济健康运行的危害。

从上可见,改革开放政策不仅是中国经济建设,也是法治建设的指导性纲

---

① 信春鹰:《亚洲价值观与人权——一场没有结语的对话》,夏勇主编:《公法》(1),法律出版社2000年版,第169页。

② 信春鹰:《亚洲价值观与人权——一场没有结语的对话》,夏勇主编:《公法》(1),法律出版社2000年版,第177—179页。

③ 苏力:《道路通向城市:转型中国的法治》,法律出版社2004年版,第99页。

领,而为改革开放保驾护航则是现代法治的义不容辞的任务。两者相辅相成,促进了中国经济腾飞和法治进步。未来,我国应该在改革开放政策的框架范围内,进一步关注重大经济问题、社会问题、法律问题的调整和解决,既发挥政策的导向作用,又依赖法治化措施推进改革。

(五)以"科学发展观"作为战略思想

从新世纪国家各项事业发展的全局出发,近期党中央和国务院又提出了"科学发展"这一重大战略思想。2008 年 11 月 1 日出版的《求是》杂志,发表了温家宝总理的重要文章《关于深入贯彻落实科学发展观的若干重大问题》,重点论述了六个问题:必须加强和改善宏观调控,促进经济长期又好又快发展;必须统筹城乡发展,坚持把解决好"三农"问题作为工作的重中之重;必须大力推进自主创新,加快经济结构战略性调整;必须坚持资源节约和环境保护的基本国策,增强可持续发展能力;必须坚持以人为本、执政为民,改善民生为重点的社会事业;必须深化改革开放,构建有利于科学发展的国家体制。

从这一战略思想出发,分析科学发展观对于现代法治建设指导作用,主要体现为下列三大方面:(1)改革创新的发展观。科学发展观意味着坚持解放思想、与时俱进、抓住机遇、应对挑战、适应新形势、完成新任务、实现新发展,深刻把握我国经济社会发展趋势和规律,把创新精神贯彻到治国理政的各个环节。科学发展还要求从国际和国内大局出发,在世情、国情、民情、区情发生深刻变化的条件下,进一步增强时代的紧迫感和使命感,构建充满活力、富有效率的社会机制,实现更长时间、更高水平、更好质量的发展。(2)协调发展的可持续观。科学发展意味着在各项事业发展中确立系统性、全面性、求实性、配套性的发展思路。所谓全面发展,就是要在保持经济持续快速发展的同时,形成物质文明、政治文明、精神文明相互促进的格局,实现经济发展与社会进步结合,政治体制改革与经济体制改革结合,开放兼容与自主创新结合,时代精神与文化传统结合。所谓协调发展,就是要在发展国力的同时,统筹城乡协调发展、区域协调发展、社会关系协调发展。所谓可持续发展,就是要实现人与自然的和谐,处理好经济建设、人口增长、资源利用、生态环境保护的关系,推动整个社会走上国家稳定、人民安康、生态良好的文明发展道路。(3)以人为本的民生观。科学发展观的核心是要把人民大众的利益作为一切工作的出发点和落脚点,坚持把科学发展的成果体现在提高人民生活水平上,体现在满足人民物质文化需求上,体现在人的全面发展上,使贯彻落实科学发展观的过程成为不断提高人民的思想道德素质、科学文化素质和身心健康素质的过程，成为不断保障人民经济、政治、文化、社会权益的过程。

表现在现代法治建设领域，科学发展，意味着法律机制本身的科学构建，务求法律体现制度化、体系化、权威性的要求；意味着突出法律的平衡功能，维护社会的安定和谐；意味着提供最佳的救济权利途径，促使人本精神的贯彻落实；意味着弘扬中华文明的优秀成果，追求法治文明与政治文明、经济文明的共同成长。此外，科学发展观作为法学领域的指导思想，又为全面推进中国宪政文明、执法文明、司法文明以及生态法律文明建设奠定了重要的理论基础。因之，法治创新问题、和谐社会问题、民生民情问题、公共福利问题、人才培养问题、社会救济问题，都成为这一理论导向下政府和民众最为关心的话题。又可以称，倘若按照科学发展观的要求，我国能不断扩大公共服务体系，促进法律的公平正义，努力使人民学有所教、劳有所得、病有所医、老有所养、住有所居，则中国的法治事业才能走向辉煌。

从以上分析可见，经济与法律之间的关系十分密切，对这种关系的探讨也就绝非浅薄。在西方，由于奉行"国家最小限度干预、个人最大限度自由"的法律主旨，表现出法律对经济生活的干预不很明显。相形之下，中国的法律调整在经济发展中十分活跃。这种状况，必然导致我国现行法的发展从内涵到形式都有不同于西方的独特设计，相关政策理论也纷至沓来。然而，无论是西方国家抑或中国，作为现代社会的立法者和执法者，都切实需要达成经济繁荣发展的战略目标。在此进程中，我国应该建立一个能够对经济发展提供最佳反馈的法律机制。应该说，中国以往在经济现代化和法治现代化方面所取得的成果，已一定程度上得益于包括四个现代化、生产力发展、实事求是、改革开放、科学发展观等思想的启蒙，它们不仅客观上促进了近 30 年的经济发展，而且成为现代法治建设的巨大推力。我们相信，政治家和法学家也必将以推陈出新的进化论姿态，谋划我国的未来法治改革。

第三节　政治势力：法律文化与治理方式

法律文化的发展与政治制度的演化密切相关。在政治形态的环境中，有些特殊的法律文化的存在打上了深深的政治烙印，特别是宪政文化和权力分配的理想类型,往往取决于一定的政治环境。因而在文化研究时,"着眼于与政治结构和政治意识形态相关的特定变化因素之间的互动作用——似乎比那些采纳法律文化的概念作为解释工具的研究具有更好的前景。"①同样,中国法律制度体系和思想体系既是中华民族的政治活动及其成果的凝练,也是政治体制发展的推动器。因此,我们无法只对西方在此领域的贡献歌功颂德,而需要梳理我们自己的宝贵财富。反之,如果我们放弃对法律和政治互动关系的研究,则一方面我们会失去对法律之政治关系调整的"文化解释权",也意味着放弃了更进一步认知法律功能的"理性构造权"。

一、法律中的政治烙印

所谓政治力量的功能,在于国家主权者利用公共权力积极推行政治决策、管理体制和施政方案以及通过法律所进行的社会控制。由此,我们有必要探讨政治、国家、法律之间的"胞兄胞弟"关系。在中国,由于国家力量过于强大,必然使近代以来的法制建设和法学研究是螺旋的、简陋的、附庸的,一直没有独立地位。又可以说,中国法律制度建设经历了风风雨雨,同政治的阴晴兴衰密切相关,它取决于中国特殊的政治进程和政治环境,政治家和法学家也常常站在政治立场上看待法律及其功效。于是,认识中国法律文化的政治属性,既是法律文化受制于政治运动的悲哀,也是理解法律文化史的一把钥匙。在这步履蹒跚的过程中,我们得以了解法律制度的过去,亦警示着法律制度的明天。

(一)国家政策的政治烙印

政治制度的确立意味着以国家的政治权力代替道德的、宗教的、家族的、民族的社会性权力,由国家发挥法律的、军事的、行政管理的职能。因此谈及政治,必然离不开政党政治和国家体制。其中,政党在政治现代化中举足轻重,日益广泛地参与了政治生活。各国的政治理论与社会实践都证明了这一点。

首先在中国,共产党领导地位的确定是新民主主义时期以来的历史性选择。届时,处于一盘散沙的中国,唯有党的领导才能组织和发动民众,形

---

① [美]罗杰·科特雷尔:《法律文化的概念》,www. studa. net/faxuelilun/081004/11004186. html 48K 2009-4-。

成各项事业的核心,并任凭中国这样一个农业社会在列强虎视眈眈的国际社会中向前演进。1949 年,中国共产党通过武装革命夺取了政权,由于新中国成立之初,法律与法学并不发达,在此情形下,中国仍然在共产党的领导之下实现了社会的巨大变迁。其中,最根本的变化即实行人民民主专政制度,创建公有制经济基础。苏力教授就此分析,中国共产党首先是"革命党",它承担着国家统一的建国使命,并要带领人们完成社会改革、土地改革和工业革命的任务;同时,它还是一个"群众性"的政党,必须担负起整合各种社会力量、表达利益诉求、将长远目标和具体政策结合起来的任务;最后,它还是当时社会制度的一种重要"替代",通过一定的组织机制成为社会治理的组成部分,甚至成为宪政体制的组成部分,而政策也同法律一起维持着社会秩序。①

与此同时,人民政权的法制框架基本形成。在最初召开的政治协商会议上,制定了《中国人民政治协商会议共同纲领》,接着于 1954 年制定了被认为是良好法律的《五四宪法》,明确了国家政体、机构组成及公民权利。"由此,据以安邦定国的国家法制实际上有了好的开端,如果沿此政治思路继续下去,中国的法制历史或许是另外一番景象。"②然而此后不久,人们开始对法律本身的价值予以否定,致使法律虚无主义泛起。在实践中,经过反复修改的刑法、民法草案中辍,人治主张、长官意志重新扩张。特别是新中国第一代领导人并不注重法制,以为那样会束缚自己的手脚,放纵政敌的行为。政治家则更为关心政治冲突的政治解决方式,关心对"敌对行为"的控制功能,以及关心对国家利益的特殊保护。这种对法律的认知,致使中国宪政建设难以完成。"盖宪政之于宪法,犹如法治之于法制,其盛衰兴废,不独受制于法律之制度,更取决于政制之安排、社会之结构、公民之素质与民众之信仰。故修宪法虽易,行宪政实难。"③

届时,国家政策或公共政策构成了国家和社会行动的统一纲领。特别是考虑到地域、时间和经济发展等基本变量,政党及其政策的指导性难以忽视。诸如,在国家利益和个人权利的冲突解决、对外开放和一国两制方针的落实执

---

① 苏力:《中国司法中的政党》,《法律与社会科学》2006 年版,第 272—281 页。

② 沈敏荣、桁林:《论法律万能主义与法律虚无主义》,《思想战线》2003 年第 3 期,第 5 页。

③ 梁治平、贺卫方主编:《宪政译丛》,生活・读书・新知三联书店 1996—1997 年版,"总序"。

行、民族问题和宗教问题的妥善处理、中央权力和地方权力的适当调整等重大问题上，我国总是通过政策化的途径予以规制。又如，在倡导群众路线、实施严打方针、落实综合治理措施等方面，政策的指导性仍然突出，并且传递着由来已久的政策性意识导向。当然，从教训反思，由于政策的强势作用也导致法律意识形态处于弱势地位，社会听命于政治，个人和社团利益难以得到有效的法律保障。由此，我国过于政治化的治理模式有其鲜明特点和时代局限，起码表明届时各种法律资源还不够丰厚。

改革开放以来，政策和法律关系面临着重大改组的任务，这就是从政策博弈转向法律博弈，让立法、执法、司法活动来担当实现分配正义的责任。也可以说，法律与政策关系展示了当代政治运行的真实形态，并预示着国家治理方式的现代转型。其重大转变包括：(1)明确执政党的领导地位。在中国这样一个形势多变的国家，中国共产党代表有网络性的组织结构、有明确的战略方针、有强大的领导能力、有健全的党章党纪、有崇高的大众威望，其集体领导是推动中国走向现代化的权威力量。这是法律确立其核心地位的基础所在。(2)政策与法律保持着一种互补关系。即政策对于法治建设有指导作用，通过原则性政策调整基本能够达到国家的统一和社会的有序；政策也是法律文化的宝贵资源之一，包括改革开放政策、政治协商政策、民族自治政策、土地承包政策等，均在各项法治建设事业中有所体现。(3)政策不能等同于法律。政策是法的渊源或资源，但它与规范化的、可操作的、权利义务非常明晰的法律本身有所区别，如统一战线、群众路线、计划生育等政策不能与法律相混淆。(4)党的组织和党的成员必须在宪法和法律的范围内进行活动。随着各国"政党活动法"、"政党组织法"、"政党监督法"的出台，政党活动已经纳入法律调整的范围，成为政治法制化的重要举措。(5)公共政策需要获得公众的同意。国家和政党只能以实现社会利益最大化作为自己的政策目标，而公共政策形成过程实际就是形成合意的过程。"在政治环境内来看时，同意自然就成为一个公共政策合意性的测试标准。公共政策的形成过程可分为两步：首先，必须找出合意的政策；其次，为了实施，这些政策必须通过政治过程得以赞成。"[①]

如今，在政治文明建设中，我们一方面仍然要将政党政治作为政治学和法学研究的一个共同命题，另一方面，则要警惕我国长期存在的忽视法制建设的

---

① 陈舜：《权利及其维护》，中国政法大学出版社 1999 年版，第 170 页。

弊端。同时,政治领域的民主决策、政务透明、法律监督机制等,都构成了现代法政治学所关注的热点和焦点,而政党和政策在法律中如何定位也需要进一步深化研讨。

(二)群众运动的政治烙印

从 20 世纪 50 年代以来,国家和社会运作包括极具中国特色的"群众性的政治运动"。届时,很多政治任务靠群众运动完成,许多社会事件也由群众运动引发甚至解决。又可以说,群众运动是中国社会矛盾的特殊表现方式。不仅如此,群众运动也与法制建设进程几乎迈着同一的步伐,因而对特定时期的法律和法学有相当的影响力。

新中国成立之初,我国连续进行了土地改革、婚姻法的宣传、旧司法人员的改造、镇压反革命运动,"三反"、"五反"运动,"四清"、"整风"运动等,及至"文化大革命",使各个时段的政治生活都受到这种非正规的社会事件的冲击。特别是延续十年之久"文化大革命",公检法被砸烂,司法部、检察院、监察部和国务院法制局被先后取消,法律成为"阶级斗争年年讲、月月讲、天天讲"的手段,面对大量违法行为而无能为力,给国家稳定、人民生活和法治建设带来了严重的损失破坏。

当然,这类群众运动的初衷是实现国家治理的平民化和大众化。在当时的政治家们看来,中国的命运需要掌控在人民手中,人民组成自己的国家,选举自己的政府,这就是名副其实的"人民共和国"。反馈在法律活动中,则"人民民主专政"获得了理论上的正当性。然而,群众运动本身具有激烈性、非秩序性等负面作用,它的直接结果是"毁灭了法制"。为此,著名法学家陈守一先生曾经告诫:"今后再不需要,也不能搞任何离开现代化建设、破坏社会主义民主和法制的政治运动了。"[①]至今日,虽然大规模的群众运动销声匿迹,但当事人层层上访、刑事案件中的严打、日益严重的群体性事件等,仍然带有群众路线的政治烙印和文化痕迹。

这类做法无论对错与否、合法与否,我们都应该进行深刻反思,尤其司法活动要与大众情绪相分离。又可以说,法律文化十分关注法律执行者和运用者的信念、情感、观点的表达,但这种表达不是群众运动式的宣泄。主要镜鉴

---

① 陈守一:《我国法制建设三十年》,《法学研究与法学教育论》,北京大学出版社 1996 年版,第 38 页。

为:(1)形成职业化而不是社会化的司法。司法人员需要特定的法律知识和独立的思维判断,应该日益从其他职业人群中分离出来。(2)形成克制性而不是能动性的司法。司法活动不能主动出击,不能等同于"深入群众、发动群众、组织群众"的社会行为。(3)形成程序性而不是后果性的司法。司法机关不能将法律和民俗、道德、情感、大众舆论作为交易,否则会致使司法结果带有报复主义、惩戒主义、工具主义的显著特性。(4)形成独立性而非干预性的司法。法庭审判可以吸收当地群众参加,但不能受大众舆论中的非法因素的影响,特别应该与当事人有一定程度的隔离。

(三)法学原理的政治烙印

政治性的法学研究是文革前后历史留有的深厚烙印。届时的中国,法学在政治学的土壤上生长,使法学研究总体建立在政治意识的指导下和政治体制的容忍度范围之内,一直未能实现独立。又由于"中华民族所追求的主导文化模式,一直处于'忽左忽右'、'忽东忽西'的无定向之中;而且由于政治生态等因素的影响,文化的断裂、历史的循环时有发生。这些都直接影响了中国文化的进步,导致文化变革的延宕。"①这具体表现为我国法学研究选择了马克思主义、毛泽东思想作为根本指导思想,形成了以苏联法学为样板的理论模式。

马克思主义法哲学的主导地位。就法学世界观和方法论而言,独树一帜的马克思主义法观念引起了法学史上的一场革命,亦引起了法律实践的根本性变革,对于社会主义国家的兴起和社会主义法治的构建无疑起到了理论奠基作用。前苏联、中国等国家都在这种法律观的指导下,创造出了自己的法学理论和法制体系。例如,在我国社会主义改造过程中,运用了马克思主义的社会分层原理,用于区别"官僚资产阶级"和"民族资产阶级",并对不同阶层采取了不同的政治策略;运用马克思主义社会冲突理论,阐述法律在维护国家安全、保证经济秩序、惩治违法犯罪等方面的威力作用。但实事求是地说,我国并没有真正能够将马克思主义的法律观、社会观、经济观、历史观、阶级观、国家观、发展观、进化观具体化为法治实践,法学研究中对马克思主义学说的运用带有教条化、机械化、极端化色彩,使"国家的暴力机器论"、"法律的阶级斗

---

① 孙卫卫:《近代以来中国文化模式追求的变迁及相关思考》,《求实》2007年第2期,第76—79页。

争工具论"一度流行。

毛泽东思想中的政治学内核。毛泽东是新中国的创始人,也是政治家和社会学家。他的政治思想体现在《中国社会各阶级的分析》《湖南农民运动考察报告》《反对本本主义》《实践论》《矛盾论》《新民主主义论》《论联合政府》《论人民民主专政》《论十大关系》《关于正确处理人民内部矛盾的问题》等著作之中。其中,毛泽东提出了解决中国问题的政治方案和社会理论,农民问题、土地改革问题、工商业改造问题、劳动收入分配问题、重大国民经济比例调整问题、政党和政策问题等,都在他的思想理论中有所体现。从地位分析,由于以毛泽东为代表的政治家们拥有独特威望,他们的思想也就被确立为"一切行动的指南"。这也致使很长时期的中国法学研究"很少学术引证,最大量的引证都是马克思、恩格斯、列宁、毛泽东的著作。"①从特性分析,当时的社会科学是一种"矛盾的科学",不可避免地带有浓厚的政治斗争属性。有评论说:"马克思欣赏的一句名言是'怀疑一切'。毛泽东钟爱的一句口号是'造反有理'。在某种意义上,他们都是现代社会的解构大师。"②如今,反思政治斗争给中国的教训,政治家应该注重运用法律手段而非政治手段来调整政治结构。

前苏联法律观的渗透。通过模仿前苏联的样板,中国的法律体制得以初创。特别是新中国成立最初几十年,我们几乎全盘移植苏联法学。"由此,苏联学者法律关系研究的特点也就成为我国法学研究法律关系的特点,他们的缺点也就成为我们的缺点。"③"苏联专家的讲义,苏联的法学教材在人民大学经过翻译、整理、改写后成为各大学统一使用的法律教科书。"④例如,20 世纪 80 年代初法的定义仍然被表述为:"法是由一定物质生活条件决定的统治阶级意志的体现,它是由国家制定或认可并由国家强制力保证实施的规范体系,它通过对人们的权利和义务的规定,确认、保护和发展有利于统治阶级的社会关系和社会秩序。"⑤在部门法领域,1982 年高等院校《刑法学》教材中也这样

---

① 苏力:《也许正在发生:转型中国的法学》,法律出版社 2004 年版,第 10 页。
② 朱景文:《当代西方后现代法学》,法律出版社 2002 年版,第 546 页。
③ 张文显:《法学基本范畴研究》,中国政法大学出版社 1993 年版,第 159 页。
④ 方流芳:《中国法学教育观察》,《比较法研究》1996 年第 2 期,第 124 页。
⑤ 参见孙国华主编:《法学基础理论》,法律出版社 1982 年版,第 62 页。

表述:"我国的刑法学属于无产阶级的刑法学,马克思主义的刑法学。"①凡此种种,导致"法学研究对象在这里的迷失,使我国法学理论在相当长的时间里裹足不前,因为它为丰富多彩的法学研究设置了许多的障碍和禁区。"②

从总体说,中国由来已久地建立了一种"法律隶属于政治"的模式,形成了诸如政党和政府不分、政策和法律不分、群众运动和法律运行不分的状况。这种法制荒芜、法学凋零的现象互为因果,成为一种渐行渐强的社会思潮,到20世纪80年代后才逐步更正。它意味着当代中国重新构建法治工程时,受到了各种政治风波的冲击,又使当时更为年轻的法学研究姗姗来迟;它还意味着我国法律事业明显地走了一段时间弯路,以至于今日法学要不断地矫正与政治学的相互关系,防止相互对峙或替代。当然,如果试图从以前的"政治文化"中引申出来"法律文化",并不能得到十分圆满的答案。其仅仅能够说明的,只是中国特定阶段政治和法律关系的事实,而不是现代法律文化所追求的价值目标。但同时认为,政治因素的确是导致现代法律文化模式形成及其特点的重要砝码。因而分析这类政治因素的目的,在于提醒人们要注意它的存在、研究它的特征、识别它的缺陷、洞察它的走向。

二、法治框架下的政治制度

在国家政治的宏观范畴,法治的命运与政治文明的发展程度相互依赖,这一点已不言自明。但要对二者关系有真切的理解,对于一个有着悠久集权传统的法律体系来说,仍然步履艰难。作为贯穿近30年始终的法学基本问题,法的阶级性、意志性、价值性、社会性和人民性的讨论一直被学界所关注,各种法学观点也存在着激烈争鸣。因此,"现在最急迫的工作恐怕是,在大家都高喊加强民主与法制的今天,能有更多的人冷静下来,先去弄懂一些更为基本的问题。比如法的真正含义应该是什么、它在现代社会中的价值和地位应该怎样、法治是一种什么样的状态、法制社会应该是一种怎样的社会,等等。"③这些论题,关系到对旧传统的反思和对新制度的建设。

(一)当代政治文明之认知

在中国,凭借法律的政治定位,各种关于法律制度的学说都可以纳入"人

---

① 高等学校法学统编适用教材:《刑法学》,法律出版社1982年版,第1页。
② 陈金钊:《法律解释的哲理》,山东人民出版社1999年版,第10页。
③ 梁治平:《法辨》,贵州人民出版社1992年版,第57页。

治"还是"法治"的讨论中。就此领域，法律文化研究的博大精深，不仅表现在提供成果累累的法律资源方面，而且一定程度表现在吸取本土教训方面，以往的专制教训即是不可忽视的反面教材。目前，"虽然仍以政治性的话语展开论题，大多数研究者也并不具有独立的学术身份，但是在解放思想、实事求是的精神感召下，中国法理学展现出了逐步摆脱政治话语、实现学术独立的发展趋势"。① 这一趋势又告诫我们应该正视以往的政治历史，同时建构现代政治和法律的适当关系。这仍然是我们今天面临的重要课题。表现为：

第一，要防止将阶级对立扩大化。自 20 世纪 50 年代初到 70 年代末，我国法学一直把"阶级性"作为认识法律现象的唯一思维定式，致使阶级斗争扩大化到了极致。"法学的立论、推论、结论、结构、体系，对法律资料和法学文献的收集、分析、使用，以至行文方式和语言，无不围绕着'阶级性'这个中轴旋转，法学实际上成了'阶级斗争学'。"②今日看来，阶级性法律观，将社会成员归入了截然不同的两大对立阶级之中，不能揭示现代社会更为复杂化的新型社会结构，我们已经为此付出了沉重代价。更有甚者，它使法律和法学成为政治的载体或工具，失去了自身独特的话语权。现阶段，我国已实行了人民当家做主的社会制度，法概念、法本质、法特性的分析开始带有"人民意志"的公共属性。因此，被扩大化的"阶级论"、"工具论"只能成为历史的遗痕。

第二，要警惕将法律功能政治化。由于国家主义、专制主义、封闭主义、保守主义、人治主义、官僚主义、特权主义、重刑主义长期流行，中国法哲学原理中所反馈的各种极端左倾倾向比较明显，构成了法学难以有所突破的天然屏障。例如，我国曾将国家、法律、军队、警察、法庭、监狱作为"暴力机器"来看待。这种理论在我国盛行一时，引申出了法律本质的国家意志论、法律特征的暴力强制论、法律作用的专政工具论、法律渊源的制定法唯一论、法律主旨的国家利益至上论、刑法功能的惩罚报复论等特殊时代的特殊理论。又由于法律之剑所到之处无不体现制裁功能，让普通公民束手臣服，给国家和社会留下了遗憾。反思这种隶属政治的法律观，当代人要与各种激进、专断、教条思潮

---

① 刘雪斌、李拥军、丰霏：《改革开放三十年的中国法理学：1978—2008》，《法制与社会发展》2005 年第 5 期，第 4 页。

② 张文显：《法学基本范畴研究》，中国政法大学出版社 1993 年版，第 12 页。

相道别。

第三,要反对将现代法律虚无化。所谓法律虚无主义,指以权为法、以言为法,以内部文件、决策、批示、领导人的个人意志取代法,对法律则持忽视、轻视乃至蔑视的态度。因此,"法律虚无"在形式上是无法可依的问题,但就其根本而言,乃是法律在中国的地位问题。① 鉴于以往的人治教训,政治家邓小平曾在《党和国家制度的改革》一文中指出,长期以来我国强调权力的集中,形成了独有的"一把手体制",今后民主法制一定要做到不因为领导人的改变而改变、不因领导人看法的改变而改变。法学家强世功教授也概括到,人类正在使"自然法、自然权利、主权、宪法、法治、制定法、习惯法、普通法和国际法成为他们想象现代政治秩序的概念武器,以至人们将现代政治简单地称之为'法治',以区别于古典的'人治'"。②

第四,要批判法律的工具主义说。法律工具主义文化在中国有着漫长的历史,其主旨在于将法律作为维护少数人意志的有效工具。但当代法律不可与专制统治同日而语。它们之间最显著的差异就是,前者是统治者治理百姓的御用工具,后者是反映人民意愿的有效手段。由于我国缺少民主的政治传统,以往法律工具主义盛行,意味着忽视了法律的社会性、规律性、正义性判断。因此,法律工具论与人治思想相随,像幽灵一样陪伴着法律和法学的成长。有学者深刻分析,"法治和现代化是互为依存的,法治的成长,就是现代化的发展;而现代化的成长,也就是法治的发展。在这个过程中,法律工具主义所扮演的是绊脚石和拦路虎的反面角色。不将这样落后腐朽的意识彻底清除,那么,法治和现代化的进程,就必然要受到或大或小的影响了。"③

根据上述分析,现代法学界开始倡导"法学研究的范式转换"。一些旗帜鲜明的作家指出,中国长期以来法学研究总纠缠于阶级斗争和革命情结的思维模式之中,其结果是整个法学理论体系缺乏深度和弹性,最终演变成为束缚人们思想的虚假观念,为此要实现一种"人文范式的升起、阶级范式的失落"。

---

① 参见郝铁川:《中国的法律浪漫主义与法律虚无主义》,曾宪义主编:《法律文化研究》(4),中国人民大学出版社 2008 年版,第 4 页。

② 强世功:《立法者的法理学》,生活·读书·新知三联书店 2007 年版,序言 2—3 页。

③ 范中信:《法律工具主义批判》,法律博客 www.bloglegal.com/blog/cgi/shownews.jsp? id。

"强调从以往法学研究的暗处敞开一片光明,所以在思维方式上呈现出一种开放的、非终极化的特征。"①这种范式转换的标志之一,就是中国法学从法律的阶级论、工具论、虚无论,走向法律的人民性、民主性、权利性、正义性、社会性、公共性。不言而喻,现代法学所阐释的这些学说,已是人类法律文明发达的重要标志之一。

（二）法律政治权威之实现

当然,即便有上述法律隶属政治的弊端,为了解决被颠倒的政治与法律、权力与法律的关系,古今的仁人志士也进行了艰苦卓绝的斗争,提出了成熟有效的法律方略,为中国走向民主法治的道路提供了宝贵的学术资源。因此,我们要通过有意识地将政治问题和法律问题分离的过程,形成现代政治和法律彼此良性循环的关系系统。但同时,法学家又须理解"法律的正当性源于政治,而政治的正当性又取源于法律"这一基本原理,最终体现政治文明和法律文明双重收获。在此方面,中国人一直试图在政治和法律的结合点上找到改革方案,并为此作出了自己的贡献。具体包括:

对体制特色的理解。任何国家都会选择一定的社会调控机制,这种机制可能是政治的、道德的,也可能是社会的、法律的。但由于政治权力主要表现为具有国家属性的公共权力,这种权力不同于个人或法人所享有的私权利,后者可以靠道德、习惯、信仰的形式得到维持,而公共权力则主要由宪法制度予以调整,因此宪政文化应运而生。宪法创制与实施之目的,正是确保各种政治利益得到调节,实现宪法在政治领域的功能。目前,各国的宪法制度已基本定型,并能为当代中国的政治问题之解决提供教益。然而,我们又必须清醒地看到,由于政治体制存在着明显的差异,政治环境、政治资源、政治技能、政治冲突的激烈程度等则决定了这种差异。据此分析,我们在宪政领域不能强求一致的制度。因国而异、因地制宜,完成统一的大业,维护基本的人权、达成控权的目标,制裁破坏国家安定的行为,即为优良的法律体制。

对本土政治的宽容。中国专制政治的盛行,使我们在法治进程中吃尽了"苦头"。于是,批评之声、抱怨之声、怀疑之声甚嚣于学界。相反,人们缺乏对于中国政治体制的一种合理解释,诸如否定国家功能、否定人大体制、否定

---

① 参见杜宴林、张文显:《后现代方法与法学研究范式的转向》,朱景文主编:《当代西方后现代法学》,法律出版社 2002 年版,第 70—71 页。

政府管理、否定司法改革等。但从历史上看,中国自汉以来国家统一、民族团结的政治体制即已创立,管理国家的政治经验、技巧、策略也很丰富深邃。而从近代到现代,无论政体改革的实践抑或民族心理的烙印,无论是接受已往的教训抑或建立全新的模式,都带有深深的"中国印记",是被当时中国人所选择的治国方案。为此,对于这类政治、法律、文化现象予以一定程度的正面性的肯定,有利于政治体制平稳过渡,更有利于凝聚民心民力。从现实看,政治制度对法律制度的影响并不都是消极的、负面的、否定的。因此,改革人大体制并不等于弱化人大作用,制止权力滥用并不等于不要国家能力,保持政治稳定并不等于消极固守传统。展望21世纪,政治组织学、政治结构学、政治社会学、政治功能学等诸种学说纷纷出笼,法治中也必然会渗透这些政治运作的有益经验。

对法学独立的追求。法学乃是"法学独立之产物",当法学尚未独立或未完全独立之时,便难以形成真正的体系。同样,现代中国法学提供的最为重要的警示,在于我们本土的法治和法学需要越来越自立和自强,而不能仍然走一条隶属政治学的"已往的路"。在这条路上,我们毕竟损失大于收益,教训多于经验,失败超过成功。这就确需法律的运作日益与政治专制相疏离,确需一种相对专门化、知识化、程序化的技术标准,确需为法律和法学争夺一个更为自由开放的学术空间。而经过对比和扬弃,法学界已开始冲破政治学一元独尊的思维定式束缚,保持一种反思态度,去解构历史给中国政治赋予的保守甚至耻辱的文化模式;又需要一种前瞻性的创设,去迎接开放理性的政治文明成果。最终,中国的政治文明和法治文明,将在这种全新的构造中获得光辉灿烂的前程。

应该说,法律独立于政治既需要客观条件,也需要理想设计。从客观条件看,时代背景、政治制度、经济基础、文化土壤、社会实践、国际交流等因素以及这些因素所提供的自由空气,是养成现代法治和法学思潮的客观要件。从理想设计说,扩展法律在政治领域的权威虽然难以做到,但必然是未来的时代趋向。中国人也在此政治文明的积淀中意识到应怎样建立法治文明,这样的法治文明又如何通过法律文本、法律制度和法律运行予以表现,以最终形成支撑现代法律与政治关系发展的绝佳方案。

(三)合法国家能力之加强

政治学和法学研究的又一个关系密切的交叉点,是国家和法律关系的研究。20 世纪 90 年代以来关于政治国家的研讨轰轰烈烈地兴起,反映了这一领域的深刻变化及其理论诉求。其原因,在于中国的国家权力一直过于强大,诸如计划经济、管理行政化、政府主导模式、高度中央集权等,都是国家主义的种种表现。以至在改革开放的今天,一些有政治远见的学者正致力于纠正这种偏颇,就现代国家进行重新定位。有人概括,国家理念服务于人治社会,与法治社会格格不入,因而"国家优位的理念不除,法治建设就是徒托空谈"。①但在此纠偏期间,又有近乎悖论的另一偏见,这就是将国家视为邪恶的渊源和防范的对象,发展出"无政府主义"的变态理论。基于后一种的警示,现代人不仅要对专制国家思想进行批判,还要在一定程度上为强化合法有效的国家能力作出贡献。具体可以将国家权力及重要性归述如下:

国家拥有功能——国家是为整个社会提供自身能力的基本体制。任何国家都具备四种基本能力,这就是汲取能力,指国家动员社会经济资源,用于组织经济发展、提供公共产品、发展社会福利;调控能力,指国家指导社会发展,通过国防、外交、治安活动实现自己的总体意志;合法化能力,指国家运用法律符号管理和巩固社会秩序,解决重大政治纷争、经济纷争和社会纷争;强制能力,指国家对内对外代表所有社会组织和成员,运用军队、警察、法庭维护其政治、经济、文化之地位。② 以 2003 年发生的"非典风暴"为例,当时国家出台了一系列的应急措施,包括对患者或疑似病例的强制隔离和治疗;对相关场所的封锁和控制;对流动人员进行健康检查和登记;对药物等相关商品进行限价和设定法定许可程序等。这些应急措施不仅有效控制了疫情,而且表明中国政府在处理重大事件方面是一个"有能的政府"。

国家结构严谨——国家是实现社会管理的组织形态。人类社会,于个人之上是层层叠叠的利益集团或组织,而其中最庞大、最正式、最具政治色彩、最为重要的组织形式就是国家。在构造上,国家需要形成权力分配的网状系统,从而保证全部庞大的权力如复杂精巧的机组一样正常运转。在特点上,国家组织具有纵向的、行政性的、职业化的形态,又带有高配置、高效率、高权威的明显色彩,有能力对社会进行宏观管理和调控。德国法学家韦伯抽象出国家

① 周永坤:《社会优位理念与法治国家》,《法学研究》1997 年第 1 期,第 106 页。
② 参见王绍光、胡鞍钢:《中国政府汲取能力的下降及其后果》,香港中文大学编:《二十一世纪》1994 年 2 月号。

机关的"科层制"特征,归纳为:(1)细致的分工,即在内部进行职能专门化的分工;(2)分层的体系,即要求职位配置呈现一种纵向的、隶属的、高效的、对上级负责的层级结构;(3)完备的规章,即有一套明确的而不越出法定限度的制度体系;(4)非人格化角色,即组织成员按章办事,使职位和私人感情分离;(5)公平竞争,即公职人员的职业地位获得只凭借技术资格、业务能力、高尚情操、实际经验和文化水准。在现代政治管理中,对此国家结构形式决不能忽视。①

国家代表公益——国家是创造公共产品与服务的有效机器。社会当然具有私人利益性质,但也必然具有公共利益。现代国家则已经从"暴力机器"脱胎出来,成为一个产生于社会、服务于社会的公共体系,这也被称为国家的服务性和公共性。国家要为社会提供产品和资源,包括交通、城建、教育、安全、卫生等公共设施;要进行社会结构的宏观协调和管理,在利益分配、社会合作、责任分担方面起化解冲突的作用;要保障社会福利事业发展,举办各种济贫、医疗、保险事业;要保护消费者权益,监督各种公益服务设施不受破坏。为此,"公共权力并不总是作为社会成员权利的'敌对者'而存在的。凡是在公法权利发达的地方,公共权力通常是作为'友善的合作者'而存在。更为重要的是一切公法权利皆须借助公共权力来创设推行和实现。这个现象至少足以令我们从无政府主义的迷误里走出来,认真解析一下公共权力和与之相关的公法权利的法理基础。"②

国家维护秩序——国家是控制社会安全稳定运行的最终防线。国家自诞生之日,就担负着在其地域和居民的控制范围内,解决因各种利益冲突引起的纠纷、实现对不法行为的制裁、从国家内部建立起秩序的任务。而健全调解机制、监督机制、仲裁机制、审判机制,既是国家职能在运作方面的形式化与程序化的需要,也是维护国家政治稳定与社会秩序的需要。而且,任何社会,都会存在一些自身消化不了的重大政治问题,如外交问题、领土问题、战争问题、动乱问题、征服问题、种族问题、殖民问题等,这些问题有赖国家通过外交手段、战争手段或者法律手段来解决。因此,"问题不是要不要国家干预,而是要确

---

① 参见张玉卓、刘彦庆:《突破科层组织瓶颈,再造有机组织结构》,《黑龙江财专学报》2000年第1期,第57页。

② 夏勇:《走向权利的时代》,中国政法大学出版社1999年版,第642—643页。

定国家干预的具体方式、内容和限度。"①国家的发展并非都对社会和个人不利,国家权力也并不是一切罪恶的根源。

国家屹立世界——国家是在国际社会享有主权利益的特殊主体。现代国家的政治职能可以分为两类,一类是内部组织国家活动的职能;一类是外部体现国家主权的职能。后者包括对外处理战争和平事务,解决国际纷争,保护本国主权与领土不受侵犯。特别于国际关系中,每一种文明的发展都需要一个核心的国家,才能拥有维持这种世界性文明的力量。因此,政治斗争表面上是战争、暴力、各种推翻政府的行为,实际则是争夺国家主权之争、争夺国际地位之争、也可被认为是"文明支配权"之争。就政治实践而言,各国在政治史上大获成功的并不乏其例。比如,中国儒教文明的影响,受力于中华民族"雄狮般"的历史地位;法国大革命以其魅力,促成了西方共和国和现代法的诞生;罗斯福的新政,挽救了即将崩溃的美国经济和政局;普京带领下的俄罗斯政府,修复了社会的巨大震荡。如今,中国要屹立于世界文明之林,必然要强化在世界政治活动、经济活动、军事活动以及在维护世界和平中的国家权威。

国家推行法律——国家是当代和未来中国法治建设的主导力量。众所周知,国家本身的强大,并不取决于政治家的个人努力,而真正成功的国家建设必定是利用立法机关、行政机关和司法机关的法定权力来干预社会;反过来言,用法律来协调国家的整体需求才最易成功和持久。其次,通过法典规章、司法判决、法律程序、法律解释和法律推理等来表现法治,使国家能够提供合理有效的制度供给,使权利与义务关系得到公平分配,使合法与非法行为得到明确界定,使破坏国家安全的现象得到抑制,才能为现代社会调控服务。进而,司法能力的扩张也是政治性的国家权力的重要表现形式。一些国家法院的地位较高,其标志就是它们能介入政治事件和解决政治纠纷。甚至可以说,法治越发达,国家通常才能通过司法权力来纠正政治偏离,包括矫正政治异化、政治失控、政治动乱等现象发生。例如,美国联邦最高法院一直拥有广泛的司法审查权,所审理的案件包括诸如党派竞争、官员弹劾、种族歧视、人工流产、社会福利、枪支控制、联邦与各州分权等大量的社会问题。②

根据这些理论和经验,可以得出基本结论:现代国家的政治系统、经济系

---

① 何增科:《市民社会概念的历史演变》,《中国社会科学》1994 年第 5 期,第 81 页。
② 苏力:《道路通向城市:转型中国的法治》,法律出版社 2004 年版,第 209 页。

统、文化系统、社会系统、法律系统必然共处于一个网络化的体系之中,它们的共同运作将构成法治的良性互动。就此,我们既反对专制主义、国家主义、人治主义的绝对化思潮,也警惕无政府主义、自由主义、个人主义的泛滥。我们还可以窥见,国家和法治两位一体,政治学和法学研究也不可偏废,现代人则必须使政策理论、政党理论、国家理论、法治理论遥相呼应,以提供中国问题之解决的最佳方案。预测未来,法律与国家两者力量之结合,正是中国政治文明和法治文明建设的根本和关键,是中国政治和法治的希望之光。

第八章

法文化转型论：中国法律文化之属性

在经济制度、政治制度、思想文化乃至人们的价值观念等各个方面的聚变中,法律制度随之需要进行根本性的调整。因而,"转轨"、"过渡"、"改革"、"进化"等话语,成为中国当代国情的情景描述,其内涵则是中国告别落后、迈向现代的必然选择。与之适应,作为意识形态表现方式的法律文化,亦是适应改革开放以来特定时段变化的法律表征。这种表征,既适合于转轨时期的法律现代化的要求,又反过来为这个时代的法律关系保驾护航。正因为如此,我们要"在时代中"剖析转型期中国本土法律文化之样态,洞察中国本土法律文化之特色。

第一节 法文化的流变性:时代变迁的特殊背景

当代中国正处于社会转型的历史时期,它们深刻地表现在农业社会、工商社会、知识经济社会和国际一体化社会之中。这种变革空前激烈、异常深刻,与以往的社会转型有着根本差异,这就是"文化的作用正凸显出来,文化冲突在社会转型中的作用也日益突出。"①特别是 20 世纪 80 年代以来,中国改革开放事业迅猛发展,作为上层建筑的法律体制和价值理念正在发生着立竿见影的变化。正视并总结这个阶段的法律特性及与以往的差异,法律和法学才能抓住时代机遇,迎合时代挑战,获得观念上、原理上、规则上、形态上的重大突破。

---

① 参见李庆霞:《论文化冲突的地位》,《学术交流》2005 年第 9 期,第 6 页。

一、农业社会的法文化转型

众所周知,我国是闻名于世的以自给自足的自然经济为主导的农业文明古国,因此,"中国史就是一部乡村发展史。"①而当代社会转型首先是指农业文明的转型,农村的政治、经济、社会结构的内部蜕变则是这一转型的缩影。又可以说,由于中国的经济模式和社会结构都建筑在农业基础的本土资源之上,农业问题成为"根本的根本"。同样,作为社会科学研究对象,所谓法律的主体意识、本土意识、文化意识都离不开农村问题的重要性,离不开法学研究的原始对象、原始土壤、原始资料、原始根基,从中可以发现法律文明在农村的变迁过程。我们为什么要将视野首先聚焦于关注农村、保护农民、发展农业事业之上,就是这个简单的道理。

(一)农村法律环境的变与不变

就地位看,农业文明的确是"法律文明诞生之母",它们历史地和现实地存在于中国的土壤上,成为我们必须考量的社会因素。但由于农业生产模式又制约着人类文明的发展,19世纪,主要发达国家大都完成了从农业社会向工业社会的转型。相形之下,中国至今仍然农业人口占绝大多数,因此我国的社会转型并不是以工业社会结构完全取代农业社会结构实现的,而是将农业现代化孕育在城市化、市场化、商业化、科技化过程之中。如今,国家把农业、农民、农村"三农"问题列入了政府工作的重中之重,使农村封闭式循环的状态正在改变,一个日益流动的农业社会展现出来。因之,尽管现代农村体制改革还不足以推翻旧制,但中国农村已经从纯粹自给自足的自然经济向半农业、半工业、半商业的社会转化,标志着现代农村确实与乡土社会有着天壤之别。

概括言之,转轨时期的农村变化主要涉及以下领域:(1)产业结构逐渐调整。目前,以种植农作物为主的传统生产方式,正逐渐被种植葡萄、苹果、香梨等农副产品所取代;牛、猪、鸡、蜂的饲养以及酿酒业、油料业、养殖业、农机业、肥料业、兽医业、家纺业、手工业、乡镇企业、定期集市的发展,也开始呈现良好的势头;播种机、收割机、喷药机等机械的大规模使用,更使农业经济不断繁荣。(2)职业分层开始萌生。以往每一项农活具有同质性色彩,而现代农村出现了多样化的职业分工和新兴阶层,比如农村管理者、个体经营者、承包经营户、私营企业主、乡镇企业职工、农产品收购商、化肥销售商、农民工。(3)

---

① 田成有:《乡土社会的民间法》,法律出版社2005年版,第1页。

人员流动开始加强。随着城市化进程和户籍制度改革,人员外流和输入成为可能,农村中的中青年人因求学、打工、贸易、创业等各种各样的原因成功地涌向城市,日益改变着农村社会的"熟人关系"结构。(4)文化建设席卷农村。在文化水平提高的前提下,农民原先所信奉的文化资源逐渐消失,种种礼仪、家族、心理和道德的强制对人们行为的约束力由此减弱,反对小农意识、主张团结互助、弘扬集体主义精神的先进文化浪潮打破了农村原有精神文化系统的平衡,一些优秀的民风民俗得到弘扬。(5)传统权威相应失落。现代农村,长期具有重大社会影响力的家长、族长、长老、中人等乡绅们,对经济、文化、家庭资源的垄断性占有权已有所丧失,村干部、妇联、村民、乡镇企业家等则对于农村稳定发挥着显著作用。凡此种种,标志着中国农村已经发生了无与伦比的变化。

　　然而另一方面,即使农业文明是较原始文明、渔猎文明、牧业文明发达的一种文明,但其相对于商业文明、工业文明、城市文明仍然存在着明显的时代落差。特别是城市和乡村的沟壑难弥,使城乡对立仍然贯穿着文明历史的始终。由此也决定了中国乡村的法律文化资源比较匮乏,呈现出低级循环、固化稳定、拒斥变化、倡导服从、压抑个性、信息闭塞的特点,急需过渡到现代法治框架之下。具体表现为:(1)农民的组织化程度不高。在管理方式上,村民自治开始代替以往行政管理。这本是时代发展的必然趋势,却又带来了村集体对公共资源控制力的减弱、村干部权威下降的情况。现实中,土地、山林、鱼塘、矿山承包以后,农民难以凝聚成强大的社会力量。例如,在村民自治制度推行中,农民常常并不积极参与农村社会活动;一些贿赂选举、私填选票、暴力威胁选民、家族势力介入等现象发生,也严重影响了农民对民主的热情和对法律的感情。(2)农村新型法律纠纷的出现。在传统体制下,农村的纠纷主要集中于农民私人之间,而在新时期则发生了相应变化,即农民和集体之间的"私"对"公"矛盾很大一部是针对村干部、乡镇干部发生的。农民负担问题、土地承包问题、征地拆迁补偿问题、村务不公开问题、"两委"权力之争问题、集体经济管理问题、集体资产被侵吞问题、兑现国家对农民优惠政策问题等,都成为农村转型中影响稳定的重要因素。① (3)农村经济发展速度相对缓慢

---

　　① 参见顾培东:《试论我国社会中非常规性纠纷的解决机制》,《中国法学》2007 年第 3 期,第 3 页以下。

带来的约束。在以往计划经济体制下,国家并没有将农业问题放在国民经济发展的首位考虑,以至农民社会经济地位很低。有社会学家反映"农民真苦、农村真穷、农业真危险!"①加之,基层乡镇管理的资金困难,很难想象国家有充足的经济资源作为推广法制的坚强后盾,基层律师等法律中介组织设置不全就是证明。(4)农民知识资源欠缺形成的保守性。旧文化的阵地是落后的农村教育。首先,文化上的封闭性常常引起道德危机,造成赌博迷信等不良风气蔓延,入室盗窃、人身伤害、邻里纠葛、虐待老人、破坏婚姻等现象时有发生。又由于受教育程度较低,在农闲时机,多数农民不是像城市居民那样进行高水准的文化享受,而以打麻将、拜神庙为主要休闲方式。(5)农村陈规陋习对国家正式法律制度的冲击。农村秩序的形式主要表现为自发的、民间的、习惯性的乡土规则调整,人们将这种秩序状态定义为具有草根色彩的"乡土自然秩序",是农业经济模式在法律文化中的显现。但它同时又造成了农村保守封闭的内动状态,使血缘、亲属、家庭、地域、民族、感情等的熟人网络关系冲击着法制运行。

由此可见,与城市现代化进程比较,政治家、企业家、商人、知识分子基于自身的文明修养,在政策法制措施的选择方面相对比较开明,致使现代的法律措施主要推行于城市的地域范围和工业的领域范围。相反,那些基层农民并没有在接受新思想、新事物的过程中受益。管理制度之薄弱、经济水平之低下、文化生活之匮乏,使其易于突破法律的防线。而这类问题的出现,表明乡土社会的法律文化转型不可能一蹴而就。因此,我们应该认识到"三农"问题的重要性,认识到加强农村法律文化建设迫在眉睫。也因此,农业生产的底子薄问题、农业人口的低收入问题、农业剩余劳动力的转化问题、农民工在城市中的身份地位问题等,都是我国需要不断应对的紧迫问题。

(二)农村法治建设的基本目标

上述变化表明,农村发展必然要引起新型法律关系的重新调整,这无疑有利于农村法治进程的逐渐推进。从趋势看,农村成为什么样的社会,农民成为什么样的群体,农业具有什么样的地位,取决于目前推行的新农村法治建设。为此,在农村法律文化资源的梳理整合和提供对策方面,国家要提供农业发展的机会与条件,使大多数农民解决温饱问题;要引导民众的思想感情,使农民

---

① 陆学艺:《三农新论》,社会科学文献出版社 2005 年版,第 3 页。

有基本的法律意识;要通过立法、执法、司法措施,实现对"三农"问题的特殊处理;要打击农村中的恶势力,使少数人的优势和特权得以控制。具体可从以下途径入手:

农民权利资源——立法保障之途径。解决农村问题,主要面临的是农民、农村、农业的法律地位问题,而其中的要害则是农民的权利问题,正所谓"中国最重要的公民权利,当是乡民的权利;中国最重要的人权,当是农人的人权。"①目前,《中华人民共和国宪法》、《中华人民共和国民法通则》、《中华人民共和国刑法》等通行农村,我国还颁行了关于农业问题的专门法律和法规。其中包括《中华人民共和国农村土地承包法》、《农村劳动力转移培训财政补助资金管理办法》、《农村税费改革信访工作管理暂行办法》、《中国的农村扶贫开发,农村信用合作社财务管理实施办法》、《农村合作医疗章程》、《农村医疗救助基金管理试行办法》、《农村五保供养工作条例》、《农村敬老院管理暂行办法》、《农村家庭财产保险暂行办法》、《农村小型公益设施建设补助资金管理试点办法》等。但关于农村问题的法律规范仍然呈现出大量空白,大部分现有立法又与农民生活严重脱节,导致国家法律的一般性和农村问题的特殊性发生矛盾。例如,关于农产品生产、分配、交换、消费环节的法律几乎空白,农民的社会保障制度不健全,农民的劳动关系也不受劳动法的保护,土地征收、村委会管理、乡镇企业发展等专门立法缺乏,这些都是依法治国进程中难以回避"乡土问题"。可以说,即使在工业化、商业化、国际经济一体化的社会进程中,试图用城市化的现代法律来改造农村社会也是不现实的。西方学者庞德在论证中国法律发展模式时,都曾指出,中国不宜把工商贸易发达的大都市的法律制度与农业区域的法律制度相互合用。②

农村社会治理——行政管理之手段。目前,在农村基层政权建设中,县、乡、镇、村级政府管理是发展农村事业的制度性措施,基层干部则承担着组织承包土地、催交粮食、修建道路、绿化村庄、计划生育、管理乡镇企业等任务。与之适应,行政法律制度总体呈现出发展势头,其配合农民自治力量、民间调解机制、正式司法制度等本土资源,化解矛盾,消弭冲突,成为实现农村治理的

---

① 夏勇:《走向权利的时代》,中国政法大学出版社1999年版,第616页。
② 王健:《庞德与中国近代的法律改革》,《中国法律近代化论集》,中国政法大学出版社2002年版,第204页。

现实之路。但如今,农村工作的行政管理和执法能力问题也值得注意:(1)如何将行政活动纳入法治化轨道问题。农村改制过程中,由于制度不规范造成行政行为有很多可以任意所为的"缝隙",一些基层干部胡作非为,任意摊派,形成新型干群关系的紧张局面。为克服这类倾向,有必要使农村管理有据、规范、高效、合法。在此过程中,政府既要改变事无巨细、大包大揽的做法,又要反对工作中的形式主义、官僚主义行径。(2)如何加强政策调整和法律治理的双重保障作用问题。政策是过渡时期农村发展的基本导向,适时适需地针对农民特殊问题出台"急农民所急、想农民所想"的方针方略,是发展现代化农村事业的主要依据。但不能用大量"土政策"代替法律,这也是现代法治的一个边际。(3)如何提升农村行政管理的信任度问题。农民权益得不到保障固然有经济上、文化上、地理上的特殊原因,但渠道和制度的障碍也必须克服。例如,加强政府和群众的亲和度,才有利于打通国家机关与普通农民之间的交流壁垒。(4)如何协调基层政权和农民村治的关系问题。政府权力的扩张性、支配性、膨胀性属性,必然抵消着农民权利的生长。实践中,各级政府的权力过大,使农村自治仍然具有强烈的行政化色彩,需要逐渐改进。

农村民主形态——基层自治之方式。中国社会转型的出发点,是在最为基层的农村实现村民自治;以村民委员会为基础的管理改革,则是 20 世纪中国民主法治建设的重要财富。由此看来,推行村民自治有着相当深邃的理论价值和实践意义。《中华人民共和国村民委员会组织法》第一条宣布:"为了保障农村村民实行自治,由村民群众依法办理自己的事情,发展农村基层民主,促进农村社会主义物质文明和精神文明建设。"据此,村民委员会在实行民主选举、民主决策、民主管理、民主监督,办理本村的公共事务和公益事业,调解民间纠纷,维护社会治安等方面发挥着积极有效的作用。但另一方面,目前我国村民自治发展进程中也呈现不少问题,最为突出的问题是村民委员会的运行方式加入了政府干预的成分,可谓之一种"政府主导型的基层改革"。这就需要在现代建设新农村活动中,用法律界定政府权力和村民自治的此涨彼消关系,促进村民自治最大程度上发挥其效能,真正把广大农村建设成为文明祥和的社会生活共同体。

农村自发秩序——乡规民约之特色。顾名思义,乡规民约是在中国乡土社会发展的、乡民共同协商的、用以实现自我约束的行为规则,有村落习惯法、行业习惯法、社会习惯法、少数民族习惯法等多种分类形式。有学者分析,

"乡规民约对2/3以上的农民进行着规范,它在整个中国法治发展的过程中扮演着重要角色。乡规民约是村民共同利益的表达,体现的是一种'村庄治权'或者'内生的公共权力'。"①相较国家制定法而言,这些乡土规则具有下列特性:它们的调整对象主要为民事关系,涵盖维护村民权益、维护乡村秩序、保护生态环境等内容;它们常常以习惯风俗为表现形式,并借助于乡村社会独有的行为模式、价值观念和伦理道德进行约束;它们生存的基础是农村重视人情、遵守传统、看重熟人的社会状态,因而获得了基层民众的普遍认可;它们又是法律发展的"源头活水",与国家法一起为解决"三农"问题提供了依据,或起到了有效补充国家法的作用。正因为这些乡土规则在文化上具有强大的传播力,转轨期间的农村法治建设方略必须尊重这类特殊的法律文化资源,将国家法律和乡规民约相揉和。然而,我们又要充分认知,乡规民约中有落后的、保守的、封闭性的本土因素。随着城镇化、城市化水平的提升,这些乡村习俗将演化为开放型的法律规则,乡村社会的"自发秩序"状态亦会向"法律秩序"状态转化。

农村司法救济——送法下乡之措施。相对于城市,农村出现的新型法律问题更加具体和复杂,而解决各类纠纷的途径无非有两种,即司法判决和社会调解。就提升司法能效而言,经济收入水平的提高已使部分农民开始借助司法手段保护权利,这使司法权威在村民心中占据了一席之地。但在农村健全诉讼救济制度的任务仍然十分艰巨,特别应该针对农村状况采取一些实效性措施,包括:(1)落实法律援助制度。从司法资源的配置看,我国农村疆域辽阔,交通不便,致使法律对农村生活而言仍然是"遥远的所在"。如今,为了使曾经的穷乡僻壤处处可见"法律的影子",国家在进行经济扶助的同时,必须输送法律资源,加大法律援助制度在农村的推行就是其一。但我国法律援助制度刚刚起步,虽惠及于部分城镇的社会弱者,却远没有波及权益受损的普通农民。在此情形下,保障司法救济能够达到"被边缘化的农民"和"被社会遗忘的角落",的确是司法改革面临的急迫任务。(2)降低诉讼成本。诉讼费用支出过大是部分农民不敢诉讼、不愿诉讼的重要原因。从2007年4月1日起,国家实施了大幅降低诉讼费用的新诉讼收费办法,为解决诉讼难做出了切实努力,但从根本上减轻农民的诉讼经济压力仍然是一个持久的过程。(3)

---

① 丁炜炜:《乡规民约与国家法律的冲突与协调》,《理论月刊》2006年第4期,第124页。

改进农村审判方式。农村有许多不同于城市的日常微小案件或简单经济纠纷,可建立介于法院诉讼和民间调解之间的"小额简易诉讼程序"予以处理,又可吸纳众多村民、亲友、邻里参与"巡回法庭"开庭审判,从而使争议各方直观地感受到法律的真实存在,执行起来也相对顺利。此外,在农村中坚持"马锡五审判方式"也不失为一条取得农民信赖的法治化路径。该审判方式的特点是贴近民情,注重调查,虽不适合城市化的经济纠纷,但十分适合农村调解纠纷的需求。(4)形成多种解决纠纷方式。从理论上说,应该把民间规则及其救济机制更多纳入农村法治体系之中。其中,充分利用民间调解机制来克服农民诉讼难的问题,正是现代农村社会法治进步的一个重要表征。如采取一些人性化的措施,借助亲友、长老、干部、会社等"第三方权威"处理纠纷,都具有合法合理之理由。因此在我国,城市纠纷解决主要依赖正式司法制度作为主导型救济方式,但农村则仍然流行着许多非诉讼解纷方式。

总之,相对于城市文明,农村的法律文化资源仍然是相对欠缺的,弥补这种资源的漏缺需要漫长的时间。特别在转轨时期,农村的区情、实情、民情表现得更为突出,其结论也显而易见,这就是针对农村问题的特殊性,不能"一刀切"地推行法律精英化、专业化、职业化进程,而应该总结农村法治模式和司法文明的特殊经验,渐进地推动农村的法治改革和法律进步。

二、工商社会的法文化转型

现代化的本质,是以工业化为动力,将人类社会从传统的农业文明向现代工业文明转变的过程。在世界范围内,工业现代化进程以西方早就发生的工业革命、科技进步、政体改革为标志,又作为样板促使近代以来的中国社会日新月异。"对于自1840年以来的近代中国来说,主要是要完成一个历史转变,经济上从小农经济转向工商经济,政治上从传统的文化统一共同体转向政治统一的现代民族国家,文化上从农业社会的人文主导的文化转向一个城市社会的科学主导的文化"。① 而且,中国的社会转型极为迅速,几乎同时进行着从原始积累、自然经济、计划经济转向自由竞争、市场经济、现代经济三大转型。随着这一划时代的社会变迁,人们也实现了对法律现代化目标的认识深化,而中国正是在这种革新中从近代走向了现代法治文明社会。

---

① 苏力:《法律和社会科学》,法律出版社2006年版,第273—274页。

（一）工商社会法律完善之基础

工商文明本身所具有的特点十分明显,包括生产、交换、分配、消费水平显著提高;工人、法人和公司的地位得以攀升;主要生产要素除土地外还增加了货币资本和无形资产;交易规模由集市发展到跨国贸易;人们由单纯的满足生存需要开始更多地追求精神享受等。在此期间,我国在原先基础极其薄弱的情况下,紧紧追随着现代工业文明前进的步伐,已经取得了举世瞩目的伟大成就。而城市文明所带来的变化,又必然成为转轨时期法律文明建设的客观基础,最终要求形成与市场经济吻合的法治体系。

变化之一:法律主体结构的多元性。在当代市场经济发展中,市场中的经济主体、合同主体、自治主体、诉讼主体由有着一定经济力量的社会阶层构成。其变化表现为:(1)职业分工更加明显。除了工人和农民阶层外,现代社会逐渐壮大着一些新的社会力量,可划分为十大角色,这就是管理者、经理、专业技术人员、办事人员、私营企业主、个体工商户、商业服务员工、产业工人、农业劳动者、城乡无业失业者。① 由此带来了他们法律资格的重新设定、法律利益的重新分割、法律诉求的动态发展。(2)主体地位得以提升。在中国,工人、商人、知识分子被认为是"先进生产力的代表",市场经济已经给这些法律主体释放了很大的活动空间,他们的经济权利也逐步得到法律保护。特别是城市发展使居民获得了政治上的参政议政机会,以及民事上财富、人格的平等、自由和荣誉权。(3)工商业者的特殊定位。作为经济主体的工商业者是遍布当代社会的"独立经济人",他们从重农抑商的束缚中摆脱出来,对传统血缘等级结构进行了重大解组;他们还一跃而成为社会财富的主要掌控者,在现代经济发展中充当了龙头角色。在此情形下,如何调试这一阶层与其他阶层的关系,是各部门法进行调整时所面临的新型问题。

变化之二:社会经济关系的流动性。以往自给自足的自然经济,使社会活动在分散居住、个体生产、独立活动、封闭发展的狭小范围内进行。但这是一种束缚商品经济发展的人际关系网络,不仅难以维持社会的机能和活力,而且也带来了政治制度和法律制度的局限性。如今,随着城市化进程的愈演愈烈,商品经济所具有的更为广泛和深刻的交易性、协作性、开放性、外向性特征得到了显著释放,致使社团与社团、行业与行业、地区与地区、民族与民族、国家

---

① 刘同君、魏小强:《法伦理文化视野中的和谐社会》,江苏大学出版社2007年版,第270页。

与国家之间的联络交往频繁而复杂。其结果,不仅在主体上壮大了工商业活动的力量,而且从根本上推动了法律文明进程。但同时,多种利益的差异也在加剧,致使公共利益和个人利益、长期利益和短期利益、中央利益和地方利益等矛盾更为明显。

变化之三:权益实现方式的契约性。以往,契约制度的运用只是少数人的选择,但目前经济活动已呈现出明显的契约化趋势。经济主体在买卖、投资、加工、贸易、城建、股票交易、第三产业等各项事业的发展,往往通过对话、竞争、协作、双赢、平衡的过程和方式,建立平等、互利、诚信、明确、有责的民商关系。甚至可以说,民商法从诞生之日起所表现的基本原则和基本制度,都是基于市场的契约关系实现的。这使契约精神在中国日渐风行起来,人们更多地借助契约实现着追求财富、利益、效率的目标。由此可见,契约形式是城市居民的必备用品,是民商主体获取经济资源的基本途径,利用契约则主要是市场经济的专利。

变化之四:法律文化精神的开放性。工商文明不同于农业文明的特殊标志,还在于从思想上打破旧观念给法律主体的束缚,以释放社会成员的最大能量。这意味着中国在现代化转轨时期获得了思想解放的原动力,体现着灵活性、自由性、平等性、开放性的理念追求。而其思想源泉主要有二:一是外来的思想资源,表现为西方国家工业文明的发展领先一步,给世人贡献了针对工业文明发展的优秀法律产品,从中我们可以吸取大量营养,为当代中国之法律文明转型提供镜鉴。二是中国本土的思想解放运动。改革开放以来,我国提出了"沿海地区先富起来"的口号、采取了"摸着石头过河"的做法等,均成为新时代的思想导向。但与西方国家相比较,我们转轨时期的理论和实践颇有特色。西方工业化进程是在资本原始积累、恶性竞争、战争频仍中实现的,我国则已接受了西方教训,致力于克服绝对个人主义、功利主义、拜金主义、唯利是图的弊端,法学思想在此方面的导向作用正在不断显现。

但客观地说,城市法律文明进程又过于迅急,这既给中国带来充满活力的市场气息,也带来了许多不文明因素的严峻挑战,一些事倍功半的应急措施需要世人警醒:(1)市场本身发育尚不成熟。发达国家工业社会大致始于18世纪中叶,中国则在19世纪初才开始向西方学习先进的技艺,而整个工业化、商业化、市场化的进程出现于20世纪80年代。这使我国的法律制度建立在"底子比较薄"的经济基础之上,对于资源破坏、盲目竞争、伪劣产品交易、功利主义盛行、贫富差距较大等现象难以形成有效的法律规制。(2)经济交易关系尚不平等。目前,市场经济带来的两极分化,导致企业家和劳动者的对立,城市和乡村的对立,以及企业破产、交通事故、环境污染、产品缺陷、资源配置不公等种种经济问题。经济的不平等又影响了法律资源的平等享有,成为法律供给不足的表现形态。(3)计划经济模式尚有影响。我国长期实行公有制基础上的计划经济,给经济发展带来了许多后遗症。诸如,企业法人婆婆多的问题、橡皮图章的问题、盲目指令的问题尚未改革。目前,国家已经意识到要用"法律之手"代替"计划之手"、"行政之手"、"命令之手",力求克服这个领域行政干预的弊端。(4)民商经济立法尚有空缺。任何国家的经济建设,都需要法律制度保驾护航。但由于我国缺乏司法文化的积淀,民法、商法、经济法、知识产权法等部门法中的优质产品供给不足,又多抄袭于西方法律发达国家,使被抛进"大海"游泳的企业家们几乎没有法律规则可寻,有许多典型案件、新型案件、重大案件都因为"无法律依据"、"有法律空白"而难以合法解决。

面对这样的窘境,我国急需通过加强法治,为市场经济的发展提供法律装置和技术支持。应该说,中国法律文化发展到现代,需要社会实践的推动力,而这股强大力量主要来自于城市工商实践。产业革命、科技振兴、商业繁荣、跨国贸易带来了法律文化赖以存在的经济基础的根本性变化,带来了发达商品经济对法律制度的广泛需求,为法律文化在中国的飞跃提供了实践基础和物质准备。但同时,我国又要在制度改革中解决转轨时期"新"与"旧"两类体制不配套的问题,脱离转轨时期这一历史进程,中国当代法治事业将成为无源之水,无本之木。

(二)工商社会法律资源之积累

按照唯物史观进行分析,当社会政治、经济、文化关系发生重大调整之时,法律文化必将随之变化,否则就会出现经济发展超前,作为上层建筑的法律制度却滞后的畸形局面。而客观总结城市化、工业化、市场化变化的轨迹,我们不难发现,无论是发达国家抑或发展中国家,现代文明的每一步发展必然造成各国法律制度的深刻变化,法学研究同样如此。"作为经验研究的社会科学传统,应该说,主要是在市场经济中,在社会变迁中产生和发展起来的,其特点是试图发现社会运作的因果律,目的是预见、控制和改造社会。"①重点如下:

---

① 苏力:《法律和社会科学》,法律出版社 2005 年版,第 2 页。

一是以发展市场经济为主旨张扬契约精神。总结历史,契约自由是商品交换规律的公理。西方国家在资本原始积累时靠契约提供了合作交易的有力武器,中国市场经济的现代发展也应更加关注契约关系的设定及其保护,务使契约精神渗透到行政管理、政府采购、城市建设、职工就业、薪金分配、劳动保护、产品生产、资源开发、土地使用、转让股权、联营承包、投资营业、对外合作等公法与私法的各个领域。现实中,契约资源所提供的价值已使人类在利用这笔宝贵财富之时得心应手,形成了交易双方或多方之间的独立表达、互利互助、自由竞争等特殊功能。契约还为市场经济提供了一种秩序基础,即所谓市场秩序或契约秩序。这是因为,人们所订立的契约具有相当于法律的效力,不仅可以作为公民和法人行使权利和履行义务的标尺,而且可以作为法院裁判的基准。就此看来,契约制度的发达,最终构成了法治社会的发达。

二是加强市民阶层对法律的信任度。城市中法律介入的契机,主要得益于城市中"人际关系的结构松动",这是城市文明与农业文明的一个不同点。随着社会生活的巨大变化,法治观念及其制度体系开始适应"市民社会"的要求而重构,中国转轨时期的法治发展也基本遵循着这一规律。从社会结构看,人们已开始从村落转移到郊区、城镇、城市,使原先村落内部的人际关系开始逐渐向外扩展,形成了农村居民与城市居民的关系、本地居民与其他居民的关系。在城市,交易往往在买卖、承揽、加工、金融、贸易等经济领域进行,而且规模浩大,必须借助法律的威力进行。此外一般说来,我国"厌讼"、"无讼"、"贱讼"的文化传统在农村的影响应该大于对城市的影响。这使城市的法治环境要好于农村,市民阶层对立法和司法的公正性往往会产生一种"整体的信赖",没有过于强大的怀疑态度和排斥心理。

三是充分利用城市发达的法律资源。对比农村,城市"购买法律服务"意识相对要强,即市民阶层在进行市场交易的同时,会更加关心政府的经济政策,关心社会的公共事务,并以各种方式实现自己的利益诉求。以听证制度、监督制度、自治制度、社区制度、消费者权益保护制度的推行为例,它们在政治浓密度更高的城市必然比在农村的发展更有空间;而在北京、上海、广东这样的大都市,又会比在边远中小城市更有力度。再以寻求律师帮助为例,城市的律师业现已十分发达,职业律师往往会在城市发展,这为市民提供了良好的法律服务方面的资源,加大了市民寻求法律专业人士帮助的意识。特别商人和企业家常常有"拿起法律武器"的需求,会选择司法机制作为保护自身权益的主要手段。

四是促进城市社会组织内聚力的增长。由于生产组织形式的变革,社会产品的生产者已经不再是手工业者和小作坊主,而是现代大企业、大公司甚至跨国集团,它们在商品交换中处于显著的优越地位,这使城市拥有更大的社会凝聚力。这种凝聚力,主要靠早就培养壮大起来的社会组织力量,如同行公会、行业组织、城市自治组织等形成。它们在强大经济力量和文化力量的维系下,以集体主义精神为归属,以合作互助功能为目标,以推动城市文明建设为主旨,承担着对整个经济系统和社会系统进行整合的任务。"这种组织具有两个方面的社会功能,一方面,它具有市民社会的多元利益整合和协调功能;另一方面,它具有排斥外来力量对市民社会干预和侵犯的功能,具有对国家的制约功能。"[1]有鉴于此,在新时期城市法治建设中,加强法人自治、社团自治或城市自治,促使其民主权利的萌芽、成长和壮大,将有助于这些利益集团成长成熟,增加市民在民主选举、民主决策、民主管理和民主监督过程中的分量,激发市民对公共事务的决策能力和对公共利益的维护责任。

五是培养市场主体"格式化"的能力。现代化的法律是一种非常精致的规则体系,要求规范的文本、明确的权利、法定的责任、严格的程序、充足的证据、慎密的推理。而纳入司法程序所要解决的纠纷更需要进行符合要求的"格式化"处理,如符合起诉条件,符合主体身份、符合管辖范围,符合举证原则,符合法律解释等。这些知识如果不经过专门学习或者不借助法律工作者很难把握。这就要求作为法律主体的国家机关、企业事业单位、社团法人、企业家和商人等,应该拥有基本的法律常识,在发生纠纷之后了解自己应该提出什么权利要求、应该向谁提出权利要求、应该遵守什么样的程序。这也是当事人处理有关法律业务或事项的自身能力的展现,而且这种能力直接与他们的权益密切相关。当然,作为一门精英式的社会科学,不经过严格学习,任何人很难自如地掌握和运用现代法律手段,所以"格式化"能力并不是要求人们都像专门从事法律工作的法律人那样去把握法理原理,而主要指掌握一些具体而实用的法律技能,乃至拥有寻求法律帮助的意识。

六是促进城市和乡村法律文明的共进。按照现代文明的发展程度,中国

---

① 刘旺洪:《国家与社会:法哲学研究范式的重建与批判》,《法学研究》2002 年第 6 期,第25 页。

社会可以分为三种类型:一是现代型区域,其特征为经济文化发展水平较高,城乡差别基本消失,金融外贸事业发达,政治改革进程加速,法律环境良好。二是转型中区域,其经济文化发展水平不高,但已受到市场经济的冲击,民主法治建设初上轨道,城市和农村的发展呈现交叉势态。三是传统型区域,其经济文化事业发展缓慢,保留较多原有生活方式,在法治建设的推进方面也面临许多问题。这三种区位环境的同时存在,影响着法治建设步伐,需要进行对策性调整。(1)法律调整的重点对象是工商法律关系。如果说最早的法律文明成长于农业社会的摇篮之中,那么最为复杂、最为核心、最为重要的法律关系则发源于工商文明。同时,城市问题也具有市场化的特殊性,应从财产关系、生产发展、市场建设、社会保障等方面着眼,诚心诚意地了解市民生活,提供有针对性的法律资源,使法律真正贴近市民、关怀市民、影响市民。(2)法治建设的基础工程是解决"三农问题"。可以想见,假设在城市化的进程中初步实现了法律现代化,而在农村还保留着顽固的、持久的、落后的乡土社会的遗痕,中国何谈走上了现代法治道路? 正因为如此,我们必须把农村法治问题纳入法治发展方略的高度去认知,不能忽略中国依然是农民人口占多数、农业生产占主导、农村问题有特殊性的社会事实。(3)法治建设的主要目标是弥合城乡差距。现代城市社会结构的层次化、区域化、城镇化、商业化、规模化、效益化趋势已十分明显,而广大农村却不适应这一变化。这造成了城乡文化的极度不平衡性,在法律推行方面也出现了巨大反差。为此,应该在城乡两大基础上统筹考虑法治建设规划,采取有效的法律措施将差异限定在一定的范围之内。

当然,在市场经济发育时代,任何国家的公民和法人活动都必须符合法律的规定要求,而无论乡村农民还是城市居民,其法律行为亦必然受到法律调整。在此领域,我国法律有关授权、保护、管理、监督、救济、强制等功能的发挥已经明确,这就是保护法律主体的法定权益,维护社会正常的经济秩序,化解利益纠葛引起的法律冲突。

三、知识经济时代的法文化转型

毫无疑问,现代社会所称的知识经济时代,是以国家实现经济赶超为核心的现代化运动。也可以说,知识经济时代是现代化的一大重要标志,其带来了社会经济发展远远不同于以往的变动趋势,对于包括法律制度在内的社会制度的影响也有目共睹。与以往不同,知识经济是以知识创新为基础,围绕知识的生产、传播、转移和应用组织起来的经济形态。知识经济时代的科技背景为计算机自动化,经济支柱为智力产业,创造财富的主体主要是脑力劳动者,最重要的生产要素是知识而非土地、资本等有形资料,社会生产方式表现为知识创新再生产。表现在法律文化范畴,任何智力成果的发展都离不开科技杠杆和法律调节手段,它们两者之间的互动关系由此纳入了法学研究的视线。

(一)知识经济时代的动力源泉

伴随知识文明发展进程的,是比以往任何时代都更为引起关注的科学技术事业的发展。这一知识经济时代的孕育,大致开始于 20 世纪中叶以后,20世纪末则成为时髦话题。其标志是第三次科技革命和当代信息技术革命浪潮,它们为各国发展进步带来了新的契机。如果说 19 世纪前世界是以农业文明、牧业文明为特征的文明,20 世纪是以工业文明、商业文明为特征的文明,21 世纪则是以科技文明、智力文明为特征的文明。

目前,人类在数学、医学、物理学、生物学、天文学、计算机科学等领域都取得了惊人的进步;而电子网络、信息系统、数字技术、资本能量、生命科学、宇宙空间开发能力的积累与更新,又极大地提高了社会生产力,使人们能够享受到空前的物质文明与精神文明成果。例如,数字技术的广泛采用已使以往的语言、音乐、绘画、电影、电视、广播、通信事业日新月异,时空距离化为乌有。而且毫无疑义地说,一个国家的科学技术发展水平越高,信息扩散的速度越快,知识运用的越普遍,这个国家的整体实力就越强。又毫不夸张地说,在知识经济时代,作为主体之一的知识分子能够为社会奉献财富、智力和文明修养,其社会声望和法律地位也就随之增高。

发达的知识经济还是经济体制、政治体制、法律体制发展的重要动力源泉,是当代法律文化的宝贵资源。一方面,由于法律发展是现代化运动的组成部分,迄今为止的法律进化愈来愈仰仗于知识经济的因素。比如,自然科学成就为法学研究提供着非同一般的广阔空间,控制论原理、信息论原理、统计学原理、计算机原理,以及经济学知识、政治学知识、社会学知识、管理学知识、伦理学知识、心理学知识、历史学知识等,都给予法学学科以支撑。另一方面,包括法律制度在内的各种社会制度体系对于现代化的科学技术发展具有反作用力。如技术、信息、专利等新型财产的法律保护制度都是在知识经济的孕育和催生下应运而生并发挥功能的。可以断定,倘若法律不能在知识培育和传播过程中发挥积极功能,人类难以走向知识经济时代。

对于中国,现代型知识结构必定会或迟或早地促进法治昌明和文化繁荣。而且,与前述农业社会、工商社会不同,知识经济时代的法律生活无疑也有着不同特点,这就是在高智识、高科技、高技术推动下的专业化的法律体系的构建。在此,我们面临着许多前所未有的法律问题:(1)解决法律如何为知识经济时代服务的问题。也即如何利用更具现代性的法律资源为依法治国服务的问题。在此方面,我国的战略重点应该逐渐转向"为发展知识经济做好相应的准备",包括在思想上和行为上做好扩展知识储备、实现知识创新、保护知识产权的准备。① (2)回答知识经济时代给法学研究提出的新型问题。知识经济时代给法学研究者带来了巨大的压力和难度。虽然难以想见,在科技信息产业如此发达的情况下,现代法学家和法律人能够做到学富五车、世无匹敌,但法学也要迎难而上,充分认识知识经济与现代法治之间愈来愈紧密的关联性,致力于知识经济时代的法律观念转变。(3)缩小科技发展和法律观念发展的日益加大的差距。我国历来存在一个值得重视的现象,这就是经济技术发达速度很快而作为上层建筑的法律意识"总是跟不上趟",导致精神文化落后于物质文化的状态出现。以发达城市中迷信活动盛行为例,如果一个商人一方面签订权利义务明晰的合同,另一方面烧香拜佛企求神灵保佑,则明显地表现出思想的保守性和落后性。为此,现代中国要致力于物质文明、制度文明、精神文明三重体系的同步建设,真正为知识经济时代创造最佳的法律文化环境。

由此,"传统经济向知识经济的发展正在呼唤法律观念的转变,传统经济条件下的权利本位、有形产权优位、人类中心主义、国家主义和一元主义等法律观念,应该向知识经济条件下的权利至上、知识产权优位、生态主义、世界主义和多元主义等法律新观念转变,实现这些观念的转变对促进未来社会的经济建设与法治建设具有重要的理论和现实意义。"②法学界要重点讨论知识经济时代的法律变革、知识经济时代的法律对策、高技术产业中的知识产权法律保护等一系列前沿课题,才能使法学研究具有较强的前瞻性和指导性。

---

① 参见郑成思:《知识经济与知识产权》,《中国商标》2001 年版第 4 期,第 4 页。
② 参见罗玉中:《知识经济与法律》,北京大学出版社 2001 年版,"序"。

(二)知识经济时代的法治昌明

有鉴于上述知识经济发展的要求,除了采用常规的法治途径而外,还要融入一些经济的、科学的、技术的、文化层面的系统思考,进而才能转化为先进的生产力和生产关系,转化为发达的法律文明体系。其中之重点,在于区分转轨时期的"科技法律文明"不同于"农业法律文明"和"传统法律文明"这两个范畴,从而使法治进程真正纳入现代化轨道。具体说,现代知识经济为法治建设提供着智力支持,而法治建设则为知识经济提供着有力保障。于是,与知识经济相关的特殊法律调整应该包括下列领域:

知识经济时代的知识产权保护。在人类文明发展中,农业社会、工业社会都有与之相适应的权利形态,这就是土地、金钱、投资等基础上形成的物权和债权。知识经济时代也同样拥有适合其发展需要的权利形态,这即知识产权。在此方面,每个人对知识和技术的拥有权实际上就是对财富的拥有权。于是,在市场循环的过程中,专利权、商标权、版权等无形资产高度发展,其保护也显得愈来愈重要。创制和健全知识产权保护立法和司法机制由此列入了法治战略之中,具体功能有三:(1)激励作用。通过专有权的赋予,鼓励知识创造者的积极性,保护科技发明、智力创新活动。(2)保障作用。知识产权如果没有法律的保护,主体将一无所有,相关法律的作用正在于促进智力成果的推广应用,促进知识产业财富的实现。(3)规范作用。对侵犯知识创造者权益的侵权行为人予以法律制裁,以调节当今知识产权领域的竞争与秩序,如打击非法盗版和仿制行为。但由于我国目前尚处于建设时期、转轨时期、改革时期,相关立法资源、执法资源、司法资源不够丰厚,如何加强对知识产权的法律保护是当前亟待解决的难题。

知识经济时代的科技关系调整。人所共知,知识的一大表现形式是技术创新,它是将科技潜力转化为经济优势的活动。而要推动技术创新,最根本的路径就是要提供一套维护公平竞争的法律制度。可以说,科学技术的"牵引力"牵出了许多与之相关的法律问题,对科技产品的保护又促成了现代科技立法的发达。一些科学技术发达的国家,已提供了通行的规则、原则、体制和模式,为我国走向科技时代奠定了法律根基。为此,我国要力求结合本土国情,使科学技术领域的法律保护范围要扩充、力度须加强、难度将增大。主要包括:(1)电子商务活动的法律保护。目前,电子商务已成为主要经济交易模式,如信用卡交易、机票预约、银行间结算的网上资金划拨。(2)"系统契约"

交易的法律保护。由于计算机系统在处理数据方面的快捷性优势,将计算机系统处理与契约规则结合起来应用于交易,可用于综合处理针对多数当事人的大量契约问题,实现从商品生产到销售全过程的契约系统化,以前调整个体交易关系的契约理论将随之改善。(3)国际科技合作的法律保护。现代科技发明领域的国界概念已经逐渐模糊,跨国保护和快速保护等问题提上议事日程。国际社会已签署了多个相关国际公约和协议,是我们可以共享共用的法律资源。

知识经济时代的信息资源利用。所谓信息,是与决策事项有关的事实、数据、资料、理由的汇总。在自然科学中,数字技术能大量、方便、廉价、迅速地复制和传播人们的智力成果,也被称为"权力集中处理系统"。信息化水平的逐渐提高,又反馈了自然科学成果对法律文明的推进,它使经济活动和法律活动的水平更高、流量更广、数量更大、质量更优。尤其知识经济提供于法律发展的一个重要资源,就是利用信息技术方式促进人与人之间的更为广阔深刻的彼此交流,由此信息资源的利用成为现代法律文明的重大成果。例如,在公法领域,民意表达过程中就需要借助信息反馈功能。在信息时代,利用广播、电视、书刊、报纸、舆论、网络可以扩大公民的知情权、投票权、听证权、批评权、建议权、质询权、调查权、监督权、控告权、申诉权等诸种权利,这是体现公民的政治权利、经济权利、社会文化权利的重要通道,也是改善民主政治和法治的方式之一。

知识经济时代的政府职能改革。时下,随着资本、技术、知识、管理等特殊资源参与到市场经济的发展之中,知识经济已极大地改变了现代政府的管理理念和治理模式,使政府在实现宏观调控、市场监管、社会管理和公共服务这四大职能时,需要坚守科学化、民主化、公开化等现代精神。这也意味着凡政治家、执法者、管理者从事法律活动,都可以扩张知识传递功能,以实现执法活动所应达到的目标。具体表现为:(1)进行决策的合理性和合法性选择。政府决策的民主化可以利用知识经济时代的先进科技手段。例如,利用新闻媒体传播法律知识,可使法律通过循环解释而渗透到人们行为之中。(2)通过行政法与经济法对经济发展起保驾护航作用。行政法和经济法作为我国管理经济的有效方式,既能够提高经济运行的效率,又能够规范政府本身的治理秩序。"在知识经济背景下,知识的价值理性维度有利于确立政府创新的经济法实现机制的基本理念,知识的工具理性维度有利于确立政府创新的经济法实现机制的制度运行。经济法机制促使政府创新走向善治的理想目标。"①
(3)知识经济推动行政管理制度体系的改革。适应知识价值内涵对于新的制度需求,政府机关、商标局、专利局、出版社等专业化的组织以及它们的执法措施必须跟进,以体现政府治理模式的现代性反思。例如,为了体现与时俱进的要求,政府的官僚主义作风必须改革。

知识经济时代的执法效能提升。面对网络高新技术的发展,计算机功能运用在法律实践中越来越广泛。诸如网上查阅法律文件、网上鉴证、网上付款、网上纳税、网上举报、网上取证、网上通缉、网络监督等,它们无疑推动了现代法治事业的科学发展。在司法环节,法院和检察院可运用科技化的手段,实现司法方式的转型。如合理利用电子记录、监控录像、测谎仪破案或举证;利用医学知识解析医疗事故引发的争议;利用媒体优势监督司法、防治司法腐败;等等。此外,从知识经济发展中获取的资源还有力地推动了现代法学向纵深发展,法学家可就人们普遍关注的信访问题、沉默权问题、死刑存废问题、陪审制度改革问题、土地征收补偿问题、农民工法律地位问题、知识产权保护的国际化问题等,进行信息方面的量化分析和实质判断,自然比"凭空论说"大有收益。

知识经济时代的精英智能运用。按照"精英理论"进行分析,现代社会的权力集团、利益集团、政治集团的数量和能量,正随着经济发展、科技进步、文化教育水平的提高而加强。人们又可把精英集团分为三类,这就是政治、经济、社会精英。其中,政治精英指掌握国家权力或公共权力的政治家阶层,他们大多控制着大量的社会资源和法律资源,诸如审批、鉴证、裁决、收费、处理、惩戒等。经济精英指城乡中经济实力强大的企业家、商人阶层,他们常利用经济势力与政府对话,通过参与国家立法、影响经济决策、形成舆论导向等形式,直接间接地左右着社会发展进程。社会精英则指社会生活中有较高威望的人群,包括学者、专家、教授、民主人士、宗教人士、农村中有威望的长辈等。他们大多有知识、懂技术、讲专业、求信义,为经济社会发展献计献策,又能抨击时弊,因此往往受到普通公民的尊重。正是由于这三种主体在现代发挥着愈来愈大的能量,我们要特别关注他们的法律地位和法律权利,使其在激烈变更的

---

① 黄茂钦:《论知识经济时代政府创新的经济法实现机制》,《社会科学研究》2007 年第 4 期,第 5 页。

时代成为法治的基石和栋梁。其中,由于"知识"或"文化"已经成为社会生产力的组成部分,这给"知识分子"提供了广阔的发展空间。也可以说,随着科教兴国战略的实施,知识集团已经成为现代社会发展的主力军,通过法律保障这些群体的地位,发挥他们的创造力,是形成中国强大人力资源的重要举措。

综上所说,知识经济时代的法律文明发展,将不仅表现在保障人们的物质生活条件方面,而且表现在提供精神文明修养方面。无论是构造知识创新的环境氛围,还是有效地保护科技发明和知识产权;无论是促进知识的传播和使用,还是稳定信息流通秩序,法律和知识经济的关系都密不可分。而且不容否定的是,现代化科学技术所带来的迅捷性、效益性、公开性的优点,必然导致人们对这种文化知识财富更加珍视。在此过程中,进一步利用科学知识和文化成果等资源,提升法律在保护人类知识和技能方面的能力,最终会促使法律文明越来越发达。

四、全球化背景下的法文化转型

伴随社会生产力的惊人发展,在中国积极探索有特色社会主义建设道路的同时,人类历史更深刻而全面地步入了政治、经济、文化发展的国际化轨道。而国际合作中的法律一体化也正向纵深延伸。作为世界法律文化体系的重要组成部分,中国法律文化自然而然地应立足于这一法律共性的深邃认识之上,以适应各国现代化同步接轨、协调发展的客观趋势。这一切,又都推动着人们从不同立场和角度重新认识现代中国的本土化和国际化趋向。

(一)全球化的时代挑战

"全球化"一词主要诞生于 20 世纪末经济学理论之中,指在世界范围内随经济贸易交流日益紧密的趋势,全球规模的社会组织的扩展与全球意识的增长,以及由此而来的世界性的凝聚。① 由于商品、服务、资本、投资、技术、金融是经济发展的最为重要的指标,全球化还意味着进出口、开发资源、服务贸易、信息技术、资本流动形式和规模的增加。在全球化进程中,各国发展与外部生存的压力有关,愈来愈多地相互依赖。在此期间,中国加入 WTO 规则,标志着经济现代化和法律现代化运动已正式融入到了整个国际社会之中,必须面对许多全球化问题的共同挑战。

---

① 程光泉:《全球化与价值冲突》,湖南人民出版社 2003 年版,第 9 页。

首先,中国面临"国际资本权力"的挑战。在国际化的市场经济条件下,资本权力成为决定各国经济主体从事国际合作的重要因素。发达国家的跨国公司遍及世界,其产品也基本实现了在一国内设计生产,但运往全球销售。全球化进程还使得以追逐利润为本性的资本可以在世界各地进退自如,无所顾忌地扩展着空间市场。无论发达的西方国家,还是东南亚国家以及中国,目前都受制于这一国际大环境。此外,资本权力的全球化还使国家管理的民族性、独立性有所减弱。以前,维护公共利益被认为是国家的主要任务,但伴随跨国公司的急剧膨胀,政府对市场的控制能力下降,法律边界也被这种跨国性的经济流动所突破。因此,全球化使资本权力失去了势均力敌的对手,摆脱了国内政治和法律制度的压力。

其次,中国面临动荡国际局势的挑战。20世纪前后,各国处于浑浊状态。首先是30年代席卷全球的空前经济危机,物质匮乏,价格飞涨,货币贬值,第二次世界大战则成为人类史上前所未有的惨剧。接着,各国发生了规模浩大的民主运动、民权运动、女权运动,以至争夺霸权的超级大国分裂为资本主义和社会主义两大阵营。到了20世纪后半期,最为重大的变化是苏联解体、东欧剧变、中亚独立。现如今,亚洲金融危机,美国为首的金融危机以及"9·11"事件,都给世界带来了阴影。凡此种种,表明人类正面临着新形势下的不可预测、不可驾驭、不可遏止的国际风险,同时也带来了人类通过对话合作共同面对问题的需要。

再次,中国面临西方化意识形态的挑战。除经济竞争外,当代国际斗争主要集中于政治、军事和文化等上层建筑和意识形态层面。以美国为代表的发达国家凭借资源优势,在国际合作领域发挥着举足轻重的作用,使大国之间的权力游戏具有决定性意义。这其中,文化因素也开始跃居国际政治的前沿,构成了当今国际社会的一个独特景观。约瑟夫·奈在1990年出版的《美国定能领导世界吗》一书中首次提出了"软权力"的概念,指称西方化的自由、民主和人权价值标准,自由市场经济体制及其运行,宗教文化的影响等已经普遍渗透于世界各国,呈现出西方文化占据主流的"一边倒"倾向。按照西方的逻辑,接受类似西方这样发达的文化模式,同时克制每个国家的自身特性,才能不背离人类文明的主流干道。在此形势下,我国不仅要面对着西方国家的经济霸权、军事霸权和政治霸权,还要面临西方文化无孔不入的扩张和渗透。

此外,中国法律又面临"法律一体化"的直接挑战。即在经济全球化的背景下,法律文化的共识性已被公认,法律全球化的趋势也展露端倪。中国是在发达国家已经实现现代化之后开始进入现代化进程的,发达国家的"示范效应"不仅表现在经济模式的吸引力方面,而且表现在法律思想的扩散力方面。如人权问题被国际化,签署《联合国宪章》及其国际条约协定。又如,人类要借助法律解决许多共同关心的问题,包括和平共处问题,反对恐怖主义问题,国际人道主义援助问题,消除饥饿贫困问题,生态环境保护问题,海洋资源共享问题,防治艾滋病等重大疾病问题等。在一些理论家看来,这种从分散到整体的运动也是人类法律文明发展中"一个符合逻辑的命题"。实际上,中国与世界的关系在变,中国本土法的内涵也在变,这一从本土化走向全球化的趋势是一种历史性进步。"从本土到国家到全球,其中每一个进步,都伴随着生产力的提高和技术的进步:主要依靠畜力的前现代人们生活的领域一般不可能超出本土,民族国家的生产与工业革命和机械化大生产有着密切的联系,全球化和信息产业的出现息息相关。"①

不言而喻,中国目前的经济腾飞必然沿着时代的车辙,在世界自由贸易体制下,借助全人类的智力、财力、物力才能取得成功。同样,中华法律文明是亚洲文明乃至世界文明的组成部分,也必然受到国际社会通行的主流文化的濡染,不可能背离全球化过程。当然,全球化并不等于法律的单一模式,正是因为有各种文化模式相互竞争,才能保证全球化过程中的法律多元走势。对于中国,全球化进程从根本上奠基于本土国情之上,因此国内法或本土法仍然占有主导地位,为此我们也要独立自主地捍卫中国自身利益,面对世界的挑战。

(二)全球化的中国应对

所谓法律全球化或法律一体化,是与经济全球化同步的法律文化交流融合的一种客观趋势,指世界范围的法律理念、法律原则、法律制度的互相协调、逐步融合、趋于统一的过程。而法律全球化的形式既包括直接的、实质的一体化,如欧共体法;也包括间接的、潜在的一体化,法律运行机制、表现方式、技术规范、司法合作等,就是各国法律趋向同一的主要领域。具体而言,法律全球化的应对措施可归纳为以下要点:

第一,针对法律差异进行国内法调整。当今世界的全球化浪潮,正在给各

---

① 朱景文:《全球化与法治国家的演进——国内与国际的连接》,《学习与探索》2006 年第 1 期,第 50 页。

国本土的法律发展带来巨大的震动。对于中国,"经济入世必将推动法律入世,使我国法律体系以及包括立法、执法、司法在内的整个法律体制面临前所未有的挑战,引发和促进法律新一轮的改革。"①特别是针对法律全球化进程而进行的国内法改革迫在眉睫。而其主要方向,就是在入世以后采取一些制度性纠正措施,促使国内法与国际法接轨。为此,国务院对 2000 年以前的行政法规和部门规章进行了全面的清理,其中修改外贸行政法规、部门规章 148 件,废止外贸行政法规、部门规章 571 件。② 但仅仅在制度上改革还不够,更为重要的是推进法律指导思想的转变。这就是让"国内民主与国际民主、理性民主与情感民主之间的平衡以及在社会生活各个方面的民主深化","出现更多的新形态。"③

第二,适应经贸发展提供涉外法律。在经济全球化的过程中,以市场为导向的法律制度改革正在各国进行。中国为达到跨越式发展的经济战略目标,也颁行和修订了《公司法》、《中外合资企业法》、《中外合作企业法》、《外资企业法》、《证券法》、《专利法》、《商标法》、《海关法》等基本法律,同时又根据需要创制了一批新的法律法规,诸如《反倾销条例》、《反补贴条例》、《进口配额管理实施细则》、《外商投资电信企业管理规定》、《外资金融机构管理条例》、《外资保险公司管理条例》、《国际海运条例》、《计算机软件保护条例》等。我国还通过参加或缔结国际条约,使国际上通行的公平原则、透明度原则、国民待遇原则、最惠国待遇原则、司法审查原则等得到国内立法和司法机制的落实。这些努力,都旨在加强对经济贸易活动的法律保护,为经济发展作出自己的贡献。

第三,通过共享资源促进法律融合。像其他"地球人"一样,中国人已越来越接受着民主、人权、人道、理性、和平等处理国内外事务的法律准则,因此毫无疑问,全球化进程对我国法律发展和司法改革有异常深刻的影响。究其原因在于:(1)世界公理能够普适。法律公理的普适性是法律融合的基石,目的在于克服国家分离、区域分割、权益冲突造成的对抗,建立所谓"世界法治秩序"。(2)文明成果需要共享。无论是国内涉外经济法律,还是国际条约协

---

① 张文显:《入世与法学教育改革》,《中国高等教育》2001 年第 6 期,第 11 页。

② 参见国务院:《关于废止 2000 年底以前发布的部分行政法规的决定》,2001 年 10 月 6 日发布。

③ 季卫东:《宪政新论——全球化时代的法与社会变迁》,北京大学出版社 2005 年版,第 206 页。

定,都蕴涵着世界法律文明进步大道上的基本法律准则,必然为各国法律发展提供着丰富的资源,成为各国立法、执法、司法制度建设中不可避免的考量因素。(3)人类利益应该趋同。任何国家在制定或修改法律时不得不兼顾人类公共利益,如共同开发利用资源,维护国际和平环境,反对战争恐怖活动。这样就使得各国法制资源有着非常明显的趋同性倾向,使公共利益成为法律全球化的契合点。(4)正义价值得以追求。法律全球化在很大程度上是法律价值的全球化。又可以说,国际社会的共同价值选择可以被看成是一种普遍主义的伦理需求。"我们心目中的全球伦理是指有约束力的价值、不可取消的标准以及个人态度的基础共识。没有这样的对于全球伦理的基础共识,迟早每个社团会被混乱或专制所威胁,而个人也会绝望。"①

第四,捍卫国家主权保持本土特色。在法律走向国际化之时,中国如何保持法律文化特色是随之而来的重要课题。"处于全球化进程中的当代中国法制现代化,是在特定的时间和空间条件下产生的法制创新运动,具有独特的历史传统和社会条件。在这一变革进程中所建构和发展起来的法律制度,应当在全球化时代的挑战面前,保持自身独特的个性。唯有如此,中国法制现代化运动才具有赖以生存和演进的深厚基础。"②为此,我们要坚持形成世界法律秩序中的博弈思想、平等追求、主权利益。即法律全球化并不是各国法律的简单相加,全球化的法理基石仍然是主权平等,经过博弈而求同存异,形成现代新型法律文化体系。同样,在国际范围内,各国要对本土资源采取一定的保护性措施,旗帜鲜明地抑制"法律的殖民主义"倾向,警惕在立法和司法中过于迎合国际规则,"从来不忘记对国家主权利益的捍卫。"③

简而言之,每一个国家的法律变革都会对其他国家产生影响或者接受其他国家的影响,这使各国的法律资源来自外国和本国两个方面。如今,世界范围内的法律文化结构进一步呈现出国内法、区域法、国际法三位一体的样态。其中,国内法以主权国家领地范围为边界,主要体现法律文化的独特性、自主性、民族性、本土性特征;区域法以欧盟法为范式,兼具国内法与国际法的弹

---

① 孔汉思:《全球伦理——世界宗教会议宣言》,四川人民出版社 1997 年版,第 6 页。
② 公丕祥:《全球化与中国法制现代化》,《法学研究》2000 年第 6 期,第 45 页。
③ 李双元等:《从中国"入世"再谈法律的趋同问题》,《湖南师范大学社会科学学报》2002 年第 3 期,第 62 页。

性、中立、交融色彩;国际法则越来越承担着协调主权国家冲突的历史使命,以期获得一种互动性、交涉性、共同性的效能与权威。在当代中国确立"外向型"的法律发展路径之时,"和而不同"必将成为协调中外关系的重要准则,亦必将促使中华法律文化与外来法律资源的高度结合和转化。

第二节　法文化的适时性:当代法律文化工程

毫无疑问,当现代社会已发展到信息社会、服务性社会、公众化社会的全新时代之时,法律文化创新被认为是社会变迁的灵魂。但与社会进步速度相比较,中国法律体制确实没有也不可能在短期内实现从"无法无天"向"法治秩序"的转变,因此这一时期才被称为"转轨时期"。而转轨时期的法律和法学必然带有这个时期某些典型特色,这就是变化性、尝试性、创新性、非稳定性。在这个时期,新制度、新结构、新关系还没有完全建立,旧制度、旧结构、旧关系也没有完全被取代,还出现了诸多为原有法律制度和法学理论所难以回答的问题,法律文明的发展也不会一帆风顺、一蹴而就。这就需要我们理清思路,不盲目也不悲观,以持久和理性的态度,以及锲而不舍的毅力来寻求法文化发展的基本规律。为此,我们已经付出努力,亦需要付出一定的代价。

一、转型时期法制变革的基本导向

社会关系调整改革时期的到来,引起了法律模式的巨大变化。因此,法律文化价值观在当代的盛行及其引导作用取决于当代环境背景,只有最适合于转轨时期的法学思想,才是最具有生命力的学说。其中,社会变迁和法律变迁以及它们之间的相互关系问题,历来引起中外学者的关注。同时关于转轨时期法治发展的基本脉络的梳理,则至关重要地摆在了法学家和法律人的面前。可以说,法律思想和法律制度的进步有一种难能可贵的互动关系:法学研究受法律发展之影响,又为当时的法律发展贡献着力量。

(一)形成法治进化的指导思想

进化是事物从简单到复杂、从低级到高级、从粗糙到精良的过程。文化既构成了人类群体各有特色的成就,也体现了适应时代变迁的价值追求,人类的伟大之处就在于不断地进化着自己的文明。"只要社会没有停止运动,人类没有凝固在自己创造的文化中冬眠,文化超越终究会在合适的气候下顽强地显示其生命力,既存的文化模式也总会被逾越而由新格局取代。正如辩证唯物主义昭示的那样,事物的静止是暂时的、相对的,而运动则是永久的、绝对的。"①就此看来,坚持法文化研究中的进化论思想,意味着要将法律视为随政治、经济、文化环境进化的产物,法学研究的任务则是分析这种影响法律进化的社会因素与文化因素,并揭示法律改革的历史动向,使现代法律文化较之于前一个时代的法律文化刻意求实、刻意求新、刻意求全。

从社会发展的维度透视,文化变迁是一个普遍的社会现象,文化发展也是社会趋向进步的一个重要因子。如同自然界的变动不居、优胜劣汰、新陈代谢一样,社会结构、传统模式、人文观念等,无不处在进化论的规律之中。例如,由于生产力发展引起的经济水平提升,促进了人类对财产、幸福、利益等价值的追求;由于社会分工引起的职业化进程,带来了人际关系结构的重组;由于科学技术取得的重大成就,实现了医学界、信息开发、宇宙空间利用等一系列领域的革命。于是,"文化系统为现有的社会系统提供着规则和框架,只有在文化系统顺利变迁的情况下,人格系统和社会系统才能得到顺利变迁。"②

从法律变迁的视野考察,几千年的法律文化遵循着一定的自然规律和社会规律,使任何国家的法律都有优胜劣汰、不断修正的发展过程。"法律文化概念的魅力在于它似乎暗示了一些重要但却不确定的事物的某种变化方式——这些事物尤其与社会信仰、观点、价值和前景展望中的普遍变化所具有的意义相关联。"③回溯历史,中国已在一次次的摧毁和重建中,走出了中世纪、迈向了现代化。一些进步人士在探索着法律改革之路时,也对旧制和新法两者之间的辩证联系进行了透彻的分析。诸如魏源有言:"天下无数百年不变之法,无穷极不变之法,无不除弊而能兴利之法,无不易简而能变通之法"。④ 康有为指出:"新则壮、旧则老;新则鲜、旧则腐;新则活、旧则板;新则通、旧则滞"。⑤ 沈家本也做出抉择:"我法之不善者当去之,当去而不去,是谓

---

① 董敏志:《接受与超越——青年文化论》,复旦大学出版社1993年版,第217页。

② 叶南客:《文化中国》,南京大学出版社2004年版,第35页。

③ 罗杰·科特雷尔:《法律文化的概念》,www. studa. net/faxuelilun/081004/11004186. html 48K 2009-4-2。

④ 参见魏源:《筹鹾篇》,《魏源集》下册。

⑤ 康有为:《上清帝第六书》,转引自《戊戌变法》(2),上海人民出版社1957年版,第198页。

之悖;彼法之善者当取之,当取而不取,是谓之愚。"①虽然,这些改革家生不逢时,他们的许多改革努力都夭折了,但他们思想的光辉却照耀了后人的道路。正因为如此,后人可以从古今中外的重大事件中,把握法律文化形成发展的脉搏,挖掘许多有益于今天的成果。

从法学思想的功能思考,通过法学研究推动法律变迁,是法学介入社会改良的一个重要方面。在社会变革中,法学家们往往会产生更新法学理论的强烈使命感,若干重大理论问题的论争也会使他们增强探索法学新路的勇气和能力。法学家还可以产生各式各样丰富的学术思想,围绕法律的价值导向、道路选择、制度构造进行蓝图设计。而且,中外学者已用最精练的语言概括了各国社会变革的过程,诸如梅因说从身份到契约的转变,腾尼斯说从礼俗社会到利益社会的转变,贝克说从神圣社会到世俗社会的转变,帕森斯说从特殊主义到普遍主义的转变。还有中国特有的从传统社会到现代社会、从计划经济到市场经济、从人治国家到法治国家、从政治专权到权力分立、从法律一元到法律多元、从义务本位到权利本位、从强化公权向私权保护、从外部强制到社会自治、从观念封闭到文化开放的转变。凡此种种,都是法学所提供的思想资源和制度资源,又是法律文化变迁的必然结果。

从中国现代化建设的实践来看,在 20 世纪 80 年代中期以后,中国经历了又一次社会转型,伴随而来的则是深层次的法律现代化变革。其要求,作为适应国情变化而存在的新法律体制,应该对以往的法律制度和法律思想持一种进化论式的改革态度,在推动宪政、民主、法治的道路上开辟前所未有的事业。无疑,法律改革和创新精神已使古老的中华法律文明焕发了青春,现代法学则为这一现代化进程提供了纲领和灵感。今日中国,私有产权的保护入宪,司法改革的步伐加快,新闻监督的力量加强,行政诉讼的效能扩张等,显然,法治改革已经取得了重大成就。我们坚信,在法律进化论的思想指导下,中国的法治建设将体现法律的推陈出新态势,并随着转轨时代的结束而达到一个新的时期。

(二)透视法律文明的运行轨迹

法律现象之发生状态,法律构成之元质规范,法律发展之社会力量,都有其内在的运动轨迹或者逻辑。为此,在给法律现代化定位之后,应围绕法律现

---

① 参见沈家本:《寄簃文存·裁判访问录序》。

代化的基本标准、价值取向和道路选择进行探讨。这场讨论重点围绕进化论与建构论、内源型与外发型论题进行。主要观点有三：一是政府主导论，以政府推进为改革动力，强调政府在法律现代化过程中的能动性；二是法律移植论，以吸纳西方国家先进法律制度为样板，强调中国法与外来法的接轨；三是本土资源论，认为法律现代化必须从中国本土资源中推演而出，并不存在普世性的原则、规则和制度。基于这样的争议，我们应当审慎处理好下列关系：

一是实现量变与质变的积累。任何变革都会有量变和质变的追求。其中，法律制度的量变指法律现象的变迁，这是一种法律外在的、表面的、局部的变化；法律变迁的质的方面，则指法律整体的、全局的、体制的变迁。在改朝换代的历史时刻，法制变革一般体现为质变，而在体制转轨的过渡时期，法制变革一般体现为量变。一定程度上，我们需要以质变的姿态看待以往旧文化中的落后因素，即当一种法律制度完全不适应时代更迭之时，类似法国大革命那样的急风暴雨的"质"的变迁就会发生。但在大多数情况下，法律制度变迁属于内部自我调整、自我更新、自我完善的量的变革，特别是如果传统法律文化和现代法律文化之间不存在绝对分离的状态之下，一般采取量变的方式即可达到法制改革的目的。于是，从量变角度设计现代法制改革目标和途径更为可行。这种途径重在运用实证分析、社会调查、文献查询、法律解释、数据统计、纵横比较等定量分析的方法，用以说明法律的运行轨迹。在此方面，我们也须接受一些以往的惨痛教训，如废除"六法全书"之类的做法会使法制发展的历史中断，造成新法与旧法之间的距离。更严重的是，它强化了人们蔑视法律的传统心理，导致法律运行中的失效现象。为此，现代人无论选择改良式抑或革命式方式，都要以完成法制变革中弃旧立新为神圣使命，一方面有破字当头、立在其中的气度，另一方面又反对偏激冒进、脱离国情。于不变中见变化，在现象中求本质，这正是现代法律文明变迁的宏观设计。

二是摆正渐变和聚变的位置。事实上，中国目前的"建章立制"活动几乎贯穿着国家和社会生活的每一环节。这就出现疑问：我们是赞同激进变法的模式，还是主张渐进积累的模式？在此，本文主张渐变，理由在于：(1)考虑民众所能够接受的程度。我国当代有现代化之称的改革不可谓不激进，但真正建立使政治家、法学家、法律人、老百姓都能接受的现代制度体系、观念体系、权利体系、救济体系，则非一日之功。(2)培育政治、经济、文化土壤。完成自我超越一直是中国人的改革目标，但在这种超越中必须时刻注意社会矛盾的多元性、文化传统的特殊性、经济发展的不平衡性。(3)认识法律的连续性、稳定性。法治大厦之完善需要时间,时间即是各种法律关系合法化的过程。"我们不得不在改革中逐步积累经验,时间是积累资源,逐步建立起一种'传统',使个人、企业以及政府机构都能逐渐接受或习惯市场经济的运作。中国的经济改革和法治建设都因此必然显示出一种渐进的模式。"①(4)防止强制性变法的不利效果。制度不配套往往会造成欲速则不达的状况。"我们不能采取'休克疗法'来进行经济体制变革,因为激进的社会变革在摧毁旧的经济体制的同时也会摧毁伴随这一体制的一些形式因素:统一的法制、社会秩序、甚至国家的统一。"②

三是加强政府推进和社会推进的互动。从改革主体观察,法律现代化的道路有两种最基本的选择,一是政府推进型的法治道路,一是社会演进型的法治道路。前者作为"建构论",试图通过人为的理性建构实现法律制度的进步,特别赞赏以政府或国家作为法律现代化运动的主要设计者和推动者;后者称为"演进论",主要依赖社会自身力量实现法律制度演化,认为公民或社会团体是发展市场经济和民间规则的真正动力。就中国目前所面临的选择而言,为避免极端化,应以政府积极行为与民众参与合作的双向驱动作为现代社会转型方式。按照此见,一方面,中国实行自上而下的政体改革非常重要,这恰是因为"政治体制的改革涉及利益格局大调整,不可能完全采取顺其自然的渐进路线,必然要在一定程度上进行通盘筹划"。③ 政府要形成领导核心,确保前后制度的衔接配套,把握改革发展的宏观全局,推行稳健持续的政策方略,避免剧烈变革引起社会动荡。另一方面,法律文化源自生活世界,通过国家强制变迁的方式实现法律"跨越式发展",也无异于揠苗助长,自下而上地生成法律和推进法律改革也是势所必然。

由此可见,中国需要通过政治权力、经济动力和社会势力的多方合作,推动法律制度本身的改革。同样,虽然我国正在进行着急剧的现代化、城市化、市场化建设,但法治的根基仍然是一个农业大国、行政大国、发展中国家,地区

---

① 苏力:《法治及其本土资源》,中国政法大学出版社1996年版,第17页。
② 苏力:《中国司法中的政党》,《法律和社会科学》2006年版,第273—274页。
③ 季卫东:《宪政新论——全球化时代的法与社会变迁》,北京大学出版社2005年版,第183页。

差异、城乡区别构成了千姿百态的社会因素和文化因素,这就要求法律制度和法律观念与之适应,形成能够实现的规则而不是幻觉中的蓝图。惟其如此,我们才能体现中国问题之解决方案,规避转轨时期的种种法律改革阻力。

(三)洞察法律制度的变迁规律

在法律进化论思想指导下,法律制度如何实现变迁进一步成为法学界所面临的重要论题,从中可以把握法律制度变迁的基本脉络,透视变迁中各种角色的博弈格局,以及相应配套制度安排的发达程度。而适应转轨期的社会变化,诸如法律制度变迁的主体论、条件论、成效论等新型理论开始形成,为当代法制变迁提供着宏观导向。笔者由此概括,关于法制变迁的理论主要涵盖如下领域:

法律变迁主体论。探讨法律制度变迁必须首先解决"谁需求法律变迁以及他们如何推动法律变迁"的问题。回答这一问题,意味着阐释制度变迁中的各种角色,包括:(1)法律制度变迁的推动者。在实践中,法律制度变迁的推动者实际包括两类,一类是法律变迁后可能直接获得法定权益的利害关系人;一类是立法者、法学家与法律人等推动制度变迁的实施者。后者与法律制度变迁的直接利益无关,但他们力主改革以前不适当的法律制度,因此代表了推动法律制度变革的主导力量。就此而言,影响制度变迁的主体因素,主要包括政治家的思考、立法者的努力、当事人的呼吁、新闻媒体的发动、法学家的动议、法官们的采纳等。(2)法律制度变迁的反对者。有制度变迁的推动者,就必然有制度变迁的反对者。而且在制度变迁角色中,反对者也非常关键,制度变迁能否成功往往取决于推动者和反对者的力量博弈。原因在于,一项制度安排总是涉及利益划分,这种划分不可能完全均等;又由于法律文化固有的保守性,在制度改革的反对者看来"祖宗之法不可变",因此他们往往成为法治建设的阻力。(3)制度变迁的提供者。作为一种正式制度,法律是国家供给并实施的产品,因此法律制度的设计、运行、创新和改革当然由国家通过立法、执法和司法活动来实现,于是"国家"无疑成为制度变迁的提供者。[①] 通过这类主体状况的分析,我们才能厘清影响法律变迁的人为因素,为法律改革提供导向。

---

① 参见杨俊一等:《制度哲学导论——制度变迁与社会发展》,上海大学出版社2005年版,第110页以下。

法律变迁条件论。按照法文化学分析,各种法律制度的产生并不是孤立的、局部的、偶发的事件,无论近代还是现代,中国宪法、民法、商法、经济法、诉讼法的改革完善都是中国本土社会运动的客观产物。进一步,转轨时期的法律制度的变迁也受现代中国特殊国情、社情、民情、区情制约。市场经济转型、民主政治改革、社会矛盾解决等多种要素相互耦合,决定着当代法律制度的特殊属性及其发展前景。因之,法律制度变迁的法理研究,有必要阐释法律变迁的特殊环境,以及政治、经济、文化环境对于法律变迁的相互作用。作为现代法学家与法律人更不能回避过渡期间中国本土所发生的社会现实问题,只有从时代变迁的法律源头出发,为实现制度变迁提供现实材料,才能解决"法律在什么条件下能够变迁"的问题。

法律变迁属性论。探讨法律制度变迁,还需要阐释那些能够推动法律变迁事实或事件的基本特征,解决"什么样的情形会引起法律变迁"的问题。应该说,在古今中外历史上,一些具有典型性、新颖性、影响性、示范性的事件对于推动各国法律改革起了举足轻重的作用。诸如,英国议员托马斯·海科西批评国王亨利四世案,形成了著名的"言论免责权";美国"马伯里诉麦迪逊案",导致了世界性违宪审查制的发端。在中国古代,汉文帝时代的刑制改革,直接启动于小女子要求为父抵罪的"淳于公案"。进一步分析,如果人们对于现存法律制度感到满意,就没有变革的必要。制度变迁只能发生于现行制度不公正、不合理、不成熟、不均衡、不适时,产生了新制度形成的客观需求的情形下,这时法制的内部运行成本加大,外部面临改革压力,就有必要通过制度变迁来解决。

法律变迁途径论。在宏观层面,法律变迁的模式有内源型、外源型、混合型几种类别。中国封建社会之前的制度变迁主要采取的是内源型模式,近代则采取外源型模式。相对而言,这两种模式的选择对于法制建设都不成功,导致了中国传统法律的固有因素一直保持,而外来的因素经过近百年还未能扎根立足。时至今日,我们接受这种单一模式带来的教训,应该选择"混合型模式"作为当代法律改革的方案,以解决"法律变迁应该采取何种最佳方式"的问题。在微观层面,法律变迁主要通过立法改革、执法改革、司法改革的具体途径实现,又包括法律修改、法律解释、部门法改革等落实措施。为此,政治家和法学家要对法律系统、法律设施、法律程序、法律实施进行立体解剖,分析法律改革的进程问题。

法律变迁博弈论。按照常理,法律制度变迁的背后必然有深刻的经济因素。即法律之所以变迁,往往是由于某种利益冲突出现,使原有的法律成为权益实现的壁垒。这就涉及制度变迁中各种利益的博弈问题。具体而言,利益分析的方法论有二。一是实证主义的方法论,即通过对影响人们的法律理念和行为模式进行的社会调查和数据分析,透视法律关系各方的利益格局状况,为改良法律制度提供方案。二是价值评价的方法论,将人权、正义、自由、效率和秩序等价值目标作为重要衡量标尺,洞察法律背后所蕴涵的民主性、科学性、合理性、应然性等因素,最终建立法律制度变迁的利益平衡模型,解决"法律变迁的价值目标是什么"的问题。

法律变迁效果论。在研究法律制度的调整与创新之时,还应洞察法律变迁的效果及其评价,解决"法律改革如何实现效益最大化"的问题。从一定意义上看,法律变迁的过程就是法律不断从内涵形式的不成熟到成熟、从权利保护的不均衡到均衡的循环转化过程。而变迁之后是否能够达到法律制度与社会需求的均衡效果,是衡量变迁成功与否的核心标准。但目前,中国法律变迁机制的确存在着一些问题,主要是变迁成本过高。以现行法律的修订为例,虽然国家每年都会颁行和修订大量新的法律法规,但客观地说,朝令夕改会破坏人们对于法律的预期和信仰;零星枝节的修改则于事无补,难以推动法律的废、改、立过程。这两种方式对于法律进步都无益处。故此,优化法律变迁的效果效益,研究法律变迁的代价问题、配套制度的完善问题,都很有必要。

法律变迁警示论。法律变迁还旨在探讨发生法律变迁的示警指标,解决"这种变迁留给后人的经验和教训是什么"的问题。从古今中外的范例看,推动法律制度变迁的努力有成功者,也有失败者,而无论成功抑或失败,对于当代法治建设都唇齿相关,都有助于从正反两方面提供智力资源。有鉴于此,我们不仅要立足于分享人类法律文明之成果,而且要揭示人类法制发达进化的螺旋式、起伏式、递进式的规律,从失败中获得"成功之母"。特别为达成以点带面的研究效果,法学家应纵横比较各国法律变革的典型范例,使法律变迁研究成为一种有启迪意义的制度设计。

毋庸置疑,在运动中发展,在改革中进步,这已成为当代法律文化本土资源不断积累和成熟的条件。中国改革开放的 30 年是为现代法治培植良好土壤并取得巨大成就的 30 年,法律制度也正在随着社会进步而进化,这确实是一个当代法律发展的事实。但另一面,我国法律制度和法学思想还处于经常不断的变动之中,这使我们清醒地认识到,即使中国法治建设走上了初步繁荣之路,也应该坚持"路漫漫其修远兮,吾将上下而求索"的远足追求,并按照法律进化、法律改革、法律创新的思想设计,确定未来法律文化发展的宏伟目标。

二、转轨时期法治文化的时代表征

现代法律文明区别于以往法律文明形态的一个重要标志,"就在于法治原则在社会生活中获得了普遍的认同,并成为一条维系社会合作、规范社会关系、评判社会纠纷、表达社会理想的基本文化公理"。① 因而,现代法治文化是民主政治和市场经济转轨过程中发展的一株"奇葩"。栽种这一优良的树种、培植这一适宜的土壤、维护这一壮大的成果,无疑是法学家和法律人为之自豪的事业。随之,当代法学事业也方兴未艾,学界致力于探讨法治的功能属性、价值体系、制度构造、形成途径,将法治问题纳入不断深化的研究视阈。

(一)行为失范的社会控制

不可否认,每逢转轨改革的过渡时期,都是机遇与挑战并存的时期,也是矛盾多向聚集的时期,更是人们思想和行为中不特定因素最多最重的时期。在此时期,国家风云变换,社会动乱无序,冲突频繁多发,各种违法、违约、犯罪现象一定规模地存在。针对这一状态,一些学者开始研究"异常行为社会学"。相关社会失范论、社会秩序论、法律控制论、法律功能论也应运而生。其中,"失范"一词主要用于描述既有的行为模式、价值观念与法律规则缺失之时,社会中出现的混乱状态以及缺少制度化规范,致使社会丧失整合能力的情形。② 在社会失范的状态下,大众情绪低落,人们心理颓废,各行其是,行为放纵。我国在转轨时期,也面临着许多急需解决的棘手问题,正所谓"失范现象是社会走向新秩序和新文明的前奏和阵痛,也是完成社会转型所必须付出的代价。"③

简单透视,社会失范现象一般可分成几种类型:(1)市场恶性竞争引起的行为失范。由于市场的利益性和私密性特点十分显然,"随着分工的发展也

---

① 杜宴林:《法制现代化——以人为本》,www.66wen.com/03fx/zhengzhi/xingzheng/.../26851.html。
② 〔美〕伊恩·罗伯逊:《社会学》(上),黄育馥译,商务印书馆1994年版,第246—247页。
③ 李江涛:《变革社会中的人际关系》,暨南大学出版社1999年版,第34页。

产生了个人利益或单个的家庭利益与所有互相交往的人们之间的共同利益的矛盾,使人本身的活动成为一种异己的、与他人对立的力量。"①实践中,表现为极端的私欲膨胀、损人利己、非法生产、拖欠债务、合同欺诈、假冒伪劣、偷工减料、垄断货源、欺行霸市、黑市交易、恶意透支、收受回扣等现象泛滥,造成了经济案件上升的状况。(2)执法犯法引起的行为失范。一定程度可以说,失范的破坏性后果及其程度取决于违规者的社会角色,执法者的失范比一般社会成员的失范影响要大得多。诸如有权钱交易、权权交易、权色交易现象;有乱收费、乱罚款、乱摊派现象;公职人员专横、官僚、无能带来的重大责任事故;民主权利虚设引起的上访、申诉、控告案件。(3)价值观变异引起的行为失范。"社会缺乏某种共同价值标准和价值实践原则的持续指引,使社会组织和个体的社会行为失去统一价值依托与标准,导致了各种偏离社会发展和威胁社会稳定的失范行为持续和大量地发生。"②包括社会道德和心理失衡、缺位、错位现象;拜金主义、享受主义、极端利己主义沉渣泛起;社会弱势群体的精神疾病多发;知识阶层的蝼蚁行溃堤之举;专利、商标、著作的剽窃行为等,都是对文明水平的莫大讽刺。(4)新型社会问题引起的社会失范。社会问题是一个更为复杂的领域,包括一般的婚姻问题、家庭问题、环境问题、治安问题、教育问题、民政问题、福利问题、医疗问题、民族宗教文化冲突问题等。又由于旧秩序的破坏和新秩序的重构需要一个磨合期,许多新型类别纷争正呈现出数量增加、内容复杂、范围广博的时代特色。诸如破产问题、证券问题、就业问题、失业问题、老年化问题、土地承包问题、征地补偿问题、贫富差异扩大化问题、拖欠农民工工资问题等。(5)现代科技负效应引起的行为失范。现代技术所带来的风险不可预料,且可能造成严重损害。如核电站泄漏事件、环境污染公害、利用计算机信息网络技术进行犯罪等。同时,非法盗版、窃取情报、虚假广告、制造假证件、网上知识产权纠纷、考试舞弊等行为也时有发生,法律所面临的信息化时代的技术型大规模灾害的救济任务随之加重。(6)私力救济扩张引起的行为失范。私力救济手段往往缺乏程序公正性的因素,它们的长期有效可能会激化社会矛盾。目前,日益升级的集体报复、暴力抗法、

---

① 刘旺洪:《国家与社会:法哲学研究范示的批判与重建》,徐显明主编:《法治社会》,山东人民出版社 2003 年版,第 15 页。

② 任亮:《社会共享价值断裂与社会失范行为》,《理论探讨》2005 年第 5 期,第 37 页。

集团犯罪、黑社会势力、利用宗教进行分裂活动、围攻司法人员妨碍判决执行等群体事件严重起来。私人侦探、人肉搜索、家族制裁、罚款抵罪、非法羁押、殴打村民、强奸犯罪私了、农民工自杀式讨薪、商业纠葛中的私人复仇等,则应当引起特别关注。

对于上述社会失范现象产生原因,有学者进行了系统分析,提出了经济转型论、社会结构失衡论、道德文化冲突论、法律控制弱化论、多元利益分化论等代表性学说。其中,社会冲突说以为,当人们受到不公正待遇又难以获得合法化方式解决时,就会采取不符合规范的手段来实现自己的权利目标。联系中国实际,我国正处于一个思想观念深刻变化的特殊时期,人们既抱怨旧制的落伍,也拒绝新制的接纳;既希望以往制度带来的权益得到保留,又渴求新模式能使自己获得新的奇迹,加剧了社会冲突的存在。利益解组说强调,在改革中利益格局调整使部分社会成员的收入实际下降,超过了承受能力。如转型时期国有企业下岗职工生活水平下降速率最大,其行为失范的可能概率也就最大。规则缺席说分析,目前中国的法制状态并不理想,"各种旧的规范、新的规范以及在社会实际生活中人们自创的规范杂然并存,越轨行为受到社会规范制裁的力度和几率都大大下降,导致越轨行为的成本大大降低",产生了所谓"规范真空"状态。① 因此,失范是一把尺子,"可以量出社会控制和管理的漏洞所在,薄弱环节所在。"②文化心理说进一步解释,由于文化具有传递性,社会越轨实际上是一种人格价值缺失行为。一方面,法治社会的追求是一种正面的理想,但个人的本质却以自私自利、人性扭曲为前提。基于此,如果一个社会文化中的价值体系不存在内在的整合力和感召力,则任何个人和组织都可能漠视法律权威。例如,由于缺乏教育,当人们不知道社会目标是什么时,人的行为就会与法律信仰相背离,社会的主流价值观也将受到挑战,成为行为失范的心理铺垫。③

凡此社会失范现象以及成因分析,表明现实生活中的失范行为由多种因素组合形成,它们反馈了转轨期的某些特殊社会现象和法律问题。但无论如

---

① 郭星华:《社会失范与越轨行为》,《淮阴师范大学学报》2002 年第 1 期,第 15 页。

② 参见自樊平:《社会转型和社会失范:谁来制定规则和遵守规则》,219.141.235.75/shxs/s09_shx/jpdd/fanping1.htm。

③ 参见乐国安:《越轨行为诱因辨析》,《社会学研究》1994 年第 5 期,第 105—107 页。

何,社会失范是一个明确信号,它们表明社会势力在以过激方式挑战着法律。为此正本清源,现代国家应在较量中将违法行为抑制在法律容忍的范围之内。于是,"社会控制论"应运而生。按照这一理论,法律控制与文明发展有密切联系,所谓"对过去来说,法律是文明的一种产物;对现在来说,法律是维系文明的一种工具;对未来来说,法律是增进文明的一种工具。"①受其影响,中国当代对社会转型期的法律控制功能研究也不断深邃博大,包括:(1)社会控制的必要性研究。社会控制论的主张者认为,人类只能在法律环境中生存和发展,才能维系正常的经济活动、政治活动和其他社会活动,社会控制的目的就是反越轨行为,维护个人、团体和社会的安全和利益。(2)社会控制的手段方式研究。归结起来,社会控制不外两种形式:一种是外在的强制,包括法律控制、纪律控制和行政控制,带有惩罚、威慑、制裁特色;另一种是内在教育疏导,主要通过习俗控制、道德控制、宗教控制、舆论控制来影响人的思想和行为。(3)法律的社会控制研究。在常态的社会中,如果没有法律社会难以正常运转,因此人们有充分的理由把法律的社会控制视做居于主导地位的社会工程。诸如,使失范者承担法定义务,界定当事人行动的目标、尺度、守则;使失范者承担违法成本,即违反法律规则所要付出的代价;使失范者受到惩戒,用于打击最具危害性的异常违法行为。(4)社会控制中的民间资源研究。社会成员的行为违背了法的引导,国家确实会通过法律强制力进行矫正,但不能由此忽视社会生活本身的约束力,许多社会机构,如家庭、家族、亲属、邻里、合伙、社区、学校、工会、传媒、政党等,都履行着控制社会的职能。(5)转型期的社会控制研究。自古以来,法律就作为控制工具存在,通过刑法等手段制裁犯罪便是证明,但如今,关于法律的阶级论、镇压论、报复论已被淘汰,纳入了人本主义、人道主义的全新思考,控制社会的手段也并不作为"统治阶级"的工具使用,而是对整个社会有利的工具使用。(6)社会控制的现实需求研究。法律的社会控制学说有着强大的社会实践的支撑力,例如,一些激烈的土地承包争议案,关涉着现代经济制度的变革;打击网络诈骗犯罪,反馈着法律急需适应信息时代变化的需求;对器官移植的法律控制,代表了人类尊重生命健康价值的努力等。

由此可见,加强社会失范和法律控制研究,对我国全方位的法治建设意义

---

① [美]庞德:《法律史解释》,邓正来译,中国法制出版社2002年版,第212页。

重大。更为重要的是,社会控制学说所追求的实现法律正义、社会安宁、人心稳定的价值目标,对于转轨时期的社会秩序具有很强的现实功用。在此立论上,法律的社会控制理论既有利于破坏旧有秩序,又预示着谋求全新的法治治理。因此,我们不仅要有制裁失范行为的勇气,还要有能力去分析新出现的社会问题和解决这些社会问题。

(二)现代法律的秩序价值

一个社会的存在和进步,有效的社会管理和良好的社会秩序是必要条件。因之客观上,社会离不开一定的秩序性。其最简单的说明是,如果市场经济规则能够维持经济秩序,则市场经济可以得到正常运转;反之,经济生活将呈现出无序局面。目前,我国转型中的法治化趋势已开始明显,挤压着非法行为的生存空间。这一方面是由于改革开放的良好形势需要法律维护,另一方面则是社会无序状态需要法律调整。就此而言,上述社会失范和社会控制问题的研究,迫使我们进一步探讨转型期的法律秩序问题,以诱导人们对于社会失范、社会控制、社会秩序三大论题的关联性认识,并关注以下秩序的属性:

秩序的演进。中国以往的秩序状态并非能为现代社会提供有益资源,其体现为缺乏秩序、礼治秩序、混合秩序与法治秩序之间的逐渐递进。曾经一度,人们张扬秩序价值的目的,主要是为了维持封建专制秩序,法律由此成为统治者的御用工具。及至现代,秩序观已经发生了根本性变化,"无论是作为治国方略,还是作为依法办事的原则,法治最终要表现为一种良好的法律秩序。"[1]其目标,乃在于由法律维护现行的政治民主秩序、经济交易秩序、社会和谐秩序。但秩序在历史流变中仍然保留其三大属性不变,这就是:秩序意味着对立统一的社会关系,即人与人在交往中通过对立的交涉达到基本的平衡;秩序是社会生产和生活方式的固定形式,它通过内部诸种多样性的有机协调摆脱了偶然和任意;秩序是事务最高境界的和谐状态,追求人们之间的配合默契以及各个社会系统的良性运动。

秩序的价值。关于秩序价值的现代理念表现了在这个领域的思维导向,指任何秩序都凝结着人类行为的目的性和趋向性,延绵着人类生存的本质要求。有学者这样形容:"所有秩序,无论是我们在生命伊始的混沌状态中发现

---

[1]　张文显:《马克思主义法理学》,高等教育出版社 2003 年版,第339页。

的,或是我们要致力于促成的,都可从法律引申出它们的名声。"①又可以说,各国法律文明的起源、发展和进化都是为了定分止争、除暴安良、奖优罚劣;而正是因为有了立法、司法和警察等机制,作为社会利益冲突的调停者、仲裁者或第三方,发挥实际干预社会的功能,才能维持社会的基本秩序。反之,凡是没有秩序的地方,政治自由、经济利益、法定权利也会荡然无存。这里,关于秩序"固有价值"的讨论启示我们,现代政治家与法律家应该学会利用法律形态,达成法律所追求的秩序价值目标。

秩序的要素。按照社会秩序论的解释,秩序的要素包括三层含义:一是秩序的形式要素。社会要臻于和谐有序,需要一定的外在表现形态来表达,从而出现了作为秩序存在的一定方式,这就是建立明确的法律规则,以避免无所适从、或各行其是、或摩擦碰撞的状态。在这个意义上,法律是社会形成秩序的基础,法律本身就是一种包罗万象的秩序。二是秩序的主观要素。法律之存在和发展,首先在于法律作为行为规范给社会成员设定了最基本的行为标尺,但人们又必须在主观上接受法律的调整、规范和控制,否则法律如同一纸空文。对此,费孝通先生早就提醒我们:"法治秩序的建立不能单靠制定若干法律条文和设立若干法庭,重要的还得看人民怎样去利用这些设备。更进一步,在社会结构和思想观念上还得先有一番改革。"②三是秩序的客观性要素。秩序的获得更在于法律效力的实现,即法律切实维护了秩序状态,形成了法的尊严和效能。相反,如果创制了森林法而森林面临着更大的破坏,如果国家公职人员可以随意罚款,如果合同法对于商人缺乏约束,如果调解书或判决书被当事人弃置不顾,则很难想象现代国家能够有秩序地运转。

秩序的凝固。许多法学家认为,秩序具有原生性、内生性或自发性,这意味着秩序不一定通过国家法律人为地创造出来,而是在人们合作交往中自发形成的。这又被认为是法治的原始属性,也即法律文明所追逐的"法的本能"。由此,"国家创制的秩序"和"社会自发的秩序"形成二元结构。其中,自发秩序是现代社会的核心概念,它指"人们长期交往过程中自发产生的,是进化态势,并且因其通常以抽象规则(如道德行为规范、民俗惯例、私法等)为中

---

① [德]拉德布鲁赫:《法学导论》,米健、朱林译,中国大百科全书出版社1997年版,第1页。

② 费孝通:《乡土社会》,生活·读书·新知三联书店1985年版,第58—59页。

介而带有具象色彩。"①事实上，提出自发秩序和法治秩序的区分，主要是为了反对国家对社会的过多干预，"用扼杀个人互动的自生自发秩序的方式去摧毁我们的文明"。② 尤其商品社会的市场秩序，主要是一种经济意义上的原生秩序。现代法治建设的目标，并不能仅仅靠颁行大量立法来创造，而是通过法治建设促成人们合作，形成真正的社会内部秩序。

从中可见，我国现今法学家关于法律秩序的观点，已和先前流行学说大有区别。如果说，以前的法学主要在论证人们必须服从法律以建立秩序的话，那么，现代法学更为重视心理机制、道德机制、社会机制、经济机制、调解机制的复合作用，以求用多元化的手段去制止社会的无序状态。季卫东教授说得好："真正的法制既不是以主权者的命令为本质特征，也不等同于无为而治的自生秩序，现代法治的精神存在于强制与自愿之间。"③用这种思路来考量现代法治的方略，则我们将建立的既不是规则万能的法律帝国，也不是法律虚无的无为状态。

（三）法律文化的诱导功能

社会学上的功能，一般指事物本身所固有的某种性能或效能的总称。据此，法律功能主义大师帕森斯提出了完备的"结构功能主义理论"，带有系统论、制度论、模型论等环环相依的性质，得出了任何系统都具有适应环境、求达目标、整合社会、维持模式四项功能的结论。民国学者李景禧将法的功能归结为实现对社会经济生活的统制、满足社会整体利益的需要、缓和社会矛盾冲突三项。④ 凡此理论，都与建构我国今天的法治原理密切关联。具体表现为：

法律对于社会关系有规范功能。人类理想的生活方式要求社会关系建立在正义规则的基础上，但同时也要求通过法律形态为人们提供正义和秩序的保障。前者是法治的实质因素，后者是法治的形式因素。而且，法治实践积累的一个重要经验就是，大量的法律规范必须事先创制，又通过人们对于法的信仰而使绝大多数人能够自觉遵守。法律的这种规范性还有利于完成它本身承

---

① 刘武俊：《市民社会的法理学思考》，《中外法学》1995年第6期，第30页。

② 参见邓正来：《法律与立法的二元观——哈耶克法律理论研究》，《中外法学》2000年第1期。

③ 季卫东：《宪政新论——全球时代的法与社会变迁》，北京大学出版社2005年版，第71页。

④ 李景禧：《社会法的基础观念》，《法学杂志》，上海东吴大学法学杂志出版社1938年第9卷，上海图书馆编第10卷第3期，第81页。

担的任务或使命,这就是满足人们的权利主张,使法律成功调整权利和义务关系;满足人类不断增长的物质和精神利益,使法律成为促进经济发展的制度体系;满足人们对自由价值的追求,使法律成为控制纷争的手段。上述三个方面功能都可以由法律的规范功能实现。

法律对于社会行为有引导功能。从行为主体看,凡从事法律活动的人——无论是国家机关、单位组织、社会团体,还是公职人员、公民个人——需要法律所提供的指令,而法律的一个突出功能就是通过自身的逻辑结构引导人们形成固定的行为模式。这种行为模式,是社会成员的一座"灯塔",对于人们的作为和不作为行为产生法律后果。例如,当商标使用人遵守商标使用规则之时、当商人利用契约进行交易之时、当诉讼参加人受到证据规则的预先约束之时,他们的行为才可能是合理的和合法的。法学的指引性同样如此。霍姆斯早就说过,"一门科学的起点,不可能是我们从圆圈中选择的任意点。可以说,在一片怀疑的阴霾中露出的一线理性之光,指引我们走向豁然开朗的境界,那么它就是我们探讨的出发点,就是我们消除怀疑的过程中寻找的指路明灯。"①尤其法理学的原理,原本就承担着比较、解释、推理、演绎、引证和评说的责任,为法治进步提供着内在的、文化的、主观的基础。离开了这些神圣使命,法学毫无意义。

法律对于社会发展有预期功能。人们常说,法学思想绝不是书屋里的抽象理论的汇集,而应该起到预示行为志向的作用功能。"我们可以发现,法律的主要功能也许并不在于变革,而在于建立和保持一种可以大致确定的预期,以便利人们的相互交往和行为。"②特别当人们为避免利益冲突时,才会根据法律规则来调整。举例来说,假如两个猎人共同打死一只猎物,弱者为避免争斗被迫放弃该猎物,这时只有平静而不需要规则;但当两人为争夺猎物所有权发生争执时,才应该确定"谁先击中"的规则来解决。后来这类规则被模式化了,人们就去套用它们,法律由此预期了人们的今后行为。进而,法学原理也可以表达出预期的信息,法学是"嵌在当代中国学术制度和社会制度之中的,甚至是与当代学术人的特殊生活经历以及社会对学者的预期相联系的",③法

---

① 转引自胡玉鸿:《"个人"的法律哲学叙述》,山东人民出版社 2008 年版,第 6 页。
② 苏力:《变法、法治建设及其本土资源》,《中外法学》1995 年第 5 期,第 2 页。
③ 参见苏力:《也许正在发生:转型中国的法学》,法律出版社 2004 年版,"序"。

学家的任务不仅要提出科学适时的理论，还担负着引领社会潮流、提供改进对策、预测时代走向的重任。就此而言，法律科学又带有哲理性、方向性、证伪性、价值性、理想性等特点，为人们今后的行为描绘出诸如正义、平等、幸福、安全、和谐、福利等美妙图景。

法律对于社会改革有启蒙功能。无须证明，意识的发动是行为的前提。而各种法学思想堪称一种具有文化韵味的思想体系，就在于它们能够进行思想启蒙。法律改革大师沈家本即渴望法学能够担当起引导世界局势的重任："俾法学由衰而盛，庶几天下之士，群知讨论，将人人有法学之思想，一法立而天下共守之，而世局亦随法学转移。"①在西方，作为意识形态的法律文明，无疑具有积极深邃的启蒙作用。从欧洲中世纪的"三 R"运动，到卢梭、孟德斯鸠论法的精神，再到现代法学流派的影响力，世界范围内的重大变革都不乏先进理论思想的诱导。在中国，从春秋战国的"百家争鸣"，到清末"博稽中外"方针的确立，再到"文革"后真理标准的讨论，中国人也一直在特定法律指导下进行着"划时代"的社会变革，它们无疑是政治改革、社会改革和法制改革的前进路标。如今，法学的启蒙功能仍然重要。例如，宪法学、行政法学所提供的主权在民论、依法行政论、法律监督论、利益平衡论、政府责任论等即承担着感染民众、发动民众的使命。

法律对于现代意识有培育功能。如前所述，法律文化本土资源不仅意味着立法、执法、司法环节所提供的制度资源，更意味着通过法学的深邃思考而形成思想资源。对这类思想资源进行深入观察，可挖掘出法律的内在精神，阐明法律发展的内在逻辑。而法律意识的培育，重在进行心理的或文化的调试，使法律和法学成为人们的人文主义、理性主义的精神食粮。当然，法律意识的培养也是法律知识、观念、原理"深入人心"的过程，法律教育功能发挥则是培养法律意识的主要途径。因此，虽然关于法律教育意义、教育作用、教育内涵、教育方式和教育效果这类话题已经"老套"，但现代法律宣传中也不乏一些成功的范例。如广播、电视、书籍、报刊等大众传媒已改变着人们的法律态度；中央台的"新闻联播"、"今日说法"已成为学习法律的重要途径；我国还发明了调解法、公审法、讲座法、图表法、口诀法、诗赋法、辩论赛法，以及送法下乡、简易诉讼、民间调解等举措，不失为让普通民众了解法律的有效途径。

---

① 参见沈家本：《寄簃文存·法学盛衰说》。

法律对于失范行为有强制功能。按照前述法律控制论和法律秩序论,法律的功能主要指法作为社会控制手段对社会关系所发生的实际影响和效果,这与法律的操作状态直接相关。而且,作为社会控制的一种整体机制,法的社会功能是多方面的,其中制止社会失范就是法的最为基本的功能。其理由,在于除人们自愿认同和服从法律之外,法律的他律性和外在性必然存在,需要法律作为一把具有权威性的利剑,使个人欲望危害社会时加以强制。所谓“社会控制的任务以及我们称之为法的那种高度专门化形式的社会控制的任务,就在于控制这种为了满足个人欲望的个人扩张性自我主张的趋向。”①这里,基于法律所提供的强制功能,既可以保障法定的权益有效实现,也可以减少违约、违法、渎职和犯罪行为的发生,或者使刚刚形成的矛盾冲突消灭于萌芽状态。

总之,在关于法律控制、法律秩序、法律功能论题的研究中,中国法学理论已从无到有,十分丰富。但我们也应该看到,这类论题的研究还存在两个主要问题:一是主要借助西方学理,尚没有创构出自己独特的法律功能体系;二是更多地借助于政治学、行政学、社会学中的一些研究成果,尚不能在较高层次上反思法律问题的特殊性。为此,未来应着重将法律秩序论、法律控制论、法律功能论纳入到整个法律文化学的学科体系中进行构思,同时注意法律功能原理与立法、执法、司法实践的互涉。

（四）法治工程的精神意蕴

从 20 世纪中期开始,法治成为全世界普遍关注的重要论题。1959 年关于法治的《德里宣言》称法治“不仅被用来保障和促进公民个人的民事的和政治的权利,而且要创造社会的、经济的、教育的和文化的条件,使个人的合法愿望和尊严能够在这样条件下实现。”至时下,各国都将法治建构列入重要的议事日程,以谋求国家稳定、经济发展、社会和谐与私权保障,中国法治原理的成熟也离不开法学工作者的努力。人们称,用法治的精神逻辑来建构现代生活,充分反映了人类文明的现代形态以及对公共秩序的特殊理解,而关于法治的每一重大命题的思考又都是哲学性、政治性和文化性理论的结合。概括而言,可以从以下几个方面对法治文化进行宏观透视:

---

① ［美］庞德:《通过法律的社会控制——法律的任务》,沈宗灵等译,商务印书馆 1984 年版,第 81 页。

其一,构造法治工程是现代法治文化追求的理想目标。法治建设首先是一项巨大的系统的社会工程。法社会学家庞德提出,实现法律目标须以建设法治工程作为宗旨,包括政治家、立法者、执法者、司法者、律师、法学家等在内的"工程师们"则是这一工程的建设者;如同建筑工程师的才能要根据他所负责的工程质量来判断,法律工程师的职责也要根据其最有成效地达到社会控制的目的来判断。据此类比,中国法律现代化的目标可以被定位于完成"当代法治工程建设",它既要通过立法、执法、司法各个环节予以体现,也要在公法文化和私法文化中拓展空间。而且,法治工程建设绝非一蹴而就,唯有创造宪法至上、法制统一、人民有权、社会有序、权力有度、行为有规、违法必究的法治环境,才能真正体现现代法治文明及其成就。

其二,形成良法体系是现代法治功能彰显的制度条件。法治之制度资源首先应该在立法领域获得表征,因此法治文化的内涵蕴意就是立现代"法治之法",以实现"法治之治"。深入分析,法治的达成重点有以下要求:(1)体系化要求。目前,中国已经建立了成龙配套的法律体系,即以宪法为核心,以行政法、民法、经济法、刑法、知识产权法、环境保护法、诉讼法为基础的部门法体系;选举法、代表法、监督法、教育法、物权法、合同法等法律的发展,也是现代法治完备的标志,它们共同构成了法治大厦的基础和主干。(2)优良性要求。立法领域的有法可依,仅仅是法治的形式要件之一,法治条件还包括各种制度的配套运行。在此方面,我国成文法体系就其数量、质量、技术而言,正以一种前所未有的速度发展着,但法治建设中最为重要的仍然是公法体制、私法体制和司法体制的公正性和科学性问题。(3)合法化要求。反思"法律虚无主义"的教训之后,中国开始确立了宪法至上、法制统一的法治原则,政务公开、私权保护、程序公正、罪刑法定、律师辩护等制度也已成为现代法治的主流形态。其根本要求,是所有国家机关、社会组织和公民个人都遵从法律,以实现行为的合法性这一尺度。(4)权威性要求。在法治社会中,法律的权威应该落在实处。因为显然,任何一部无法落实于社会之中的法律,它所具有的确定力量难以成为事实。鉴于这种状况,我们更应该关注的是法律对社会关系的有效调节,对危害权利的行为进行追究和补偿。

其三,具有精准技术是现代法治内涵完善的形式要求。现代法治也是一门体现法律技术和法律方法的结构工程。而事实上,随着文化教育和科技水平的高度发达,在其刺激下的法律技术又会变得精致和成熟,使法律的形式合理性昭然若揭。同时,政治家、法学家、法律人也都抱有积极态度,正在为形成适时的法律制度体系和文化风格不遗余力。夏勇教授即综采诸说而融会之,将法治的内在品德归纳为"十大基本规诫":①(1)有普遍的法律。法律规则重在表达人类生活中普遍存在的权利义务关系,它使"万事皆归于一,百度皆准于法"。②(2)法律为公众知晓。中国古人早就提出:"守法者,非知立法之意者不能;不知立法之意者,未有不乱法者也。"③(3)法律可预测。这是"法无明文规定不为罪"、"法不溯及既往"原则的表现,也是支撑法治运行的关键要素。(4)法律明确。含糊不清的法律会有害法治本身,法律既是人们行为的标尺,也是法官办案的依据。(5)法律无内在矛盾。法律冲突会使人们寻求法律之外的矛盾解决方式,所以法律本身要确立相关原则和办法。(6)法律可循。法律不切合实际,要么会强迫公民为不可为之事,要么会对公民违法行为视而不见。(7)法律稳定。法律不能经常废改立,例如最好的宪法规则可以"镂之金石,恒久不变。"(8)法律高于政府。法律乃具有立于国家管理权力之上的效力,一切国家机关均是守法主体。(9)司法权威。法院应有权通过司法程序审查政府行为是否合乎法律规定,于是法治的实现仰赖司法机关独立地位的日益崛起。(10)司法公正。中国人自古主张"王子犯法,与庶民同罪",④"骨肉可刑,亲戚可灭,至法不可缺也。"⑤

其四,培植法律理念是现代法治建设事业的思想源泉。从法治原理和法律文化原理的关系看,法治是法律文化现代化的形态、结构和模式,相比精神形态的法律文化价值观而直观和具体,也可以说,法治是可遇又可求的。正因为如此,现代法学所形成的正义观、民主观、平等观、权利观、自由观、利益观、财产观等已不再是理想虚幻,正在通过各个法治环节渗透于具体实践之中。另一方面,法律文化对法治的支持也有目共睹,因为"法治的存续,不仅要靠制度建设,而且还要靠一种新型的法律文化,一种为政治家、法官和公民所共同信奉的法律文化。这种法律文化使人们怀有这样的一种信念,法律应当得

---

① 以下参见夏勇:《法治是什么》,夏勇主编:《公法》(2),法律出版社 2000 年版,第 9—23 页。

② 参见《尹文子》。

③ 参见方孝孺:《逊志斋集·深虑论》。

④ 参见《管子》。

⑤ 参见《慎子》。

到遵守，没有人能够例外，掌权者更不能例外。"①法律文化研究所重点关注的，则是形成现代法律观念和原则，从而为法治发展提供优良的法律思想资源。联系中国法治建设状况，尽管目前我们的本土法律资源还不够丰厚，但在相关权利、和谐、契约、效益、大同、人本、宽容、救济等基本范畴，已经体现了法治文化的目的性追求，值得在法律现代化进程中不断加强这一追求的深度和广度。

其五，形成法律信仰是现代法治精神成长的内在土壤。法律现代化是人的行为模式、思维方式、价值观念的现代化，因此"对法律信仰是法治实现的精神要素，没有这一要素法治便不可能实现。"②在西方，法律信仰早已作为一种文明传统流传千古，成为其法律文化的精髓。与之对比，"今天我们讨论法治国家的建设，不应也不能讳言在经过法律虚无主义洗礼之后的人们当中有那么一个信仰危机。为了克服信仰危机，为了避免社会漂移于混沌状态，不能不在虚无主义与存在主义之间为建设法治国家重新寻找出一些坚固的基石，一些经得起批判性合理主义审议的信念来"。③也可以说，法治文明的追求让我们警醒，现代法治国家必须实现法律至上信念的精神转换，从而"追求法律的新生命"。人们还深知，法律信仰又与人的主观意识和期待紧密相连，"没有落实到每个人的观念和行动中的尊重法治的法律文化的支持，任何法治都不可能横空独立。"④反而言之，"现代社会出现颓废、道德沦丧、抑郁、失望、空虚、绝望，都根源于人们缺乏价值信仰和值得为之献身的东西，其实质就是人类并没有处理好自身物质世界和精神世界的关系。"⑤"当法律不被信仰而使法律形同虚设时，即使制定出千百部法律，也难以内化为一种民族传统和民族精神，从而难以完成建设法治国家的历史使命。"⑥季卫东教授甚至将法律信

---

① 刘军宁：《共和·民主·宪政》，中国政法大学出版社1998年版，第170页。

② 陈金钊：《法官如何表达对法律的忠诚》，徐显明、刘翰主编：《法治社会之形成与发展》，山东人民出版社2003年版，第135页。

③ 季卫东：《宪政新论——全球时代的法与社会变迁》，北京大学出版社2005年版，第7页。

④ 刘军宁：《共和·民主·宪政》，中国政法大学出版社1998年版，第171页。

⑤ 转引自刘同君、魏小强：《法伦理文化视野中的和谐社会》，江苏大学出版社2007年版，第270页。

⑥ 范进学：《法的观念与现代化》，山东大学出版社2002年版，第3页。

仰的树立形容为一场"极其艰巨的作业","没有胜算的格斗"。① 在这场格斗中,我们既要面对人治专制的长期挑战,也要面对权大于法的政治现实;既要形成昭然可见、孜孜以求的法治精神,也要务使权利和权力"在同一条起跑线上"赛跑。在这一点上,我们过去、现代和未来都肩负着不可替代的重任。

　　总体说来,关于法治建设之理论和实践,人们见仁见智,但其目标和内涵却十分明晰,这就是完善法律的体系,落实法律的权威,实现正义的价值,培养至尊的信仰。其中,如果我们把法律制度建设理解为法治的"构造"或"骨架",则人类的法治文化意识和心理是法治的"肉体"和"灵魂"。因此,作为法治文化的核心要素,必然包括法律制度和法律思想这两大构成要素,它们已成为法治建设事业的真正内在要素和动力源泉。在此方面,深入研究,细心体味,不断进取,方能对于构造成熟完善的现代法治文明有所教益。

---

① 季卫东:《宪政新论——全球时代的法与社会变迁》,北京大学出版社 2005 年版,第 8 页。

第九章

法文化前景论：法律文化之趋向

法律文化研究的一大论题,是各国法学的现代走向。这种走向启迪着人们对于法学变迁的深邃思考,也决定着当代中国法治的发展趋势。从脉络上看,法学思想从孕育再到成熟,各种学说观点经历了此起彼伏的辉煌历程,已成为结合法律理论和法律实践、价值理性和制度理性、逻辑思维和经验方法为一体的庞大学科体系。其中,从20世纪80年代开始全面深入进行的我国法哲学研究,不断积攒着新的智识源泉和学术增长点,注释法学、历史法学、法社会学、规范主义法学、后现代法学、法学统一运动等都跃然纸上,成为人类的宝贵法学资源。

第一节 人文底蕴:法学发展的基本端倪

法学发达的一个标志,是形成具有学术影响力的学派。所谓法学流派,是体现法学的系统理论和分析方法,从而对法治建设产生重大影响的学术思潮。随着法律发达和法学发达,学界形成了学科分立的状况,虽然它们在思想原理和方法手段上有所不同,但可以说,法学流派提供法治建设路径、方法、对策,是各国法治建设的丰厚的理论源流。自然而然,研究当代中国法律文化本土资源,需要分析法学流派的学理及其贡献。

一、流行各国的法学思潮

在西方,法学流派前后相继,人才辈出,观点有异,作用不同,呈现出百家争鸣、百花齐放之态。在中国,近年来基于对理性主义和经验主义的不同认识,基于对价值方法、实证方法、历史方法、社会方法的不同偏爱,也已经形成了具有中国特色的法学主流思潮。苏力教授在《也许正在发生——转型中国的法学》中,将1978年以后的现代法学分为政法学派、诠释学派和社科学派三个派别;夏锦文教授认为,当下中国业已形成了包括权利本位论、法条主义论、法律文化论、本土资源论等主导性的法学思想,对它们进行评述是讨论"中国法律理想图景"的重要方面。① 就此,本文总结我国法学主要学术流向如下:

(一)法文化史学的古典魅力

历史法学派认为,法像语言、风俗、政体一样根植于"民族精神"之中,是一个民族普遍接受的、内在的、本能的规则。因此,该学派十分关注法律背后的文化传统和民族意识的因素。其中,作为历史法学派的学术大师,德国法学家萨维尼通过法律的历史性而阐释法学思想,并将自己的思想播种到了整个欧洲。

历史法学派扩大了对法律现象的理解,使法学兼跨了历史和哲学等不同领域。其学理对于现代法学的影响表现有三:一是习惯法的重要性的观点。在历史法学派看来,法律的正当性基础是渐慢生成的民族精神,习惯法从民族生活中积累演变而来,因而比法典更具有生命力。二是法律文化进化论的观点。由于人类历史本身是社会进化的过程,因此人们应该力图从社会基础及文化环境中寻找法的真谛,这就是法律与社会的关系。三是反对法律建构论的观点。按照该学说,"法律首先产生于习俗和人民的信仰,其次乃假手于法学——职是之故,法律完全是由沉潜于内、默无言声而孜孜矻矻的伟力,而非法律制定者的专断意志所孕就的。"②正是基于此种法律观,法学家的使命在于"发现"法律,而并非"创制"法律。

无论如何,上述法律观对于现代法律文化学研究有着深邃意义。在中国,于法学史的研究中,一批法学大家脱颖而出,其地位和影响力不容低估。瞿同祖、杨鸿烈、曾宪义、张晋藩、何勤华,从老一辈知名学者,到中青年学术新秀,

---

① 参见夏锦文:《中国法制现代化的方法论立场》,徐显明主编:《法治与社会公平》,山东人民出版社2007年版,第427页。

② [德]萨维尼:《论立法与法学的当代使命》,许章润译,中国法制出版社2001年版,第9页。

他们对历史的、本土的法律资源研究可谓庞大精深、义理幽玄、纵横驰骋。而他们的学术特色,无疑借鉴了西方历史法学派的优长;他们对法律现象的理解、认识和分析也大都以纵向性、传承性、经验性、进化论为主导,是我们不可忽视的一个学术方向。

就法史学和法文化学的关系看,两者是最为密切的"学术伙伴",可以说我中有你,你中有我。一方面,法律文化资源是在历史中形成、历史中发展、历史中进步、历史中积累的,研究现代法律文化必然要用历史眼光去挖掘、去透视、去洞察。另一方面,历史学也为法文化学研究提供着材料史料或传统资源,并在法律文明建设事业中占有重要的一席之地。特别是,历史法学对于法律的纵向性、特色性、多元性、本土性、习惯性、自发性的认知,是最值得现代法律文化研究汲取的营养。

在今日中国法治建设中,我们必须对习惯等法律渊源予以重视,将法史学作为法学研究的不可分割的组成部分。当然,历史法学也有局限,这就是只重点观察法律起源的传统因素,而很少讨论法律的现实主题。而且,传统的历史法学致力于强化民族精神,必然沉浸在复兴民族文化的优越感之中,易随着时异境迁皆成糟粕。在这一点上,后世的人们要在历史的尘埃中走向今日,而不是历史主义的复原。

(二)自然法学的理性启蒙

自然法观念在法律文明发展中举足轻重。虽然人们对于自然法的解释五花八门,但主要围绕着法律的德行、理性、正义、平等、权利、良心等应然观念来展开。而经过希腊人的养育、罗马人的发扬、资产阶级启蒙思想家的利用、新自然法学派的改良,这种学说成为了全世界的一宗共同遗产,并且全方位地影响着各国法律和法学的成长。

从文化特性上看,自然法学说奉献给人类的学术资源是颇为丰富的。这种学说,强调法律不仅仅是一种外部形式和技术规则,更是一种内心判断,它使"在我们周围、在我们心中、在我们之上"存在着一些规则,人们不能也不会背离它们。进而,法学研究的主要对象是"法律应该是什么",各种道德准则或价值准则被纳入了法律的评判体系当中,成为近代和现代法律价值体系的核心要素。该原理还体现了法学视野极其开阔的特点,即不限于将法律视为一个封闭的自给自足的规则体系,而强化了法律之原理问题、意识问题、信仰问题,使许多伦理范畴被视为"法律之精髓"而纳入了法律文化研究之内。

从价值原理上看,自然法学中的几个重要观点相异于其他学派。其一是批判法律实证主义,认为实证主义会导致恶法之治,这也是自然法命题的起点;其二是坚持法律理论依赖于道德,只有举起"道德权利"的王牌,法学家才能走出法律形式主义的困境;其三是将平等、正义、良心等作为法律理论的核心部分,目的是要建立一种法治理想社会;其四是强调政府不仅要关怀和尊重人民,而且要"平等地"关怀和尊重人民。这些原理,构成了法律价值精神体系。而且即使现代社会,人们也寸步难离这些价值命题。又可以说,立法也好、执法也好、司法也好,没有可能一天之内达成完美,却并不妨碍人们按照理性标准去改良法律。

从学术贡献上看,自然法学说提供了评判法律的有力武器,其理论资源是现代宪政文明的法哲学基础。所谓"'自然'学说及其法律观点之所以能保持其能力,主要是由于它们能和各种政治及社会倾向联结在一起。"①因此,我们要了解宪政原理和私法学说,就必须把握自然法学说的内涵;也因此,我们要引用洛克、卢梭、孟德斯鸠、富勒、德沃金、罗尔斯这些最活跃的法学大师的主张,就必须保持一种尊重自然法观的心态。这是一个不争的法律文化现象。

我国学者中号称自己持自然法思想的,并不多见,但对相关理论进行传播却不乏其人。目前,关于正义、人权、人本、人道、自由、利益、效率、秩序、和谐等价值观的讨论在中国十分热烈。可以毫不夸张地说,凡接受或主张"法是公平正义之术"观念的学者,都是自然法学理的传承者。又可以想见,致力于探求法律的正义性、理想性、规律性,并富有对国家、对民族、对社会的责任感,这就是今天法律的真正生命,是法学家对于自然法思想的弘扬,以及对于人类法律文明所必有的贡献。

(三)实证法学的科学方法

在19世纪法学主流学派中,另一理论阵营是实证主义法学派。实证主义法学的最明显特征,是着重研究法律本身的概念问题、形式问题、逻辑问题、技术问题、实效问题、经验问题。从学理看,实证法学派坚持认为,虽然法律可能反映道德标尺,但法律和道德之间没有必然的联系,法律既可以是正义的也可以是不正义的。由此,这种学说展现了与自然法学的迥异性,以价值中立和纯化法律而著称于世。

---

① [英]梅因:《古代法》,沈景一译,商务印书馆1996年版,第52页。

作为西方重要的法学流派,实证法学一直引人注目,而其流行有着重要的文化基础,至少反映了现代法学中法律和道德相分离的基本走势。在中国,这一倾向也很明显。在实证主义者看来,法律本身就有着确定性、形式性、规范性的明显特征,是一个自我创生、自我繁衍、自我复制的社会系统。因此,随着立法增多对法律的解释成为必要,概念法学、诠释法学、规范法学、实证法学、部门法学、分析法学、司法解释学等开始兴盛。研究宪法学的韩大元,研究刑法学的赵秉志,研究民商法的王卫国,研究程序法的顾培东等,均在这种研究中脱颖而出。而且,规范法学的研究向度被认为是一切法学发展的基础,担当着作为法律职业知识传播者的使命。这也是实证主义学说在中国流传甚广的原因。

具体归纳实证法学的学术特色如下:(1)职业性。实证法学力图运用立法技术、解释技术、判例技术、推理技术等方法论,维护现行法律的权威。因此,实证学者以提供改良部门法的方案为目标进行研究,参与了国家有法可依的进程,又有许多争议案件由他们提供学术意见。例如,宪法学教授韩大元以规范解释方法来呈现我国宪法的结构、功能与特性,强烈地表现出了中国问题的意识。① 又如,不少法学家致力于民法学研究,试图改变我国民法发展的薄弱状况,并希望通过完善民事立法功盖后世,这使民法的实证主义研究在我国蓬勃发展。亦如,法学教育中,许多学者致力于推广"案例教学法"、发展"诊所式"教育模式、汇编案例教科书、培养在职法律硕士,表明法律职业者队伍建设也成为关注焦点。(2)明晰性。实证性法学脱离了"政治话语"而转向专业论题研究,这使实证学者追求法律的明晰精确,致力于构建自足自恰的法律规则体系。而且,相对于政治领域的嬗变、道德领域的含混,在实用科学领域人们的满足感最易于获得,就是因为这个领域的边界相对清晰,也因为人们的智慧在这个领域最容易获得体现和扩展,其对策方案往往比较客观,因此政治家们也最希望倾听他们的改革意见。(3)实然性。实证主义的最为重要的贡献,在于它为人类法律文明发展所提供的方式方法。即法律实证主义者善于强调实践理性,结合现实主题,解释差异行为,揭示特殊规律,力求达到法律在

---

① 参见韩大元、刘松山:《宪法文本中"基本法律"的实证分析》,《法学》2003 年第 4 期;韩大元:《宪法文本中"公共利益"的规范分析》,《法学论坛》2005 年第 1 期;韩大元:《宪法文本中"人权"条款的规范分析》,《人权》2006 年第 1 期。

现实中的权威性、实效性功能。例如,受到实证方法论启示,我国一些学者进行了人权状况的调查、妇女权益保护问题的调查、少数民族习惯的调查、劳动者就业状况的调查、法官素质的调查、民刑案件立案率的调查、人民调解状况的调查等。

作为一种法学研究方法论,实证主义法学虽然具有概念主义或机械主义之弊,但在克服该学说局限之时,我们还要发挥它的学理优势,让其中所渗透的逻辑因素、技术因素、现实因素、社会因素发挥效能,在法律的应然性和实然性之间架起一座意识沟通的桥梁。

(四)政治学视野的改革创新

美国学者弗里德曼对于法学理论进行分析,指出:"所有法律理论的系统性思考总是一头连着哲学,一头连着政治理论"。"有些法学家首先是一个哲学家,为了完善他们的哲学体系才成为法学家。另外一些首先是政治家,只是感到以法律的形式来表达其政治思想才成为法学家。"[①]这就告诉我们,法学研究不应限于就事论事的规则研究,而应进行具有政治学意义的法学探索。在西方,法学思想与政治学原理密不可分。亚里士多德的《政治学》开拓了世界政治学的先河,也意味着宪政思想的历史起源;美国以《联邦宪法》为代表的体制传遍世界,成为此后各国调整政治关系的重要依据。可以说,西方历史上并没有形成法学和政治学谋求合一的法学流派,却有着兼跨国家管理和公共治理两大学科的法政治学原理。

在中国,曾经很长一段时间,政治话语主导了法学研究的历史,这种学术倾向以法律意识和政治意识纠缠在一起而被苏力归为"政法学派"。[②] 但如今,以政治学为导向的法学思想,已不是以往"阶级斗争为纲"的政治潮流的翻版,而是指那些致力于政治改革的法学家们所倡导的学说,他们将视野聚焦在宪政领域,并为此而献计献策。从主体看,一些法学家或法律人已开始置身于政治家的行列。罗豪才、李克强、曹建民、郝铁川、夏勇等,担任国家机关高级职务,直接参与政治决策;江平、应松年、曾宪义、信春鹰、徐显明、吴志攀、李林、卓泽渊等,则在政治家身边推行自己的法治学说。他们著书立说,开设讲座,提出立法建议草案,拟定法学教育方案,参与重大案件或事件讨论,成为当

---

① Fridmann, *Legal Theory*, Columbia University Press, 1967. p. 3.

② 参见苏力:《也许正在发生——转型中国的法学》,法律出版社 2004 年版,第 11 页以下。

代政治家的"参谋长"或"智囊团"。而且人们早已意识到,"今日之中国既需要承担文明复兴使命的伟大政治家,把维护国家统一作为文明复兴的基石,把繁荣文化思想作为复兴文明的首要任务;今日中国也需要承担文明复兴的伟大学人,把当代中国史和世界历史作为中华文明的一部分来思考,把现实的政治力量作为迈向文明未来的支柱来对待。"①

总结起来,带有政治色彩的法学家对中国前途和命运所付出的努力,使他们的学说具有着下列功能和特性:(1)整体性。凡与政治学相联系的法学思想,无不带有纵横达观的视野视阈,洞察事变的气势气度,把握全局的魄力能力。由此,政治性的法学将自己的关注焦点,主要放在了国家重大问题、根本问题、制度问题、模式问题、方略问题、决策问题之上。诸如研究中国法律现代化问题、人权法律保护问题、限定政府权力滥用问题、法治发展道路问题、立法改革与司法改革问题等。可以说,这类命题的政治性特征,决定了法学研究必然具有政治视阈的大气磅礴。(2)改革性。制度创造者的任务并非按部就班依法办事,而是带来思想进步的"范式转换"。这就是把法学从某种政治僵化中解脱出来,争夺一个在当代发展的学术空间。在此进程中,法学家总是站在改革前列,将法学研究成果转化为极有价值的改革建议,从而有力地推动中国的法制改革。(3)正统性。政治色彩的法学研究,需要建立在政治意识的指导下和政治体制的容忍度范围内。因而,政治性法学会显示出一定的重传统特色,一般都不激进、不讥讽。而且,作为政治家的法学家,有比较强烈的社会责任感,他们以国家的安全和平、人民的幸福和谐、社会的稳定繁荣为己任,有"治国平天下"的追求;他们十分认真,十分真诚,十分敬业,总体保持一种对国家政治和法治发展的建设性而不是破坏性态度。

一定程度说,法学家只有具备了政治家的素养,依法治国思想的推广才可望又可即,否则法学思想只是关在书屋里的奇想;而反过来说,法学家也只有参与到政治文明的进程之中,提出具有政治效果的法学思想,才能使自己的学说富有推动力和生命力。对于这种政治思想与法学思想的合流,我们不能全盘否定,相反,应当看到这种合流的必然性。但由于政治领域的纷争仍然制约着法学本身的影响力,致使政法学派在各种政治思想的倾向中分化和游离,有些人弃学从政,有些人独善其身;有些人偏于激进,有些人倾向保守。在此情

---

① 强世功:《立法者的法理学》,生活·读书·新知三联书店2007年版,"序言"第13页。

形下,我们应该防范法学成为政治学的附庸,力求法学研究的质量不受政治权力和利益的影响。

(五)法社会学的风靡流行

法社会学是西方法学流派中独树一帜、独占鳌头的流派。作为一门重要的社会科学体系,法社会学使一切西方理论都不同程度受到这一学派的巨大影响。按照法社会学原理,法律是社会的产物并受到社会检验,法律是保障社会利益、维护社会秩序、进行社会控制的体系。为此,人们不能只关注文本上的法,还要注意研究社会中的法、运动中的法、司法中的法,研究法律与政治、经济、文化等因素的交互作用。

从原理看,法社会学与法文化学的朝向几乎一致,即这两大学科门类都是从社会的、文化的角度判断法律现象及其进化规律。这使两者的研究有一脉相通之处。一方面,法律文明的发展是社会运动的产物,因此法律文化必然构成法社会学研究的组成部分;另一方面,法律文明的发展又必然带动整个社会的发展,法律文明的资源积累越丰厚,则法律在社会生活中的地位越高、能量越大、前景越宽阔。因此,考察法的文化现象和法的社会现象可以说异曲同工。

20世纪上半期以来,西方法社会学传入中国。如今,这类学说已堪称当代中国法学发展中的一股强大的学术思潮,影响着法理学、法史学、法文化学研究。一些法学家以活法、民间法、自发秩序、社会控制等观念为核心,致力于探讨支撑法律背后的社会基础,发现我国本土的法律资源,以及法律在社会中的实际运作状况。费孝通、瞿同祖、朱苏力、梁治平、朱景文、赵震江、马新福、付子堂、田成有等,都借鉴了法社会学的理论资源和研究方法,因而被称为"社科学派"。

归纳法社会学的学术风格和学术路径,主要有三:(1)社会性。顾名思义,法社会学的最大特点在于寻求解答法律与市民社会、农业社会、地域社会、社区社会、熟人社会的联系,因而其研究与传统学科已有很大不同。诸如,传统法学认为法律的主要源泉是国家立法机关的制定法,而法社会学却把习惯法、民间法、自发秩序都视为法律的表现形式;传统法学主要研究"本本上的法",而法社会学注重研究"活法"、"法官法";传统法学以法律为统治阶级意志的体现,法社会学则力图协调国家、社会、公民三者之间的关系。(2)大众性。比起政治学而言,社会学的法学家主要来自社会基层。在身份和地位上,他们将自己置身于国家机关、国家机关工作人员之外,站在一种相对独立的维度,有时也站在一个普通市民、农民、商人、教师、学者的角度,来看待国家制度、社会制度和法律制度。他们忧国忧民,能够深切地体会到法律在基层的需要;他们呼吁中国法学"应当多思考一些属于中国的、社会的、百姓的问题","必须以对我们这个民族、这个社会的有用来证明自己的价值。"他们还强调:"法律家不仅是国家规范的宣示者和执行者,而且是社会控制机构的组成部分,同时也应该是反映民众的愿望和要求的传导装置。"①(3)本土性。在方法论上,法社会学家常常借助历史学、社会学、文化学、心理学、统计学等方法进行研究,这使他们的法学思想具有了自由的、开放的、活泛的、弹性的色彩,而他们的立论在于充分认识"中国问题"和"中国国情"的重要性,以此作为法治和法学的内在支撑力。

就此而言,社科法学的普及性与宣传性非常强,具有巨大的"买方市场"。相形之下,其他学说有时会脱离社会需求空谈法律理想,导致法学失去供养它的民众土壤。但社科学派的法学研究也有难以摆脱的某些局限,这就是它的弱小性和模糊性特点。其根基在于社会、在于大众、在于文化环境的力量,但社会没有像国家机构那样完备的组织肌体,没有像公职人员那样法定的强大权力,没有像立法条文那样规范的文本形态,没有像司法机关那样有形的物质实体。因此,当社科理论与政治理论难以沟通的时候,就会成为一种不能渗透到最高层面的民间学说。

(六)批判运动的进取精神

厚积薄发的法律批判运动,是现代法学的主流思潮之一。顾名思义,批评运动是对现存法律制度进行批判而兴起的学说,又因为其批判现代性而被认为具有后现代性。而所谓后现代,就是"反对理性主义,张扬'非连续性'、'不确定性'、'反正统性'、'非中心化'、'反权威'之类的话语,对诸如文明、进步、理性、科学、民主、人道进行批判和质疑。"②在理论上,后现代学理的重要特点是标新立异,发展新名词,探讨新领域,反对现代法学追求的确定性、一元

---

① 参见苏力:《道路通向城市:转型中国的法治》,法律出版社 2004 年版,第 305 页;田成有:《法律社会学的学理与运用》,中国检察出版社 2002 年版,"前言"第 3 页;季卫东:《社会变迁与法制》,《社会学研究》1993 年第 4 期,第 107 页。

② 刘作翔、刘鹏飞:《世纪之交中国法学研究问题前瞻》,《法学研究》1999 年第 4 期,第 9 页。

性、统一性、整体性。

批评主义学说也一定程度影响了我国法学,从中可以窥见中国法学对于西方法学的关注之势。但值得指出,许多学者研究后现代法学并不等于赞同这种学说。而且,"批评"与"批判"是大有区别的概念,中国人往往赞赏批评的态度,却反对批判的做法。批评法学又可以分为政治批评和学术批评两种,人们一反已经接受或习惯于接受的思维方式而动,对现行的法律观念和法律制度持一种现实主义的批评态度,并在这种批评声中提出了他们认为更为合理的制度模式。

概括而言,批评法学的基本特点也表现得异常鲜明。(1)对比性。批评意见总是在对比中形成的,而对比往往会采取纵向与横向、国内与国外、东方与西方、传统与现代、理想与现实等不同角度。因此,批评主义的学者们所采用的最佳方法是文化比较的方法论,他们在比较中发现差距、发现问题、发现鸿沟、发现对策、发现示警指标。尤其西方法律文化模式与中国法律文化模式的比较,成为这些法学家们所关注的中心,而西方现行法的优越性和中国传统法的缺陷性又成为更为强烈的批评理由。批评主义又比较信奉西方的学理,力求西方的制度模式能够在中国的土壤上开花结果。(2)反传统性。批评性的思考往往建立在对社会制度的怀疑论之上,这种怀疑论不仅反叛着传统,而且反叛着现代法律文化的弊病,其中最为反对保守主义者的落伍。对于这种怀疑精神,我们不能完全否定,因为有怀疑才有新的确信。所谓"疑惑的境界决非人心久安之地,破坏之后,必有建设。"①特别在今日,中国正处于急剧变化的过渡时代,这实在是一个"打倒偶像"的时代,人们通过批评,理解到中国要有一种适应时代需求的法律文化,并愿意为这种文化之养成付出努力。(3)针对性。批评性的意见往往能揭示当时制度存在的症结问题,触及一些既存利益。因而,如同"伤痕文学"那样,批评意见一开始并不被方方面面所接受。但是,有针对性的积极意见总有着强大的适应力,在批评者与被批评者的长期对峙当中,最终会形成一种思想和制度的妥协,也就是各种利益的妥协。改革开放以来,中国的法律与法学日益发生变化,原来被当作"天经地义"的法律原则、法律关系、法律条文面临着社会实践的挑战,也需要法学家作出解答。因此,一些针

---

① 吴经熊:《关于现今法学的几个观察》,《东方杂志》1934 年第 31 卷第 1 号,转引自何勤华、李秀清主编:《民国法学论文精粹》(1),法律出版社 2003 年版,第 373 页。

对流弊的改革正在进行,我们今日已经看到了这类改革的魅力。

可以说,批判主义的法学家是一些积极有为的思想家,他们对于法律理想有着孜孜不倦的渴求,他们还特别试图建立一套异态理论。由此而言,批判运动教会了人们一种思考的理念和选择的武器,这对于昨天、今天和明天的人们都很重要,人们不能因为批评意见"不中听"而忽略它的功效。当然,批评本身不是目的,更不意味着一种学术的未来趋势,批评有时只是一条道路、一件工具,甚至是一种无可奈何的选择。故在批评中形成具有创新色彩又符合社会发展需要的对策、方案、模型,才是最应该思考的问题。

(七)统一运动的纵横驰骋

当今世界,三大主流学派各执一端,分别抓住了法学研究的一大领域,即哲理法学派的法律价值,实证法学派的法律形式,法社会学派的法律事实,它们使法学园地呈现一派繁荣昌明的发展景象。但各法学流派的原理有优有劣、有得有失、有起有落。在此情形下,以博登海默为代表的统一法学开始流行。按照这一学说,现代法学应该集合各学派的研究成果和研究方法,将正统的和非正统的、主流的和非主流的、应然的和实然的种种主张糅合在一起,容纳到一个综合的法理学之中。而法律哲学的最为重要的意义"乃在于它们组成了整个法理学大厦的极为珍贵的建筑之石,尽管这些理论中的每一种理论只具有部分和有限的真理。"[1]

事实上,统一法学是站在比较法律文化的宏观立场上,对各种法律体系和法律学说进行广泛而深刻的理论归述。受这种统一运动的影响,中国当代法学研究中系统、综合、宏观性研究较为发达,一些法学家的方法论也开始带有整合色彩。沈宗灵、张文显、陈兴良、公丕祥、胡建淼、石泰峰等学者,将哲理判断、价值分析、社会方法、实证科学、现实主义相结合,既在法治改革的理论研究领域领军优先,也在某些专题研究领域出类拔萃,他们所提出的主张已显现出各种法学思想交融发展的时代特色。

在采各家所长的过程中,统一运动带有领域广博的属性。(1)综合性。统一法学的研究方法,是将法律理论和法律实践相结合、理论法学与部门法学相结合。例如,梁慧星先生结合民法案例,畅言掌握法的正义精神的重要性,

---

[1]　[美]博登海默:《法理学——法律哲学与法律方法》,邓正来译,中国政法大学出版社1999年版,第198页。

在法的抽象性和应用性研究之间架起了一座沟通的桥梁;王利明教授不仅参与民法典的制定,而且参与政体改革和司法改革讨论,尝试着从公法与私法双重角度扩展自己的学术思路;陈兴良的刑法哲学研究,结合中国刑法学和西方刑法学、实用法学和道德哲学为一体,成为刑法理论与实证研究高度结合的产物和范本。由此看来,统一法学使纷杂繁乱的各种观点达到了万流归宗的境地。(2)思辨性。在现代,法学之外的各社会学科和自然科学取得了辉煌成就,这些成就与法学发展有着千丝万缕的密切联系。也可以说,法学研究正在从政治学、伦理学、社会学、管理学、心理学、人类学等知识体系中获取营养,从控制论原理、信息论原理、统计学原理、计算机原理等自然科学中获得辅助。这种学科的互助支撑,使现代一批优秀法学家已在法学成果方面远远地超过了前辈。曾宪义教授的组织才干、张文显教授的大气磅礴、何勤华教授的选题独特,都给世人留下了宝贵财富。(3)妥协性。依照观察,统一法学的优势,在于将西方的和本土的、应然的和实然的种种主张糅合在一起,实质是在走一条中间道路。它表明,现代法学正在呈现出一种高度分化又高度综合的势态,形成一种法律的价值考察和存在考察合流的局面。其中,价值的考察偏于对法律内涵、特征、规律进行宏观评价,以求解决法律的合理性与非合理性问题;存在的考察偏于对法律文本创制、立法经验积累、司法解释推理进行准确证明,致力于探讨法律的形式合理性与非合理性。这两者的相互妥协,也许会形成一种迎合多方需要的法哲学链条。

由此总结,现代各种法学思潮千姿百态,它们在大同中有对立、在发展中有竞争、在合作中有对抗。未来之日,何去何从,难有定论。对于中国,虽然并不能说已经形成了法学流派,或者说已经形成了任何流派性质的法学思潮,但一些发轫于西方的学术思想对于进行"中国问题"研究举足轻重。因此,不论是采取何种方法进行研究,本身并不重要,重要的是如何利用这些丰富学理,为中国的法学事业提供一定的思想方法和启迪。

二、中国法学的智慧使者

探讨法律文化问题离不开学术主体和学术思想,这就意味着要将聚焦重点放置于两大资源之上。其一是主体资源,也即推动当代法治和法学事业发展的法学家和法律人。其二是学术资源,也即法学家通过作品、观点、争议所表达的关于法律的研究结论、学术成果和思想体系。事实上,无论是近代还是现代,都有一批又一批前赴后继的思想家为中国的法治理想而呼吁,成为法律文化建设的思想库。面向未来,法学和法学家仍然需要以一种从容的学术姿态出现于世,以构造本体性、主体性、主流性的法律文化体系。

(一)三十年的法学积累

各国法学思潮的形成需要一定的主客观条件。即是说,只有出现法学精英,提出核心学说,有深邃学术影响力,并被传播地的人们信奉,才能形成一定的法学朝向。20世纪80年代以来,在经过了西化、中断、匮乏、危机等起伏跌宕之后,我国法学研究走向了正规渠道,法学界不仅担负着填补研究空白的使命,更承担着重新开启现代法学体系的重任,被认为真正进入了"法学的现代"。如今,一些重要人物、重要思想、重要作品出现,有力地推动了中国法学理论研究的观念更新、方法创新和理论构造。一言以蔽之,法学在当代中国已成显学。具体标志有:

转变学术理念。经过"文革"之后的反思,我国已在法学指导思想方面进行了反复调整。表现为几大方面:一是法学已从政治学等其他社会科学中独立出来,拥有了自己的学术空间,相对宽松的学术环境使法学内部的竞争机制有所完善。二是大量立法颁行,为法学研究提供了"有源之水"、"有本之木",对法律的运用、解释、注释成为必要。三是法律职业者群体开始形成,问题意识、批判意识、创新意识、竞争意识等已使法学家不再亦步亦趋,形成了创建法学原理的资格和能力。四是法学研究从保守简陋、教条主义、机械主义的束缚中解放出来,开始走向拓展领域、张显个性和精神启迪。凡此种种,提供着法律文化发展的土壤,孕育着法学未来广阔的前景。

组建研究队伍。任何学术研究都离不开学术群体和学术交流平台的建设,法理学的发展也得益于学术队伍的成长。1982年7月,作为全国性学术团体的"中国法学会"成立,标志着中国法学家群体有了自己的组织。此后,在该学会的指导之下,多学科的法学研究活动开展得十分红火。1985年6月,"中国法学会法学基础理论研究会"成立,后改名为"中国法学会法理学研究会",从此法理学界有了自己的独立组织。2002年,中国人民大学法学理论学科设立了国家哲学社会科学创新基地;2004年,以吉林大学法学理论学科为核心,法律与经济全球化基地也被批准为国家哲学社会科学创新基地;法学理论专业还建立了4个国家重点学科。与此同时,法学教育规模发展,开拓了知识宝库与人力资源。

出版学术论著。法学研究成果首先要通过论著予以表现。《中国法学》、《法学研究》、《法律科学》、《中外法学》、《法学家》、《法制与社会发展》、《法学》、《法商研究》、《比较法研究》、《政法论坛》、《现代法学》等许多优秀的法学专门刊物创刊或者复刊,成为繁荣中国法学的重要思想阵地。由郑永流主编的《法哲学与法社会学论丛》,徐显明主编的《人权研究》,谢晖主编的《民间法》,陈金钊主编的《法律方法》等大型系列丛书,以及中国政法大学出版社的《中青年法学文库》、《法律文化研究中心文丛》,法律出版社的《当代中国法学文库》,山东人民出版社的《法理文库系列丛书》等,则标志着"法学大树"枝繁叶茂、硕果累累。同时,由中国大百科全书推出的《外国法律文库》、中国政法大学出版社推出的《当代法学名著译丛》、知识出版社的《人权译丛》、生活·读书·新知三联书店的《宪政译丛》等,亦使外国翻译系列作品风靡一时。在此期间,商务印书馆、生活·读书·新知三联书店、法律出版社、中国法制出版社、北京大学出版社、中国人民大学出版社、中国政法大学出版社均功不可没。

举行学术会议。近 30 年间,我国法学界举行了很多重要的学术会议,针对重大理论问题和热点理论问题进行专题讨论。从中国法学会法理学研究会举办的议题来看,涉及"社会主义民主与法制建设"、"权利与义务"、"人权"、"法律与社会发展"、"社会主义市场经济与法制建设"、"建设有中国特色社会主义理论与法理学的发展"、"走向 21 世纪的中国法理学"、"依法治国的理论与实践"、"中国法学与法制现代化"等主题。1987 年,国际法律哲学和社会哲学学会第 13 次世界大会在日本神户举行,我国学者首次参会。2000 年第 3 届亚洲法哲学大会在南京召开,2008 年第 7 届东亚法哲学大会在长春召开,2009 年第 24 届国际法哲学与社会哲学大会在北京召开,成为我国加强法学领域国际交流合作的重要表征。

拓展研究成果。在改革开放时期,法理学研究内涵广泛,特色鲜明。总体表现为四大学术倾向:(1)深化对法律概念和本质属性的认识,不断丰富现代法学基础理论。研究范围包括法学基本范畴、马克思主义法学理论、建设有中国特色的社会主义理论、民主的制度化理论、进行法理学的反思与前瞻等。(2)加强比较法研究,推介各种法学思想和法学学派。涉及主题包括法律移植、法律文化、法律发展、法律改革、法律现代化、法律全球化、西方法哲学、法社会学、后现代法学、前苏联法学等。(3)形成创新思维,开启全新课题的讨论。重点探讨依法治国、"一国两制"、民族自治、社会自治、法律方法、法律职业化、西部大开发等论题。(4)理论结合实际,注重法哲学的精神导向。为立足本土,法学界特别关注人权保护、和谐社会、以人为本、人道主义等论题探讨,而关于公法与私法、市场经济与法律调控、自然演进与政府推进、个人利益与国家权力、西方道路与本土资源等论题,都被提到了重要议事日程。

可以毫不夸张地说,现阶段中国的法律在进步,法学也在飞跃。它表明,指导着中国法律制度和法律实践的现代法学,正在理解过去、把握现在和展望未来的过程中不断走向成熟,成为20世纪以来中国法学繁荣昌盛的一个缩影。它还表明,中国的法学思想发展已为当代法律文化宝库增添了丰富的内涵,并非没有我们自己的、现实的、特殊的文化上的贡献。

(二)专家型的法理团队

法学家和法律人是法治建设的重要人力资源、人才资源、主体资源。易言之,法学家集团的是否存在,以及这支队伍是否优良是中国法学的希望所在。但在以往,思想束缚、抱残守缺、文人相轻的文化环境,使人们并不重视这一资源。于是今日我们需要明确,当代法律文化本土资源的积累,既包括对于前辈法学家和法律人的定位和评价,也包括对于现代法学家和法律人成就和贡献的肯定。其实,不同时期的法学研究者,在近一个世纪的时间里对法律进行了不同角度的探索,其成果带来日益扩大的深远影响。

在理论法学领域,新中国成立前后成长起来的法学理论工作者大都有深厚的学术功底,丰富的治学经验,严谨的学术态度,又有文革期间法制缺失所带来的切肤之痛,他们成为当代中国法学的开拓者和奠基人。陈朝璧、张友渔、陈守一、沈宗灵、孙国华、郭道晖、李步云、吕世伦、李龙、刘海年、王家福、王勇飞、吴大英、刘瀚、刘兆兴、赵震江等诸位法理前辈,培基奠土,播种发芽,为法理学发展立下了汗马功劳。在学术上,他们博涉马列,明达世务,学思敏捷,学识深湛,学贯中西,系统地总结了法制建设的经验教训。在生涯中,他们潜心治学,风骨高迈,敢于言事,不事雕饰,追寻时代真理,击水法学中流,讲求实事求是和解放思想,拉开了我国法治建设突破思想禁区的历史序幕。可以这样形容,这些法学家的睿智和饱学所汇集的恢弘巨卷,就是新中国法学辉煌历史画卷的"浓彩重抹";而他们所播下的智慧种子在今日的法苑里奇葩绽放,"散发着永恒的法学芬芳"。①

---

① 参见周恩惠:《走进新中国法学家》,中国人民公安大学出版社2009年版,"序"。

接着,"历史赋予上一代的使命和责任终究得由年轻一代承继。文化的承继、变革与发展集中体现了这种使命和责任。"①张文显、徐显明、夏勇、信春鹰、苏力、季卫东、公丕祥、朱景文、邓正来、卓泽渊、李林、周永坤、石泰峰、郑成良、林喆、梁治平、贺卫方、葛洪义、刘作翔、谢晖、范愉、王晨光、孙笑侠、付子堂、姚建宗、胡玉鸿、龚廷泰、夏锦文、强世功等,一批中青年法学家思维敏锐,视野开阔,论法治学,锐意进取,成为中国法学发展的中坚骨干力量。其中,作为法理学学科领军人物的张文显教授,在深刻思考我国法治建设实践的基础上,提炼出了由法学方法论、法律本体论、法律发展论、法律运行论、法律价值论、法律社会论构成的我国法理学体系。声称"社科学派"的朱苏力教授主要围绕法律本土化问题进行思考,代表作《法治及其本土资源》、《制度是如何形成的》、《阅读秩序》、《送法下乡——中国基层司法制度研究》、《也许正在发生:转型中国的法学》、《道路通向城市:转型中国的法治》等影响深远。学贯中西、活跃于中外学界的季卫东教授,以研究风格的兼顾宏观和微观、兼及西方和中国、兼跨理论和实践著称,推动了国内一些重大学术问题的启动。开辟了中国社会科学三大运动的邓正来教授,主持了市民社会与国家关系大讨论、学术规范化与自主性大讨论、自由主义理论大讨论,他的作品《中国法学向何处去》为建立"中国法律理想范式"提供了思考的空间。以公法学研究见长的夏勇教授,将权利哲学作为自己的研究重心,系统探讨了人权问题、民权问题、社会和谐问题、法律改革问题、法治道路问题。国内公认的法理学学科带头人徐显明教授,归纳了法治社会观、法律价值观以及毛泽东、邓小平的法律观,阐释了中国特色的人权理论。毫无疑问,这些20世纪80年代后成熟的法学大家的成果,既高屋建瓴又注重现实,不乏纵横达观的学术洞察力。

与此同时,在法史学、法文化学、比较法学领域也涌现出了许多学术领军人物。他们凭借深厚传统资源,精熟现代法学原理,再从中国乡土起步,奠定了现代理论法学的研究基石。其中,张国华教授是著名的法史学家,主要著作有《中国法律思想史纲》、《中国法律思想通史》、《中国社会主义法制建设的理论实践》等。曾宪义教授以中国法律史、比较法律文化、台湾法为研究方向,学术成果包括《中国法律制度研究史通览》、《中国传统法律制度研究史通览》、《中国传统法律文化研究》、《海峡两岸关系中的法律问题研究》等。张晋

---

① 董敏志:《接受与超越——青年文化论》,复旦大学出版社1993年版,第204页。

潘教授在法律史学研究领域独树一帜，作品有《法史鉴略》、《中华法系的回顾与前瞻》、《中国司法制度史》、《中国近代社会与法制文明》等。张中秋教授为法史学的中青年骨干，著有《中西法律文化比较研究》、《法律与经济：传统中国经济的法律分析》、《法理学：法的历史、理论与运行》、《中国法律形象的一面：外国人眼中的中国法》等。武树臣教授在法史学领域的成就也颇受推崇，代表作是《中国传统法律文化》、《法家思想与法家精神》、《儒家法律传统》、《中国法律样式》、《判例制度研究文集》等。在这些法学家之中要特别一提者为何勤华教授，他学贯中西，累积厚重，所出版的专著、合著、主编作品不计其数，大致可以分类为：法律文化专论，包括《法律文化史论》、《法律文化史谭》、《法律文化史研究》、《混合的法律文化》、《多元的法律文化》；西方法学史研究，包括《西方法学史》、《西方法律史》、《美国法律发达史》、《英国法律发达史》、《德国法律发达史》、《法国法律发达史》、《日本法律发达史》；中国法学史研究，包括《中国法学史》、《中华人民共和国民法史》、《律学考经济正义论》、《检察制度史》等。从这些法学家的身上，我们看到了博学而后精的治学原则，透视了理性而务实的学术态度，他们的研究成果也常常因立意高远、蕴意丰厚、不入俗套、独辟蹊径而受到称道。

近30年来，在向来薄弱的公法学领域，一批有见地的宪法学、行政法法学专家迎难而上，将政治问题、国家问题、法律问题结合一体进行讨论，其成果也可圈可点。诸如，堪称法学泰斗的张友渔先生在新中国成立前就撰写了一批挟击军阀统治的政论文章。中华人民共和国成立后，他又参与新宪法起草，为我国宪政事业作出了重大贡献。钱端升先生对帝国主义在华横行无忌痛心疾首，连续发表《治外法权问题》、《评立宪运动与宪章修正案》等上百篇檄文，针砭时弊，辛辣尖刻，洞中要害，新中国成立初被聘为全国人大宪法起草委员会顾问，参与了我国第一部宪法的起草。许崇德教授先后参与了1954年宪法、1982年宪法、香港基本法与澳门基本法的草拟工作，在"一国两制"这一新型体制的确立方面出谋划策、荣立功勋。罗豪才教授率先提出了现代行政法的"平衡理论"，试图实现行政权力与公民权利的平衡性，在整个法学界引起较大反响。宪法与行政法学领域还涌现了许多中青年才俊，他们才华横溢，学识渊博，文思泉涌，殚精研法，服务社会，法学精品频频于世。诸如，马怀德教授的代表作有《行政法制度建构与判例研究》、《国家赔偿法的理论与实务》、《中国立法体制、程序与监督》、《行政法与行政诉讼法》、《国家赔偿法研究》、《行政诉讼制度的发展里程》等。韩大元教授的代表作有《亚洲立宪主义研究》、《东亚法治的历史与理念》、《1954 年宪法与新中国宪政》、《中国宪法的理论与实际》、《比较宪法学》、《公法制度的变迁》等。姜明安教授的代表作有《行政诉讼与行政执法的法律适用》、《行政法与行政诉讼法》、《公法理论研究与公法教学》等。

毋庸置疑,法学发展的一个重要趋势或潮流,就是形成主流意识,显示学术气魄,参与制度改革,健全法治社会,而中国当代的一批法学家们已经在此方面作出了力所能及的贡献。我们可以从他们的代表性论著当中,寻求一种对建构现代法治有所启发的"智识上的联系"。从学术背景分析,当代中国社会对法律和法学的需求不断加大,无疑给予了法律改革家以学术机缘,鼓舞他们去奋斗、去坚守、去著述,高谈阔论之中形成了一些颇有见地的法学原理,影响着 21 世纪的每一个人、每一件事、每一制度、每项立法、每个案例,法学事业正靠他们指点江山、激扬文字。未来,在中国法学生生不息的希望中,我们将更进一步期待着中国法学家能够成长,期待中国的学术力量能够成长,期待我们为之自豪的学术资源能够成长。

(三)法律人的人格品位

按照精英理论,一个社会存在许多阶层和职业,那些成功达到每个社会阶层和职业顶点的人就是精英。而按照社会学理论,任何制度的创建和改善都必然要落实到"社会角色"的行为上,先进法律文明的构造更离不开高素质的法律专业队伍,法律职业者即是发展法律文明的基本动力。因此,法学资源的形成首先有主体问题,又指法律人的能力、素质和贡献问题。法学家、法官、检察官、律师和其他法律工作者是法律现代化的领军人物,法学思想正是由这些人物靠自己的学说汇集而成的一种潮流。其中,领社会之先的法学家群体,作为法治进步力量日益受到各国重视。"正是职业法学家的成批涌现,才使法学这门学科不断成熟、日益精密,从而演化出种种制度、原则和概念术语"。①尤其进入 21 世纪,人们对法学核心代表人物有一种迫切的期待,邓正来教授在"中国法学向何处去"的疑问中,最为关注的也正是这一"主体性的建构",并一再提醒"知识生产者们务必更加关注知识生产和再生产本身的内在进

---

① 何勤华:《西方法学史》,中国政法大学出版社 2000 年版,第 8 页。

路"。①

由此归纳,现代法学家和法律人,必须具备下述一些特殊的"法学人格":(1)独立人。法学研究具有专门性、职业性、技术性等特殊要求,包括有特殊的法律思维和语言系统。"法学家在研究法律当中获得的专门知识,使他们在社会中独辟一个行业,在知识界形成一个特权阶级……他们的专业相同和方法一致使他们在思想上互相结合起来。"②同样,法律人要想获得显著地位,须有提出法律理论、进行学术竞争、从事理论预设的能力,而不能依附于他人的、家庭的、团体的、行业的、行政的、国家的意志干扰。(2)社会人。每个人会有个别性、特殊性、差异性的观点,但就人类总体倾向而言,则人们又有着思维方面的相似性、常态性或固定性。法学家和法律人也是如此。他们源自社会,又回归社会,要在社会中历练自己的思想,考验自己的观点,才会对法律文化作出更大贡献。(3)政治人。对一般公民而言,宪法和法律提供了"人"的基本权利保障,即通过法律规定人格、能力、身份、角色、地位等,就为普通公民塑造了特定的公民形象。但作为法律人的"人",仅仅这些还不够。法律人应该关注政治的改革和法律的变迁。所以说,只要人们必须实现自由和平等的政治权利,人类作为"政治人"的使命就不会终止,法律人也就不能辱没这类政治使命。(4)制度人。一定程度说,法律人也是一个关注法律制度并受法律制度约束的人,即法律人必然按照法律规定的权利和义务从事法律行为。这里,包括立法者、执法者、司法者的活动也都被置于现行法律制度的框架之下。(5)道德人。人性与道德的判断是"法律的心脏"。"一旦掌握了人性之后,我们在其他各方面就有希望轻而易举地取得胜利了。"③实际上,法律文明的发展早已将许多道德义务加在了法学家和法律人身上,这就是有博学的知识、正直的人格、独特的学术风格。反之,我们不能幻想一个品行不端的法学家会创制出优良的法律思想体系来,如同我们不能幻想一个行贿受贿的法官能作出公正的判决一样。

就此看来,法学家"应当具有双重的素养与训练,即科学的和人文的。科学把他变得周密,严谨,尊重事实,不畏权威;人文的训练使他关注人的生存状

---

① 参见邓正来:《学术自主性与中国法学研究》,《社会科学战线》2007 年第 4 期,第 250 页。

② [美]托克维尔:《论美国的民主》,董果良译,商务印书馆 1988 年版,第 303 页。

③ [英]休谟:《人性论》(上),关文运译,商务印书馆 1980 年版,第 7 页。

况与人类价值的实现"。① 于是,如何培育各专业领域中的法律改革集团以及优秀法务人才,是一个极其重要的问题。相信当知识储备、思想积累、方案调试到一定程度之时,当法学家拥有开放思维、独立精神、执著追求之日,他们会为人民争权利,为国家求法治,为法律本土资源库添砖加瓦,奉献出自己的心力。

(四)法学发达的核心标识

法学的成功仰赖于自身优良学风的养成。学术传统是在长期的学术研究过程中逐步凝结而成的知识体系、研究风格、学术规范等。这些学术传统必然要表现为有形的法学专著、专题论文、翻译作品、高校教材、调研报告、政策建议书,是大量知识体系的"物化"表现。但仅此还不够,现代法学家要想成就一番伟大事业,还要通过作品出炉占据人们思维空间的核心理论体系,这一核心理论体系又在一定时空范围内能够通过思想的魅力影响着人们的行为方式。就此而言,衡量法律文化学术资源的质量,无非有量的标准和质的标准两大方面。

首先,就"量"而言,研究人员的增加、著作比重的增加、论文数量的增加、学术活动的增加等,都是法学成果被扩张的形态表现。从近代启蒙思想家洛克的《政府论》、卢梭的《社会契约论》、孟德斯鸠的《论法的精神》,到现代学者罗尔斯的《正义论》、波斯纳的《法律的经济分析》、庞德的《通过法律的社会控制》等,都是一些脍炙人口的经典之作。同样,对于停滞了几十年的中国法学研究而言,权威的著作和论文越多,学术积淀的过程才越大越深。在此过程中,法学家希望缔造起一幢"思想帝国",也只有缔造了这样的"思想帝国",他们对于后世的影响才堪称巨大。

其次,就"质"而言,法学成果必须有体现核心内涵的学术原理,有适合本土国情的特色路径,以及有真正落实于法治实践的有效举措。这是因为,数量和质量是"一个铜板的两个方面",作为核心理论的作品还需要有质的要求。依笔者之见,法学家的学术作品不在多,而在新;不在泛,而在精。以世界著名的法学家为例,他们的学术权威往往是由一两部经典之作而奠基的,其他作品只是点缀之星。相形之下,中国当代的学人有些急功近利、急于求成,有些学者发表了百十篇论文,但真正意义上的专题性、深邃性、创造性的学术论著比

---

① 梁治平:《法学的未来与未来的法学家》,《广州研究》1988 年第 1 期,第 18 页。

较少,这是一种学术的失误甚至败笔。有鉴于此,当法学家走完了这一段求数量的路之后,需要潜下心来,专心致志,出台那些作为智识结晶的高质量的成果。如果这类作品涌动着中华民族的才思、代表着中国人对于法学事业的想象力,我们才说,我们有了世界级的法学大家和法学成果。

接着的问题是"精品的评价标准是什么"?"法学理论的科学性在于它根植于社会生活的强大生命力,以及面对立法与司法的整个法律活动过程的宏大的理论包容量。"①就此而言,法学精品的判定标准主要有二,一是理论本身的重大性和适时性。现代社会已向学界提出了许多重大思想任务,专心于学术的人们不得不重塑观念,发挥能量,关注重大问题的讨论。二是理论本身的相对成熟性和确定性。现代法学研究已经向着视野博大、设计长远、综合兼容、预测前瞻方向发展,如果学者的思想过于跳跃、浅薄、简单,没有稳定成熟的理论体系,则学术体系的形成就不可能。

最终,作为有着强大生命的法学思潮,其根本属性尚不在于构造思想,而要通过这种思想影响人们的行为、影响本国和影响世界。也可以说,一种学说只有在一定人群、一定时间、一定空间被接受,才能成为一种文化和一种行为模式。因此,构成法学生命力的机体,不是单枪匹马的个别人的睿智,而意味着学说要通过"受众"在社会生活真正发挥引导作用,使法学家、接受者和客观实践三者之间建立起一种链接关系。从法学家角度看,凡能称为学术专家或大师者,其所发挥的功用决不限于书本上的论辩,更重要的是提供一种世界观与方法论的导向,促进某些特定时代的法律进化和体制改良;而凡试图形成一种法学潮流的人,也都不甘于保持社会现状,有一种改造世界的雄心,预期通过自己的学术体系说服别人,让崇拜者或后继者信奉,发扬光大,推而广之。从大众角度看,法学的命题来自于大众,应该"取之于民而用之于民",成为普通社会成员都能信仰的原理,进而在社会中产生实力和效力。在此过程中,如果法学研究没有大众文化的基础,如果脱离社会需求空谈法律理想,会导致法学失去扎根并供养着它的民众土壤,最终在社会现实面前碰得鼻青脸肿。

应该承认,在从古至今的历史上,我国还没有形成这样一种学术势力,传播者、受众与社会之间也难以形成链接关系。但我们必须努力,让法学思想发芽、生根、成长、壮大,进而成为生生不息、代代流传的脉络。实际上,当代法律

---

① 陈兴良:《法外说法》,法律出版社 2004 年版,第 27 页。

人并不浅薄,相反"时势造英雄",时代培育出了我们这一代的优秀学者,时间还给了法学的历史性的凝重。比较前辈的学者,新一代的中国人有着自己的独有压力,有着自己的气度和收获。一旦这种朝气蓬勃、豪气冲天的气度形成为无比强大的爆发力,一旦每一个法学家都能够参与到现代法治建设之中,就会使溪溪小流汇成大海,个人主义的法学成果将演化为强大的法学思潮,中国也必将在法学领域屹立于世界之林。

三、法学质量的现代反思

一席观点、一套原理、一种思潮,目的总是试图发现问题、回答问题和解决问题。否则,就没有法学思想存在的必要性和可能性。同样,针对中国法学存在的问题,我们所采取的不是轻信的态度,而是无穷无尽的问题追问。总体归纳,对于目前中国法学的评价有三种意见:一是法学乐观论,即法学领域的自足主义倾向,认为我国已建立了较为完善的法学理论体系,队伍齐整,成果突出,参与改革。二是法学幼稚论,指法学发展中的悲观主义倾向,批评我国法学存在着先天不足,后天发育仍然不良,相比政治学、经济学、社会学、历史学研究成果存在着较大的差距。三是综合论,这是法学道路的折中主义倾向,强调既要看到我国法学取得的巨大成就,也要面对法学领域的各种挑战,对法学前景进行规划设计。本文的立场在于第三种。

(一)法学问题意识的查证

毫不讳言,在过去30年间,中国法学研究虽然取得了可喜可贺的成就,法学资源虽然得到了一定程度的积累,然而面对迅速推进的法治进程,这一学科仍然任重而道远。进而分析,任何学说都会有优点,也有缺陷。否则,它们既不会变成一种理论体系而被人们普遍信仰,也不会受到现代社会的种种挑战。事实上,中国的法学研究在20世纪上半期偏于引进介绍、机械模仿;50至70年代隶属政治,几乎失去独立地位;80年代以来需要批评现状,学术思想处于剧烈的转型之中。具体表现有如下缺陷:

一是视阈过宽的缺陷。就学科方向而言,法文化学领域所涉及的视阈最为广博,包括法律和政治、法律和经济、法律和社会、法律和文化、法律和历史、法律和道德等论题都被纳入其研究范畴。但"文化"和"社会"本身是非常含糊的观念体系,这使法文化学研究常常沉溺于概念争议之中。而且,关于法律渊源、法律价值、法律意识、法律信仰、法律传统、法律继承、法律移植、法律本土化、法律现代化、法律发展规律等基础性研究,都在探索之中。再者,在一些法学家那里,法本身就被定义为一种随社会生长的、随时变迁的一种社会制度、社会规则、社会事实、社会习俗,于是法律本土资源究竟是什么,也是必须回答却又难以回答的难题。正因为上述原因,现代中国法文化学研究还没有跳出玄学的圈子。

二是亦步亦趋的局限。曾经一度,中国本土文化的坚守者们,用以往的"本土资源"为法治国家出力献策,但由于中国传统法律文化并没有真正向民主政治逆转,使学术界出现了所谓"正统性危机"。与此相反,对西方文化的崇拜又使在对外来文化的态度上,一些学者放弃了文化的自尊。"我们几乎习惯于用别人的东西来解释我们自己,几乎习惯按别人的好恶来调整我们自己,几乎习惯既宿命式亦使命式地主动消解主体自我,几乎习惯栖身在主体的空壳里,把玩失望的快慰,履度单调的宽广。"①的确,不无遗憾地说,我国目前实际在走着一条翻译文化、解释文化、传来文化、派生文化、讲义文化、教科书文化的道路。即使今天中国法学仍然与西方学术有着似曾相识的范畴,原创的、独特的、新颖的本土资源并不多见。以学术论著的引证为例,法学界对译著情有独钟,"说明我国法理学对国外理论的依赖程度还相当高,本国理论的自我满足程度不够。""在有关法学方法论问题的研究中,译著占据了相对多数,这即表明国内该主题的研究还不够成熟,缺乏自我解释的能力"。② 这种现象必须引起警惕。

三是脱离国情的弊端。法律原理无法有效地回应社会生活的需要,这也是现代法学研究的质量之忧。造成这种脱离的原因很多。首先,法学专家们往往关起门来做学问,难以给部门法提供指导性意见,以至将当代的理想与当代的现实对立起来。其次,价值原理、法律信仰、法学潮流常常被看做阳春白雪的思维方式,法学原理的抽象性、概括性、理想性也使它们的现实意义大打折扣,造成了法律理论和法律实践"两张皮、夹生饭"的情况。因此我们要反思,各种法学原理在中国传播,究竟回答了什么中国问题,又解决了什么中国问题? 现代社会,信息技术已非常发达,法学论著堆积如山,然而我们如何让

---

① 夏勇:《法治源流——东方和西方》,社会科学文献出版社2004年版,第248页。

② 徐显明、齐延平:"转型期中国法理学的多维面向——以2007年发表的部分成果为分析对象",《中国法学》2008年第2期,第124页。

这些思想和制度"派上用场"成为问题。

四是质量堪忧的问题。自20世纪末以来,我国的法学成果在数量上非常惊人,但对于部门法产生影响的研究成果并不多见。表现为:书本表述的偏多,解决问题的偏少;介绍性的论证偏多,创新性的理论偏少;批评性的理由偏多,针对性的对策偏少。在本土法律文化研究领域的缺陷是:重视对农业社会基础上的法律制度进行研究,轻视对工业社会、商业社会、知识经济社会、国际一体化社会中的法律文化资源进行分析;重视对传统法律文化的评价,轻视对现代法律文化的透视;重视法律文化价值观的抽象解释,忽视本土资源的实证探索。最终导致目前的法律文化学主要是"消极的文化学"、"保守的文化学",而不是"积极的文化学"、"开放的文化学"、"创新的文化学"。

五是急于求成的不足。说到底,社会观与文化观都是人类文明渐进积累的产物,往往长期演化才能成熟。而法学成果本身也是一种文化积淀的历史,其成熟之后是否被采纳为一种有效的治国方案,有时甚至不是当代人"说了算的",更何况中国法学研究时断时续,从古代到现代先天不足,自20世纪80年代以来也才有近30年的发展,属于初级阶段和后发阶段。于是,现代法学家们需要花费较大气力弥补沟壑,改造这个转轨时期的中国;需要外部文化环境体制的支撑,奉献一套独立独特的学术原理;需要法学家为自己的身份地位奋斗,形成真正的法学家职业团体;需要让外国人了解和熟知中国的学术思想,以在世界法学论坛上拥有一席之地。这些都是中国法学思想体系难以速成的因素。

六是人云亦云的景况。法学家的任务,是使学术思想具有一定的明晰性、导向性、可操作性,而不是让法律语言越来越复杂、法律思想越来越混乱。但现代中国法学面临着比较复杂的学术挑战。一方面,法学家往往处于四面楚歌的境地,被政治的、道德的、甚至生活上的评价标准所否定了。"在当代的形式下,基于这种本土自觉所应当着手的主体文化建设不得不让位于政治评判和变法实践"。① 另一方面,学术观点的杂乱情况常常是学者们自己造成的,即法学家个人的研究尚未形成合力,又常常面对"圈内人的挑战",从而难以使诸多的理论相对归依。

七是法学万能的虚幻。各国法学发展到今日,已经获得了属于人类文明

---

① 夏勇:《法治源流——东方与西方》,社会科学文献出版社2004年版,第145页。

遗产的优异成果。但即便如此,法学家也难以创制出一套尽善尽美的体系。同样道理,对于立法者和司法者而言,无论他们有何等渊博的知识,都不可能对所有法学原理透彻理解。由此看来,我们不仅对于法律制度资源,也要对于法学理论资源有一种"合理的预期"。而且客观地说,从20世纪80年代开始的法律文化研究"热"只在中国持续了10年左右,其后,该学科总体呈现出冷热不均的起伏状态,近期则主要以法史学研究的名义存续下来,我国文史哲专业的热潮更明显开始降落,导致中国人文学界作为一个知识群体,真正感到了社会变迁给学术带来的威胁。

八是优良学术品行的缺失。我国法学质量低微,其重要原因还包括学人的能力和研究风格有限。表现为面对政治、经济、学术地位的追求,部分法学精英们变得"势利"起来,诸如追求机会主义的心理倾向、追求热点时髦的学术倾向、追求利益最大化的功利倾向,追求政治排队的特权倾向。一些学者在研究中蜻蜓点水,走马观花,影响了研究工作的基础性、持续性、科学性积累;一些学者利用网络技术的发达,复制剽窃他人成果,抵消了学术自由、创新、权利精神的培育。而如果法学家为经济利益作学术、为政治地位作学术,则中国法学事业的发展将面临很大不利。

凡此法学研究领域普遍存在的缺陷,迫使我们重新审视这些特殊问题,并通过合理路径应对这些问题。我们还必须进行实至名归的学术努力,力求摆脱法学对现代法治生活的一些负面影响。而在未来,法学家只有调整思路、正视现实、扬长避短,才能解决这些法学本身存在的问题。

(二)法学思维方式的开放

毫无疑问,建构中国法学的"理想模式",首先应该具备一定的学术环境条件,即一种源于其他社会科学又独立于其他社会学科的理性环境,一种开放、自由、民主的学术土壤。这种独立又表现为内部独立和外部独立两大方面。时代背景、政治制度、经济基础、社会实践、国际交流等因素,以及这些因素所提供的学术空气,是养成法学思潮的客观外部要件。而首当其冲的,是政治环境的优良与否。

反观中国社会背景,近代以前的学术活动是螺旋的、简陋的、附庸的,法学一直没有独立地位。历代的律学名家和文人墨客只有两条道路可以行走,或者聚集在君主的麾下,为专制统治歌功颂德;或者学说被视为异端,惨遭封杀。近代以后,中国法学虽有演进,但仍然陷于政治的旋涡之中。清末维新改良遭遇了保守势力的顽强抵抗,使当时的改良带有浓厚的托古改制色彩;20 世纪上半期,军阀混战、战中立法,虽有《六法全书》等法律杰作,但政党政治和军阀混战又将法律之光遮掩得没有缝隙;50 至 80 年代,法被认为是"阶级斗争工具",占主流地位的是人治主张、政策指导、长官意志,在这样的社会背景下法学发达也不可能。

20 世纪 80 年代以来,随着政治上的开明开放,学术界内部的竞争机制和学术吸纳的氛围空气开始养成。但事实上,由于现代国家与社会、政府与公民、权力与权利、法律与习惯之间仍然有着不可逾越的鸿沟,在法学知识领地也仍然受到政治格局的影响。例如,在观念上,人们不会再为"官本位"公开辩护,但其潜规则还无处不在。而且,学术界内部的环境也受这种政治风云的影响,一些学者互相对峙、挑剔、鞭挞,在反对他人观点时动辄扣上"离经叛道"、"西化阴谋"、"资产阶级世界观"、"背离马克思主义"等类的帽子。

接受这类学术极端化的教训,"中国社会科学要取得真正的发展,就必须建立中国社会科学自己的学术传统,建构中国社会科学自己的学术评价体系"。① 易言之,现代法律和法学发展确需法律运作日益与政治性因素相疏离,确需法学家作为特殊的职业集团发挥作用,确需形成相对专门化、知识化、科学化的技术标准,使法律思想源于政治学指导,又脱离它的羁绊。同时,即使有一些错误学理,人们也切忌进行上纲上线的怀疑、否定、攻击、指责、封杀;更不能对有贡献的学者大批特批,曲解他们的学说,夸张他们的缺点,凸现他们的差异。作为法学家集团,则应该提倡文人的精神和骨气,在学术上不能"配合政治风向"进行研讨,亦不能屈就于任何团体、任何个人的意志。

具体说,法学界的解放思想有如下表现:(1)在法学理论框架的确立方面,要抛弃"以阶级斗争为纲"的思想,同时建立以权利和义务为基石的法学体系。(2)在对旧文化的态度方面,要对本土传统文化中的保守性和专制性进行批判,其目标是突破被旧制度的"锁定和依赖状态"。(3)在法学任务使命方面,要担负起打破"法律关门主义"禁锢的历史重任,带来一系列法学问题的新解。(4)在政治环境方面,要提倡对各种标新立异的价值观念和行为模式的宽容性,不能总用一套"政治标杆"衡量法学思想的优劣短长。(5)在

---

① 邓正来:《我的学术之路与中国社会科学的发展》,付子堂主编:《法理学讲演录》,法律出版社 2006 年版,第 7 页。

法学研究者的学术品行方面，要坚持有容乃大的精神，不能因上纲上线、口诛笔伐、乱扣帽子而造成学者内部两败俱伤的不利结局。（6）在学术的规范性方面，要遵守学术本身的规范要求，特别讲求尊重史料，反对断章取义，根基不实，导致研究结论建筑于空中楼阁之中。

无疑，为防止法学失去赖以生存的活水源头，大力倡导法学自立之风以及形成优良学术之风，这才是现代法治正常发育的学术条件和法学本身的活的灵魂。预测未来，法学界必须冲破那种人为的政治因素所维持的僵化保守、文人相轻的局面，向真正的开放状态回归。正所谓中国法学"能否长成枝条并最终长成枝繁叶茂的大树，这取决于我们的理性、智慧、关爱和宽容。"[1]

（三）法学理想模式的形成

人们早就发现，法学的学术品质在于它的思想观念的创新性，唯有创新才能推动文明进步和法治进程。进而言之，正是因为各种法学思想体系提供了独特的学术理念，才得以演化为强大的文化传播力。罗马法学糅合自然法思想与实用主义为一体，形成了独具特色的私法学说，因而架起了通向现代社会的桥梁；德国哲理法学的影响力，在于它深奥的哲学原理，提供了人们前进的灯塔、航标和方向；美国宪政学说的伟大，归功于它的革新精神，使人类社会从殖民征服转向公法文明。相形之下，中国法学之所以还处于初创时期，原因在于我们的学术特质还没有培养起来。为此，现代法学应该在下述方面付出努力：

其一，致力学术成果从雷同走向开拓的过程。众所周知，法学的发达取决于自身的内涵条件，即法学研究应该有自己的研究对象和研究方法，有自己的学术条件和学术团体，有自己的研究范式和评价体系，有自身的内涵要求和内在规律，有自己的鲜明特色和立论基础，有自己的思维方式和表达系统，有自己的学理模式和操作框架，有自己的信息整合和学术成果。反过来言，当人们对于法律问题的讨论还一哄而上甚至抄袭之时，当学术大家尚没有摆脱"沿着他人的思路"行走的思维模式之时，当法学专家仍然关在书屋里大发奇想而脱离现实之时，就不能说已经实现了"法学现代化"。表现在对外来法学的态度上，则应该有"从一开始的直接翻译、简单介绍，到逐步开始结合中国的

---

[1]　刘作翔、刘鹏飞：《世纪之交中国法学研究问题前瞻》，《法学研究》1999 年第 4 期，第 7页。

实际进行个人的思考和评价,进而发展到系统地进行反思和批判的清晰过程。"①这还提醒我们,当中国法学重新崛起之时,中国人"要真正学会结合国情看待自己,说自己的话,做自己的事;学会自己给自己下定义,不能老让别人给自己下定义,或者用别人的东西来定义自己"。② 这是中国法学真正"本土化"的不可缺少的条件。

其二,追求学术思想从落后走向成熟的过程。不言而喻,法文化学研究不应该成为一种保守性的学理,而应该是一种积极救世的主张,对于现代社会的结构状态有一种推力作用。因此,除了合理继承和移植古今中外法律文明的优秀成果而外,创新性的法律文化观还意味着"倡导一种先进文化"。这种先进文化的设计和传输,无疑是抵消家族主义、伦理主义、专制主义和法律虚无主义的新时代的学术力量。清末时期的人,都在冒着风险进行着社会制度的改革,如果"和平年代"法学家仍然因循旧制,则显然犯了"不合时宜"的毛病了。早在 20 世纪 40 年代,法社会学家庞德在中国担任法律顾问时也鼓励说:"中国有很多才能卓越的法学家、官员、法官以及法律教授。我并不怀疑他们的能力,能使这进一步推进。所以我要说,相信你们自己。除了中国人民自己以外,没有人能够创造出一套中国法律的合适的制度。"③

其三,坚持学术对话从僵化走向争鸣的过程。历史学家汤因比强调,文明只能在挑战和应战的模式中成长,应战的成功与否可以决定文明的方式,甚至决定文明的命运。④ 就此而言,现代法律文明所面临的挑战及其应对措施,还包括坚持百花齐放、百家争鸣的立场。首先,争鸣的意义在于学术观点的真正碰撞,而其实质则在于使法学具有更深更大的扩张空间。因为,只有创生众多的理论模型,让它们在竞争中成长,才能从不同角度为法治方案提供高见。无论是激进主义或是渐进主义的立场,无论是历史主义或是现实主义的设计,无论是形式主义或是理想主义的努力,这些林林总总的学说总在诱导着改革者前行,都对我国法治之发展至为关键。其次,在政治对话、外交对话、经济交易

---

① 刘雪斌、李拥军、丰霏:《改革开放三十年的中国法理学:1978—2008》,《法制与社会发展》2005 年第 5 期,第 24 页。

② 夏勇:《法治源流——东方和西方》,社会科学文献出版社 2004 年版,第 249 页。

③ 庞德:《法律与法学家》,转引自王健《庞德与中国近代的法律改革》,《中国法律近代化论集》,中国政法大学出版社 2002 年版,第 204 页。

④ 参见梁治平:《法辨》,贵州人民出版社 1992 年版,第 47 页。

对话日益广泛的背景中,加强法学领域的内外对话,也是法律现代化的必由之路。在内部,我们要和古人、和我们的前辈、和与自己观点不同的学者对话,在批评声中使理论日益成长成熟。在外部,我们要与各国法学家交流,获得外部的"思想市场"和"信息市场",从而使自己的学术对策更加敏锐、适宜和科学。当然,由于争鸣双方视角不同、立场不同、方法不同,在对话中自然而然地伴随着激烈的论战,这是正常的文化现象。

如此看来,中国学人若想成功,就要形成一种适应时代需求的法律文化,并为这种法律文化之养成付出努力。这就是一种具有时代精神和人文精神的学术创新,不断怀疑和探索的精神;就是承认传统同时又勇于改革,力求超越今天、超越自我的迸发精神;就是在学术问题上不空谈道德信仰,而脚踏实地地解决法律问题的精神;就是求真务实和想象力、抽象力结合,敢为天下先的精神;就是善于汲取各种知识,同时面对今日之世界对中国挑战的精神;就是民主科学的态度,从我开始的创造,面向未来的预测;等等。①

第二节　可持续发展:法治文化的总体设计

以 1949 年中华人民共和国成立为分水岭,面对一个百废待兴的国家,中国可以选择的法律模式有哪些,法律与政治的关系是什么,法律在维持社会稳定方面的作用如何,传统法和西方法究竟何者更适应于中国,这些问题使中国的法制建设面临"向何处去"的问题。如今,在法律现代化事业蓬勃发展之际,"中国法学向何处去","中国学者拿什么来贡献国家","法学的理想图式是什么",这些问题也同样在烤灼着新时代的法律研究者。由此,法学的科学精神、法学的范式转换、法学的整合论题,均呈现在我们面前。

一、现代法律文化科学精神的彰显

如果说社会制度是推动法学进步的框架和骨骼,那么,法学思想则是社会制度的灵魂和肉体,它们构成了人类法治发展和法学进步双向互动的原动力。因此,探讨法学和法治的关系,也即法律的思想资源和制度资源之间的关系。在此方面,法学的目的性、功能性、价值性探讨,要比归纳中国究竟有哪些本土

---

① 参见苏力:《也许正在发生:转型中国的法学》,法律出版社 2004 年版,第 183 页。

资源更进一步。进而,法学既要"多谈点问题",更要"多谈点主义",要在考察法治发展成败经验的基础上,探索中国法律文化的基本模式、风格、前景和走向,为建设法律制度文明提供理论上的支持。

（一）法文化的目的性和功能性考量

说到底,法学是人类文明的精华部分,现代文化环境的润泽必然是法治事业进步的文化基础,法学思想的真正落实则需要特定的文化环境予以保育。而且,经过时代的历练,法学在今日的目的性已十分明显,这就是推动中国法治事业的进步。如此说来,现代法学还要不断展现自己的"学术能力",即进化法律的能力和提供法律对策的能力,又表现为积淀法律文化的成果精粹,张扬法律文化的价值精神,把握法律文化的主流脉搏,揭示法律文化发展的趋向前景。

判断能力。法学能力首先体现于学者们的学术判断能力及其提升方面。这是因为,法学实际是一门具有正当价值评价性质的学问。而作为判断标准的法学,至少可以采纳理性原则、道德标尺、价值信仰、证实经验等准则,对于制度体系、法律文本、法律运行等各个层面进行透析。首先,法学家要对各种已有的法律资源进行判断,包括对以往的和今天的、外国的和中国的、国家的和民间的各种资源及其变迁予以分析。在此过程中,法学家应该将改革和固本相结合,从而实现法律文化的改造、法律文化的更新、法律文化的优良。其次,法学家要对各种学术思想进行判断,它们是否适时、是否合理、是否先进、是否有效。当然,进行法学本身的判断需要一些主观和客观的标准,诸如进行数量的和质量的、经济的和政治的、形式的和内涵的、实证的和应然的、逻辑的和经验的"多重确证"。

选择能力。"现代化过程的特点是它包括选择的两个方面:改善选择的条件和甄别最满意的选择的机制。"[①]而且,当一个文化表现出追问人们如何进行选择的态度时,作为法律文化的现代化进程就开始发生了。具体于法律现代化进程中,选择可针对法治目标确定最合适的方针、策略和路径,从而使现代法治具有合法性的依据和实效性的措施。至于选择的原因,则往往由于法学领域会呈现出多元化的观点竞争,在"优胜劣汰"的时代浪涛下,使各色各样的法学

[①] 参见 David E. Apter, *The Politics of Modernization*, Chicago: The University of Chicago Press, 1965, pp. 9—11。

思想适者生存，不适者淘汰。期间，法学家也在不断地调整着自己的学术观点和学术走向。有人选择进行宏观研究，有人选择从事微观讨论；有人赞赏价值哲学研究导向，有人倡导实证主义研究方法；有人维护规范法学的传统地位，有人强调司法权威的功能；有人关注历史文化的发展，有人致力于现实问题的解决。正因为如此，当代法学家要把握选择的技术，对各种法理学说进行甄别。

反思能力。以往，中国法学因为缺乏反思性而趋于保守、趋于模仿、趋于西化。如今，法学应该提供一种反思自我的能力，否则法学难以发展。首先在制度方面，我们毫不讳言地承认，30 年前的中国法制僵化状态必须引起反思，诸如"文化大革命"对宪政的冲击，"砸烂公、检、法"的群众运动，取消大学法律教育的事实等。它们所带来的悲剧效果，致使中国人不得不痛定思痛，正本溯源，寻求道路，为法治和法学的未来发展创造机缘。时至今日，中国仍然面临着"形势逼人"的环境，经济的迅速发展，政治的民主进程，社会的复杂多变，都迫使现代法学进行学术上的反思，以添加一些正反方面的材料，搭建一些智力平台，借助一些分析工具。其次，我们还要对整个中国法学发展进行反思。近期，邓正来教授关于"中国法学该往何处去"的疑问开启了反思的闸门，使法学界对法学本身展开了持续性、高密度、多维度的大讨论。在邓正来教授看来，1978 年以来的中国法学在取得很大成就的同时也暴露了一些问题，其中根本问题就是无力为法律发展提供评价和指引，最终导致了"范式危机"。因此，我们必须结束法学旧时代，"开启一个自觉研究'中国法律理想图景'的法学新时代。"[①]这一观点"形成了中国法学发展到今日所必然出现的震荡"，使迄今的法学反思"从未有今天这般气势壮观"。[②]

建设能力。法学研究的另一个特点是，它应该具有明显的建设能力。这一能力建立在前一种反思能力之上，又对于当代法治和法学发展更有价值。因为无论是反思法治实践还是法学现状，如果缺乏了法学思想的建设性，仍然不可能完成法学的使命。由此看来，对于现代和未来法律文化的研究，我们已抱有非常理性的态度。这种理性态度，既有利于打破以往法学思考中的某种

---

① 参见邓正来：《中国法学向何处去——构建中国法律理想图景的时代论纲》（上），《政法论坛》2005 年第 1 期，第 3—8 页。

② 参见徐显明、齐延平：《转型期中国法理学的多维面向——以 2007 年发表的部分成果为分析对象》，《中国法学》2008 年第 2 期，第 123 页。

迷茫或极端,也有利于培育现代法治精神。应该说,中国法学流变到今日,正向着立体、宏观、成熟、科学的方向发展,即通过法律思维方式的培养、法治意识观念的推行、法律体系设施的构建,我们正在发挥可持续发展的能量。从法学承担的使命看,其任务,不仅在于哀叹我们的教训太多,更主要者,法学还必须以现代法治变革作为目标,不断地发现更深刻、更复杂的问题,不断地提出更大胆、更科学的设计,不断地提示和推进社会理想。

笔者以为,中国法学研究 30 年左右是一轮周期,清末修律,大致持续二三十年;民国法学的发展,也接近 30 余年;50 年代至 80 年代,中国的法学发展几乎中断,中间也约相隔 30 余年;80 年代至今,主要是法学界的恢复期、重振期、转轨期,或许也要经历大约 30 余年。我们期待,再有几十年,中国将建成独具特色的优良法学体系。

（二）法文化的应然性和价值性考量

在应然与实然的维度里,学者们常常开展着激烈的争论。按照应然性的法学思维方式,研究者将视野放置在法律发展的价值、理想、趋向之上,希求具有抽象性、原理性、批判性、道德性的考察和评价。而按照实然性的法学思维方式,则力求研究法律规则、制度、形式的实际状态是什么,从而进行必然性、必须性、现实性、逻辑性、技术性的把握和总结。而我们发现,这两种学术思潮都有存在的必要。但无疑,法律文化研究更侧重法律的价值属性或应然属性的范式研究。于是,如何孕育现代法学精神的论题,纳入我们的视线之中。

一是法律文化研究在对象上确定了应然性的学术方向。顾名思义,法文化学研究所表现的博大精深,在于力求建立解决法律问题的理论模型。因之,与对具体法律的研究不同,它所追逐的,是人们向往的安全、和谐、幸福、有序、正义的状态,是中国法学的总体格局和基本走势,是若干重大基础理论问题的深入洞察。这使法律文化研究不仅探索法律在特定时期"究竟怎样",而且探讨法律"可能怎样"和"应该怎样",否则"法应该是什么"的问题也就无由提出了。对于法学研究体系,则意味着要形成系统的思想乃至学术流派,才不辱法学的使命。诚如这样的总结:"一门学科成熟的标志,是形成了众多科学化、合理化的思想流派;一个学者成熟的标志,则是有着浸淫作者观念意识、贯穿各个研究领域的思想体系"。①

---

① 胡玉鸿:《"个人"的法律哲学叙述》,山东人民出版社 2008 年版,第 5 页。

二是法律文化研究的价值意义明显大于形式意义。在法律文化本土资源研究中，必然涉及对于现行的法律文本、法律规则、法律制度、法律设施、法律程序的客观评价，但法律文化的要素并非以固体的形式上的雷同作为表现，更重要的，是其中所体现的文化价值判断。通过这种判断，人类发现，法学思想指导着各国进行从器物、到规则、到制度、到模式的法治构建。例如，在价值意义上进行评价，对某一优良的宪法或继承、或移植、或独创，都不是法学研究的最终目的，目的是要让该宪法作为一种法律资源在中国土壤上深深扎根，拥有一种持久的文化力量，实现功能上的有用性、有益性、有效性。"一个社会必须充分肯定这些特定价值，否则就无所谓宪法与行政法，民法与商法；同样，作为一种文化要素的法必须本身就具有实现这些特定价值的可能性，否则，它们也不会发生联系。"①目前，我国正在进行前无古人的法治现代化事业，诸如有关权利义务关系的探讨、有关人权保障的探讨、有关执法公正的探讨、有关司法独立的探讨等，都不仅具有一般的实证意义，而更具有强烈的理论意义，即有利于将法律文明建设推进到一个更为深刻的领域。

三是法律文化研究在评判标尺上带有理想主义的色彩。相比以往的消极、功利、个性化的价值观，现代法学对于法治往往持有更为积极、开放、乐观甚至浪漫主义的态度。这得益于法学的应然属性，以及从法治建设事业的角度看待正义、善良、平等的法律标准。虽然人们都知道，法律理想和制度现实有着一定鸿沟，但这并不妨碍法学家对法治建设有积极追求。其理由，一方面是消极主义的态度不可能成为现代法学的主流，二是法治建设事业需要设计蓝图，从中才能透视出法律文化的远景。当然，盲目乐观对于法学也有弊端，因而毫无疑义，现代法治的坐标仍然是双向互动的，正所谓"中国法学既要有实证分析的冷峻，以追求学理之完美，渐达法制之精巧；又要有价值分析的激情，以祛除社会之斑垢，捍卫法治之理想。"②退一步讲，即使在我们这个时代能够刻意创造的法治状态颇为有限，现有的某些价值愿望也确实可能终成幻想，但只要这类理想或者幻想是为了推动法律进步，便无可指责。

四是法律文化研究需要一种前瞻性的思考。如前所述，法学思想是对自

----

① 梁治平：《法辨》，贵州人民出版社 1992 年版，第 152 页。
② 刘作翔、刘鹏飞：《世纪之交中国法学研究问题前瞻》，《法学研究》1999 年第 4 期，第 9 页。

然社会中法律现象的经验反馈,但这并不妨碍法学应该具有预测性、规划性、整体性。法学研究唯有预设了前提条件、先进理论、行为模式、操作系统,才有更为强大的生命力。从需求看,21 世纪应该不仅是中国法治事业,而且是中国法学事业的繁荣发展阶段。无论是科技革命还是网络技术,无论是政体创新还是法治工程,无论是环球稳定还是国力竞争,都需要从法学中发掘真理和规律。当然,在法学目标确立时,人们不能幻想最发达先进的法律意识形态是怎样的,以及所谓终极性质的法律制度模式是怎样的。因此,预设应该有节奏或者步骤,规划好当今的法治发展蓝图,规划好法学本身的发展蓝图,这就是法学之功能所在。

法治要求善法之治,法学要求善法之学。今天我们已经进入了新的世纪,法律在中国正逐渐从工具理性开始转向价值理性,法学的工具价值和正义价值在这里达成了共识。而且值得指出,法律的应然性和理想性可能渺无踪迹,但却无处不在,它陶冶着中国的法治进程。为此,即使研究刑法的陈兴良教授也曾呼吁:"理论法学应该以探讨法的内在价值与外在形式以及运行机制为己任,将自然法思想与实在法思想熔为一炉,形成具有中国特色的理论法学体系。"①

(三)法文化的现实性和实践性考量

应该说,比起法律的价值原理,"从实践出发"已是一个"被说滥的话题",那么,为什么今日仍然反复强调要实现理论和实践的范式整合?究其原因,在于法律理论脱离法律实践仍然是困扰所有法学理论工作者的一个难题。虽然人们深知,法学再发达也要被用于实践,但现实中,那些普遍主义的规则体系、完备精致的法典法规、公平正义的法律观念往往依旧是"泡沫话语"。这就需要我们充分认知,法学是一种学术理性,法治是一种实践理性,学术理性必须为实践理性服务,来回穿梭于二者之间。推之于法律文化研究同样如此,将现代法律思想与现代法治实践紧密结合,才能真正获得中国法律文化本土资源。

首先,要致力于法律问题的专题研究,处理好宏观论题和微观论题的关系。法学范畴的研究,一般可分为宏观和微观两大领域。其中,制度设计、原理构造、规律探寻,属于宏观哲理研究;经验证明、实证分析、社会实效研究,属于微观应用研究。这里,法律文化研究当然要关注重大法学命题。但相形之

---

① 陈兴良:《当代中国刑法新理念》,中国政法大学出版社 1996 年版,"序"。

下,对微观法律文化研究,法学家亦不可偏废。现实中,从特定的法律事件、法律关系、法律现象、法律规则、法律制度入手,从沸腾的法律生活中汲取丰富的营养,获得形象化的启示,从而有利于解读法律文化发展的特殊属性,凝炼法律文化模型的特殊品格,为本国法律发展提供可操作性的方案。事实上,今天法学家所关心的问题已大到国家体制改革,小到平民百姓的吃穿住行。故此,中国当下应该培养恰到好处地将理论和实践联系在一起的法律工作者。

其次,要加强与部门法结合的法理研究,处理好理论法学和部门法学的关系。法学基础理论不仅涉及一般法哲学思想,而且对于宪法学、行政法学、民法学、商法学、经济法学、知识产权法学、环境法学、劳动法学、刑法学、诉讼法等部门法研究有一定的指导功能。即是说,法学理论要为部门法学提供学术基础,部门法学则要借助理论法学的研究成果,相互之间不能出现隔绝之现象。但在以往,一方面法学理论著作不断出版,另一方面部门法学者对此不加理会,如何沟通两者的关系成为"一个尴尬问题"。其改进的方法,是将一些关键性的争议提升到理论法学的层面进行思考,重点解构实体法和程序法、成文法和判例法、立法权和司法权、公法学和私法学的关系,从而使理论法学和应用法学之间建立共同联系点。例如,中国至今没有一部民法典,承担这一使命的建设者,不仅应该包括民商法学者,而且应该吸收宪法、行政法、法理学专家一道付出努力。

再次,要确立法律本土化战略定位,处理好法律运行和社会环境的关系。法律文化的理性构造必须寻找到现实的立足之点,这一立足点即是社会本身。正如这样的概括:"法律不断地适应社会需要或利益,或者通过与环境之间的互动而发展。'现代化论者'甚至赋予法律以能动的地位。它被视为推动社会进步的关键手段。"[1]同理,法律文化建设可称作因时制宜、因事制宜、因地制宜的实践艺术,脱离中国本身的法学研究决没有前途和出路。再从本土化理论进行重新解读,法学研究重在提供法治发展的有效形式、途径、方法、手段、工具,因之本土化理论在当代中国特别受到重视,这不仅仅因为它具有特殊的学术背景,还因为它有着极其浓厚的法律实践属性。实践中,一些旨在解决"中国问题"的社会调查,诸如吴文藻等社会学先驱所进行的农村风情调

---

① 弗兰肯伯格:《批判性比较:重新思考比较法》,《哈佛国际法杂志》1985 年第 26 卷,转引自梁治平:《法律的文化解释》,生活·读书·新知三联书店 1994 年版,第 202 页。

查,夏勇教授主持的中国公民权利状况调查,朱景文教授主持的中国司法状况调查等颇受欢迎,正在于它们提供了理论源自实践的恰当证明。

同时,要出台实际解决问题的法治方案,处理好认识规律和提供对策的关系。一定程度可以说,无论是法律改革的探索,还是法治道路的选择,或是立法司法的操作,都既需要规律性的研究也需要对策性调整。一方面,法律文化研究承担着揭示法律运行规律的使命,应进行史料分析、文献对比、差异证明,以透视法律文化进化及其规律。但在同时,法律文化研究还要对于法律变革提供具体对策。特别在体制转轨的重大时刻,人们要在一些重大法律决策上力求产生一定影响,为解决蜂拥而至的法律问题出力献策。例如,近些年来的孙志刚案、邱兴华案、佘祥林案、齐玉苓案,以及黄碟案、种子案、假华南虎案、醉酒驾车案、重庆打黑案等,淋漓尽致地反馈了立法权与司法权、公权力与私权利、法律判断与道德判断、司法裁判与大众舆论的冲突,使法学研究中的对策性分析比重加大,正是现代法学的一个重要倾向。苏力教授由此分析:"事实上,近年来几乎所有的重大法律事件或案件的社会讨论中,都隐含着一些法理的脉络。"[1]如果法学家能够科学地回应这些事件或案件,并留心于背后的法学原理,必然为法律运行提供可靠的思想资源。

最后,要注意运用法律实证主义方法论,处理好价值分析和实证分析的关系。从西方文化看,"法治的分析语境出自西方的思想和实践两个不同的来源。法律实践家和法官总是站在法治对话的前沿,他们的实践则为理论家所解释"。[2] 但在中国,一些法学家易于极端,或而透露出忽视理论造诣的倾向,或而表现出轻视实证经验的倾向。有鉴于此,法学家运用自然法学、社会学法学、实证主义法学、现实主义法学、经济分析法学作为分析工具,用于产生理论、积淀理论、检验理论、发展理论,又指导实践、服务实践、推动实践、升华实践,为当务之急。可喜的是,在目前法学研究中,许多中外学者已开始依托价值方法和实证方法,使之彼此糅合、彼此相长,进而回答世纪之交的许多法律问题。这应该是中国法学的出路和方向。

总之,进行法学研究要求形成一种法学理论与实践相结合的理论范式转

---

[1] 苏力:《也许正在发生:转型中国的法学》,法律出版社 2004 年版,第 124 页。

[2] Guri Ademi , *Legal Intimations*:*Michael Oakeshott and the Rule of Law*, Winscosin Law Review,993,p. 845.

换,所谓纯粹的理论研究和纯粹的应用研究都是不存在的。实际上,在理论界,"主义"与"问题"之争已进行了数十年,我们既无法少谈些"主义",又可以多研究些"问题"。得益于此,凡信奉法治理念的人以及凡从事法律职业的人,都可能把自己的学术中心放置在解决中国法治实践问题的基点之上,这也使法学本身的安身立命之地有所拓展。

二、现代法律文化资源整合的路径

"所谓整合,是把各种不同的要素或部分结合调整为一个系统的活动、过程、方法与结果"。① "用整体性的观点来看待世界和社会,看待包括法律在内的各种社会现象,应当是人类普遍的哲学观念之一,符合现代科学研究方法的基本要求。"② 在法学和法律进化发展中,整合理论虽然新颖,但就其所强调的模式化、体系化的精神方面,却与以往的法律文化原理不谋而合。一定程度说,整合也是法律文化运动的过程,即所谓"在法律文化运动过程中所形成的富有个性的具体的法律制度及其体系乃至学说、心理等等之间,不可能处于互不相关、绝对排斥的状态,必定会构成一种'总体'"。③ 可见,整合的立场已经被许多法学家采纳,成为必须借助的法学世界观和方法论。

(一)整合是现代法学的复杂系统

对于中国,整合的原理不可能在法学初创时期提出。届时,由于法律更多地承担着对原有秩序的积极破坏而不是全面建设功能,法学所要扮演的角色是"改造方案"而不是"治国方案"。但如今,我国法治建设的任务发生了变化,需要借助法学原理使社会安全稳定,于是整合成为面向混沌的社会状态所采取的一种措施,目标在于促使法学界理清思路,凝聚方向,开拓法学疆域,集中学术资源,展现法治前景。

首先,整合是现代法律文明发展日益复杂化的一种客观需求。众所周知,中国现代法治事业已经进入了一个前所未有的建设期,但在法律的社会目标、法律的正义标准、法律的利益追逐、法治的未来方向等领域,各学者会形成千姿百态的一孔之见。而在法学思维方式、理论模型、原理原则、方式方法方面,

---

① 张文显:《法律文化的结构与功能分析》,《法律科学》1992 年第 5 期,第 9—10 页。
② 卓泽渊:《法治国家论》,法律出版社 2004 年版,第 2 页。
③ 公丕祥:《法律文化的冲突与融合》,中国广播电视出版社 1993 年版,第 6 页。

更呈现出一派杂乱无章的学术景象。特别随着文化信息传播得越来越快捷，人们对本土法律文化的感知会越来越模糊，反而会对其他法律文化的接受程度越来越普遍。这意味着现代法律文化的交流，已经打破了传统文化交流的固有规律，从单线式、同一化、模仿型的交流模式开始向着易变性、多边性、交叉性的方向发展。这就是所谓"法治资源整合"话题的由来。同样，虽然法治的每一个要素都是重要的，但只有把这些要素放到法治的整体中加以观测，法治事业才能良性发展，这又进一步加强了"法治的整体性"问题。诚如高鸿钧教授所言："自鸦片战争以来，中国社会面临的问题极其复杂，传统与现代、中国与世界、民主与集中、效率与公平、自由与群合以及多元与统一等各种问题聚合、交叠在一起，形成'问题激流'。当此之际，如果放任自流，中国可能面临更多的不确定性风险和遭遇更多的挫折，甚至可能'触礁'。因此，在中国法治的发展中，面对上述冲突，我们必须做出主动的选择，采取必要的措施加以整合。"①

其次，整合的观点已渗透于法理学、法史学、宪法学、行政法学、统一公法学研究各个领域。其中，宪法和行政法理论，一直绕不开整体主义的政策性和价值性探讨。例如，在关于国家主权问题、人民主权问题、民族自治问题、权力制约问题、公共政策问题等具有"宏大叙事意义"的问题上，都离不开制度化、系统化、模式化的思考。相形之下，"纯粹个人主义的研究方法无力解决诸多问题，因而很多情形下也难以具备拥有足够穿透力的理论解释力量。"②正因为如此，袁曙宏教授提出了"统一公法学"的大胆命题。他直言道，各国公法学，包括宪法、行政法、刑法、诉讼法、国际公法以及具有公法私法交叉属性的经济法、劳动法、环境法、社会保障法等部门，目前处于各自独立、疏离对抗的研究状态，不利于各学科的知识交流。为了探求一般公法的规范、规律和特征，可考虑打造作为支撑骨架的公法学理论体系。该理论体系可由公共权力、公民权利、公法主体、公法关系、公法制度、公法行为、公共治理、公共职能、公共利益、公共服务、公共秩序、公共责任等范畴所构成。③ 虽然，这一命题提出

---

① 高鸿钧：《法律文化的语义、语境及其中国问题》，《中国法学》2007年第4期，第36页。

② 张千帆：《中国宪法学的思想、研究方法与理论流派》，姜明安主编：《公法理论研究与公法教学》，北京大学出版社2009年版，第32页。

③ 参见袁曙宏：《论建立统一的公法学》，《中国法学》2003年第5期；袁曙宏、宋功德：《统一公法学原论——公法学总论的一种模式》（上、下），中国人民大学出版社2005年版。

后有很大争议,但作为一种"将破碎的公法知识予以体系化的逻辑努力,得到了相当的认同。"①

再者,从技术手段上分析,整合所采取的方式主要是自然科学中的系统论方法。所谓系统论,主要包括适应系统、排除系统、开式系统、闭式系统、总系统、子系统等具体理论,其目标在于对自然现象进行整体的、宏观的、动态的观察和预测。至20世纪70年代,系统论被法学家所采纳,广泛地应用于部门法研究领域,形成法律系统的反馈、控制、评价、决策机制,进而用于预测法律的社会效果。推及于现代法学的整合理论之中,系统论学说可被运用于法律制定、法律解释、法律执行、法律预测等方面。毋庸置疑,现代法学的确应该借助体系化的思维路径,注重对法律知识进行适当分类和系统阐述,在研究事实和个案的前提下提供法律决策的参考。人们深知,相对统一的思想和行动才能形成相对统一的法律文化脉络,故整合论、模型论、功能论等理论的运用无疑有利于法治工程之构造,法学原理之成熟。在此基础上,中国一方面要保持自己已经铸就的法律文化系统,使其继续支配人们已经熟悉的行为模式;另一方面,则要将现代社会所承载的更为复杂的法律文化信息进行整合,作为系统性制度予以考量。

上述法律和法学整合机制的构建,不仅关系国家的法律体制改革,也关系到中国这样一个泱泱大国的整体发展和未来趋向,关系中国本土法律文化在当代立法、执法、司法中所体现的运作机理和实际效应,关系其他国家法律文化对于中国固有文化的冲击,成为一个复合而又系统的"复杂系"。

(二)整合是法学思维的结构主义设计

众所周知,构建起"类型化"理论必须有整合的立场、宏观的方略、结构主义的设计。因之,作为"整体文化系统"的结构主义论调,是现代中外法学家认识法律现象的一种思维方式。按照这种思维方式,事物的真正本质是各种事物间的构造以及人们能够感觉到的有机关系,结构则是人类整个体系的相互关联,而社会亦可被视为一种有机结构。每一社会都发挥着组织性、稳定性、平衡性的功能,因此要想维持这种社会结构,就必须揭示这个结构在整个社会中所达成的效能。同样,在各种结构关系的基础上认识法律现象,就需要

---

① 沈岿:《行政法理论基础回眸》,姜明安主编:《公法理论研究与公法教学》,北京大学出版社2009年版,第280页。

在联系和整体性方面对法律进行比较观察,反对人为的画地为牢,彼此孤立,更反对知识藩篱的学术状况。

如今,许多中国法学家也从结构原理出发,对法律现象进行着结构性的阐释。诸如进行法律组织结构的研究、法律规范结构的研究、法律制度结构的研究、法律渊源结构的研究、法律运行结构的研究、法治环节结构的研究等,它们都得益于法律结构主义的思想导向。具体于法律文化研究领域,法律结构说迎合了现代法律事业发展的一个重要任务,这就是保证法律结构的系统性和科学性。法学家在此结构主义的思想指导下,特别注意下列构造:(1)组合。包括法律体制的配套,法律主体的设置,法律设施的完善等硬件条件。(2)平衡。指机制的协调性,尤其要求调整法律关系中各种利益冲突。(3)调试。使法律体系的创建和完善经过一个在社会中试错的过程。(4)纠偏。在上述调试中不断积累经验,总结教训,矫正制度中的问题和不足。(5)比较。表现为对比、磨合、妥协、保留、更新、废止等种种方式,又体现为观念的比较、规范的比较、制度的比较、功能的比较、程序的比较、模式的比较、结果的比较等。

其中,整合是比较法学的升华运用,因此,有着天然学理优势的比较方法成为备受推崇的法律文化研究方法。目前中外学者进行法律文化研究,都在借助这种拉开距离、辨析差异、自我反省、获得新知的方法进行。著名法学家斯旺森就此指出:"如果不进行对比,一切科学思想和所有科学研究都是不可思议的"。"角色之间的对比,组织之间以及社团、机构、会社和文化之间的对比,任何人都不应该为此感到惊讶。"①具体包括:(1)外国法律文化的比较与整合。这有利于打开眼界,知彼知己,从而识别其对于本国法治土壤是否适应,发现其中可供借鉴的文化资源,找到法律成长的道路与模式。(2)国内法律文化的比较和整合。由于制度和学说的生命力是在纵横比较中才能评价的,制度和学说的特性是在优势和缺陷的比较中才能识别的,制度和学说的成长成熟更是在发扬优点、克服局限中才能实现的,因此只有将各种制度和学说进行对比,才能洞察其产生、发展、演变的轨迹与规律,也才能发现问题、发现鸿沟、发现对策。(3)各种影响法律制度因素的比较和整合,包括对于不同社会制度下的法律规则、法律思想、法律模式进行比较;对于同一社会不同历史

---

① 转引自〔美〕斯梅尔塞:《社会科学的比较方法》,王宏周等译,社会科学文献出版社 1992年版,第2页。

时期法律文化、法律传统、法律环境进行比较;对于不同法律制度赖以存在的政治条件、经济条件、社会条件进行比较;对于不同利益、不同职业、不同角色、不同素质的人们的法律意识和法律行为进行比较等。在这种纵横比较的过程中,精确评价,求同存异,以求接续历史、展望未来。

以往,虽然法学研究也借助了系统论、比较法学、法律功能主义、法律结构主义等原理,但并未获得实质性进展。如今,中国法文化建设需要加强此类学理的传播和运用,为现代法治奠定更为坚实的基础。当然,在这种研究中我们应进行纵横对比的选择和整合,而不是孤立地、片面地看待法律现象。

(三)整合是透过法律之门达到宏观视野

客观地说,法律文化本身确实是一个矛盾的集合体。从生成看,法律制度包含着自发性和创构性的矛盾;从形态看,法律制度存在着规范性和灵活性的矛盾;从环境看,法律制度面对着政治力量、经济力量、社会力量的全面冲击,此外在法律的实质和形式、经验和理性、一元和多元方面,均存在着二元对立结构。但过于强调法律文化差异性或对抗性的研究倾向,会导致将历史传统和现代文明对立,将西方制度和中国体制对立,将内生文化和外来文化对立,将民间规则和国家立法对立,将法典创制和司法运作对立,形成各种学术观点"水火不容"的情景。为此,整合又意味着在法律文明属性的考察中纠正偏失,体现学术原理的相互融合。其理由如下:

首先,法律文明的历时性使整合成为可能。一般而言,文明的实质在于对一定文化特征的普遍性认同。世界各国法律文化的优良成果,已为后世的、未来的、他国的法律制度提供了坚实的文化基础,也就是法律文化共同发展的可能性。特别是,"人类的社会制度在经历了若干实验之后,终于发现了法治这种最不坏的管理和组织社会的方式",而依据具有普遍性和稳定性为特征的法律作为组织社会的基础,正是法治不同于其他统治方式的显著标志之一。① 就此看来,人类上千年来对于法治建设的努力必须得到后人的珍惜,整合则是从个性向共性发展的过程。其目标,在于将某个地区或群体内形成的差异性的行为规则,通过绝大多数人所具有的思维方式、生活方式和行为方式而体现出求同色彩,并最终形成为一种文化模式。

---

① 参见舒国滢:《西方法治文化——社会学解释框架》,《政法评论》2002 年卷,第24—26页。

其次,法律文明的价值性使整合成为可能。人类的法律资源虽然在风格、体制、进程上迥然有异,但法律毕竟是社会生活秩序化、规则化、程序化的一种反映,毕竟是社会和谐、社会稳定、社会控制的一种手段。因此,即使人间的法律千差万别,其形态、其功能、其本性、其价值随着人类交流的日益广泛和深刻仍然有相通之处。例如,无论是西方学者,还是中国学者,无一不将正义声张和权利保护视为法之发达的征兆,这既是法治现代化的走向之一,也是一个绝对存在的"文化现象"。不承认这一点,人类就无法学习先进的理念,无法移植成熟的体系,无法预测未来的进步。故而整合只是实现共性的手段,真正在整合中发挥作用的,是隐藏在法律背后的法律文化价值观念,而整合的目标即在于将各自分离的法律规则用相对统一的法律价值观结合起来。

再者,法律文明的融合性使整合成为可能。虽然,各国法律文明中相互矛盾的法律观念常常处于竞争之势,但从差异、对峙、冲突达到恰合、融合、整合也是文明进化的规律之一。以往我们错误地认为,只有自我创新才能建立有中国特色的社会主义法律体系,这种认识忽略了对于各国法治的同源性把握,忽略了其他法律文明的客观存在以及先进性,忽略了对本国法治建设任务长期性和艰巨性的理解。纠正这一偏颇,现代法学研究不能仅仅限于对文化冲突的解释,而恰恰相反,应聚焦于法律融合性的思辨。"一个社会的形成其实就是在一个确定的社会环境中人们的诸多解说相互冲突、磨合、融合的过程,并进而获得一种关于生活世界的相对确定解说,因此影响了人们的习惯性行为方式,构成'制度',形成文化共同体。"①同理,"不同的矛盾力量之间比较、竞争、碰撞、对抗,新文化特质与旧文化模式互相抗衡,经过各种矛盾及矛盾各方之间的尖锐斗争,实现了文化的比较、选择和整合,结果就是矛盾的解决、文化的发展。"②

放眼世界,法律文化是人类所有国家、所有时代所积淀的物质文明与精神文明的总和,它们不仅在古代、中世纪、近代而且在当代,都显得格外珍贵。为此,中国要打破孤芳自赏的保守性,实现法律文化交流融合的开放性;要从法理学、比较法学、法文化学的基本原理出发,洞察法律文化本土资源的更为庞大、深邃、立体的领域空间;要千里之行,始于足下,拓展未来的法学园地。通

---

① 参见公丕祥:《东方法律文化的历史逻辑》,法律出版社 2002 年版,第 348 页。
② 李庆霞:《论文化冲突的地位与作用》,《学术交流》2005 年第 9 期,第 6—7 页。

过这种开拓，我们所追求的不是学术浪漫，而是切实可行的治国方案，它使中国的法治理论既能接续本身传统中固有的经验哲学的因子，又能吸取外国制度模式中的先进经验，从而达到"涅槃"境界。

三、现代法律文化研究范式的确立

与整合相提并论的一个概念，是法学研究范式的确立。"范式"一词，"被广泛地用来表征或描述一种理论模型、一种思维框架、一种思维方式、一种理解现实的体系，科学共同体的共识"。① 推及法学研究中，范式是各种法学观念、法学成果、法学研究方法的学术升华，是衡量法学发达与否的主要标志，是形成全新的发现和解决法律问题的方法。又可以总结说："这种法律范式在根本上就是一种整合中国法律、法学领域中的中国——西方、传统——现代、实质——形式、经验——理性、一元化——多元论、政治意志——法律精神等多种二元对立结构的制度实践和理论商谈装置，它应成为中国法制现代化的方法论选择，也是中国法制现代化的'理想图景'"。② 当然，面向 21 世纪的中国法治和法学，我国的"理想图式"究竟是什么，法学界不可能有标准答案。这里，我们只是借助当代法律文化本土资源研究这一阵地，对中国法学应当如何调整思路作出总结。这种总结，最终仍然立足于传统和现代、中国和西方、制度和思想三大法律资源的关系之上。

（一）历史与现实关系的纵度调和

毋庸置疑，作为一种文明运动的特殊成就，现代法治文明已是整个社会文明进步的典型标志，是从落后到先进、从专制到民主、从野蛮到文明、从简陋到成熟、从保守到开放的一种不可阻挡的时代朝向。因此，对于法律文化论题寻求答案，必须从历史、现代和未来三重角度进行设问。正所谓"在中国的法与社会生活中，前现代、现代以及后现代的各种要素混合在一起，需要细心地加以甄别。"③这其中，有几大立论必须把握：

一是树立中华民族的学术自信。毫无疑问，法律文化及其资源积累是几

---

① 张文显、于宁：《当代中国法哲学研究范式的转换》，《中国法学》2001 年第 1 期，第 64页。

② 夏锦文：《中国法制现代化的方法论立场》，徐显明主编：《法治与社会公平》，山东人民出版社 2007 年版，第 432 页。

③ 季卫东：《面向二十一世纪的法与社会》，《中国社会科学》1996 年第 3 期，第 106 页。

代人、十几代人、几十代人的努力奋斗的过程。通过这一过程,现代法律文化比较传统法律文化已经有了惊人的进步,我们也已经有了丰裕的本土资源。因此,对传统资源我们无法视而不见、置之不理。徐忠明教授就此作了颇为形象的比喻:中国传统法律文化"就像我们的语言之于我们,他是先在的、既定的;也好比我们不能拔起自己的头发,要求脱离地球一样。"①而且,现代性是与传统性相对应的范畴,我们必须致力于在正面角度透视以往的法律文化,充分认知"成功的现代化运动不但在善于克服传统因素对革新的阻力,而尤其在善于利用传统因素作为革新的助力。中国的现代化所意含的不是消极地对传统的巨大摧毁,而是积极地去挖掘如何使传统成为获致当代中国目标的发酵剂,也即如何使传统发生正面的功能。"②在此方面,昨日的理想就是今天的现实,今天的奋斗又是明日的硕果,现代法学家和法律人应该对此进步抱有自信。

二是正视历史资源和现代需求的联系。严格地说,当代的法学研究已经不属于纯法律史范畴,但对于历史资源是同情还是反思、是苛求或者否定、是抛弃抑或继承等问题,仍然应该予以回答。人们常说,"在建设理想法制时,不能放弃对自己历史文化资源的解释权,应以经济的姿态来挖掘、引导、弘扬其中的优秀成分,构成不悖于世界共性的现代型中国法制。有鉴于此,对于中国传统法律文化在现代法制建构中的转化,必须谨慎操作,做到有所限定、有所转换、有所扬弃。"③在今天,现代法学研究还有一个特殊目的,这就是通过以往的经验和教训,体现法律发展的纵向性。故在对待传统法律文化方面,我们要有一种积极的、同情的、宽容的态度,从历史和现实的联系中发现那些有用的、间接的、点滴的、具体的、甚至是零碎的资源。实践中,中国不断进行的宪政制度改革、行政体制改革、人权状况改革、司法体制改革,无疑是对历史反思、对现实理性、对未来规划的一种结果。

三是认识法律文化建设有着试错的过程。无论从早期习惯法发展为成文法体系的进程看,还是从大陆法系的抽象性需要用英美法系的灵活性弥补看,

---

① 徐忠明:《法学与文学之间》,中国政法大学出版社 2000 年版,第 295—296 页。
② 罗荣渠:《现代化新论——世界与中国的现代化进程》,北京大学出版社 1993 年版,第 376 页。
③ 张中秋:《比较视野中的法律文化》,法律出版社 2003 年版,第 1—2 页。

抑或从人治社会走向民主法治的进步看,人类都在反复试错中健全着自己的法律文化体系。尤其中国,"没有法律至上的传统,却有在法律过程中追求同意和承认、根据事实进行试错选择的制度资源"。① 在这种痛苦的试错中,"人治、强制、专制、特权、义务、一元、依附、他律、社会、封闭等价值取向逐渐式微,而法治、自由、民主、平等、权利、多元、独立、分权、自律、个体、开放等价值取向越来越居于主导地位"。② 即这种趋向本身就是中国人反复试错的结果。又值得注重的是,所谓试错不仅仅发生在历史之中,现代法治建设仍然面临着反复调整的任务,通过对现行法律制度的特殊检验,矫正不合理、不适时、不先进的法律制度,亦可以为现代法律提供借鉴和警示。显而易见,只有抱着对以往旧制的否定,同时对新制持乐观的态度,才能承前启后、继往开来。

四是在法律现代化中要防止路径依赖。所谓路径依赖,指一旦选择了某种法律体制或文化机制,惯性的力量会使这一机制不断强化,很难为其他更优良的体制所取代。其中,价值观念、伦理习俗、意识形态等统称为文化的因素即是造成路径依赖的主观原因。这恰如这样的警示:"一旦一条发展路线沿着一条具体进程前进时,系统的外部性、组织的学习过程以及历史上关于这些问题所派生的主观主义模型就会增强这一进程。"③ 又值得注意,当代法律文化研究应着力于转轨时代法治的构建和改进,这就要将关注焦点放置在解决现代中国社会现实问题之上,而相反,某些传统制度中的文化糟粕已经一过而逝,在时间维度上不能让它们故技重演,故矫正路径依赖不是"旧瓶换新装",而是"旧貌换新颜"。毫无疑义,经过数世纪的发展,当代法律文化已让人们触摸到了自由、人权、公正、利益、程序等新型价值观,这正是现代法律文化的"本中之本"。否则历史和现实的断裂会永久地存在,法学事业的发达也仅仅是海市蜃楼。

虽然,我国的法学研究一直在"历史的正义"和"现实的正义"之间往返,但这种往返取决于法律发展的"时间表"设置,超前的改革不现实,难以深入民心;滞后的法制令人窒息,成为人类文明发展的障碍。因之,经过否定之否

---

① 季卫东:《宪政新论——全球时代的法与社会变迁》,北京大学出版社 2005 年版,第 63 页。

② 公丕祥:《法哲学与法制现代化》,南京师范大学出版社 1998 年版,第 472 页。

③ 道格拉斯·诺斯:《制度、制度变迁与经济绩效》,航行译,生活·读书·新知三联书店 1994 年版,第 132 页。

定的过程,我们已经深邃意识到,形成新的法律文明模式比批判旧的法律文明模式更为急切。在21世纪,真正的法律文化事业追求应该具有这样的特性:既体现法律的理想追求,又合理构造现实体系;既灵活把握时代走向,又稳定运作今日改革。

(二)西方与中国文化的内外兼修

与历史和现实的冲突相同,在当代法治发展中,不同法律文化之间的冲突仍然存在,"我们应采取新的路径整合这些冲突"。"现在摆在我们面前的遗产,有苏联的、西方的、中国古代以来的。我们不可能全部是西方的,也不可能全是苏联的和中国古代以来的,我们要执两用中、综合创造。"①于是,法学领域的话语争夺、视角转换、理性整合问题,又一次展现在我们面前。当然,如同一个国家理智的选择是不夸大各国法律制度的差异一样,在法学思想范畴,中国围绕西方化问题所发生的争议,也并非要扩大学术差异而是要尽力弥合差异。

一方面,法学研究领域的范式整合问题,归根结底是如何利用外来文化资源调整本国法律模式问题。其间,我们要讨论中国法学自己的贡献是什么,将中国问题、本土方法、原生经验作为当代法学的资本和根基。同时,要将外来的法律文化精神加以提炼和升级,使中式文化和西式文化两者在"现代适应性"的交点上实现对接。但于此进程之中,我们应坚持一种"文化自觉"的态度,这就是立足于中国本土化的立场,"在新一页人类文化发展史上,应该有中华民族实现文化自觉的恢弘篇章"。② 又可以说,"中国有自己的文化传统和特殊的当下情景,在追求法治现代化的过程中,切不可丧失文明的主体性和文化的主动性。"③究其原因,在于随着近30年中国法治建设取得的成就,法学事业也获得了突飞猛进的发展,虽然在时间上晚于西方国家,但其气势和深度并不逊色于他们。依法治国方略的提出,法治蕴涵的深邃讨论,法治理念的系统阐释,法治工程的实现措施,未来法治的理想蓝图等,均闪耀着独具一格

---

① 郝铁川:《中国的法律浪漫主义与法律虚无主义》,曾宪义主编:《法律文化研究》(4),中国人民大学出版社2008年版,第13页。

② 转引自方立克等主编:《中华文化与二十一世纪》(上),中国社会科学出版社2000年版,"代序"。

③ 高鸿钧:《英美法律文化专题研究》,曾宪义主编:《法律文化研究》(1),中国人民大学出版社2005年版,第271页。

的思想光芒。

另一方面,法学研究肇始于西方,也成熟于西方,我们需要超越那种"汉贼不两立"的冲突话语,发现某种西方法学与中国法学研究的共同欲求。从历史到现代,希腊法的开放、罗马法的发达、法国法的优良、英国法的独特、美国法的实用、苏俄法的效能,都给世界法律文化留下了深深的印记,也给中国树立了法律发达的样板,使我们在今天不能不借用它们的优良价值体系和法学思维方式。西方学者曾经总结说,尽管"中国的法律制度仍然是独特的,但是这种独特性不再是由于像以往那样孤立地寻找解决其问题的乌托邦式方案所导致,而是因为他为了实现现代化、高效率和公正的全面目标而博采西方、日本的民法、苏联法律,以及中国传统法律等因素并将其融合为一体。"①尤其在中国法学不成熟的时代,我们不能忽视西方法学中的优质资源,外向交流的学术态度也正变得越来越客观。

进而,各种中外学说并非鸿沟豁豁、难以弥合。中国法学家应该具备"有容乃大的胸怀"和"否定自满的态度",自觉承担对外来法学资源进行"范式整合"的使命。于是,在展示我们自己的表达系统和学术特色的同时,考察各国法律演化与中国法律演化的动态进程,寻求与各国学者对话的途径,以全球眼光促进法学的发展,才可谓立足中国,博稽中外。而具体的"共同文化要素"的整合途径,大致有四:一是中国学者思想之内部整合,指将法学家分散的观点、学说、理论进行梳理归纳,汇总主要论点,分析宏观特色。二是对外来不同法学思想进行整合,这种整合不是形成统一法学流派,而是进行异同比较,洞察区别,汲取成果,弥补缺陷。三是中外法律思想的对接式整合,西方学术在中国的流行必须仰赖中国人的接受程度,这一事实,使中国法学家不仅担负引进的任务,而且担负转化的任务。四是对法学思想传播途径的整合。目前,法学思想主要靠创造学术作品而在学界传播,未来的发展趋向应该是利用信息化技术加强国际性交流,提高传播的效能。

综上所述,作为人类的思维方式,人们总是在妥协中庸的价值观中寻求一种交流对话的可能性和必要性。法学思维也是如此。通过上述整合,相信在不久的将来,中国法学会将各种外来文化"本土化"为自己的学术成就,在学

---

① [美]埃尔曼:《比较法律文化》,贺卫方、高鸿钧译,清华大学出版社2002年版,第18页。

术差异中寻求更大范围的突破。

(三)法学与法律关系的多方互动

进一步分析,在法律理想范式的确立过程中,"整合"法律的思想资源和制度资源,使之相互配套最为重要。其基本的推论是:如果法律思想资源和法律制度资源协调一致,则法律文化能够获得良好的发展,各种法律资源能够获得充分的利用;反之,如果法律制度资源与主流法律意识相冲突,则意味着法律文化处于不良的运行状态,各种良好的法律资源也会名存实亡。诚如高鸿钧教授所作的分析,"一般说来,一个社会中的法律制度与法律文化越协调一致,法律制度的运行效果就越好。因为在这种情况下,法律的内在精神与法律的规则形式融为一体,法律制度与法律文化高度契合,法律规则不再是一种外迫的工具,而是一种内信的价值。"①也正是在这个意义上,本文才期望通过对法律和法学的整合走出理论脱离实践的困境。

其一,价值性的观念资源与制度性的法制资源的范式整合。在现阶段,经过文明发展的长期累积,各个国家在法律形式意义上的资源积累已经十分丰富,总体上呈现出"制度的合理性"。那么,怎样进一步丰富现有的法律文化资源? 大致可归纳为:(1)如何在法律制度中张扬法律的时代精神问题。虽然中国法律所体现的精细、明晰、规则、程序化等特点已十分明显,但在宪政领域、行政领域、民商领域、经济领域、诉讼领域贯穿法治精神,却是我们终生追求的价值理想。(2)如何实现法律制度的优胜劣汰问题。整合是建筑在法律文化的"优选"基础之上的。在选择中,部分规则和制度被淘汰,部分成为现代法律体系的组成部分。(3)如何实现法律运行方面的技术性整合问题。无疑,制度资源中包括许多技术性资源,如法典编纂技术,规则表达技术,司法裁判技术,程序运用技术,这类技术的优良之处怎样保持,缺陷之处怎样弥补,值得探讨。(4)如何实现立法和司法资源的有机整合问题。中国式的司法文化,体现了立法权与司法权的分离状态,为此,实现"从立法视野向司法视野的转换"是此领域的核心问题所在。(5)如何运用法学原理指导法制改革。在法治发展的每一个历史阶段,"制度不良"的现象都普遍存在,虽然主要是制度本身的原因,但法学思想供给不足也难逃其责。这告诫人们,思想与制度的同步发展极为必要,法学家要倡扬制度改革的精神,为法治文明提供更为优

---

① 高鸿钧:《法律文化的语义、语境及其中国问题》,《中国法学》2007 年第 4 期,第 27 页。

良的思想资源。

其二,精英化的法律思想和大众化的民间资源的范式整合。在中国,先进的法学思想主要是"法学家的思想",他们虽然播种了法律文明的种子,却难以让这些种子在中国大地上"遍地开花"。于是,如何将先进理论渗透于人心,是法律文化研究者的重任。在此方面,我们既不能高谈阔论,视百姓为愚民;也不能牵强于事实,以为大众的意识就是法律的前景。尤其要注意以下方面:(1)进行法律观与政策观、道德观、宗教观、民俗观的适当选择。如面对国家利益和公民利益发生冲突时,选择哪种机制作为解决方案,已成为考验法学家判断的重要指标。(2)进行国家制度资源和民间社会资源关系的适当调整。在法律多元结构下,各种社会规则形式多样,其反馈的价值趋向也大不相同。为此,法学家要使资源整合功能得到发挥,通过对社会规则进行反复调试,形成一种综合治理系统。(3)进行民俗文化的准确定位。民间的法律意识是来自于人民大众之中,也构成了中国法律文化本土资源的有机成分,对此法律资源予以尊重是法律文化的应有之义。但究竟哪些风俗民情可供利用,则需要根据整合的思维态度进行分析,通过改良的过程最终体现"多元性的统合"。

其三,抽象性的法学理论和现实性的法制需求的范式整合。客观地说,中国当代法学研究者们已经十分尽力,十分优秀,提出了许多中国社会需要解决的法律问题。但十分遗憾,他们却并没有真正规划出法律现代化的前景。例如,对宪法的研究停留在规范层面,缺少宪法的功效分析;法律被锁定在立法情结之中,不重视司法过程和习惯法的研究;法学家在法律改革中所倡导的原理难以形成号召力,显得十分微弱等。对此法律理论和法制需求的"紧张关系",一些法学家已表现出特别的忧虑,并力求进行思维调整。在此期间,价值主义、应然主义、批判主义、理想主义各种学说,与科学主义、规范主义、现实主义、实证主义、经验主义的数面旗帜都应同时高高扬起。未来,只有在法学研究中体现出学术的大气磅礴,及时为中国法治建设出谋划策,中国学者才能在法哲学研究的终极意义上,推动中国法学登上法学理论的高峰。

毋庸质疑,在法律文明进程中,人们最应关注的问题是"谁是赢家?"我们的结论是:各种法律和法学资源能否作为"中国法律文化本土资源",关键不在于它们是传统的还是现代的,是现实的还是理想的,是西方的还是中国的,是外来的还是本土的,是制度的还是思想的,是立法的还是司法的,是法典的还是判例的,是国家的还是民间的,是中央的还是地方的,是城市的还是乡村的,是法学家的还是法律人的,是精英集团的还是普通民众的,是短期有效的还是长期适用的,关键在于它们在当代中国的法治建设事业中有没有生命力和影响力。正因为如此,我们必须打破门户之见,重视各种法律制度和学术思想的探讨,并将法律文化中的各种优秀元素采纳其间。在此过程中,我们还渴望着创造出一种能为中国造福的新文化,这就是适合中国土壤的法律理论、法律思潮或法学流派。

最后,本文对中国法律文化本土资源的定位、归类和评述,只是将林林总总的制度事实和法律观念进行概括,其中夹杂了个人的一己之见。这使作者即使到了阐发"结束语"的阶段,仍然感到诚惶诚恐。但有一点值得欣慰,即我们进行这一主题的研究并不是为了追求时髦,只是希望在中国现代法学已发展了几十年的情形下,能够对相应的学术思想进行系统的梳理和总结。这正是本研究的出发点和目的地。

参考文献

中文专著

1. 陈金钊:《法治与法律方法》,山东人民出版社 2003 年版。

2. 陈瑞华:《看得见的正义》,中国法制出版社 2000 年版。

3. 陈舜:《权利及其维护》,中国政法大学出版社 1999 年版。

4. 程燎原、王人博:《赢得神圣》,山东人民出版社 1998 年版。

5. 邓正来:《中国法学向何处去》,商务印书馆 2006 年版。

6. 董茂云:《比较法律文化:法典法与判例法》,中国人民公安大学出版社 2000 年版。

7. 费孝通:《乡土中国》,生活·读书·新知三联书店 1985 年版。

8. 费正清:《美国与中国》,商务印书馆 1985 年版。

9. 范忠信:《中西法文化的暗合与差异》,中国政法大学出版社 2001 年版。

10. 范愉:《非诉讼纠纷解决机制研究》,中国人民大学出版社 2000 年版。

11. 付子堂:《法律功能论》,中国政法大学出版社 1999 年版。

12. 公丕祥:《东西方法律文化的历史逻辑》,法律出版社 2002 年版。

13. 郭道晖:《法的时代精神》,湖南人民出版社 1997 年版。

14. 葛洪义:《法与实践理性》,中国政法大学出版社 2002 年版。

15. 高其才:《中国习惯法论》,湖南出版社 1995 年版。

16. 何勤华主编:《法律文化史研究》,商务印书馆 2005 年版。

17. 何勤华主编:《多元的法律文化》,法律出版社 2007 年版。

18. 胡玉鸿:《"个人"的法哲学叙述》,山东人民出版社 2008 年版。

19. 胡景光、韩大元主编:《中国宪法发展研究报告》,法律出版社 2004 年版。

20. 胡建淼主编:《外国公法译介与移植》,北京大学出版社 2009 年版。

21. 韩大元主编:《公法的制度变迁》,北京大学出版社 2009 年版。

22. 强世功:《法制与治理》,中国政法大学出版社 2003 年版。

23. 强世功:《立法者的法理学》,生活·读书·新知三联书店 2007 年版。

24. 姜明安主编:《公法理论研究与公法教学》,北京大学出版社 2009 年版。

25. 季卫东:《法治秩序的建构》,中国政法大学出版社 1999 年版。

26. 季卫东:《宪政新论——全球化时代的法与社会变迁》,北京大学出版社 2005 年版。

27. 罗豪才:《现代行政法的平衡理论》,北京大学出版社 1997 年版。

28. [台]林端:《儒家伦理与法律文化》,中国政法大学出版社 2002 年版。

29. 刘作翔:《迈向民主与法治的国度》,山东人民出版社 1999 年版。

30. 刘作翔:《法律文化理论》,商务印书馆 2001 年版。

31. 刘世田、李少伟:《法律文化导论》,中国政法大学出版社 2005 年出版。

32. 刘同君、魏小强:《法伦理文化视野中的社会》,江苏大学出版社 2007 年版。

33. 李贵连:《近代中国法制与法学》,北京大学出版社 2002 年版。

34. 梁治平:《法律的文化解释》,生活·读书·新知三联书店 1994 年版。

35. 梁治平:《寻求自然秩序中的和谐》,中国政法大学出版社 2002 年版。

36. 梁漱溟:《中国文化要义》,学林出版社 1978 年版。

37. 梁漱溟:《东西文化及其哲学》,商务印书馆 1987 年版。

38. 陆学艺:《三农新论》,社会科学文献出版社 2005 年版。

39. 马新福:《法社会学原理》,吉林大学出版社 1999 年版。

40. 马怀德主编:《行政诉讼制度的发展历程》,北京大学出版社 2009 年版。

41. 瞿同祖:《中国法律与中国社会》,中华书局 1981 年版。

42. 沈宗灵:《比较法研究》,北京大学出版社 1998 年版。

43. 苏力:《法治及其本土资源》,中国政法大学出版社 1996 年版。

44. 苏力:《道路通向城市:转型中国的法治》,法律出版社2004年版。

45. 苏力:《也许正在发生:转型中国的法学》,法律出版社2004年版。

46. 孙笑侠:《法的现象与观念》,山东人民出版社2001年版。

47. 田成有:《法律社会学的学理与运用》,中国检察出版社2002年版。

48. 武树臣:《中国传统法律文化》,北京大学出版社1994年版。

49. 王铭铭:《乡土社会的秩序、公正与权威》,中国政法大学出版社1997年版。

50. 徐显明主编:《法治社会》(上、下),山东人民出版社2003年版。

51. 徐显明主编:《法治与社会公平》,山东人民出版社2007年版。

52. 徐忠明:《思考与批评:解读中国法律文化》,法律出版社2000年版。

53. 许章润:《法学家的智慧:关于法律的知识品格与人文类型》,清华大学出版社2004年版。

54. 谢晖:《价值重建与规范选择》,山东人民出版社1998年版。

55. 谢晖:《法学范畴的矛盾辨思》,山东人民出版社1999年版。

56. 夏勇:《公法》(第1、2卷),法律出版社1999—2000年版。

57. 夏勇主编:《走向权利的时代》,中国政法大学出版社1995年版。

58. 夏勇:《法治源流——东方和西方》,社会科学文献出版社2004年版。

59. 夏勇:《依法治国——国家与社会》,社会科学文献出版社2004年版。

60. 张文显:《二十世纪西方法哲学思潮研究》,法律出版社1996年版。

61. 张文显:《法哲学范畴研究》,中国政法大学出版社2001年版。

62. 张中秋:《中西法律文化比较研究》,南京大学出版社1991年版。

63. 张中秋:《比较视野中的法律文化》,法律出版社2003年版。

64. 朱景文:《比较法社会学的框架和方法》,中国人民大学出版社2001年版。

65. 曾宪义主编:《法律文化研究》(第1—4辑),中国人民大学出版社2005—2008年版。

66. 卓泽渊:《法的价值论》,法律出版社1999年版。

67. 卓泽渊:《法治国家论》,法律出版社2004年版。

68. 周恩惠:《走进新中国法学家》,中国人民公安大学出版社2009年版。

中文论文

1. 陈晓枫:《法律文化的概念:成果观与规则观辨》,《江苏行政学院学报》2006 年第 1 期。

2. 陈朝璧:《中华法系特点初探》,《法学研究》1980 年第 1 期。

3. 陈金钊:《法官如何表达对法律的忠诚》,徐显明主编:《法治社会》,山东人民出版社 2003 年版。

4. 陈瑞华:《程序正义论——从刑事审判制度的分析》,《中外法学》1997 年第 2 期。

5. 邓正来:《直面全球化的主体性中国》,《中国法学》2007 年第 2 期。

6. 邓正来:《学术自主性与中国法学》,《社会科学战线》2007 年第 4 期。

7. 樊平:《社会转型和社会失范:谁来制定规则和遵守规则》,219. 141. 235. 75/shxs/s09_shx/jpdd/fanping1. htm。

8. 范愉:《试论民间社会规范与国家法的统一适用》,谢晖主编:《民间法》(1),山东人民出版社 2002 年版。

9. 葛洪义、陈年冰:《法的普遍性、确定性、合理性辨析》,刘海年等主编:《依法治国与精神文明建设》,中国法制出版社 1997 年版。

10. 高鸿钧:《法律文化的语义、语境及其中国问题》,《中国法学》2007 年第 4 期。

11. 高鸿钧、麦宜生:《市场经济、纠纷解决与理性法律:变化中的中国集权社团》,夏勇主编:《公法》(2),法律出版社 2000 年版。

12. 顾培东:《试论我国社会中非常规性纠纷的解决机制》,《中国法学》2007 年第 3 期。

13. 何勤华:《法的国际化和本土化》,《长白论丛》1996 年第 5 期。

14. 何勤华:《法的移植与法的本土化》,《中国法学》2002 年第 3 期。

15. 郝铁川:《中国的法律浪漫主义与法律虚无主义》,曾宪义主编:《法律文化研究》(4),中国人民大学出版社 2008 年版。

16. 季卫东:《面向二十一世纪的法与社会》,《中国社会科学》1996 年第 3 期。

17. 江山:《法哲学的价值转型》,付子堂主编:《法理学讲演录》,法律出版社 2006 年版。

18. 蒋庆:《中国文化的危机及其解决之道》,付子堂主编:《法理学讲演录》，法律出版社 2006 年版。

19. 刘雪斌、李拥军、丰霏：《改革开放三十年的中国法理学：1978—2008》，《法制与社会发展》2005 年第 5 期。

20. 刘武俊：《市民社会的法理学思考》，《中外法学》1995 年第 6 期。

21. 刘作翔、刘鹏飞：《世纪之交中国法学研究问题前瞻》，《法学研究》1999 年第 4 期。

22. 李龙：《公平正义的法理学解读》，徐显明主编：《法治与社会公平》，山东人民出版社 2007 年版。

23. 李金泽：《中国人的关系意识与中国社会的法化》，《法制与社会发展》1999 年第 2 期。

24. 李炎等：《全球化语境下民族文化交流、发展的理论思考》，《思想战线》2003 年第 5 期。

25. 李庆霞：《论文化冲突的地位与作用》，《学术交流》2005 年第 9 期。

26. 梁治平：《法学的未来与未来的法学家》，《广州研究》1988 年第 1 期。

27. 齐延平：《中国法治化的战略选择：国家积极与社会主动》，《世界评论》1996 年第 5、6 合刊。

28. 任亮：《社会共享价值断裂与社会失范行为》，《理论探讨》2005 年第 5 期。

29. 苏力：《二十世纪中国的现代化和法治》，《法学研究》1998 年第 1 期。

30. 沈岿：《行政法理论基础回眸》，姜明安主编：《公法理论研究与公法教学》，北京大学出版社 2009 年版。

31. 舒国滢：《西方法治文化——社会学解释框架》，《政法评论》2002 年卷。

32. 石泰峰：《全球化与法律文化冲突》，《新视野》2001 年第 2 期。

33. 王申：《法律文化层次论》，《学习与探索》2004 年第 5 期。

34. 王勇：《文化全球化与本土化关系辨析》，《西藏民族学院学报》2005 年第 3 期。

35. 王秋文：《社会转型中的公正原则与社会保障机制》，《当代世界与社会主义》2005 年第 6 期。

36. 王绍光、胡鞍钢：《中国政府汲取能力的下降及其后果》，香港中文大学编：《二十一世纪》1994 年 2 月号。

37. 吴家清:《国家与社会:法治的价值选择》,《法律科学》1999 年第 2 期。

38. 吴元迈:《经济全球化与民族文化——兼论文化的民族性与世界性》,《中国社会科学院研究生院学报》2001 年第 2 期。

39. 夏锦文:《中国法制现代化的方法论立场》,徐显明主编:《法治与社会公平》,山东人民出版社 2007 年版。

40. 信春鹰:《亚洲价值观与人权——一场没有结语的对话》,夏勇主编:《公法》(1),法律出版社 1999 年版。

41. 徐显明、齐延平:《转型期中国法理学的多维面向》,《中国法学》2008 年第 2 期。

42. 徐显明:《和谐权:第四代人权》,《学习园地》2006 年第 2 期。

43. 徐国栋:《市民社会与市民法》,《法学研究》1994 年第 4 期。

44. 徐昕:《认真对待私力救济》,吴敬琏、江平主编:《洪范评论》第 1 辑,中国政法大学出版社 2005 年版。

45. 徐昕:《完善人民调解制度与构建和谐社会》,《中国司法》2006 年第 4 期。

46. 俞可平:《现代民主治理视野中的和谐社会》,《文汇报》2005 年 11 月 30 日第 4 版。

47. 俞荣根:《儒家法文化》,付子堂主编:《法理学讲演录》,法律出版社 2006 年版。

48. 袁曙宏:《论建立统一的公法学》,《中国法学》2003 年第 5 期。

49. 应星:《作为特殊行政救济的信访制度》,《法学研究》2004 年第 3 期。

50. 张文显:《法律文化的结构与功能分析》,《法律科学》1992 年第 5 期。

51. 张文显、姚建宗、黄文艺、周永胜:《中国法理学二十年》,《法制与社会发展》1998 年第 5 期。

52. 张文显、于宁:《当代中国法哲学研究范式的转换》,《中国法学》2001 年第 1 期。

53. 张千帆:《中国宪法学的思想、研究方法与理论流派》,姜明安主编:《公法理论研究与公法教学》,北京大学出版社 2009 年版。

54. 周永坤:《法学家与法律现代化》,《法律科学》1994 年第 4 期。

55. 周旺生:《法典在制度文明中的位置》,《法学论坛》2002 年第 4 期。

56. 朱景文:《解决争端方式的选择——一个比较法社会学的分析》,《吉林大学社会科学学报》2003 年第 5 期。

57. 赵旭东:《报应的宇宙观:明清以来诉讼调解模式的再解释》,苏力主编:《法律和社会科学》,法律出版社 2006 年版。

58. 卓泽渊:《法律全球化解析》,《法学家》2004 年第 2 期。

外国译著

1. [德]茨威德特、克茨:《比较法总论》,潘汉典等译,贵州人民出版社 1992 年版。

2. [德]韦伯:《儒教与道教》,洪天福译,江苏人民出版社 1993 年版。

3. [法]达维德:《当代主要法律体系》,漆竹生译,上海译文出版社 1984 年版。

4. [法]孟德斯鸠:《论法的精神》,张雁深译,商务印书馆 1963 年版。

5. [英]边沁:《道德与立法原理导论》,时殷弘译,商务印书馆 2002 年版。

6. [英]梅因:《古代法》,沈景一译,商务印书馆 1996 年版。

7. [日]棚濑孝雄:《纠纷的解决与审判制度》,王亚新译,中国政法大学出版社 2004 年版。

8. [美]哈耶克:《自由秩序原理》,邓正来译,生活·读书·新知三联书店 1997 年版。

9. [美]布莱克:《社会学视野中的司法》,郭星华等译,法律出版社 2002 年版。

10. [美]科特雷尔:《法律文化的概念》,沈明译,《比较法律文化论》,清华大学出版社 2003 年版。

11. [美]埃尔曼:《比较法律文化》,贺卫方、高鸿钧译,清华大学出版社 2002 年版。

12. [美]博登海默:《法理学—法律哲学与法律方法》,邓正来译,中国政法大学出版社 1999 年版。

13. [美]庞德:《通过法律的社会控制——法律的任务》,沈宗灵、董世忠译,商务印书馆 1984 年版。

14. [美]罗尔斯:《正义论》,何怀宏等译,中国社会科学出版社 2003 年版。

15. ［美］昂格尔:《现代社会中的法律》,吴玉章、周汉华译,中国政法大学出版社 1995 年版。

16. ［美］伯尔曼:《法律与革命:西方法律传统的形成》,贺卫方等译,中国大百科全书出版社 1993 年版。

17. ［美］诺内特、塞尔兹尼克:《转变中的法律与社会:迈向回应型法》,张志铭译,中国政法大学出版社 1994 年版。

英文原著

1. L. M. Friedman, *Legal Culture and Social Development*, Law and Society Review, 6. 1969.

2. L. M. Friedman, *Legal Culture and the Welfare State*, in G. Teubner, ed. , Dilemmas of Law in the Welfare State,Berlin: de Gruyter,1986.

3. L. M. Friedman, *Is There a Modern Legal Culture*? Ratio Juris,Vol. 7,No. 2, July 1994.

4. R. Cotterel, *The Concept of Legal Culture*, in David Nelken (ed), Comparing Legal Cultures, Dartmouth Publishing Company Limited,1997.

5. Laurence H. *Tribe:Revisiting the Rule of Law* ,64 New York University Law Review,1989.

6. Black, *Toward a General Theory of Social Control* vol. 1,2. Orlando: Academic Press, 1993.

7. David E. Apter, *The Politics of Modernization*, Chicago:The University of Chicago Press,1965.

责任编辑:杜文丽

装帧设计:周方亚

责任校对:高　敏

图书在版编目(CIP)数据

当代中国法律文化本土资源的法理透视/汤唯 等著.
-北京:人民出版社,2010.12
ISBN 978－7－01－009257－7

Ⅰ.①当…　Ⅱ.①汤…　Ⅲ.①法律-文化-研究-中国　Ⅳ.①D92

中国版本图书馆 CIP 数据核字(2010)第 176454 号

当代中国法律文化本土资源的法理透视
DANGDAI ZHONGGUO FALÜ WENHUA BENTU ZIYUAN DE FALI TOUSHI

汤　唯 等著

人民出版社 出版发行
(100706　北京朝阳门内大街 166 号)

北京瑞古冠中印刷厂印刷　新华书店经销

2010 年 12 月第 1 版　2010 年 12 月北京第 1 次印刷
开本:710 毫米×1000 毫米 1/16　印张:26.25
字数:410 千字　印数:0,001-3,000 册

ISBN 978－7－01－009257－7　定价:49.80 元

邮购地址 100706　北京朝阳门内大街 166 号
人民东方图书销售中心　电话 (010)65250042　65289539